新编21世纪高等职业教育精品教材 · 金融类

证券投资实务

Securities Investment Practice

主　编　刘　琴　史志贵
副主编　沈　远　刘美玲

中国人民大学出版社
· 北京 ·

图书在版编目（CIP）数据

证券投资实务/刘琴，史志贵主编．-- 北京：中国人民大学出版社，2022.8

新编 21 世纪高等职业教育精品教材．金融类

ISBN 978-7-300-30866-1

Ⅰ.①证…　Ⅱ.①刘…　②史…　Ⅲ.①证券投资—高等职业教育—教材　Ⅳ.①F830.91

中国版本图书馆 CIP 数据核字（2022）第 138918 号

新编 21 世纪高等职业教育精品教材 · 金融类

证券投资实务

主　编　刘　琴　史志贵

副主编　沈　远　刘美玲

Zhengquan Touzi Shiwu

出版发行	中国人民大学出版社		
社　　址	北京中关村大街 31 号	**邮政编码**	100080
电　　话	010－62511242（总编室）		010－62511770（质管部）
	010－82501766（邮购部）		010－62514148（门市部）
	010－62515195（发行公司）		010－62515275（盗版举报）
网　　址	http://www.crup.com.cn		
经　　销	新华书店		
印　　刷	固安县铭成印刷有限公司		
开　　本	787 mm×1092 mm　1/16	**版　　次**	2022 年 8 月第 1 版
印　　张	18.5 插页 1	**印　　次**	2024 年 6 月第 4 次印刷
字　　数	421 000	**定　　价**	45.00 元

前言
Preface

证券作为金融工具，不仅是发行人筹资的手段，也是企业和个人规避风险、实现资产保值增值的重要方式。党的二十大报告中明确提出要“健全资本市场功能，提高直接融资比重”。证券市场是证券发行和流通的场所，是资本市场的重要组成部分。2017 年 4 月，习近平总书记在主持中共中央政治局就维护国家金融安全第四十次集体学习时强调：金融活，经济活；金融稳，经济稳。金融是国家重要的核心竞争力，金融安全是国家安全的重要组成部分，金融制度是经济社会发展中重要的基础性制度。因此，学习证券发行、投资知识，十分必要和迫切。

目前我国股票、债券市场规模均居世界第二，商品期货交易额连续多年位居世界前列，国际影响力与日俱增。证券投资成为一种时尚，创造了许多“神话”故事。但证券市场是一个高风险和高收益并存的博弈场所，作为新世纪的职场人才，投身这项高风险的投资活动，仅凭一腔热情和幻想是不行的，必须有专业的知识、良好的心理素质、正确的思维模式和严格的纪律约束，并在实践中不断地学习和积累经验，才能在证券投资中获得成功。

证券投资学是一门不断发展的学科，具有很强的开放性。它是随着证券市场的不断发展而完善的。目前我国证券市场取得了质的飞跃：深化新三板改革；在总结科创板、创业板试点经验的基础上，稳步在全市场推行注册制；沪港通、深港通、沪伦通等持续拓展；开通北交所；期货期权等产品创新开放稳步推进等。为满足高职高专院校财经类专业教学需要，我们从证券投资现实需要出发，组织编写了本书。

本书是从投资者角度出发，兼顾企业证券发行的需要，按照证券投资的对象、过程、环境进行布局，在系统阐述证券投资分析的原理、技术和方法的同时，使用了大量的图表进行说明和解读，也精选了很多知识、案例进行分析和讨论，指导学生选择证券、选择买卖时机和模拟投资，让学生能够熟练地掌握证券投资的基本技能，突破了传统教材只注重理论与知识介绍的固有模式。书中内容紧贴证券市场现状，反映市场热点，如科创板、创业板试点注册制等，具有鲜明的时代感。

本书共9个项目。项目一至项目五主要介绍证券市场的基本知识，着重阐述证券市场、证券交易程序、证券投资工具，使学生能对证券发行和交易市场、股票、债券、证券投资基金、金融衍生工具有一个全面的了解，为投资操作奠定基础。项目六介绍证券行情软件的使用，包括交易代码、看盘技巧等。项目七、八主要是投资分析，对证券投资的基本面分析和技术分析方法进行了系统的介绍，为投资者选择投资对象、买卖时机提供理论支撑。项目九主要介绍证券投资的风险、策略和证券市场监管，着重阐述了股票、债券、基金的投资策略，以最大限度地降低投资风险、提高投资收益。

参加本书编写的人员及分工：无锡商业职业技术学院刘琴老师撰写项目一、二、五，沈远老师撰写项目三、四，刘美玲老师撰写项目六、八，史志贵老师撰写项目七、九。最后由刘琴、史志贵老师对各个项目进行汇总审订。国联证券股份有限公司国家级投教基地负责人卢英为本书的撰写提供了很多指导性意见，在此表示衷心的感谢。

在本书的编写过程中，我们得到了中国人民大学出版社编辑的多方指导，并参考了大量的资料和文献，我们将主要参考文献列出，在此一并表示感谢。限于编写人员的知识水平和教学经验，本书的缺点和疏漏之处在所难免，希望使用本书的读者继续向我们提出建议和意见。

编者

目 录
Contents

项目一

证券市场基础认知

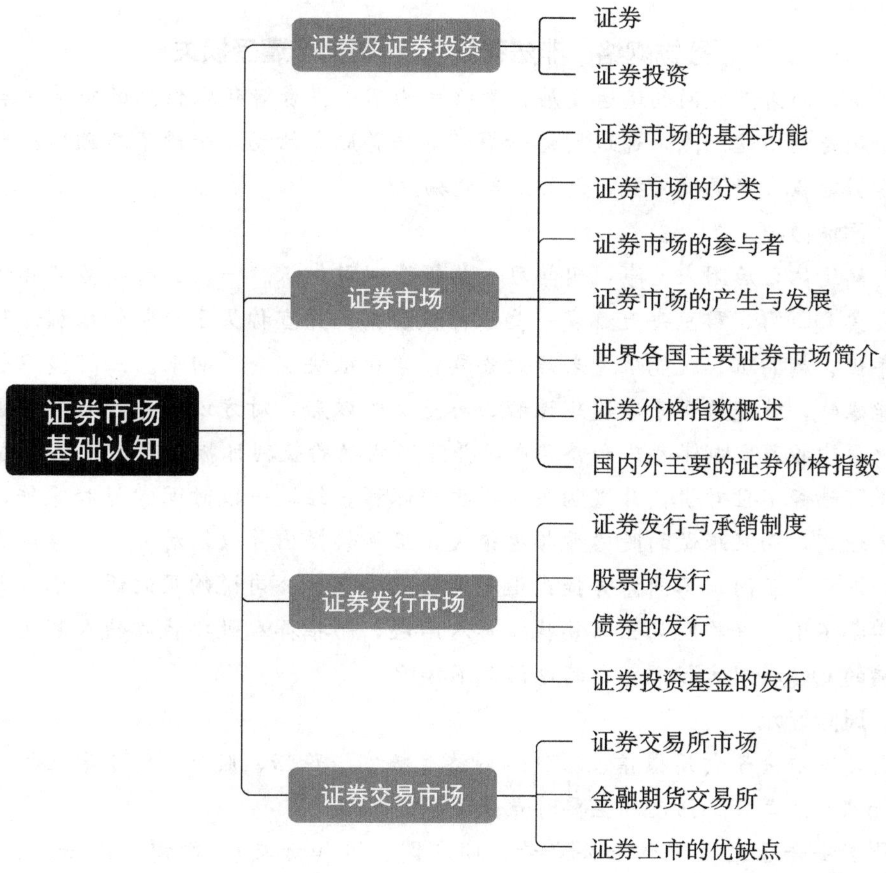

知识目标

1. 理解证券的概念、类型和特征；
2. 了解证券市场的产生、发展、现状和内部运作；
3. 理解证券发行市场、交易市场的基本特征、基本功能和二者的区别；
4. 熟悉证券市场参与者、发行方式、发行条件和规则；
5. 熟悉主要证券价格指数的计算方法和概念。

能力目标

1. 能理解证券市场中不同中介组织的作用；
2. 能对有价证券和证券市场进行识别和分类；
3. 能掌握股票的发行认购过程；
4. 能掌握证券投资基金的发行认购过程；
5. 能帮助投资者辨析证券市场。

案例导读

警惕网络“非法荐股”，谨防财产遭受损失

近年来，随着互联网的迅速发展，网络成为不少投资者获取信息的重要平台。一些不法分子就是利用这一点，通过网络开展“非法荐股”活动，手段不断翻新，乱象层出不穷，需引起投资者高度重视，谨防上当受骗。

一、案情概要

王阿姨退休之后闲来无事，想学习一些投资理财知识。一天王阿姨莫名其妙地被拉入一个股票QQ群，群里每天都发一些涨停板股票，并宣称买了老师的培训课程（季度班、半年班、精品班）就能跟着老师做股票，学费很快就会赚回来。王阿姨想着既能学知识又能赚钱，就先购买了季度班课程。可是交钱以后，对方以学习效果好、赚钱速度快为由，屡次推荐定制半年班和精品班，并给了明确的获利目标，表示最高可达30%的收益。王阿姨经不住劝说，升级购买了半年班课程。经过一段时间学习和操作，不仅学习效果不理想，而且跟做的股票亏损也很大，王阿姨提出异议，对方又推荐购买更高水平老师的课程，王阿姨不同意并提出退还学费的要求。公司说购买的课程已经开课，不管学不学都不退，并推脱让王阿姨找推荐人解决，而推荐人说要找收钱人解决，甚至后来王阿姨的QQ被对方拉黑了，其电话也不接听。

二、风险警示

目前，不法分子利用微信、微博、网络直播室、论坛、股吧、QQ等互联网工具或平台进行“非法荐股”活动的主要特点如下：

一是不法分子通过微信（公众号、朋友圈、添加好友）、微博、论坛、股吧、QQ等，以“大数据诊股”“推荐黑马”“专家一对一指导”“无收益不收费”等夸张性宣传术

语，或者鼓吹过往炒股“业绩”的手段，招揽会员或者客户。

二是投资者加入微信群、QQ群、网络直播室后，有自称“老师”“专家”“股神”“老法师”的人，以传授炒股经验、培训炒股技巧为名，实际上向投资者非法荐股，以获得“打赏费”“培训费”或者收取收益分成等方式牟利，也有的不法分子先免费推荐股票，然后借机邀请投资者加入“内部VIP群”或“VIP直播室”，宣称有更专业的“老师”提供更高端的服务，并以各种名目收取高额服务费。

三是有一些不法分子以“荐股”为名，实际从事其他违法犯罪活动，如利用微信群、QQ群、网络直播室等实时喊单，指挥投资者同时买卖股票，涉嫌操纵市场，或者诱骗投资者参与现货交易（贵金属、艺术品、邮币卡等）或境外期货交易，牟取非法利益。这些非法活动花样繁多、欺骗性强，而不法分子往往无固定经营场所，流窜作案，有的甚至藏身境外，严重损害投资者利益和证券市场正常秩序。

资料来源：http://www.csrc.gov.cn/pub/shanghai/xxfw/jsal/201810/t20181008_344953.htm

任务一 证券及证券投资

证券是商品经济发展到一定阶段的产物。在现代市场经济条件下，证券已成为被社会公众广泛使用的一种投资手段，其作用已渗透到社会经济生活的方方面面。

一、证券

（一）证券的概念和分类

证券是指用以证明或设定权利所做成的书面凭证，它表明证券持有人或第三者有权取得该证券拥有的特定权益，或证明其曾经发生过的行为。如股票、债券、证券投资基金、提单及存款单等都是证券。

证券按其性质不同，可以分为无价证券和有价证券。

无价证券又称凭证证券，是指具有证券的某一特定功能，但不能作为财产使用的书面凭证，如身份证、学生证、借据等。由于这类证券不能流通，因此不存在流通价值和价格。

有价证券是指标有票面金额，证明持有人或该证券指定的特定主体对特定财产拥有所有权或债权，并可自由转让和买卖的凭证。这类证券本身没有价值，但本质上反映了一系列的经济关系，可以取得一定收入，是虚拟资本的一种形式。所谓虚拟资本，是指独立于实际资本，以有价证券形式存在，能够给持有者带来一定收益的资本。通常，虚拟资本的价格总额与实际资本额之间有一定的数量关系，但不一定相等，其变化并不反映实际资本额的变化。

本书研究的是有价证券，它是一系列经济关系的反映。

（二）有价证券的分类

1. 按所体现的内容不同，有价证券可分为货币证券、商品证券和资本证券

（1）货币证券。货币证券是指持有人或第三者拥有货币索取权，可以用来代替货币

使用的有价证券，主要包括两类：一类是商业证券，主要有商业汇票和本票；另一类是银行证券，主要有银行汇票、本票和支票。判断一种证券是否属于货币证券，主要就是看其是否能在某种程度上发挥货币的流通和支付功能。

（2）商品证券。商品证券是指用以证明持有人拥有某种特定商品的所有权或其他请求权的凭证。它的特征在于总是与特定的实际财物相关联，即以实际财物为权益标的。比如提货单、运货单、仓库栈单等，都属于商品证券的范畴。

（3）资本证券。资本证券是指能够在某种程度上发挥资本增值作用，持有人有一定收入请求权的证券，或者说是人们将资本投入或借贷给融资者所获得的权益证书。它是有价证券的主要形式，也被称为狭义的有价证券。本书中的有价证券即指资本证券。

2. 按发行主体的不同，有价证券可分为政府证券、金融证券和公司证券

（1）政府证券。政府证券也称政府债券，通常是指由中央政府或地方政府为筹措财政资金或建设资金，凭借其信用，按照一定程序向投资者发行的一种债权债务凭证。

（2）金融证券。金融证券是指由商业银行及非银行金融机构为筹措信贷资金而向投资者发行的承诺支付一定利息并到期偿还本金的证券。金融证券主要包括金融债券、大额可转让存单等，其中以金融债券为主。

（3）公司证券。公司证券是公司为筹措资金而发行的证券。公司证券包括的范围比较广泛，主要有股票、债券、权证等。

3. 按是否在交易所挂牌交易，有价证券可分为上市证券和非上市证券

（1）上市证券。上市证券又称挂牌证券，是指经证券主管机构核准，并经证券交易所同意，允许在证券交易所内公开买卖的证券。

（2）非上市证券。非上市证券又称非挂牌证券或场外证券，是指未申请上市或不符合证券交易所挂牌交易条件的，由公司自行发行或推销的证券。非上市证券不允许在交易所交易，但可以在交易所以外的场外交易市场进行交易。

4. 按募集方式的不同，有价证券可分为公募证券和私募证券

（1）公募证券。公募证券是指发行人通过中介机构向不特定的社会公众投资者发行的证券，其审核较严格并采取公示制度。对发行人而言，公募证券发行成本较高；对投资者而言，公募证券透明度较高，更有利于投资者做出正确的投资决策。

（2）私募证券。私募证券是指向少数特定的投资者发行的证券，其审查相对宽松，投资者较少，不采取公示制度。私募证券的投资参与者仅限于少数资金雄厚的人，因此其社会影响力较弱，能募集到的资金相对公募证券也少些。

练一练

请思考：企业为什么选择“上市”？

（三）有价证券的特征

有价证券的特征主要包括：

（1）收益性。证券的收益性是指证券持有者可以获得一定数额的收益，收益主要表

现为利息、股息、红利及资本利得等。

（2）流动性。证券的流动性也称变现性，是指资产在不受损失的情况下转变为现金的能力。

（3）风险性。证券的风险性是指投资者所面临的预期投资收益不能实现，甚至本金遭受损失的可能性。

（4）期限性。证券的期限性是指发行人向投资者还本付息的时间长度。债券一般有明确的期限。股票则没有期限，被视为无期证券。

（5）价格波动性。证券的价格波动性是指证券的市场价格并不一定与其固定的面值相等，而经常会受到发行者经营状况、经济、政治、市场供求关系、投资者心理因素等的影响，发生一定的波动。

二、证券投资

（一）投资的概念

投资一般是指经济主体为了获得未来经济收益而在当前投入资金或资源用以转化为实物资产或金融资产，从而实现价值增值的行为和过程。对于任何社会形态而言，持续不断的投资都是保持其经济持续增长的必不可少的条件。

（二）实业投资与证券投资的区别和联系

1. 实业投资与证券投资的区别

（1）投资对象不同。实业投资主要是实物资产投资，投资者以实际资产所有权和经营状况为依据在未来获取收益；证券投资的对象是有价证券等金融资产，以产权、债权等为依据在未来某时获取收益，投资者关心价格的涨跌对其收益的影响。

（2）投资受时间影响的程度不同。弗雷德里克·阿姆林（Frederick·Amling）在其《投资学：管理和分析入门》（*Investments：An Introduction to Analysis and Management*）中写道："三年长的时间完全可以清除商业循环对证券价格的影响，但对于运用新思想、开发新产品而获得经济上的成功可能还太短。"由此可见，证券投资受时间影响较实业投资的程度更小。

（3）所承担的风险不同。进行实业投资之前通常要经过长时间大量的方案论证、评价和选择，即便在投资过程中有失误，也还存在减少损失的余地，所以风险较小。而证券投资一旦失误则无法减少其损失，故风险较大。

（4）投入资金的流动性不同。实业投资的资金大多会转化为生产所需的物质财富，流动性较小。而证券投资资金以金融资产形式存在，流动性较大。

（5）受制约程度不同。实业投资要受资金实力、市场供求状况、投资环境、行业发展情况、经营能力等诸多因素的制约，非常复杂。证券投资可以由投资者自己决定投资与否、投资多少、投资哪些证券等，相对比较独立。

2. 实业投资与证券投资的联系

（1）实业投资与证券投资相互影响、相互制约。一方面，实业投资的规模及其对资本的需求量直接决定证券的发行量；实业投资的收益状况影响证券的价格和收益状况。

另一方面，证券投资的数量直接影响实业投资的资金供给。

(2) 实业投资与证券投资可以相互转化。证券投资的资金只有转化为实业投资才能对社会经济发展产生作用，才能实现其资产增值的目的。

任务二　证券市场

一、证券市场的基本功能

(一) 筹资投资，优化社会资源

资本供求矛盾是社会再生产的重要矛盾，证券市场就是为了解决资本的供求矛盾而产生的市场，它实现了投资需求和筹资需求的对接。证券发行者用筹集到的资金，或开发新产品、或扩大生产规模，伴随公司业绩提高，证券价格自然会升高，更多的资金就会流进这些高效部门。相反，如果公司经营不善，则股价将会下跌，必然影响到公司的后续融资。证券市场起到了优化社会资源的作用。

(二) 宏观调控，保持经济稳定

中央银行进行宏观调控时，经常运用的工具之一就是在证券市场开展公开市场业务。当社会总需求大于社会总供给时，中央银行就向市场抛售一定数量的证券，以回笼货币，减少市场实际货币流通量，降低社会总需求水平，实现社会总供求的平衡；反之则购进证券。

(三) 传播信息，转移风险，扩大收益

证券市场上众多参与者每天从不同角度对政治、经济及市场形势进行调查研究，并把他们所获得的信息在证券市场上进行传播，再经过投资者个人的分析判断，最终或是形成投资行为以扩大收益，或是卖出证券、锁定利润、转移风险。

(四) 转换机制，提高公司管理水平

证券市场对于促进和实现企业法人治理结构和经营机制的转化具有不可替代的作用：第一，有利于形成产权明晰、责权明确、政企分开、管理科学的公司治理结构；第二，有利于在企业运行、财务状况等方面建立规范、透明、及时的信息披露制度；第三，有利于健全企业的经营管理和激励机制，促进形成相对独立的企业家阶层；第四，由于产权分散，社会监督较强，有利于企业形成良好的风险控制机制；第五，由于资金来源相对分散，有利于企业建立合理的财务结构，形成适应能力较强的投融资机制。

二、证券市场的分类

(一) 根据市场功能的不同划分

根据市场功能的不同，证券市场可分为证券发行市场和证券交易市场。证券发行市场是发行人以发行证券的方式筹集资金的场所，又称一级市场、初级市场；证券交易市场是买卖已发行证券的市场，又称二级市场、次级市场。证券市场的两个组成部分，既相互依存，又相互制约，是一个不可分割的整体。发行市场是交易市场的基础和前提，

有了发行市场的证券供应，才有交易市场的证券交易，证券发行的种类、数量和发行方式决定着交易市场的规模和运行。交易市场是发行市场得以持续扩大的必要条件，有了交易市场为证券的转让提供保证，才使发行市场充满活力。此外，交易市场的交易价格制约和影响着证券的发行价格，是证券发行时需要考虑的重要因素。

（二）根据交易对象的不同划分

根据交易的对象不同，证券市场分为股票市场、债券市场、基金市场和衍生品市场。

股票市场是发行和转让、买卖股票的市场，股票市场的存在和发展，为股份有限公司的建立与发展提供了必不可少的客观经济条件。一方面，发行股票筹集资金是股份有限公司自有资本的来源，而要发行股票，就需要有相应的股票发行市场；另一方面，股本具有不返还性，不存在所谓的到期日，而为了满足股东可能收回股本投资的要求，需要赋予股票可转让性，使之具有流动性，这就需要有相应的股票流通市场。

债券市场是公开进行债务融资的场所，通过各种债券的发行和交易实现投融资活动，形成各种债权债务关系。

基金市场是基金证券发行和流通的市场。其中，封闭式基金在证券交易所挂牌交易，其市场是一种集中的场内交易市场；开放式基金投资者通过向基金管理公司申购和赎回来实现流通，其市场是一种松散的场外市场。

衍生品市场是各类衍生产品发行和交易的市场，其交易品种主要有期货、期权、远期和互换，交易目的主要是避险或套利。

（三）根据市场组织形式的不同划分

根据市场组织形式的不同，证券市场分为有组织的场内交易市场和松散的场外交易市场。

场内交易市场主要指有固定交易场所和有固定交易规则的证券交易所。

场外交易市场通常没有固定的交易场所，交易的多是没有在交易所挂牌上市的证券，也叫作柜台交易市场。随着通信技术的发展，一些国家出现了有组织的、并通过现代化通信与电脑网络进行交易的场外交易市场，如美国全国证券交易商协会自动报价表（NASDAQ）。

三、证券市场的参与者

证券市场一般由证券发行人、证券投资者、证券市场中介、自律性组织、证券投资者保护组织和证券监管机构等组成。它们各司其职，充分发挥其本身的作用，构成了一个完整的证券市场的运行架构。

（一）证券发行人

证券发行人是指为筹集资金而发行股票、债券和基金的政府和公司。

1. 政府和政府机构

随着国家干预经济理论的兴起，政府已成为证券发行的重要主体之一，但政府发行证券的品种仅限于债券。

政府（中央政府和地方政府）发行债券所筹集的资金可以用于协调财政资金短期周

转、弥补财政赤字、经济建设，品种包括国库券、财政债券、国家重点建设债券及中央银行发行的证券等。

中央银行是代表一国政府发行法偿货币、制定和执行货币政策、实施金融监管的重要机构。中央银行作为证券发行主体，主要涉及两类证券。第一类是中央银行股票。在一些国家（例如美国），中央银行采取了股份制组织结构，通过发行股票筹集资金，但是中央银行的股东并不享有决定中央银行政策的权利，只能按期收取固定的红利，其股票类似于优先股。第二类是中央银行出于调控货币供给量目的而发行的特殊债券。中国人民银行从 2003 年起开始发行中央银行票据，期限从 3 个月到 3 年不等，主要用于对冲金融体系中过多的流动性。

2. 公司

根据《中华人民共和国公司法》（本书统一简称为《公司法》）的规定，只有股份有限公司才可以发行股票，所筹集的资金属于自有资本，是公司筹集长期资本的主要途径。有限责任公司和国有独资公司都可通过证券市场发行公司债券，所筹集的资金属于借入资金。在公司证券中，通常将银行及非银行金融机构发行的证券称为金融证券。金融机构既可以发行股票，也可以发行债券。欧美等西方国家能够发行证券的金融机构，一般都是股份有限公司，所以将金融机构发行的证券归入了公司证券。而我国和日本则把金融机构发行的债券定义为金融债券，其发行的股票则仍定义为公司股票。

（二）证券投资者

证券投资者既是资金的供给者，也是金融工具的购买者。投资者的种类较多，既有机构投资者，也有个人投资者。

1. 机构投资者

机构投资者主要有政府机构、金融机构、合格境内外机构、企业和事业法人及各类基金等。

（1）政府机构。参与证券投资的政府机构在我国主要是中央银行和为履行国有资产保值增值、国家控股及参股来支配更多社会资源的国有资产管理部门。

（2）金融机构。参与证券投资的金融机构包括证券经营机构、银行业金融机构、保险经营机构以及其他金融机构。

证券经营机构（即证券公司）是证券市场上最活跃的投资者，以其自有资本、营运资金和受托投资资金进行证券投资。按照《中华人民共和国证券法》（本书统一简称为《证券法》）的规定，证券公司可以通过从事证券自营业务和证券资产管理业务，以自己的名义或代其客户进行证券投资。证券公司从事自营业务，其投资范围包括股票、基金、认股权证、国债、公司或企业债券等上市证券以及证券监管机构认定的其他证券。

《中华人民共和国商业银行法》规定不允许银行业金融机构在境内从事信托投资和证券经营业务，不得向非自用不动产投资或者向非银行金融机构和企业投资，可用自有资金买卖政府债券和金融债券。对于因为处置贷款抵押资产而被动持有的股票，只能单向卖出。商业银行可以向个人客户提供综合理财服务，向特定目标客户群销售理财计划，接受客户的委托和授权，按照与客户事先约定的投资计划和方式进行投资和资产管理。

保险经营机构（即保险公司）是全球最重要的机构投资者之一，曾一度超过基金类投资者成为全球最大的机构投资者，除大量投资于各类政府债券、高等级公司债券外，还涉足基金和股票投资。保险公司可以设立保险资产管理公司从事证券投资活动，还可运用受托管理的企业年金进行投资。

（3）合格境外机构投资者。合格境外机构投资者（QFII）制度是在一定规定和限制下汇入外汇资金，并转换为当地货币，通过严格监管的专门账户投资当地证券市场，其资本利得、股息等经审核可转为外汇汇出的一种市场开放模式。其实质是一种有限度地引进外资、开放资本市场的一项过渡性制度。在我国合格境外机构投资者是指符合《合格境外机构投资者境内证券投资管理办法》规定，经中国证券监督管理委员会（本书统一简称为“中国证监会”）批准投资于中国证券市场，并取得国家外汇管理局额度批准的中国境外基金管理机构、保险公司、证券公司以及其他资产管理机构。合格投资者应当委托境内具有托管人资格的商业银行作为托管人托管资产，并委托境内证券公司办理在境内的证券交易活动。就单个上市公司的持股比例而言，单个境外机构的投资限额与国内基金一样不得超过该公司总股份的10%，全部境外机构对单个上市公司的持股上限为30%，而国内基金在这点上没有限制。截至2019年，共有20个国家和地区获得RQFII（人民币合格境外机构投资者）国家和地区额度，2020年进一步取消了国家和地区额度限制。

（4）合格境内机构投资者。合格境内机构投资者（QDII）制度是指经一国金融管理当局审批通过、获准直接投资境外股票或者债券市场的国内机构投资者，在一定规定下通过基金形式募集一定额度的人民币资金，通过严格监管的专门账户投资国外证券市场，其汇回的资本利得、股息红利等经审核后可转为本币的一种市场开发机制。

（5）企业和事业法人。企业可以用自己的积累资金或暂时不用的闲置资金进行证券投资。事业法人可用自有资金和有权支配的预算外资金进行证券投资。

（6）基金类投资者。基金性质的机构投资者包括证券投资基金、社保基金、企业年金和社会公益基金。

2. 个人投资者

个人投资者是指从事证券投资的社会自然人，他们是证券市场最广泛的投资者。我国对证券投资者买卖证券有一些其他限制条件：证券业从业人员、证券业管理人员和国家规定禁止买卖股票的其他人员，不得直接或间接持有、买卖股票，但是买卖经批准发行的国债、基金除外；未成年人未经法定监护人的代理或允许者、因违反证券法规经有权机关决定暂停其证券交易资格而期限未满者、法人提出开户但未能提供该法人授权开户证明者等不得进行证券投资。

（三）证券市场中介

证券市场中介是连接证券投资者与筹资者的桥梁，是证券市场运行的核心。在证券市场起中介作用的实体是证券经营机构和证券服务机构，通常把两者合称为证券中介机构。证券市场功能的发挥，很大程度上取决于证券中介机构的活动。

1. 证券经营机构

在我国，证券公司（即证券经营机构）是指依照《公司法》和《证券法》设立的经营证券业务的有限责任公司或者股份有限公司。证券公司可以经营下列部分或者全部业务：

（1）证券承销与保荐业务。证券承销是指证券公司代理证券发行人发行证券的行为。证券承销业务采取代销或者包销方式。发行人申请公开发行股票、可转换为股票的公司债券，依法采取承销方式的，或者公开发行法律、行政法规规定实行保荐制度的其他证券的，应当聘请具有保荐资格的机构担任保荐人。证券公司履行保荐职责应按规定注册登记为保荐机构。保荐机构负责证券发行的主承销工作，依法对公开发行募集文件进行核查，向中国证监会出具保荐意见。

（2）证券经纪业务。证券经纪业务又称代理买卖证券业务，是指证券公司接受客户委托代客户买卖有价证券的行为。在证券经纪业务中，证券公司应遵循代理原则、效率原则和“三公”原则。

（3）证券自营业务。证券自营业务是指证券公司以自有资金或者依法筹集的资金，为本公司买卖证券、赚取差价并承担相应风险的行为。

（4）投资咨询业务及与证券交易、证券投资活动有关的财务顾问业务。

（5）资产管理业务。资产管理业务是指证券公司根据有关法律、法规和投资委托人的投资意愿，作为管理人，与委托人签订资产管理合同，将委托人委托的资产在证券市场上从事股票、债券等金融工具的组合投资，以实现委托资产收益最大化的行为。

（6）融资融券业务。融资融券业务是指向客户出借资金（或证券）供其买入（或卖出），并收取利息或担保物的经营活动。证券公司开展融资融券业务必须经中国证监会批准。

2. 证券服务机构

证券服务机构是指依法设立的从事证券服务业务的法人机构，主要包括证券登记结算公司、证券投资咨询公司、财务顾问机构、资信评级机构、资产评估机构、会计师事务所、律师事务所、证券信息公司等。

其中，证券登记结算公司是为证券交易提供集中登记、存管与结算服务的专门机构，是不以营利为目的的企业法人。证券登记结算公司履行以下职能：证券账户、结算账户的设立和管理；证券的存管和过户；证券持有人名册登记及权益登记；证券交易所上市证券交易的清算、交收和相关管理；受发行人委托派发证券权益；办理与上述业务有关的查询；国务院证券监督管理机构批准的其他业务。

（四）自律性组织

在我国，证券自律性组织包括证券行业协会和证券交易所。

1. 证券行业协会

证券行业协会是证券业的自律性组织，是社会团体法人。证券行业协会的权力机构为由全体会员组成的会员大会。根据我国《证券法》规定，证券公司应当加入证券行业协会。证券行业协会应当履行协助证券监督管理机构组织会员执行有关法律，维护会员的合法权益，为会员提供信息服务，制定规则，组织培训和开展业务交流，调解纠纷，就证券业的发展开展研究，监督检查会员行为及证券监督管理机构赋予的其他职责。

2. 证券交易所

根据我国《证券法》规定，证券交易所是提供证券集中竞价交易场所的不以营利为目的的法人。其主要职责有：提供交易场所与设施，制定交易规则，监管在该交易所上市的证券以及会员交易行为的合规性、合法性，确保市场公平，公布行情等。

（五）证券投资者保护组织

1. 证券投资者保护基金公司

证券投资者保护基金公司是负责保护基金筹集、管理和使用，不以营利为目的的国有独资公司，由中国证监会管理。为了建立防范和处置证券公司风险的长效机制，保护证券投资者的合法权益，促进证券市场有序、健康发展。2005 年 8 月 30 日，该公司由国务院出资成立，财政部一次性拨付注册资金 63 亿元。

2. 中证中小投资者服务中心

中证中小投资者服务中心于 2014 年 12 月在上海注册成立。它的成立，是中国证监会完善监管政策，丰富投资者保护体系，切实加强中小投资者合法权益保护工作的重要举措。它的主要业务包括：投资者教育、持股行权、纠纷调解、维权服务。

（六）证券监管机构

证券监管机构的设置取决于证券法律体系和证券监管模式。虽然各个国家和地区证券管理机构千差万别，但大体上可分为政府监管机构和自律性监管机构两类。就政府监管机构的设置状况而言，有设置独立机构管理和政府机构兼管两种类型。（1）独立机构管理：独立机构管理是指由直接隶属于立法机关的国家证券监管机构对证券市场进行集中统一监管。（2）行政机构管理：行政机构管理是指由政府附属的行政机构对证券市场进行集中统一监管。我国对证券监管的政府机构是国务院领导下的中国证监会。

四、证券市场的产生与发展

（一）世界证券市场

证券市场形成于自由资本主义时期，股份有限公司的产生和信用制度的深化，是证券市场产生和发展的基础。

在资本主义发展初期的原始积累阶段，西欧就有了证券交易。15 世纪的意大利出现了以票据买卖为主的证券交易。16 世纪，里昂、安特卫普开始有了证券交易所，当时主要的交易对象是国家债券。随着资本主义经济的发展，所有权与经营权相分离的生产经营方式出现，使股票、公司债券及不动产抵押债券相继进入有价证券交易的行列。1602 年在荷兰的阿姆斯特丹成立了世界上第一个股票交易所。1773 年英国第一家证券交易所在伦敦柴思胡同的乔纳森咖啡馆成立，并于 1802 年获得英国政府的批准，它就是著名的伦敦证券交易所的前身。

进入 20 世纪，随着资本主义由自由竞争阶段过渡到垄断阶段，证券市场也以其独特的形式适应着资本主义经济发展的需要，在有效地促进资本积累和资本集中的同时，自身也获得了巨大的发展。1929—1933 年，资本主义世界发生了严重的经济危机，危机的前兆就表现为股市的暴跌，随之而来的经济大萧条更使证券市场受到严重的冲击。危机过后，证券市场仍一蹶不振。

第二次世界大战结束后，随着欧美和日本经济的复苏与发展，世界各国经济不断增长，大大地促进了证券市场的复苏和发展。20 世纪 70 年代特别是 90 年代后期，全球主要证券市场出现了高度繁荣局面，证券市场的规模不断扩大，交易也越来越活跃。

（二）中国证券市场

中国证券市场的萌芽出现在清朝末期。19 世纪 70 年代，清政府洋务派兴办了一些股份制企业，股票应运而生，为便利这些股票的转让交易，证券市场亦随之产生。我国最早的证券交易市场创立于光绪末年（1891 年），是由上海外商组织的“上海股份公所”和“上海众业公所”。在这两个交易所买卖的证券，主要是外国企业股票、公司债券、南洋一带的橡胶股票、清政府的金币公债，以及外国设在上海的行政机构发行的债券等，特别是其中的外国企业股票和橡胶股票交易占了很大的份额。中国人自己创办的交易所在辛亥革命前还不多见。1912 年以后，中国证券交易规模逐渐扩大。1918 年成立了北平证券交易所，这是中国人自己创办的第一家专营证券业务的交易所。上海于 1920 年成立了上海证券物品交易所。此后又相继成立了上海华商证券交易所、青岛物品交易所、天津市企事业交易所等，逐步形成了旧中国的证券市场。

新中国成立后，旧证券交易所被取消。1990 年 11 月 26 日，上海证券交易所开始试营业。1990 年 12 月 1 日，深圳证券交易所开始试营业。1990 年 12 月 19 日，上海证券交易所正式挂牌营业。1991 年 7 月 3 日，深圳证券交易所正式挂牌营业。2006 年 9 月 8 日，中国金融期货交易所在上海成立。2009 年上海证券交易所交易额超过日本东京证券交易所，居亚洲第一位，成为继美国纽约证券交易所和美国纳斯达克证券交易所之后的世界第三大证券交易所。2010 年 4 月 8 日，股指期货品种正式开始交易，证券市场做空机制终于破茧而出。2021 年 9 月，习近平总书记在全球服务贸易博览会上宣布，建立北京证券交易所。2021 年 10 月，中国证监会发布北京证券交易所基础制度的生效日期为 11 月 15 日。

新中国证券市场自建立之初就坚持对外开放的方针，坚持服务实体经济的根本宗旨，从服务国企改革起步，到中小板、创业板、新三板、科创板相继推出，私募股权和创业投资规范发展，多层次资本市场体系渐趋完备。30 多年来，资本市场累计实现股权融资超过 21 万亿元。特别是近年来，更加聚焦服务科技创新，通过改革推动要素资源加速向科技创新领域集聚，科创板开板以来，IPO 融资金额已占同期 A 股的近一半，资本市场促进科技、资本和产业高水平循环的枢纽作用明显增强。稳步发展交易所债券市场，2020 年交易所债券市场存续余额近 16 万亿元，融资工具品种不断丰富，有效拓宽了实体企业特别是中小民营企业融资渠道。平稳推出了 90 多个期货期权品种，基本覆盖国民经济主要领域，价格发现、风险管理等功能有效发挥。

我国持续推进股票发行审核制度改革，在历经审批制、核准制等实践的基础上，为更好发挥市场在资源配置中的决定性作用，以科创板为突破口试点股票发行注册制，并稳步扩展至创业板，探索建立了“一个核心、两个环节、三项市场化安排”的注册制架构，发行定价市场化程度、审核注册效率和可预期性大幅提高。

开放是资本市场发展的内在要求，也是市场走向成熟的必由之路。我国坚持“引进来、走出去”一体推进，推动境内企业到境外上市，建立健全 QFII、RQFII 制度，不断深化沪港通、深港通等互联互通机制，并抓住“一带一路”倡议重要机遇，开展与境外市场多种形式合作，积极参与国际金融治理。行业机构外资股比限制全面放开，沪伦通、中日 ETF 互通相继落地，A 股纳入国际主流指数的比重稳步提升。

五、世界各国主要证券市场简介

（一）美国证券市场

美国证券市场是目前全世界市场规模最大、最发达的证券市场，其中规模大、影响面广、具有代表性的交易所有：纽约证券交易所、纳斯达克证券交易所、美国证券交易所、芝加哥选择权交易所等。

（二）日本证券市场

日本证券市场现有东京、大阪、名古屋、札幌、京都、广岛、福冈等证券交易所。其中规模大、影响面广、具有代表性的证券交易所是日本东京证券交易所。东京证券交易所是日本历史最悠久、规模最大的证券交易所。

（三）英国证券市场

英国证券市场目前是世界第三大证券市场。其中伦敦证券交易所是世界著名的三大证券交易所（纽约证券交易所、东京证券交易所、伦敦证券交易所）之一，有 200 多年的历史。在交易额方面它仅次于纽约证券交易所和东京证券交易所，但其周转额却居世界第一位。每天正式挂牌上市的证券达 7 500 种，每天有 5 亿英镑的证券转手。其上市证券的种类有一半为外国证券，尤以国债为多，其国际化程度是世界上最高的。

六、证券价格指数概述

证券价格指数是反映有价证券市场价格波动的相对数，可分为股票价格指数和债券价格指数。

（一）股票价格指数

股票价格指数简称股价指数，是报告期股价与某一基期股价相比较的相对变化指数，用来表示多种股票平均价格水平及其变动情况，具有反映股市人气、多空双方实力等作用，也是国民经济的“晴雨表”。

按照涵盖股票数量和类别的不同，可以把指数分为综合指数、成分指数和分类指数三类。综合指数是指在计算股价指数时将某个交易所的所有股票市价升跌都计算在内的指数，如纽约证交所综合指数、我国的上证综合指数等。成分指数是指在计算股价指数时仅仅选择部分具有代表性的股票作为标的指数。目前，世界上大多数指数都是成分指数，如道琼斯指数、标准普尔 500 指数、伦敦金融时报 100 指数、上证 180 指数等。成分指数选择的股票一般具有市场价值大、交易量大、业绩好的特点。分类指数是指对某个行业的全体股票价格变动进行加权平均的指数，如金融指数、地产指数。

（二）债券价格指数

债券价格指数是反映债券市场价格总体走势的指标体系。与股票价格指数一样，债券价格指数也是一个比值，其数值反映了当前市场的平均价格相对于基期市场平均价格的位置；也可分为综合指数和分类指数。

七、国内外主要的证券价格指数

（一）我国主要的股票价格指数

1. 中证指数有限公司及其指数

中证指数有限公司成立于 2005 年 8 月 25 日，是由上海证券交易所和深圳证券交易所共同发起设立的一家专门从事证券指数及指数衍生产品开发服务的公司，发布的指数有中证流通指数、沪深 300 指数、中证规模指数体系。其中沪深 300 指数是使用最多的成分指数。

沪深 300 指数是在上海证券交易所和深圳证券交易所中选取 300 只 A 股作为样本编制而成的成分股指数，指数样本覆盖了沪、深市场六成左右的市值，具有良好的市场代表性。它的推出，丰富了市场现有的指数体系，增加了一项用于观察市场走势的指标，有利于投资者全面把握市场运行状况，也进一步为指数投资产品的创新和发展提供了基础条件。指数基日为 2004 年 12 月 31 日，基点为 1 000 点。

2. 上海证券交易所的股价指数

（1）上证综合指数。上证综合指数是上海证券交易所从 1991 年 7 月 15 日起编制并公布的上海证券交易所股价指数。它以 1990 年 12 月 19 日为基期，基点为 100 点，以全部上市股票为样本，以股票发行量为权数，按加权平均法计算，包括 A 股指数、B 股指数。

（2）上证 180 指数。上证 180 指数选择总市值和成交金额排名靠前的股票，按照中证一级行业的自由流通市值比例，分配和选取 180 只固定样本，以自由流通股股本为权重加权计算，是上海证券市场上最具代表性的大型蓝筹股票指数。

（3）上证 50 指数。该指数是在上证 180 指数的样本股中挑选规模最大、流动性最好的 50 只股票，反映最具市场影响力的一批龙头企业的状况。

（4）上证 380 指数。该指数是在上证 180 指数之外的公司中，剔除亏损及近 5 年未分红送股公司，按中证二级行业的自由流通市值比例分配样本，在行业内选取规模、流动性、成长性和盈利能力综合排名靠前的 380 只样本股。

上证分类指数还有 A 股指数、B 股指数及工业类、商业类、地产类、公用事业类、综合类等七类指数。

3. 深圳证券交易所的股价指数

（1）深圳成分指数。它选取深圳证券市场中市值规模与流动性综合排名前 500 位的 A 股组成样本股，从市值结构、行业结构、板块结构等方面均能有效地表征深圳证券市场特点，以 1994 年 7 月 20 日为基期，基点为 1 000 点，起始计算日为 1995 年 1 月 23 日。

（2）深证综合指数。它以深圳证券交易所上市的全部股票为样本股，以 1991 年 4 月 3 日为基期，基期指数为 100 点，包括 A 股指数、B 股指数。

（3）创业板综合指数。它于 2010 年 8 月 20 日发布，以在深圳证券交易所创业板上市的全部股票为样本股，以样本股可流通股本数为权数进行加权逐日连锁计算。

深证分类指数还有农林牧渔业、采掘业、制造业、建筑业、房地产业等13类指数。

4. 香港和台湾的主要股价指数

(1) 恒生指数。恒生指数是由香港恒生银行于1969年11月24日起编制公布、系统反映香港股票市场行情变动最有代表性和影响最大的指数。该指数以选定的50种有代表性股票为对象，分为四大类：金融、公用事业、房地产股票和其他工商及运输业股票。

(2) 台湾证券交易所发行量加权股价指数。该指数包括台湾证券交易所全部挂牌交易股票，以1966年平均数为基期，基点为100点。

(二) 我国主要的债券价格指数

1. 中证全债指数

中证指数有限公司于2007年12月17日发布中证全债指数。该指数的样本债券是在上交所、深交所及银行间市场上市的国债、金融债及企业债。样本债券的信用级别在投资级以上，币种为人民币，剩余期限为1年以上，付息方式为固定利率付息和一次还本付息。该指数的基日为2002年12月31日，基点为100点。

2. 上证国债指数

上证国债指数以在上海证券交易所上市的、剩余期限在1年以上的固定利率国债和一次还本付息国债为样本，按照国债发行量加权，基日为2002年12月31日，基点为100点。

3. 上证企业债指数

该指数以在沪深证券交易所上市交易的固定利率付息和一次还本付息、剩余期限在1年以上（含1年）、信用评级为投资级以上的非股权连接类企业债券为样本，以2002年12月31日为基日，基点为100点，采用派许加权综合价格指数公式计算。

4. 中国债券指数

该指数体系包括国债指数、企业债指数、政策性银行金融债指数、银行间债券指数、交易所债券指数、中短期债券指数和长期国债指数等，覆盖了交易所市场和银行间市场所有发行额在50亿元以上、待偿期限在1年以上的债券，指数样本债券每月月末调整一次。

(三) 我国主要的基金价格指数

1. 中证基金指数系列

中证指数有限公司于2008年2月4日正式发布中证基金指数系列。目前该指数系列有4个指数，包括中证开放式基金指数和3个分类指数（中证股票型基金指数、中证混合型基金指数和中证债券型基金指数），均以2002年12月31日为基日，基点为1 000点。

2. 上证基金指数

上证基金指数的选样范围为在上海证券交易所上市的所有证券投资基金。

该指数以2000年5月8日为基日，基点为1 000点，于2000年5月9日开始正式发布。

3. 深证基金指数

深证基金指数的样本包括已在深圳证券交易所上市的所有证券投资基金。新上市的基金自上市后第二个交易日起纳入指数计算范围。深证基金指数的编制采用派许加权综合指数法计算，权数为各证券投资基金的总发行规模，以 2000 年 6 月 30 日为基日，基点为 1 000 点，起始计算日为 2000 年 7 月 3 日。

（四）国外主要的股票价格指数

1. 道·琼斯指数

道·琼斯指数是国际上历史最悠久、最有影响而又最为公众所熟悉的股价指数之一。早在 1884 年 7 月 3 日，道·琼斯公司的创始人查尔斯·亨利·道和爱德华·琼斯根据美国 11 种有代表性的股票价格平均数编制出股价指数，并把它发表于该公司所编的《每日通讯》上。目前，道·琼斯指数是以 1928 年 10 月 1 日为基日，基点为 100 点，以后各期股票价格同基期相比算出的百分数就为各期的股价指数。

目前发布到世界各地的道·琼斯指数共分 5 组，即由 30 种有代表性的大工商业公司股票组成的工业股票价格平均指数，由 20 种有代表性的运输业公司股票组成的运输业股票价格指数，由 15 家有代表性的公用事业大公司组成的公用事业股票价格指数，以综合前三组 65 种股票算出的综合股票价格指数，以及以道·琼斯工业平均指数 30 家成分公司中支付分红的公司为编制对象的道·琼斯工业平均收益加权指数。上述 5 组中用得最多的是第一组，即 30 种工业股票价格平均指数。

2. 标准普尔 500 指数

标准普尔 500 指数是美国最大的证券研究机构——标准·普尔公司编制的股价指数，始于 1923 年。最初选了 233 种股票，编制两种股价指数。从 1957 年起扩大到 500 种，目前它包括 400 种工业股票、20 种运输业股票、40 种公用事业股票和 40 种金融业股票。标准普尔 500 指数以 1941—1943 年为基期，以 10 为基期的指数点，以上市股票数量为权数，按基期进行加权计算，即目前的股票市场价格乘以目前市场上发行的股票数为分子，用基期的股票市场价格乘以基期股票数为分母，相除所得再乘以 10 就是股价指数。

3. 纳斯达克指数

纳斯达克（NASDAQ）的中文全称是美国全国证券交易商协会自动报价表，于 1971 年正式启用。它利用现代电子计算机技术，将美国 6 000 多个证券商网点连接在一起，形成了一个全美统一的场外二级市场。

纳斯达克指数主要有两类：反映纳斯达克整个市场的纳斯达克综合指数，以及反映纳斯达克全国市场的 100 指数等。其中影响最大的是反映 5 000 多家上市公司股价变化的纳斯达克综合指数，综合指数始创于 1971 年 2 月 8 日，基点为 100 点。

4. 伦敦金融时报证券交易所指数

伦敦金融时报证券交易所指数（也译为“富时指数”）是英国最具权威性的股价指数，由《金融时报》编制和公布。这一指数包括三种：一是金融时报工业股票指数，又称 30 种股价指数；二是 100 种股票交易指数，又称“FT100 指数”，该指数自 1984 年 1 月 3 日起编制并公布；三是综合精算股票指数。通常采用的是第一组即 30 种有代表性的工业和商业股票的股价指数。伦敦金融时报证券交易所指数以 1935 年 7 月 1 日为基日，基点为 100 点，能较全面反映伦敦股票市场的变动。

5. 日经平均股价指数

日经平均股价指数是由日本经济新闻社编制和公布的反映日本股票市场价格变动的股价指数。该指数从1950年9月开始编制，最初根据在东京证券交易所第一市场上市的225家公司的股票算出修正平均股价，称为“东证修正平均股价”。1975年5月1日，日本经济新闻社向道·琼斯公司买进商标，采用道·琼斯修正指数法计算，指数也改称为“日经道·琼斯平均股价指数”。1985年5月合同期满，经协商，又将名称改为“日经平均股价指数”。

按采样数目不同，现在日经平均股价指数分成两组：一是日经225种平均股价指数，二是日经500种平均股价指数。

案 例

科创板开市首日股票表现综述

2019年7月22日上午9时30分，伴随上海证券交易所传出开市锣声，备受瞩目的科创板正式开市。首日交易，科创板交出喜人“红色”成绩单。新华社记者梳理五大关键词，带你一览科创板首日开市的“风采”。

一、关键词：新兴

科创板是中国资本市场的“新人”，更创造了新的“速度”。从2018年11月首届中国国际进口博览会上宣布，到6月13日开板，再到7月22日开市，仅耗时8个多月。对于科创板的上市公司而言，“高新技术”和“战略性新兴产业”是它们共同的关键词。首批上市的25家公司，分别来自9个省和直辖市，所处行业集中在高端装备、新材料、生物医药、新一代信息技术等产业，彰显了我国不同领域的科技创新实力。

科创板采用以信息披露为核心的证券发行注册制，这是我国资本市场的制度新尝试。中国证监会副主席李超在开市仪式上表示，设立科创板并试点注册制肩负着引领经济发展向创新驱动转型的使命，也承载资本市场基础制度改革的初心，对于进一步提升资本市场功能，更好服务供给侧结构性改革和高质量发展具有独特的作用。

二、关键词：火热

科创板首批25家企业正式挂牌上市后，交易情况可以用“火热”形容。截至收盘，科创板当日成交额突破485亿元。火热交易的背后，是各方对我国资本市场新发展的期待。据了解，首批25家科创板公司平均网上申购有效户数超过300万户，这意味着合格投资者几乎“全员”参与了打新。投资者对科创板的热情更体现在科创板首日的换手率上，25只股票中除南微医学外，其余24只换手率均超70%，安集科技换手率高达86%。专家提示，首日换手率较高符合市场预期，但同时要注意后期交易中的两极分化风险。

三、关键词：提质

与科创板开市首日的火热相比，A股市场当天表现显得有些疲弱。有股民表示，“科创板取得的成绩令人振奋，但A股的健康发展更是众所期待”。

对此，专家表示被视为改革“试验田”的科创板，与存量市场形成错位发展格局，实现资本市场稳步发展是二者的共同目标。瑞银证券有限责任公司总经理钱于军指出，科创板的开板是A股市场发展的重要里程碑，不仅帮助科创类企业快速融资发展壮大，也通过试行注册制为资本市场注入活力，对A股市场的发展有着长远的积极意义。

四、关键词：活力

截至收盘，首批25只科创板股票全天涨幅均超过80%，平均涨幅约140%，其中16只股票涨幅翻倍。涨幅最大的安集科技，涨幅超过400%，市值最大的中国通号体量接近1 300亿元。

原投行人士王骥跃指出，科创板的交易规则为股票快速上涨提供了可能性。安集科技等市场公认的优质企业上涨较多，一些市场认为一般的企业涨幅有限，证明市场挑选企业的机制已经开始发挥作用。

与营收、利润和规模等传统上市指标相比，科创板更关注企业的研发投入。这有利于鼓励科技创新和发展。数据也证明了这一点，首批上市的25家企业2018年研发投入占营收比平均为11.3%，近三年合计研发投入占合计营收的比例中位数为10.2%，展现出强大的市场活力和发展前景。

五、关键词：风险

科创板首日充满活力的市场氛围，让风险受到投资者的关注。如何规避风险、理性投资，也成为专家和业内人士对科创板未来走向的关注焦点。

上海交通大学中国金融研究院发布的《科创板制度风险防范专题研究》指出，长期以来，A股市场由于审核发行时人为压低了股票的发行价，从而导致打新“稳赚不赔”、散户争抢新股中签的现象。而在科创板市场化的定价方式下，打新可能不再稳赚不赔，因此，监管机构、承销机构和交易所等应该加强股票破发风险预警提示和舆论引导。

业内人士表示，由于科技创新企业往往具有培育慢、技术更迭快、风险高等特点，加之上市后的前5个交易日不设涨跌幅限制，其后日涨跌幅限制为20%，科创板股票上市初期可能出现股价大幅波动，市场风险也会被加大。

资料来源：https://baijiahao.baidu.com/s?id=1639773540669497853&wfr=spider&for=pc

任务：根据科创板的市场表现，搜集相关资料给出对“沪硅产业-U”股票的操作建议。

任务三　证券发行市场

证券发行市场是发行人向投资者出售证券的场所。证券发行市场又称证券的一级市场、初级市场，其作用是为资金需求者提供筹措资金的渠道，为资金供应者提供投资和获利的机会，实现储蓄向投资转化。证券发行市场通常无固定场所，是无形的市场。

一、证券发行与承销制度

（一）证券发行制度

世界各国对证券发行的审核制度主要有核准制和注册制两种。

1. 核准制

核准制又称“实质审查制”，实行实质管理原则。在核准制下，发行人在发行证券时，不仅要充分公开企业的真实状况，而且还必须符合有关法律和证券管理机关规定的必备条件，证券主管机关有权否决不符合规定条件的证券发行申请。证券主管机关除了进行注册制所要求的形式审查外，还要对发行人的营业性质、财力、素质及发展前景、发行数量与价格等条件进行实质审核，并由此做出发行人是否符合发行实质条件的价值判断。在核准制下，发行人的发行权由审核机构以法定方式授予。

2. 注册制

注册制又称“申报制”或“登记制”。在注册制下，发行人在准备发行证券时，必须将依法公开的各种资料完全准确地向证券主管机关呈报并申请注册。政府主管机关的职责是依据信息公开原则，对申报文件的全面性、真实性、准确性和及时性作形式审查。至于发行人的营业性质、财力、素质及发展前景、发行数量与价格等实质条件均不作为发行审核的要件。证券主管机关无权对证券发行行为及证券本身做出价值判断，申报文件提交后，经过规定的法定期间，主管机关若无异议，申请即自动生效。在注册制下，发行人的发行权无须由国家授予。

该发行制度的优点是：可以简化审核程序，减轻主管机关的负担，提高投资人的投资判断能力，减少对政府的依赖。但对不成熟的投资者来说，具有较大的投资风险。2020 年 3 月 1 日起，中国开始全面推行注册制。目前，实行注册制的国家主要有美国、日本、英国、德国、法国、加拿大、意大利、澳大利亚、巴西等。表 1-1 对核准制和注册制进行了比较。

表 1-1　注册制和核准制的比较

	核准制	注册制
发行指标和额度	无	无
发行上市标准	有	有
主要推荐人	中介机构	中介机构
对发行作实质判断的主体	证券交易所、中介机构、中国证监会	证券交易所、中介机构
发行监管性质	证券交易所、中介机构和中国证监会分担实质性审核职责	证券交易所和中介机构实质审核、中国证监会形式审核

（二）证券发行方式

1. 按证券发行对象的不同，证券发行可分为公募发行和私募发行

（1）公募发行。公募发行指以非特定的投资者作为证券发行的对象，按统一的条件

发售证券的行为。公募发行涉及众多的投资者，为了保证投资者的合法权益，公募发行主体须具备一定的资格和条件，按照一定的程序发行证券。发行时一般要委托一家证券公司、投资银行等作为承销商，负责办理发行证券的相关事务。公募发行可以提高发行人的社会知名度，扩大其社会影响，使发行人在较短的时间内筹集到大量的资金，所发行的证券也具有较高的流动性。但公募发行的手续比较烦琐，发行成本较高。

（2）私募发行。私募发行指仅向少数投资者发行证券的一种方式，也称为内部发行。发行对象一般是与发行者有特定关系的投资者，如发行企业的职工或与发行人有密切关系的企业与机构。私募发行一般由筹资企业自己组织证券销售，即自营发行。私募发行不必像公募发行那样向社会公开内部信息，也没有必要取得证券资信评定。其发行手续比较简单，发行成本较低。内部发行的证券一般不允许上市转让，因而证券流动性较差。

2. 按照是否借助中介机构，证券发行可分为直接发行和间接发行

（1）直接发行。直接发行指发行人不通过证券承销商而自己发行证券。如银行发行的金融债券、大额可转让存单，企业内部筹资发行的股票或债券等，大都采用这种自营方式。这种发行方式手续简单，发行成本较低，保密性好。但发行人要自己承担全部发行责任，发行的数量较少，发行范围较窄，社会影响较小。

（2）间接发行。间接发行也称委托代理发行，是指发行人不直接参与证券的发行过程，而是委托给一家或几家证券承销机构销售的方式。只要是公司发行证券一般都要通过金融机构或证券公司进行承销。间接发行对于发行人来说，虽然要支付一定的发行费用，但是有利于缩短发行时间，降低发行风险，提高发行人的知名度。

间接发行中，根据发行人与承销方之间在承销风险、权利和义务方面的不同，又可分为代销和包销。代销是指证券承销商代发行人发售证券，在承销期结束时，将未售出的证券全部退还给发行人的承销方式。承销机构不负承购剩余证券的责任，发行风险由发行公司自己承担。包销则是指证券承销商将发行人的证券按照协议全部购入，即全额包销；或者在承销期结束时将售后剩余证券全部自行购入，即余额包销的承销方式。包销方式可以使得发行人不承担发行风险，但不利之处是发行费用较高。

我国《证券法》规定，发行人向不特定对象发行的证券，法律、行政法规规定应当由证券公司承销的，发行人应当同证券公司签订承销协议；向不特定对象发行的证券票面总值超过人民币 5 000 万元，应当由承销团承销。

3. 其他发行方式

（1）担保发行。担保发行是指筹资企业发行债券时，为了提高其信誉，增加投资者的安全感和对投资者的吸引力，承诺保证到期支付债券本息的一种发行方式。这等于给投资者一个偿还的保证，但发行股票不存在偿还保证问题。债券担保发行根据发行保证的不同，又可分为企业实物担保发行、企业产品担保发行、证券担保发行和信用担保发行。

（2）招标发行（具体见后文债券发行方式）。

二、股票的发行

（一）发行情况

股票发行是指公司通过发行股票募集资本，投资者认购股票成为公司股东的行为。

公司发行股票，主要有四种情况：

（1）发起设立发行。发起设立发行指公司的发起人通过发起公司认购公司拟发行的全部股份而设立公司，无须向社会公众筹资。在这种情况下，股份有限公司创建时的资金来源，就只是发起人认购股票所缴金额，每个发起人就都是公司的原始股东。

（2）募集设立发行。募集设立发行指股份有限公司在原独资公司或有限责任公司的基础上进行公司制改造，在对原公司资产进行评估折股的基础上，向社会发行一定数量的股票；或者是，公司发起人在公司设立时只认购一部分股票，其余部分向社会公开招股，吸引社会公众认购一定数额的股票，使之达到预定的资本总额。以这种方式发行股票，公司的原始股东除了少数发起人之外还包括众多的来自社会的股东。

（3）配股发行。配股发行指公司按原来股份的一定比例配给原股东购买公司股票的优先权，从而增加公司股份。

（4）送股发行。送股发行指公司在股利分配中，不以现金形式派发股息，而是将资本公积、盈余公积和未分配利润按股东持股比例转增股份，以增加公司股本数量。

一个特殊情况是首次公开发行（Initial Public Offering，IPO），又称初次公募发行，是企业第一次向社会公众发行股票。首次公开发行是风险投资资本最常用的退出方式之一。

知识链接

我国首次公开发行股票试点的询价制度

为保护投资者的合法权益，加强市场约束，完善股票发行价格形成机制，我国于2005年1月1日实施首次公开发行股票试行询价制度。主要内容如下：

按照规定，发行申请经中国证监会核准后，发行人应公告招股意向书，开始进行推介和询价。询价分为初步询价和累计投标询价两个阶段。发行人及其保荐机构应通过初步询价确定发行价格区间，通过累计投标询价确定发行价格。

发行人及其保荐机构应向不少于20家询价对象进行初步询价，并根据询价对象的报价结果确定发行价格区间及相应的市盈率区间。公开发行股数在4亿股（含4亿股）以上的，参与初步询价的询价对象应不少于50家。发行人及其保荐机构应向参与累计投标询价的询价对象配售股票：公开发行数量在4亿股以下的，配售数量应不超过本次发行总量的20%；公开发行数量在4亿股以上（含4亿股）的，配售数量应不超过本次发行总量的50%。

累计投标询价完成后，发行价格以上的有效申购总量大于拟向询价对象配售的股份数量时，发行人及其保荐机构应对发行价格以上的全部有效申购进行同比例配售。配售比例为拟向询价对象配售的股份数量除以发行价格以上的有效申购总量。

（二）发行条件

1. 设立股份有限公司时首次公开发行股票并在主板上市必须具备的条件

中国证监会发布的《首次公开发行股票并上市管理办法》（2020年修订版）规定，

首次公开发行股票并上市应满足以下条件：

（1）发行人是依法设立且持续经营时间在3年以上的股份有限公司，但经国务院批准的除外。有限责任公司按原账面净资产值折股整体变更为股份有限公司的，持续经营时间可以从有限责任公司成立之日起计算。

（2）发行人最近3年内主营业务和董事、高级管理人员没有发生重大变化，实际控制人没有发生变更。

（3）发行人规范运行。

（4）最近3个会计年度净利润均为正数且累计超过人民币3 000万元，净利润以扣除非经常性损益前后较低者为计算依据；最近3个会计年度经营活动产生的现金流量净额累计超过人民币5 000万元；或者最近3个会计年度营业收入累计超过人民币3亿元；发行前股本总额不少于人民币3 000万元；最近一期末无形资产（扣除土地使用权、水面养殖权和采矿权等后）占净资产的比例不高于20%；最近一期末不存在未弥补亏损。

（5）发行人的经营成果对税收优惠不存在严重依赖。

（6）发行人不存在重大偿债风险，不存在影响持续经营的担保、诉讼以及仲裁等重大或有事项。

（7）发行人不得有影响持续盈利能力的情形。

2. 股份有限公司申请增资发行股票必须具备的条件

根据中国证监会发布的《上市公司证券发行管理办法》（2020年修订版），主板上市公司的增发，除了要满足公开发行股票的一般规定外，还应当符合其他一些条件：最近3个会计年度加权平均净资产收益率平均不低于6%；扣除非经常性损益后的净利润与扣除前的净利润相比，以低者作为加权平均净资产收益率的计算依据；除金融类企业外，最近一期末不存在持有金额较大的交易性金融资产和可供出售的金融资产、借予他人款项、委托理财等财务性投资的情形；发行价格应不低于公告招股意向书前20个交易日公司股票均价或前一个交易日的均价。

3. 配股发行必须具备的条件

根据中国证监会发布的《上市公司证券发行管理办法》（2020年修订版），主板上市公司的配股，除了要满足公开发行股票的一般规定外，还应当符合下列规定：拟配售股份数量不超过本次配售股份前股本总额的30%；控股股东应当在股东大会召开前公开承诺认配股份的数量；采用《证券法》规定的代销方式发行。

（三）发行价格

1. 股票发行价格的种类及影响因素

股票发行价格是指投资者认购新发行的股票时实际支付的价格。根据发行价与票面金额的不同，发行价格可以分为面值发行与溢价发行。根据我国《公司法》规定，股票发行价格可以等于票面金额，也可以超过票面金额，但不得低于票面金额。以超过票面金额的价格发行股票所得的溢价款项列入发行公司的资本公积金。

一般而言，在确定股票发行价格时应综合考虑盈利水平、行业特点、股市状态以及发行数量等影响股价的基本因素。

（1）盈利水平。税后利润综合反映了一个公司的经营能力和收益水平，通常税后利润越高，发行价格也就越高；反之亦然。反映公司盈利能力的指标，在时间上分为两类：募股前已实现的盈利和募股后预测可实现的盈利。对投资者来说，这两类指标都很重要，而前3年的盈利状况尤为重要。

（2）行业特点。不同的公司处于不同的产业部门中，各产业部门受技术进步速度、产品生命周期、市场发育程度、政策扶持情况等因素影响，处于不同的增长态势中，有着不同的发展前景。那些技术进步快、国际竞争力强、市场前景好、政策扶持大的现代产业中的公司，其股票发行价格可能较高；反之，其股票发行价格通常较低。

（3）股市状态。一般来说，在股票处于牛市，股票交易活跃时，受交易价格上升的影响，投资者对股票的需求比较旺盛，股票发行价格会高些。

（4）发行数量。股票发行受到购股资金数量的严格制约。一次发行股票的数量较大，在确定的时间内，受资金供给量的限制，若发行价格过高，将面临发行失败的风险，因此，一般宜采取低价策略。如果一次发行股票的数量较少，则发行价格可以适当提高。

2. 股票发行的定价方式

股票发行的定价方式很多。目前，我国首次公开发行的股票多采用询价制度。除首次公开发行外，其余股票发行通常采用如下定价点式。

（1）协商定价方式。协商定价方式是由发行人与主承销商协商确定股票发行价格，报中国证监会核准。一般发行人和主承销商事先都要协商出一个发行底价或发行价格区间。发行底价或发行价格区间常采用下述方法确定：

①市盈率法。市盈率又称本益比，是指股票市场价格与每股收益（又称每股税后利润、每股净利润）的比率。

每股净利润的计算通常有两种方法：一种为完全摊薄法，即用发行当年预测全部净利润除以总股本；另一种是加权平均法。

$$\frac{\text{加权平均法计算}}{\text{每股净利润}}=\frac{\text{发行当年预测净利润}}{\text{发行前总股本数}}+\frac{\text{本次发行}}{\text{股本数}}\times(12-\text{发行月份})\div 12$$

不同的方法得到不同的发行价格。每股净利润确定采用加权平均法较为合理，因为股票发行时间不同，资金实际到位对企业效益产生影响就不同。

运用市盈率法确定股票发行价格，首先应根据盈利预测计算出每股净利润；其次是根据二级市场的平均市盈率、行业情况（同类公司股票市盈率）、发行人的经营状况及其成长性等拟订发行市盈率；最后依发行市盈率与每股净利润之乘积决定发行价。其公式为：

$$\text{股票发行价格}=\text{每股净利润}\times\text{发行市盈率}$$

②净资产倍率法。净资产倍率法又称资产现值法，指通过资产评估和相关会计手段确定发行人拟募股。

先确定资产的净现值和每股净资产值，然后根据证券市场的状况将每股净资产值乘以一定的倍率或一定折扣，以此确定股票发行价格。这种方法常用于房地产公司或资产现值有重要商业意义的公司的股票发行。以此种方式确定每股发行价格不仅应考虑公平市值，而且还需考虑市场所能接受的溢价倍数或折扣倍率。其公式为：

股票发行价格=每股净资产×溢价倍率（或折扣倍率）

③竞价确定法。竞价确定法是指投资者在指定时间内通过交易柜台或者证券交易所交易网络，以不低于发行底价的价格按限购比例或数量进行认购委托，申购期满后，由交易所的交易系统将所有有效申购按照价格优先、同价位申报按照时间优先的原则，将投资者的认购委托由高价位向低价位排队，并由高价位到低价位累计有效认购数量，当累计数量恰好达到或超过本次发行数量的价格，即为本次发行的价格。

如果在发行底价上仍不能满足本次发行股票的数量，则竞价的底价即为发行价。发行底价也可由发行人和承销商根据发行人的经营业绩、盈利预测、投资规模、市盈率、发行市场与股票交易市场上同类股票的价格及影响发行价格的其他因素，共同研究协商确定。

（2）一般询价方式。一般询价发行是在对一般投资者上网发行和对机构投资者配售相结合的发行方式下，发行人和主承销商事先确定发行量和发行底价，通过向机构投资者询价，并根据机构投资者的预约申购情况确定最终发行价格，以同一价格向机构投资者配售和对一般投资者上网发行。

（3）累计投标询价方式。累计投标询价方式是指在发行过程中，根据不同价格下投资者的认购意愿确定发行价格的一种方式。通常，主承销商将发行价格确定在一定区间内，投资者在此区间内按照不同的发行价格申报认购数量，主承销商将所有投资者在同一价格之上的申购量累计计算，得出一系列在不同价格之上的总申购量。最后主承销商按照总申购量超过发行量的一定倍数（超额认购倍数）确定发行价格。

（4）上网竞价方式。上网竞价发行是指发行人和主承销商利用证券交易所的交易系统，由主承销商作为新股的唯一卖方，以发行人宣布的发行底价为最低价格，以新股实际发行量为总的卖出数，由投资者在指定的时间内竞价委托申购，发行人和主承销商以价格优先的原则确定发行价格并发行股票。

知识链接

股票发行路演与绿鞋安排

一、路演（road show）

路演也称作路游，是股票承销商帮助发行人安排的发行前的调研活动。一般来说，承销商先选择一些可能销出股票的地点，并选择一些可能的投资者，主要是机构投资者。然后，带领发行人逐个地点去召开会议，介绍发行人情况，了解投资人的投资意向。大多数情况下，一些基金经理人会作为机构投资者参加这一活动。另外，会计师和投资顾问有时也参加这一活动。承销商和发行人通过路演，可以比较客观地决定发行量、发行价格以及发行时机等。

二、绿鞋（green shoe）

绿鞋是一种包销商在获得发行人的许可后可以超额配售股份的发行方式，其意图在于防止股票发行上市后股价下跌至发行价或者发行价以下，以达到支持和稳定二级市场交易的目的。

在发行股票时，包销商与发行人达成协议，允许包销商在既定的股票发行规模基础上，可以视市场情况使用发行人所授予的股份超额配售权。一般来说，超额配售所募集的资金不马上转给发行公司，暂时存在包销商的账户上。因为包销商一旦使用这种超额配售权，就处于卖空位置，一旦股价跌破发行价，包销商就可以利用这部分资金以不高于发行价的价格在二级市场上收购抛售之股票，从而达到支撑股价的目的。如果这种超额配售未得到发行人的许可，一旦股票上市后股价上涨，包销商就必须以高于发行价的价格购回其所超额配售的股份，从而遭受经济损失。发行人的许可使得包销商超额配售的股份有了来源保证，不必花高价去市场上购买，只需发行人多发行相应数量的股份给包销商即可，包销商还可为发行公司多募集一些资金。如果超额配售未获得发行人许可，就被称为"光脚鞋"（bare shoe），它常被包销商与绿鞋一起合用，以增大买卖空间和市场支撑能力。

绿鞋主要在市场气氛不佳、对发行结果不乐观或难以预料的情况下使用。我国已经在股票发行市场中进行了应用，取得了良好的效果。

（四）发行费用

发行费用指发行公司在筹备和发行股票过程中发生的费用，该费用可在股票发行溢价收入中扣除，主要为中介机构费。支付给中介机构的费用包括承销费用、注册会计师费用（审计、验资、盈利预测审核等费用）、资产评估费用、律师费用等。承销费用一般根据发行人股票发行规模确定，发行的规模越大，承销费用总额越高。

根据中国证监会的规定，目前承销费用的收费标准是：以包销方式承销股票收取的佣金为包销股票总金额的1.5%～3%；以代销方式承销时佣金为0.5%～1.5%。

（五）招股说明书

招股说明书是股份有限公司在公开发行股票时按规定向社会公众披露公司有关信息的书面报告。招股说明书面向一级股票发行市场。

股份有限公司公开发行股票时应当编制招股说明书，发行人及其承销商应当在承销期开始前2～5个工作日内将招股说明书概要予以公告，向社会公开披露有关信息。招股说明书的有效期为6个月。

股份有限公司在招股说明书中需要公开披露的主要内容有：

（1）公司的名称、住所。

（2）发起人、发行人简况。

（3）筹资的目的。

（4）公司现有股本总额，本次发行股票种类、总额，每股的面值、售价，发行前的每股净资产值和发行结束后每股预期净资产值，发行费用和佣金。

（5）初次发行的发起人认购股本的情况、股权结构及验资证明。

（6）承销机构的名称、承销方式和承销数量。

（7）发行的对象、时间、地点及股票认购和股款缴纳方式。

（8）所筹资金的运用计划及收益、风险预测。

(9) 公司近期发展规划和经注册会计师审核的公司下一年的盈利预测文件。

(10) 重要的合同，即对发行人的生产经营活动、未来发展或者财务状况具有重要影响的合同。

(11) 涉及公司的重大诉讼事项。

(12) 公司董事、监事名单及其简历。

(13) 近3年或者成立以来的生产经营状况和有关业务发展的基本情况。

(14) 经会计师事务所审计的近3年或者成立以来的财务报告和由两名注册会计师及其所在事务所签字、盖章的审计报告。

(15) 增资发行的公司前次公开发行股票所筹资金的运用情况。

(16) 中国证监会要求载明的其他事项。

案　例

《中国电信股份有限公司首次公开发行股票（A股）招股说明书》（节选）

一、发行人概况

（一）股票种类：人民币普通股（A 股）

（二）每股面值：人民币 1.00 元

（三）发行股数：在符合上市地最低发行比例等监管规定的前提下，公司公开发行 A 股数量不超过 10 396 135 267 股（即在未考虑本次 A 股发行的超额配售选择权情况下，不超过本次发行后公司已发行总股本的 11.38%）；不超过 11 955 555 267 股（即在全额行使本次 A 股发行的超额配售选择权情况下，不超过 A 股发行后总股本的 12.87%）。公司可授权主承销商在符合法律法规及监管要求的前提下行使超额配售选择权，超额发售不超过本次发行 A 股股数（超额配售选择权行使前）15%的 A 股股份。若公司在本次发行前发生送股、资本公积金转增股本等事项，则发行数量将做相应调整。本次发行采取全部发行 A 股新股的方式

（四）每股发行价格：人民币 4.53 元/股

（五）发行方式：采用战略配售、网下向询价对象配售与网上资金申购发行相结合的方式或监管机构认可的其他发行方式

（六）发行对象：符合资格的自然人和机构投资者（法律法规及公司需遵守的其他监管规则所禁止的投资者除外）

（七）承销方式：由承销商采用余额包销方式或监管机构认可的其他方式

（八）拟上市证券交易所：上海证券交易所

二、本次发行的有关机构

联席保荐机构（主承销商）为中国国际金融股份有限公司、中信建投证券有限责任公司，联席主承销商为中信证券股份有限公司、中银国际证券股份有限公司、华泰联合证券有限责任公司、招商证券股份有限公司，发行人律师事务所为北京市海问律师事务所，发行人会计师事务所为德勤华永会计师事务所（特殊普通合伙）。

三、重要日期

初步询价时间为2021年8月3日，发行公告日期为2021年8月6日，申购日期和缴款日期分别为2021年8月9日和8月11日，上市日期待定，发行结束后将尽快在上海证券交易所挂牌交易。

资料来源：https://pdf.dfcfw.com/pdf/H2_AN202108061508299151_1.pdf?1628211743000.pdf

任务：选择近期拟发行股票的公司招股说明书，分析其投资价值。

三、债券的发行

（一）发行条件

我国《证券法》第16条规定，公开发行公司债券，应当符合下列条件：

（1）股份有限公司的净资产不低于人民币3 000万元，有限责任公司的净资产不低于人民币6 000万元；

（2）累计债券余额不超过公司净资产的40%；

（3）最近3年平均可分配利润足以支付公司债券1年利息；

（4）筹集的资金投向符合国家产业政策；

（5）债券的利率不超过国务院限定的利率水平；

（6）国务院规定的其他条件。

公开发行公司债券筹集的资金，必须用于核准的用途，不得用于弥补亏损和非生产性支出。上市公司发行可转换为公司股票的债券，除应当符合上述规定的条件外，还应当符合《证券法》关于公开发行股票的条件，并报国务院证券监督管理机构核准。

（二）发行方式

申请发行公司债券，应当符合《证券法》《公司法》《企业债券管理条例》和《公司债券发行试点办法》规定的条件，由保荐人保荐，并向中国证监会申报与核准。公司全体董事、监事、高级管理人员应当在债券募集说明书上签字，保证不存在虚假记载、误导性陈述或者重大遗漏，并声明承担个别和连带的法律责任。保荐人应当对债券募集说明书的内容进行尽职调查，并由相关责任人签字，确认不存在虚假记载、误导性陈述或者重大遗漏，并声明承担相应的法律责任。为债券发行出具专项文件的注册会计师、资产评估人员、资信评级人员、律师及其所在机构，应当按照依法制定的业务规则、行业公认的业务标准和道德规范出具文件，并声明对所出具文件的真实性、准确性和完整性承担责任。

债券应由承销人代理发行，发行人不得自行从事债券营销活动。我国国债发行以国债一级自营商承购包销方式为主。一级自营商是指具备一定资格条件、经政府主管机关批准的银行、证券公司、信托投资公司等金融机构，它们有责任包销每次国债发行量的一定比例，再通过各自的市场销售网络开展分销与零售业务）。凭证式国债主要由商业银行承销并利用银行营业网点分销。记账式国债则由证券承销商通过证券交易所发行。从1995年开始，我国也采用招标方式发行国债，从而在国债发行过程中真正引入了市场竞争机制。

通常情况下，公司债券的发行方式有三种：

（1）定向发行。一般由债券发行人与某些机构投资者，如人寿保险公司、养老基金、退休基金等洽谈发行条件和其他具体事务，属于直接发行。

（2）承购包销。承购包销是指发行人与商业银行、证券公司等金融机构组成的承销团，通过协商条件签订承购包销合同，由承销团分销拟发行债券的发行方式。

（3）招标发行。招标发行是指通过竞拍招标方式来确定债券承销商和发行条件的发行方式。其特点是采用竞争机制来确定价格，因而有利于发行者以低资金成本筹集资金。根据标的物不同，招标发行又可分为价格招标、收益率招标和缴款期招标；根据中标规则不同，可分为荷兰式招标（单一价格中标）和美国式招标（多种价格中标）。

（三）发行价格

由于债券发行从主管部门批准到实际出售往往有一个间隔期，报批时确定的债券票面利率往往与资金市场利率有较大差异，影响发行人的筹资成本，因此需要测算债券发行价格，以使投资者得到的实际收益率与市场收益率相匹配。

债券的发行价格是指投资者认购新发行的债券实际支付的价格。债券的发行价格与债券的票面额相比，可以有三种情况：平价发行、折价发行、溢价发行。一般来说，确定债券发行价格所要考虑的因素，与确定票面利率要考虑的因素基本相同。债券票面利率高，可溢价发行；反之可采取折价发行。

债券发行理论价格的计算公式因利息支付方式的不同而不同，下面仅以单利计息、按年付息的债券为例来说明债券发行价格的计算公式。

$$\text{发行价格} = A\sum_{t=1}^{N}\frac{1}{(1+\text{市场利率})^{t}}+\frac{\text{面值}}{(1+\text{市场利率})^{N}}$$

式中：N 为债券有效期限，A 为年息，t 为时间。

债券发行的定价方式以招标发行最为典型。价格招标主要用于贴现债券的发行，具体是按投标人所报买价从高到低的顺序排列，报价高者优先中标，直至满足预定发行额为止。若中标人以所有中标价格中的最低价格认购中标的债券数额，则为荷兰式招标；若投标人在中标后分别以各自出价来认购债券，则为美国式招标。收益率招标主要用于附息债券发行，它同样可以分为荷兰式招标和美国式招标两种形式，原理与价格招标相似。

我国国库券因期限较短，故其发行价格一般采用贴现价格，即以低于票面金额的价格发行，到期时按票面金额偿还。票面金融与发行价格的差，即是投资者的利息。国库券发行价格的计算公式如下：

$$\text{发行价格}=\text{面值}\times[1-\text{贴现率}\times(\text{发行期限}/360)]$$

四、证券投资基金的发行

（一）证券投资基金发起人的条件

证券投资基金发起人是设立基金的当事人，在基金设立阶段要完成许多重要事项。

在基金设立之前，其要对基金进行可行性研究；在申请设立阶段，其须制定关系到基金未来运作的公司章程和信托协议、托管协议、管理协议等文件，并要选择基金管理人和托管人。同时，基金发起人是最主要的基金持有人和受益人，是其他分散基金持有人的利益代理人，在募集资金中一般须认购一定的基金份额且不低于一定的比例。此外，基金发起人的资产规模、代理能力、研究水平等关系着基金募集工作和基金未来的运作，影响着基金投资者的利益。

为了保护广大投资者的利益，政府对基金发起人的条件做了严格的规定，必须符合以下的条件：

(1) 主要发起人为按照国家规定设立的证券公司、信托公司、基金管理公司；

(2) 主要发起人有3年以上从事证券投资的经验和连续营利的记录，每个发起人的实收资本不少于3亿元人民币；

(3) 有健全的组织机构、管理制度，财务状况良好；

(4) 基金管理人、基金托管人有符合要求的营业场所、安全防范设施和与业务有关的其他措施；

(5) 主管机关规定的其他条件。

此外，政府对基金托管人、基金管理人的条件也做了严格规定。

（二）发行方式

基金发行可选择的方式很多，但主要有以下三种方式：

1. 直接销售方式

直接销售方式是指发行人将基金单位直接面向投资者销售，这是最简单的一种发行方式。在这种方式中，证券投资基金按净资产价值出售，出价和报价相同，即所谓的不收费基金。

2. 包销方式

包销方式是指证券投资基金的大部分份额是通过经纪人包销然后销售给投资者。在这种方式中，经纪人按照净资产的价值购买证券投资基金，然后以公开销售价格卖给投资者，以赚取差价。

3. 集团销售方式

集团销售方式是指部分包销人组成一个或数个销售集团，每个销售集团又由一定数量的经纪人组成，各个经纪人分别代理包销人销售证券投资基金的一部分，包销人则支付给经纪人一定数额的销售费用。

（三）发行价格

基金发行价格是指基金发起人初次发行基金单位时所确定的价格。基金的发行价格是根据每基金单位净值及其变动来确定的，一般由基金面值和基金的发行费用两部分组成。

封闭式基金的发行价格有平价、溢价和折价三种。基金的平价发行是指基金按照面值加一定的手续费发行。溢价发行是指基金按照高于基金面额所代表的净资产值的价格发行，形成溢价收入。折价发行是指基金低于基金面额所代表的净资产值的价格发行。

平价发行的手续费一般为2%～5%，不计入基金资产。溢价的全部或部分金额须转入基金公司的法定准备金，待以后基金管理公司经营良好时转入基金持有人的资本权益账户中。折价发行是一些基金管理人为了开拓新市场所常常采用的一种方式。在我国，封闭式基金的发行价格采用平价发行，不允许溢价和折价发行。

开放式基金的发行价格是由基金的净资产值确定的，通常是基金面额加一定比例的首次认购费，首次认购费一般为3%～7%。

案 例

传奇基金经理

基金好不好卖、投资者认不认可，与基金经理的管理水平关系很大。2008年8月12日，首只创新型封闭式基金“瑞福进取”的单位净值创出成立以来新低，只有0.395元，也是当时国内基金业首只“三毛”基金。基民已对“养基”嗤之以鼻，因此很多基金无奈将基金募集期一延再延，基金卖不出去已成为常态……但是，在这种市场环境下，依然有基金经理有强大的吸引力，没有任何宣传，只凭借自己的名字，在短短一天时间里就吸引了数十亿元资金认购，并提前结束发行。这样的“牛人”究竟是谁？他就是华夏基金的明星基金经理王亚伟。

王亚伟，1971年生，经济学硕士，曾任中信国际合作公司业务经理、华夏证券有限公司研究经理。1998年加入华夏基金管理有限公司，历任兴华证券投资基金基金经理助理、基金经理（1998年4月28日至2002年1月8日期间），华夏成长证券投资基金基金经理（2001年12月18日至2005年4月12日期间）。2005年12月，王亚伟接手华夏大盘精选基金；2006年，华夏大盘以154.49%的业绩在118只基金中排名第12。2007年，王亚伟获得“中国最赚钱的基金经理”的殊荣，一举将基金金牛奖、明星奖、最佳表现奖、最高回报奖、最受欢迎奖尽数收入囊中。2009年，王亚伟当选“09股基王”。2010年7月1日，《福布斯》中文版发布了“2010中国十佳基金经理榜”，王亚伟以48.17%的超越基准几何年化收益率，连续两年夺冠。2011年，《福布斯》中文版发布了“2011中国最佳基金经理50强榜单”，王亚伟以最近5年748.90%的总回报毫无悬念名列第一。2012年王亚伟因个人原因从华夏基金管理有限公司离职，同年9月在深圳成立了一家私募基金公司——深圳千合资本管理有限公司。这家公司的经营范围主要为受托资产管理、股权投资、投资管理等。

任务：根据最新的基金净值排名，选择中意的证券投资基金。

任务四 证券交易市场

证券交易市场是现有证券的买卖市场，主要由证券交易所和场外交易市场组成。证券交易所是证券交易市场的核心，新发行的证券要进入证券交易所必须经过证券上市这一环节。证券发行市场通过一种纵向关系将发行人与投资者联系起来，而证券交易市场则是通过一种横向关系将同是投资者的证券买卖双方联系起来。

一、证券交易所市场

（一）证券交易所

在我国，证券交易所的设立和解散由国务院决定。我国《证券法》规定，证券交易所是为证券集中交易提供场所和设施，组织和监督证券交易，实行自律管理的法人。目前，我国的证券交易所有三个，即上海证券交易所（简称“上交所”）、深圳证券交易所（简称“深交所”）和北京证券交易所（简称“北交所”）。其中，上交所、深交所均采用国际通行的会员制，是非营利的事业单位，由会员、理事会、总经理和监事会组成。会员是经审核批准且具有一定条件的法人；会员大会是证券交易所最高权力机构，每年召开一次；理事会是会员大会的日常事务决策机构，向会员大会负责；总经理为交易所的法定代表人，由理事会提名通过，并报主管机构（中国证监会）批准，主持本所的日常业务和行政工作。经过 30 余年的发展，两所均已实现了交易的电脑化、网络化及股票的无纸化操作。而北京证券交易所采用公司制。

上海证券交易所成立于 1990 年 11 月 26 日。截至 2022 年 7 月末，上交所共有上市公司 2 099 家。上交所总市值已位居全球第三，仅次于纽约证券交易所和纳斯达克证券交易所。

深圳证券交易所成立于 1990 年 12 月 1 日，以建设中国多层次资本市场体系为使命，全力支持中国中小企业发展，推进自主创新国家战略实施。2004 年 5 月，中小企业板正式推出；2006 年 1 月，中关村科技园区非上市公司股份报价转让开始试点；2009 年 10 月，创业板正式启动，深交所主板、中小企业板、创业板以及非上市公司股份报价转让系统协调发展的多层次资本市场体系架构基本确立。截至 2022 年 7 月末，深交所的上市公司达到 2 641 家。从成交额来看，1991 年深交所成交额 356 亿元，2000 年增长至 3.31 万亿元，2010 年为 24.13 万亿元，2020 年 12 月底达到 122.84 万亿元。

北京证券交易所于 2021 年 9 月 2 日宣告设立，支持中小企业创新发展，深化新三板改革，打造服务创新型中小企业主阵地。北交所上市公司均来源于新三板挂牌满一年的创新层公司，定位于专精特新的中小企业，维持新三板基础层、创新层与北京证券交易所“层层递进”的市场结构，同步试点证券发行注册制。

知识链接

北京证券交易所

2021 年 9 月 3 日北交所已完成工商注册。北交所采取公司制，全名是北京证券交易所有限责任公司，是全国中小企业股份转让系统有限责任公司（简称“股转公司”，即新三板）的全资子公司。业内已经习惯将新三板的主管机构股转公司等同于新三板，因此，广义的新三板（大新三板）包括基础层、创新层、北交所（原精选层）；狭义的新三板（小新三板）只包括基础层、创新层。

从隶属关系上，可以理解为精选层改名为北交所。北交所、创新层、基础层仍然都在股转公司旗下，但不只是改名，还配套有政治和法律地位的提高——精选层的公司是未上市公众公司，平移到北交所后，摇身一变，成为上市公司、公众公司。

在新三板连续挂牌满12个月的创新层挂牌公司，符合预计市值、财务标准等条件，经中国证监会注册，完成向不特定合格投资者公开发行后，公众股东持股比例等达到相应要求的，可以在北交所上市。

北交所的使命是为“专精特新”中小企业服务。“专精特新”中小企业是指具有专业化、精细化、特色化、新颖化四大特征的中小企业，即专注于产业链上某个环节的中小企业，而专精特新“小巨人”企业则是“专精特新”中小企业中的佼佼者，是专注于细分市场、创新能力强、市场占有率高、掌握关键核心技术、质量效益优的“排头兵”企业。

北交所IPO实行注册制，即北交所审核外加中国证监会注册（请注意：注册制并不是不审核，而是审核权下放给交易所）。北交所IPO与创业板、科创板的注册制相似，不同之处是需要经过新三板创新层中转。

2021年9月17日晚间，北交所发布的《北京证券交易所投资者适当性管理办法（试行）》，明确个人投资者准入的资金门槛为证券资产50万元，机构投资者准入不设置资金门槛。自规则发布之日起，投资者即可预约开通北交所交易权限。

北交所开市后，个人投资者准入门槛为开通交易权限前20个交易日日均证券资产50万元，同时具备2年以上证券投资经验。在北交所开市前已开通精选层交易权限的投资者，其交易权限将自动平移至北交所。

同时，北交所将坚持与新三板创新层、基础层一体发展和制度联动，具有新三板创新层和基础层交易权限的投资者，其交易权限范围将包含北交所股票。

（二）场内市场

根据社会经济发展对资本市场的需求和建设多层次资本市场的部署，我国在以上海、深圳证券交易所作为证券市场主板市场的基础上，又在深圳证券交易所设置了创业板市场和在主板市场内增设中小企业板块市场，在上海证券交易所新设科创板市场并试点注册制，并将全国中小企业股份转让系统划入交易所市场，从而形成交易所市场内的不同市场层次。

1. 主板市场

主板市场是一个国家或地区证券发行、上市及交易的主要场所，一般而言，各国主要的证券交易所代表着国内主板市场。主板市场对发行人的营业期限、股本大小、盈利水平、最低市值等方面的要求标准较高，上市企业多为大型成熟企业，具有较大的资本规模以及稳定的盈利能力。上海、深圳证券交易所是我国证券市场的主板市场。

2004年5月，经国务院批准，中国证监会批复同意深圳证券交易所在主板市场内设立中小企业板块。设立中小企业板块的宗旨是为业主突出、具有成长性和科技含量的中小企业提供直接融资平台，是我国多层次资本市场体系建设的一项重要内容。2021年2

月，中国证监会批准深圳证券交易所主板与中小板合并，这是全面深化资本市场改革的一项重要举措，深市主板定位于支持相对成熟的企业融资发展、做优做强，发行上市门槛保持不变。深市以主板、创业板为主体的市场格局，将为处在不同发展阶段、不同类型的企业提供融资服务。合并后，发行上市条件不变，投资者门槛不变，交易机制、证券代码及简称都不变。

2020 年 7 月 10 日，中国证券监督管理委员会《关于修改〈首次公开发行股票并上市管理办法〉的决定》规定，发行人应当符合下列条件：（1）最近 3 个会计年度净利润均为正数且累计超过人民币 3 000 万元，净利润以扣除非经常性损益前后较低者为计算依据；（2）最近 3 个会计年度经营活动产生的现金流量净额累计超过人民币 5 000 万元，或者最近 3 个会计年度营业收入累计超过人民币 3 亿元；（3）发行前股本总额不少于人民币 3 000 万元；（4）最近一期末无形资产（扣除土地使用权、水面养殖权和采矿权等后）占净资产的比例不高于 20%；（5）最近一期末不存在未弥补亏损。

2. 科创板市场

科创板又被称为二板市场。2019 年 3 月 1 日，中国证监会、上交所关于设立科创板并试点注册制主要制度、规制正式发布，证券发行上市注册制时代正式来临。2019 年 3 月 22 日，上海证券交易所做出首批 9 家企业的受理决定。2019 年 6 月 13 日，在第十一届陆家嘴论坛开幕式上，中国证监会和上海市人民政府联合举办了上海证券交易所科创板开板仪式。科创板的开板，标志着我国证券交易所市场逐步确立了由主板（含中小板）、科创板、创业板、新三板构成的多层次资本市场体系框架。

（1）科创板重点服务的企业类型和行业领域。

上交所在《上海证券交易所科创板企业上市推荐指引》中指出，根据科创板定位，保荐机构优先推荐三类企业和六大领域的科技创新企业上市。

三类企业包括：

一是符合国家战略、突破关键核心技术、市场认可度高的科技创新企业；

二是属于新一代信息技术、高端装备、新材料、新能源、节能环保以及生物医药等高新技术产业和战略性新兴产业的科技创新企业；

三是互联网、大数据、云计算、人工智能和制造业深度融合的科技创新企业。

重点推荐六大领域的科技创新企业包括：

一是新一代信息技术领域，主要包括半导体和集成电路、电子信息、下一代信息网络、人工智能、大数据、云计算、软件、互联网、物联网和智能硬件等；

二是高端装备领域，主要包括智能制造、航空航天、先进轨道交通、海洋工程装备及相关服务等；

三是新材料领域，主要包括先进钢铁材料、先进有色金属材料、先进石化化工新材料、先进无机非金属材料、高性能复合材料、前沿新材料及相关服务等；

四是新能源领域，主要包括先进核电、大型风电、高效光电光热、高效储能及相关服务等；

五是节能环保领域，主要包括高效节能产品及设备、先进环保技术装备、先进环保产品、资源循环利用、新能源汽车整车、新能源汽车关键零部件、动力电池及相关服务等；

六是生物医药领域，主要包括生物制品、高端化学药、高端医疗设备与器械及相关服务等。

(2) 科创板上市条件及上市指标。

根据《上海证券交易所科创板股票上市规则》，发行人申请在上交所科创板上市，应当符合下列中国证监会和上海证券交易所规定的相关上市条件，其中主要的上市条件包含：一是发行后股本总额不低于人民币 3 000 万元；二是公开发行的股份达到公司股份总数的 25%以上；公司股本总额超过人民币 4 亿元的，公开发行股份的比例为 10%以上；三是市值及财务指标符合本规则规定的标准。

同时，《上海证券交易所科创板股票上市规则》围绕预计市值、营收两大核心指标设置了 5 套上市标准，利用净利润、研发投入占比、经营活动现金流等指标进行了上市标准的差异化设置，规定发行人申请在科创板上市，市值及财务指标应当至少符合下列标准中的一项：

第一套是预计市值不低于人民币 10 亿元，最近两年净利润均为正且累计净利润不低于人民币 5 000 万元，或者预计市值不低于人民币 10 亿元，最近一年净利润为正且营业收入不低于人民币 1 亿元；

第二套是预计市值不低于人民币 15 亿元，最近一年营业收入不低于人民币 2 亿元，且最近三年累计研发投入占最近三年累计营业收入的比例不低于 15%；

第三套是预计市值不低于人民币 20 亿元，最近一年营业收入不低于人民币 3 亿元，且最近三年经营活动产生的现金流量净额累计不低于人民币 1 亿元；

第四套是预计市值不低于人民币 30 亿元，且最近一年营业收入不低于人民币 3 亿元；

第五套是预计市值不低于人民币 40 亿元，主要业务或产品需经国家有关部门批准，市场空间大，目前已取得阶段性成果。医药行业企业需至少有一项核心产品获准开展二期临床试验，其他符合科创板定位的企业需具备明显的技术优势并满足相应条件。

3. 创业板市场

创业板市场也被称为二板市场，主要服务于成长型创新创业企业，突出“三创”“四新”。与主板市场相比，在创业板市场上市的企业规模较小、上市条件相对较低，中小企业更容易上市募集发展所需资金。因此建立创业板市场可以完善风险投资体系，为中小高科技企业提供直接融资服务的重要一环，也是多层次资本市场的重要组成部分。

2009 年 10 月 30 日中国创业板市场正式开市，首批 28 家公司股票上市交易，书写出中国资本市场的崭新历史。2020 年 4 月 27 日，中央全面深化改革委员会第十三次会议审议通过了《创业板改革并试点注册制总体实施方案》。这次改革的指导思想是：创业板借鉴科创板改革经验，试点注册制，推进发行、上市、信息披露、交易、退市等基础性制度改革，增强对创新创业企业的服务能力，更好地促进经济高质量发展。

创业板改革对市场基础制度进行了完善。一是构建市场化的发行承销制度，综合考虑了预计市值、收入、净利润三套上市标准，上市发行门槛较科创板有所降低。对新股发行定价不设任何行政性限制，建立以机构投资者为参与主体的询价定价配售等机制。并规定首次公开发行数量在2 000万股以下且无股东公开发售股份的，以及已经或者同时境外发行的，可通过直接定价的方式确定发行价格。二是完善创业板交易机制，放宽涨跌幅限制，比例提高至20%，优化转融通机制和盘中临时停牌制度。创业板投资者交易权限需要开通前20个交易日资产日均不低于人民币10万元，并具有2年的证券交易经验，相比于科创板20个交易日50万元的日均资产门槛大幅降低。三是构建符合创业板上市公司特点的持续监管规则体系，建立严格的信息披露规则体系并严格执行，提高信息披露的针对性和有效性。四是完善退市制度，简化退市程序，优化退市标准。完善创业板公司退市风险警示制度，对创业板存量公司退市设置一定过渡期。取消暂停上市和恢复上市环节，不再设置退市整理期，创业板退市包含财务类、交易类、规范类和重大违法类四种强制退市类型。在财务类强制退市指标方面，较科创板进行了进一步的细化，主要包含三类退市标准：(1) 最近1个会计年度经审计的净利润为负值且营业收入低于1亿元，或追溯重述后最近1个会计年度净利润为负值且营业收入低于1亿元；(2) 最近1个会计年度经审计的期末净资产为负值，或追溯重述后最近1个会计年度期末净资产为负值；(3) 最近1个会计年度的财务会计报告被出具无法表示意见或者否定意见。

知识链接

二板市场

二板市场又称中小企业市场、小盘股市场、创业板市场，是服务对象、上市标准、交易制度等方面不同于现有证券市场即主板市场的资本市场。在美国纳斯达克（NASDAQ）证券交易所成功运作的示范下，二板市场已经成为全球资本市场发展的一个亮点。

1. 二板市场概述

近10年来，为了扶持中小企业和高新技术企业的发展，世界上不少国家和地区纷纷探索设立二板市场，以建立一种有利于支持高新技术产业化，有利于中小企业融资的金融体系。美国纳斯达克证券交易所堪称国际二板市场的典范。它成立于1971年，是一个支持技术创新的市场。经过40年的发展，纳斯达克证券交易所成交额和市值等指标已经与纽约证券交易所不相上下，并确立了“成为全球最大证券交易市场”的发展战略。以美国纳斯达克证券交易所为样板，欧洲一些国家以及日本、加拿大等相继设立了为中小企业及高科技企业服务的二板市场，满足了以高科技为主导的产业转型需要。亚洲一些新兴市场国家和地区，如新加坡、马来西亚、韩国、泰国及我国的香港、台湾地区都已先后设立了二板市场，为经济发展增添了活力。

2. 二板市场的特点

按与主板市场的关系，全球的二板市场大致可分为两类模式：一类是“独立型”，即独立于主板市场之外，具有自己鲜明的角色定位，如纳斯达克证券交易所；另一类是“附属型”，即附属于主板市场，旨在为主板市场培养上市公司，如新加坡的证券经纪商协会自动报价系统（SEASDAQ）。

无论是“独立型”市场还是“附属型”市场，从它们的实践看，二板市场有如下特点：

(1) 宽松的上市条件。二板市场的主要上市对象是创新型中小企业，由于其成立时间短、股本小、盈利欠佳、市场前景不明朗，无法满足在主板上市的要求，只能转向二板市场融资。一般而言，二板市场的上市标准比主板市场宽松得多。有些市场甚至允许经营亏损的或者无形资产比重很高的企业上市。

(2) 较高的市场风险。二板市场是为中小企业服务的，与主板市场相比，上市标准低，企业面临的技术风险、市场风险、经营风险均较大，投资失败率很高，是一个高风险市场。

(3) 推行做市商制度。所谓做市商指的是承担股票买进和卖出义务的交易商。根据这一制度，所有为某种证券交易做市的做市商必须报出买入价格和卖出价格，并随时按自己的报价进行交易。做市商制度有利于二板市场资金流动和市场竞争，并保持市场的稳定性。例如：纳斯达克证券交易所采用多层次的做市商制度，大大提高了市场的效率，在纳斯达克证券交易所登记的做市商有500多家。目前，每家公司股票平均拥有做市商11家，最多的微软公司达52家。

(4) 机构投资者是二板市场的中坚力量。由于投资风险高的特征，二板市场主要针对寻求高回报、愿意承担风险、熟悉投资技巧的机构和个人投资者，包括专项基金、风险投资公司、共同基金以及有经验的个人投资者。如纳斯达克证券交易所资本总额的一半为投资机构所有。

(5) 市场监管更加严格。二板市场上市公司规模较小，资产与业绩评估难度较高，容易出现内幕交易和被少数人操纵。为了保护投资者的利益，监管通常比主板市场更加严格。

(6) 实行电子化交易。二板市场大多采用高效率的电脑交易系统，无需交易场地，因而具有费用低和效率高的突出优势，而且交易的透明度极高。

(7) 独特的升降制度。随着二板市场上市中小企业的发展壮大，具备了在主板市场上市交易的条件时可以申请转入。而当主板市场上市公司质量下降、不能满足在主板市场继续交易的要求时就必须退出而转向本板市场。

（三）场外市场

场外市场是指在集中的交易场所之外进行证券交易的市场，没有集中的交易场所和市场制度，又被称为店头市场或者柜台市场，主要是一对一交易，以交易非标准化的、私募类型的产品为主。随着时代的发展，场外市场的证券交易方式也逐渐演变为通过网络系统将订单汇集起来，再由电子交易系统处理。场内市场和场外市场都可以采取电子交易的方式，但是场外市场的名字得以延续使用。

我国的场外交易市场主要有如下4种。

1. 区域性股权市场

区域性股权市场是为其所在省级行政区内中小微企业证券非公开发行、转让及相关活动提供设施与服务的场所。除区域性股权市场外，地方其他各类场所不得组织证券发行和转让活动。

在区域性股权市场发行或转让证券的，限于股票、可转换为股票的公司债券以及国务院有关部门按程序认可的其他证券，不得违规发行或转让私募债券；不得采用广告、公开劝诱等公开或变相公开方式发行证券，不得以任何形式非法集资；不得采取集中竞价、做市商等集中交易方式进行证券转让，投资者买入后卖出或卖出后买入同一证券的时间间隔不得少于 5 个交易日；单只证券持有人累计不得超过 200 人，法律、行政法规另有规定的除外；证券持有人名册和登记过户记录必须真实、准确、完整，不得隐匿、伪造、篡改或毁损。

区域性股权市场实行合格投资者制度。合格投资者应是依法设立且具备一定条件的法人机构、合伙企业、金融机构依法管理的投资性计划，以及具备较强风险承受能力且金融资产不低于 50 万元人民币的自然人。不得通过拆分、代持等方式变相突破合格投资者标准或单只私募证券持有人数量上限。

2. 券商柜台市场

券商柜台市场，是指证券公司为与特定交易对手方在集中交易场所之外进行交易或为投资者在集中交易场所之外进行交易提供服务的场所或平台。

中国证券业协会于 2014 年 8 月下发的《证券公司柜台市场管理办法（试行）》中，明确在柜台市场发行、销售与转让的产品包括但不限于以下私募产品：(1) 证券公司及其子公司以非公开募集方式设立或者承销的资产管理计划、公司债务融资工具等产品；(2) 银行、保险公司、信托公司等其他机构设立并通过证券公司发行、销售与转让的产品；(3) 金融衍生品及中国证监会、中国证券业协会认可的产品。

3. 机构间私募产品报价与服务系统

中证机构间报价系统股份有限公司，原名中证资本市场发展监测中心有限责任公司，2013 年 2 月 27 日成立，2015 年 2 月 10 日更名改制，是经中国证监会批准并由中国证券业协会按照市场化原则管理的金融机构。

公司的经营范围是：提供以非公开募集方式设立产品的报价、发行与转让服务；提供证券公司柜台市场、区域性股权交易市场等私募市场的信息和交易联网服务，并开展相关业务合作；提供以非公开募集方式设立产品的登记结算和担保品第三方管理等服务；管理和公布机构间私募产品报价与服务系统相关信息，提供私募市场的监测、统计分析服务；制定报价系统业务规则，对其参与人和信息披露义务人进行监督管理，进行私募市场和私募业务的开发、推广、研究、调查与咨询；建设和维护报价系统的技术支持系统；中国证券业协会授权和中国证监会依法批准的其他业务。

机构间私募产品报价与服务系统秉承“多元、开放、竞争、包容”的理念，以私募市场、机构间市场、互联互通市场、互联网市场为基础定位，以为参与人提供私募产品报价、发行、转让及互联互通、登记结算、信息服务等为核心功能，以私募产品发行转让市场、私募股权发行转让市场、场外衍生品市场、大宗商品市场为主体架构，是多层次资本市场基础金融设施之一。

4. 私募基金市场

私募投资基金（以下简称私募基金），是指在中华人民共和国境内，以非公开方式向投资者募集资金设立的投资基金。私募基金财产的投资包括买卖股票、股权、债券、期货、期权、基金份额及投资合同约定的其他投资标的。私募基金不能进行公开的发售和宣传推广，投资金额要求高，投资者的资格和人数常常受到严格的限制。相对于公募基金，私募基金在运作上具有较大的灵活性，它既可以投资于衍生金融产品进行买空卖空交易，也可以进行汇率、商品期货投机交易等。

私募基金的合格投资者，是指具备相应风险识别能力和风险承担能力，投资于单只私募基金的金额不低于一定金额且符合下列条件的自然人和个人或者其他组织，需要具有2年以上投资经历，且满足以下条件之一：家庭金融净资产不低于300万元，家庭金融资产不低于500万元，或者近三年本人年均收入不低于40万元；最近一年净资产不低于1 000万元的法人单位；金融管理部门视为合格投资者的其他情形。

练一练

请思考：场内市场和场外市场的区别是什么？

案　例

投资别学“苏大强”，理性投资“都挺好”

资金募集是私募基金运作的核心环节。私募基金因其高风险、高收益的特征，在国内外均实行严格的合格投资者制度。然而，受利益驱动，私募机构变相降低合格投资者标准募资的情况时有发生。私募机构通过拆分收益权，突破合格投资者标准便是其中一种手段；更有甚者，打着“拆分”名义，从事非法集资。

L基金公司设立b投资基金，分A、B两类份额，其中：A类份额预期年化收益15%～16.8%，投资期限为12个月；B类份额享有预期年化收益率20%以上，投资期限为15个月。b投资基金募集总规模为8 000万元。M基金公司直接认购b投资基金的A类份额。b投资基金募集完成后，由托管方将募集款划至某银行委托贷款账户，通过委托贷款的方式，投资于某房地产项目。表面上，该基金由19名合格投资者认购，但核查发现A类份额和M基金公司存在异常。M基金公司与L基金公司系同一实际控制人，为规避合格投资者监管要求，专门成立了M基金公司，用于吸收非合格投资者资金，其中M基金公司认购的1 638万元b投资基金A类份额，通过拆分收益权，最终由68名非合格投资者认购，这些投资者投资金额均低于100万元。

N公司以投资电子票据收益权名义设立私募基金，该电子票据公司是N公司的关联方，基金产品于2017年3月份募集完成并向基金业协会备案。而后，N公司即以该基金为名大肆进行非法集资的活动，具体模式为：N公司将该基金包装成收益高、风险小的优质理财产品，雇佣大批销售人员通过熟人介绍、推介会、朋友圈、微信群等渠道，向社会群众进行宣传，其主要宣传口径是该只基金份额可拆分转让，投资者依自身投资能力买入相应份额即可。在销售人员不遗余力地推销下，不少对私募基金了解甚少、风险承受能力低的社会群众被眼前的高额返利诱惑所吸引，纷纷掏出自己辛苦多年的血汗钱买入。N公司利用POS机划款方式，吸引约1 250人次投资共计1.99亿元，该部分资金并未划至私募基金账户，而是最终进入N公司实际控制人个人腰包。

除此之外，现实中还存在少数不具备私募基金投资条件、经测试不适合私募基金投资的个人投资者，在私募基金高收益的诱惑下，篡改真实信息，承诺符合合格投资者标准，汇集多人资金凑单、拼单变相突破100万元投资底线，当投资出现问题时已悔之晚矣。

私募基金投资风险远大于一般基金产品，监管部门为保护中小投资者的利益，对私募基金的投资与转让建立了合格投资者标准。私募基金的合格投资者是指具备相应风险识别能力和风险承担能力，投资于单只私募基金的金额不低于100万元且符合相关标准的单位和个人。同时规定“投资者转让基金份额的，受让人应当为合格投资者”。自然人投资者作为私募市场的重要参与者，必须从自身实际出发，量力而行，对照私募基金合格投资者标准进行判断，再选择与自己风险承受能力相匹配的产品，切勿心存侥幸。特别是投资者明确向销售人员表明自己投资金额无法达到单只基金投资100万元的基本标准时，销售人员甚至煽动以“拼单”“凑单”“基金份额拆分转让”等方式突破合规投资者底线，这属于严重违规行为，投资者不能觉得私募基金降低门槛向非合格投资者募集没什么大不了，甚至以为“占了便宜”，应对这一类销售人员保持高度警惕，坚决说“不”。

资料来源：http://www.csrc.gov.cn/pub/shanghai/xxfw/jsal/202002/t20200224_371091.htm

任务：投资私募基金的风险有哪些？

二、金融期货交易所

（一）金融期货交易所组织形式

现代市场经济中的金融期货市场是一个规范化、有组织的市场。各国法律明确规定，所有的期货交易必须在依法成立的期货交易所内进行。金融期货交易所是专门组织各种金融期货交易，为交易提供服务的经济组织。

金融期货交易所在组织形式上有非营利性的会员制和营利性的公司制两种。

会员制交易所是由全体会员共同出资组建，缴纳一定会员费作为注册资本的非营利性会员法人机构。该形式已有150年的历史，目前世界上大多数期货交易所仍然采用会员制。会员制期货交易所的特点是：（1）交易所的建立和营运资本由会员以缴纳会员费的形式筹得，交易所收入有结余时，会员不享有取得回报的权利，而当交易所出现亏空时，会员必须以增加会费的形式承担；（2）交易所会员投票权分配实行一人一票制，与出资额多少无关，因而会员相互之间享有同等的权利和义务。

公司制交易所是由投资人以入股形式组建并设置场所和设施，以股份有限公司或有限责任公司形式设立的经营交易市场的营利性企业法人。其特点是：(1) 交易所不参与合约买卖，但按规定对参与交易者收取交易费用，投资人从中分享收益；(2) 交易所按投资人出资多少分配投票权，实行一股一票制；(3) 交易所的经营重视营利性，注重扩大市场规模，提高经营效率，但忽视公益性，影响市场稳定。目前国际上金融期货交易所的组织形式有向公司制转化的倾向。

（二）中国金融期货交易所

中国金融期货交易所是经国务院同意，中国证监会批准，由上海期货交易所、郑州商品交易所、大连商品交易所、上海证券交易所和深圳证券交易所共同发起设立的金融期货交易所。中国金融期货交易所于2006年9月8日在上海成立，采用公司制，五位股东各出资1亿元人民币，注册资本为5亿元人民币。股东大会是交易所的最高权力机构。交易所设董事会，对股东大会负责，并行使股东大会授予的权力。董事会下设交易、结算、薪酬、风险控制、监察调解等专门委员会。

中国金融期货交易所的主要职能是：组织安排金融期货等金融衍生品上市交易、结算和交割；制定业务管理规则；实施自律管理；发布市场交易信息；提供技术、场所、设施服务；中国证监会许可的其他职能。中国金融期货交易所实行结算会员制度。会员分为结算会员和非结算会员。结算会员具有与交易所进行结算的资格；交易会员可以从事经纪或者自营业务，不具有与交易所结算的资格。结算会员按照业务范围分为交易结算会员、全面结算会员和特别结算会员。实行结算会员制度，形成多层次的风险控制体系，强化了中国金融期货交易所的整体抗风险能力。

中国金融期货交易所采用电子化交易方式，不设交易大厅和出市代表。金融期货产品的交易均通过交易所计算机系统进行竞价，由交易系统按照价格优先、时间优先的原则自动撮合成交。采用电子化交易方式体现了中国金融期货交易所的高效、透明、国际化的发展思路。

中国金融期货交易所的成立，对于深化金融市场改革、完善金融市场体系、发挥金融市场功能，具有重要的战略意义。

三、证券上市的优缺点

（一）证券上市的优点

对上市公司的好处，主要是有利于筹集长期资本，提高公司的信誉和声望，分散股权，争取更多的股东。

对投资者的好处，主要是便于证券买卖，降低投资风险，证券上市会使证券交易价格公平合理，有利于投资者做出正确的投资决策。

（二）证券上市的缺点

证券上市不利于上市公司保守公司的商业秘密，不利于公司大股东把握公司的控制权。

案　例

国联证券股份有限公司公开发行 A 股股票上市公告书

一、重要声明与提示

本公司及全体董事、监事、高级管理人员保证上市公告书所披露信息的真实性、准确性、完整性，承诺上市公告书不存在虚假记载、误导性陈述或重大遗漏，并承担个别和连带的法律责任。

二、股票上市概况

1. 上市地点：上海证券交易所。

2. 上市时间：2020 年 7 月 31 日。

3. 股票简称：国联证券。

4. 股票代码：601456。

5. 本次发行完成后总股本：237 811.90 万股。

6. 本次 A 股公开发行的股份数：47 571.90 万股，均为新股，无老股转让。

7. 本次发行前股东所持股份的流通限制及期限、发行前股东对所持股份自愿锁定承诺、本次上市股份的其他锁定安排。

8. 本次上市的无流通限制及锁定安排的股份：本次网上、网下公开发行的 47 571.90 万股股票无流通限制和锁定安排，自 2020 年 7 月 31 日起上市交易。

9. 股票登记机构：中国证券登记结算有限责任公司上海分公司。

10. 上市保荐机构：南京证券股份有限公司。

三、股票发行情况

1. 发行数量：47 571.90 万股，无老股转让。

2. 发行价格：4.25 元/股。

3. 每股面值：人民币 1.00 元。

4. 发行市盈率：19.60 倍（按每股发行价格除以每股收益计算，每股收益按公司 2019 年经审计的扣除非经常性损益前后孰低的归属于母公司股东的净利润除以本次发行后总股本计算）。

5. 发行方式：采用网下向符合条件的投资者询价配售（以下简称“网下发行”）和网上向持有上海市场非限售 A 股股份或非限售存托凭证市值的社会公众投资者定价发行（以下简称“网上发行”）相结合的方式。其中网下发行 4 757.10 万股，网上发行 42 814.80 万股，本次发行网下投资者放弃认购 8 740 股，网上投资者放弃认购 826 239 股，合计 834 979 股。网上、网下投资者放弃认购股数全部由保荐机构（主承销商）包销，包销比例为 0.18%。

6. 募集资金总额及注册会计师对资金到位的验证情况：本次发行募集资金总额 202 180.58 万元，全部为公司公开发行新股募集资金金额。德勤华永会计师事务所（特殊普通合伙）对公司本次公开发行新股的资金到位情况进行了审验，并于 2020 年 7

月 27 日出具了“德师报（验）字（20）第 00324 号”《验资报告》。

7. 本次公司公开发行新股的发行费用合计 8 372.12 万元。

资料来源：http://static.sse.com.cn/disclosure/listedinfo/announcement/c/2020-07-30/601456_20200730_1.pdf

任务： 说明投资者在研究股份有限公司上市公告书时重点应了解什么。

同步训练

一、单项选择题

1. 虚拟资本，是指以（　　）形式存在，并能给持有者带来一定收益的资本。

A. 无价证券　　B. 有价证券　　C. 货币证券　　D. 商品证券

2. 证券的持有人可按自己的需要灵活地转让证券以换取现金，这是证券的（　　）特征。

A. 期限性　　B. 收益性　　C. 流动性　　D. 风险性

3. 有价证券按（　　），可以分为股票、债券和其他证券。

A. 证券所代表的权利性质分类　　B. 募集方式分类

C. 是否在证券交易所挂牌　　D. 证券发行主体不同

4. 我国的上海证券交易所与深圳证券交易所是按（　　）方式组成的。

A. 会员制　　B. 公司制　　C. 代理制　　D. 自助制

5. 世界上第一个股票交易所于 1602 年在（　　）成立。

A. 美国的华盛顿　　B. 美国的纽约

C. 荷兰的阿姆斯特丹　　D. 英国的伦敦

6. 下列属于有价证券的是（　　）。

A. 证据证券　　B. 凭证证券　　C. 货币证券　　D. 信用证

7. 下列不是公司证券的是（　　）。

A. 商业票据　　B. 普通股　　C. 国债　　D. 优先股

8. 资本证券是（　　）。

A. 证据证券　　B. 凭证证券　　C. 有价证券　　D. 无价证券

9. 为证券交易提供集中登记、存管与结算服务，不以营利为目的的法人是（　　）。

A. 证券登记结算公司　　B. 证券交易所

C. 证券公司　　D. 中国证监会

10. 根据（　　）划分，证券市场可分为证券发行市场和证券交易市场。

A. 市场的效率　　B. 市场的作用　　C. 市场的功能　　D. 交易标的物

11. 以下属于场内市场的有（　　）。

Ⅰ. 主板市场　Ⅱ. 创业板市场　Ⅲ. 全国中小企业股份转让系统　Ⅳ. 私募基金市场

A. Ⅱ、Ⅳ　　B. Ⅲ、Ⅳ　　C. Ⅰ、Ⅱ、Ⅲ　　D. Ⅰ、Ⅱ、Ⅲ、Ⅳ

12. 上海证券交易所在《上海证券交易所科创板企业上市推荐指引》中指出，根据科创板定位，推荐机构优先推荐的科技创新企业所属的领域包括（　　）。

Ⅰ. 新一代信息技术领域　Ⅱ. 高端装备领域　Ⅲ. 大型风电领域　Ⅳ. 新材料领域

A. Ⅰ、Ⅲ　B. Ⅰ、Ⅱ、Ⅳ　C. Ⅱ、Ⅲ、Ⅳ　D. Ⅰ、Ⅱ、Ⅲ、Ⅳ

13. 关于科创板制度设计的创新点，下列说法错误的是（　　）。

A. 退市制度自由化　B. 发行定价市场化

C. 上市标准多元化　D. 发行审核注册制

14. 关于科创板试点注册制，下列说法错误的是（　　）。

A. 证券监管机构对证券的价值好坏作实质性判断

B. 不同于审批制、核准制

C. 以信息披露为中心

D. 证券监管机构对证券的价格高低不做实质性判断

15. 根据《上海证券交易所科创板股票上市规则》，发行人申请在上海证券交易所科创板上市的上市条件不包括（　　）。

A. 符合中国证监会规定的发行条件

B. 发行后股本总额不低于人民币500万元

C. 首次公开发行的股份达到公司股份总数的25%以上，公司股本总额超过人民币4亿元的首次公开发行股份的比例为10%以上

D. 市值及财务指标满足规定的标准

二、多项选择题

1. 下列属于证券交易所的职责有（　　）。

A. 提供交易场所与设施

B. 制定交易规则

C. 监管在该交易所上市的证券以及会员交易行为的合规性、合法性

D. 确保市场的公开、公平和公正

2. 证券登记结算公司依据《证券法》履行的职能包括（　　）。

A. 证券账户、结算账户的设立和管理

B. 证券的存管和过户

C. 证券持有人名册登记及权益登记

D. 受发行人委托派发证券权益

3. 证券市场上的机构投资者有（　　）。

A. 证券公司　B. 保险公司

C. 企事业单位　D. 各类基金

4. 证券市场上的中介机构有（　　）。

A. 证券交易所

B. 证券公司、证券登记结算公司、证券咨询公司

C. 信用评级公司

D. 会计师事务所、律师事务所

5. 有价证券的含义包含（　　）。

A. 有票面金额　　B. 代表着一定量的财产权利

C. 可以买卖和流通　　D. 具有交易价格

三、简答题

1. 证券发行人、证券投资人、证券市场中介在证券市场上各自发挥什么作用？
2. 股票发行价格的确定方式有哪些？当前市场中以哪个为主？
3. 注册制和核准制的区别有哪些？
4. 什么是股票价格指数？国内具有代表性的股票价格指数有哪些？
5. 证券投资过程中，投资者需要支付哪些费用？

实训拓展

实训项目：证券市场分析

1. 实训目的

能够对证券市场状况进行简单分析。

2. 实训学时

2 课时。

3. 实训准备

（1）实训知识准备：证券市场基本知识。

（2）实训材料准备：网络、计算机、证券分析软件。

4. 实训方法与内容

（1）实训方法：5 名学生一组分析证券市场，相互交流，小组协作。

（2）实训内容：在沪深证券交易所网站及其他证券市场官网上，了解我国证券市场已发行股票、债券、基金等有价证券数量，了解我国二级市场上主板市场、科创板市场、创业板市场的状况，完成 1 000 字的分析总结。

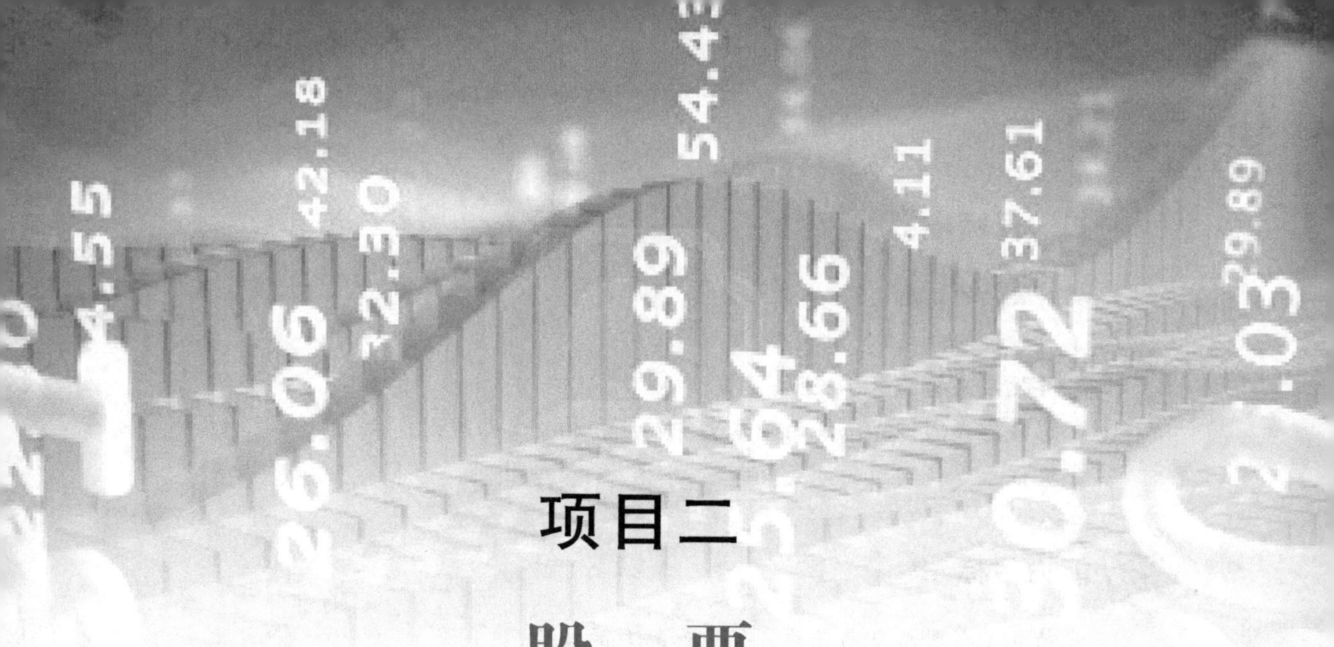

项目二

股　票

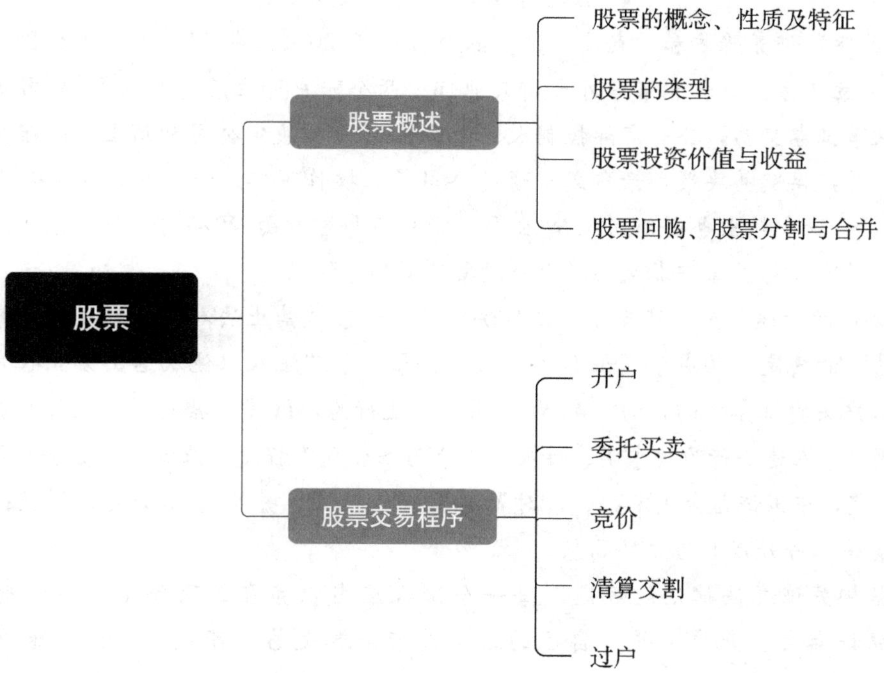
股票
股票概述
股票的概念、性质及特征
股票的类型
股票投资价值与收益
股票回购、股票分割与合并
股票交易程序
开户
委托买卖
竞价
清算交割
过户

知识目标

1. 理解股票的概念；
2. 了解股票的分类；
3. 了解股票交易的基本流程；
4. 了解目前我国证券市场的基本交易制度和相关交易规则；
5. 掌握证券委托买卖的方式。

能力目标

1. 能独立完成股票交易开户、销户和转户的操作；
2. 能操作证券交易软件；
3. 能根据自己的投资意愿完成委托报价并成交；
4. 能计算相关交易的收付金额。

案例导读

W公司利用他人账户买卖证券

“孙某飞”证券账户和“袁某”证券账户分别于20××年11月20日和20××年7月12日开立于方正证券北京阜外大街营业部。两个账户开立后，即由W公司实际控制并使用从事证券交易，公司实际控制人、董事长H直接决定公司利用上述两账户进行证券交易，并提供交易决策，亲自或者通过公司员工操作下单。该两账户的资金全部来源于W公司，资金转出也全部划入W公司，账户交易盈亏由W公司承担。该两账户自开立以来，多次交易沪深证券交易所上市股票及ETF。

W公司的上述行为，违反了《证券法》第八十条“禁止法人非法利用他人账户从事证券交易”的规定，构成了《证券法》第二百零八条“法人以他人名义设立账户或者利用他人账户买卖证券”的行为。对W公司的上述行为，H是直接负责的主管人员。

根据当事人违法行为的事实、性质、情节与社会危害程度，依据《证券法》第二百零八条的规定，中国证监会决定：(1) 对W公司责令改正，并处以10万元的罚款；(2) 对H给予警告，并处以5万元的罚款。

根据相关证券法律法规规定，每一个法人应当以其在工商登记机关注册登记的名称开立证券交易账户，并以自己的名义进行证券交易。可以说，证券账户实名制作为证券市场的基础性制度，是“看穿式监管”的基石。但实践中，一些企业法人非法利用他人账户买卖股票，隐藏自己的真实身份，试图逃避监管，扰乱了证券市场交易秩序。《证券法》第八十条和第二百零八条对此行为进行了规制，并规定了相应的法律后果。

资料来源：http://www.csrc.gov.cn/pub/shanghai/xxfw/jsal/201510/t20151013_285048.htm

任务一 股票概述

股票是证券投资产品中最重要、最基础的投资产品，也是目前被广大投资者广泛接受和投资的品种。

一、股票的概念、性质及特征

（一）股票的概念

股票是股份有限公司发行的用以证明股东的身份和权益、获取红利和股息的法律凭证。股份有限公司将筹集的资本划分为股份，每一股份的金额相等，份额以1股为一个单位。购买股票的投资者即成为公司的股东，股票实质上代表了股东对股份有限公司的所有权，投资者据此享有获得股息和红利、参加股东大会并行使股东权利的权利。当然股东也同时承担投资所带来的相应责任与风险。

从股票的概念中，可以理解到两层含义：

（1）股票的发行主体只能是股份有限公司，别的任何法人和自然人，如有限责任公司则没有资格发行股票。

（2）股票是一种法律凭证，它的发行和流通必须符合《公司法》《证券法》等相关国家法律和其他一些相关规章制度的规定。

知识链接

我国最早的股票

19世纪70年代，清政府洋务派兴办了一些股份制企业，股票也在此时应运而生。我国见于文字记载的最早的股票是1872年10月由轮船招商局发行的，但目前已找不到实物。迄今藏有实物的我国最早的股票是1882年由山东烟台缫丝局发行的股票。

上海飞乐音响股份有限公司（SH：600651）创立于1984年11月18日，是新中国第一家股份制上市公司。1986年9月26日，上海飞乐音响公司股票（见图2-1）在中国工商银行上海静安信托业务部首家柜台上市（上柜交易）。1990年12月19日，上海飞乐音响公司股票转至上海证券交易所首批上市交易，是上海“老八股”之一。1986年11月14日，“中国改革开放的总设计师”邓小平将上海飞乐音响公司股票赠送给来访的时任美国纽约证券交易所主席约翰·范尔霖先生，上海飞乐音响股份有限公司由此载入了中国股份制改革的史册。

图 2-1 上海飞乐音响公司股票

资料来源：http://www.facs.com.cn

（二）股票的性质

1. 股票是有价证券

有价证券是财产价值和财产权利的统一表现形式。股票是代表财产权的法律凭证，持有股票的股东可以享有获得股息和红利、参加股东大会并行使股东权利的权利，因此股票是一种有价证券。

2. 股票是要式证券

我国《公司法》规定，股票采用纸面形式或者国务院证券监督管理机构规定的其他形式。股票应载明的事项主要有：公司名称、公司成立日期、股票种类、票面金额以及代表的股份数、股票的编号。股票由法定代表人签名，公司盖章。如果缺少《公司法》规定的要件，股票就无法律效力。

3. 股票是证权证券

证券分为设权证券和证权证券。设权证券是指证券所代表的权利本身不存在，而是随证券的制作而产生，以证券的制作和存在为条件，如本票、支票和汇票等。

证权证券是指证券是权利的一种物化的外在形式，它是作为权利的载体，权利是已经存在的。股票代表的是股东权利，它的发行是以股份的存在为条件的，其作用不是创造股东的权利，而是证明股东的权利。所以，股票是证权证券。

4. 股票是资本证券

股份有限公司发行股票是一种吸引认购者投资以筹措公司自有资本的手段，购买股票是一种投资行为。股票是投入股份有限公司资本份额的证券化，独立于真实资本之外，是虚拟资本，在股票市场中进行着独立的价值运动。

5. 股票是综合权利证券

股票持有者是公司的股东，享有出席股东大会、投票表决、分配股息和红利等权利。

（三）股票的特征

股票作为有价证券，既有有价证券的一般特征，也有自身的特性。

1. 股票的一般特征

（1）收益性。收益性是股票最基本的特征，也是投资者投资股票的主要原因。股票收益主要有两个来源：一是公司分配的红利和股息，其大小取决于公司的经营状况和盈利水平；二是资本利得，即股票买卖的差价收入。

（2）风险性。投资者买入股票时，会有自己的预期收益，但是实际收益和预期收益往往会有偏差，这就是股票的风险。股票风险的内涵也就是投资收益的不确定性，或者说是实际收益与预期收益的偏离程度。

（3）流动性。投资者可以根据自己的意愿，自由地在股票市场中进行交易。现实生活中，股票的流动性较高，可以在证券市场上转让、买卖，也可以继承、赠予、抵押，因此深受广大投资者的喜爱。

2. 股票自身所具有的特征

（1）永久性。股票所载明权利的有效性是始终不变的，其有效期与股份有限公司的持续期相关联。对股东而言，股票是长期投资，只能通过转让出售股份，而不能退股；对公司而言，投资者不能要求退股，所以募集到的资金是稳定的自有资本。

（2）参与性。股东有权参与公司的重大决策。股东通过出席股东大会，对重大经营事项进行投票表决和选举公司董事来实现参与性。通常情况下，股东参与公司重大决策权利的大小取决于其持有股份数量的多少。

二、股票的类型

（一）普通股票和特别股票

按股东享有权利的不同，股票可分为普通股票和特别股票，这是一种最主要的分类方法。

1. 普通股票

普通股是最常见、最基本的股票，是股份有限公司资本金最基础的构成部分，其持有者享有股东最基本的权利义务，既没有特权也没有限制。其权利主要有：

（1）经营决策参与权。股东可以通过股东大会行使投票表决权参与公司经营决策。

（2）利润分配权。普通股股东可按照法定分配顺序对公司的经营利润进行分配，即股息和红利（习惯把两者合称为股利）。持有者能获得股利的多少主要取决于公司的经营业绩、优先股的数量和其股息率的高低等。在公司盈利较多时，普通股股东可获得较高的股利；反之，当公司经营不善时，普通股股东也可能一分钱也分不到，甚至赔本。因此，普通股股东承担着较大的风险。

（3）剩余财产分配权。股份有限公司破产或结业进行清算时，普通股股东有权分得公司剩余资产，但其分配顺序列在公司的债权人、优先股股东之后，相应的风险较高。

（4）优先认股权。当股份有限公司为增加公司资本金而决定增加发行新的股票时，原普通股股东享有按其持股比例、以低于市价的某一特定价格优先认购一定数量新发行的股票。比如某公司原有10万股，投资者A拥有1 000股，占1%，现公司增发1万股普通股，那投资者A就有权按其持股比例优先认购100股。

案　例

南京佳力图机房环境技术股份有限公司
关于召开2021年第三次临时股东大会的通知（节选）

一、召开会议的基本情况

（一）股东大会类型和届次：2021年第三次临时股东大会。

（二）股东大会召集人：董事会。

（三）投票方式：本次股东大会所采用的表决方式是现场投票和网络投票相结合方式。

（四）现场会议召开的日期、时间和地点：

1. 召开的日期时间：2021年10月29日14点00分；

2. 召开地点：南京市江宁经济技术开发区苏源大道88号南京佳力图机房环境技术股份有限公司二楼会议室

（五）网络投票的系统、起止日期和投票时间：

1. 网络投票系统：上海证券交易所股东大会网络投票系统；

2. 网络投票起止时间：自2021年10月29日至2021年10月29日。

采用上海证券交易所网络投票系统，通过交易系统投票平台的投票时间为股东大会召开当日的交易时间段，即9:15—9:25，9:30—11:30，13:00—15:00；通过互联网投票平台的投票时间为股东大会召开当日的9:15—15:00。

（六）融资融券、转融通、约定购回业务账户和沪股通投资者的投票程序：

涉及融资融券、转融通业务、约定购回业务相关账户以及沪股通投资者的投票，应按照《上海证券交易所上市公司股东大会网络投票实施细则》等有关规定执行。

二、会议审议事项

（一）各议案已披露的时间和披露媒体。

（二）上述各项议案均已经公司第二届董事会第三十三次会议及第二届监事会第三十次会议审议通过，具体内容详见公司于同日刊登于上海证券交易所网站（www. sse. com. cn）及《中国证券报》《证券日报》《上海证券报》《证券时报》的相关公告。

（三）特别决议议案：无。

（四）对中小投资者单独计票的议案：议案1、议案2、议案3、议案4。

（五）涉及关联股东回避表决的议案：无。

（六）应回避表决的关联股东名称：无。

（七）涉及优先股股东参与表决的议案：无。

三、股东大会投票注意事项

（一）本公司股东通过上海证券交易所股东大会网络投票系统行使表决权的，既可以登录交易系统投票平台（通过指定交易的证券公司交易终端）进行投票，也可以登录互联网投票平台（http://vote.sseinfo.com）进行投票。首次登录互联网投票平台进行投票的，投资者需要完成股东身份认证。具体操作请见互联网投票平台网站说明。

（二）股东通过上海证券交易所股东大会网络投票系统行使表决权，如果其拥有多个股东账户，可以使用持有公司股票的任一股东账户参加网络投票。投票后，视为其全部股东账户下的相同类别普通股或相同品种优先股均已分别投出同一意见的表决票。

（三）股东所投选举票数超过其拥有的选举票数的，或者在差额选举中投票超过应选人数的，其对该项议案所投的选举票视为无效投票。

（四）同一表决权通过现场、本所网络投票平台或其他方式重复进行表决的，以第一次投票结果为准。

（五）股东对所有议案均表决完毕才能提交。

（六）采用累积投票制选举董事、独立董事和监事的投票方式。

四、会议出席对象

（一）股权登记日收市后在中国证券登记结算有限责任公司上海分公司登记在册的公司股东有权出席股东大会，并可以以书面形式委托代理人出席会议和参加表决。该代理人不必是公司股东。

（二）公司董事、监事和高级管理人员。

（三）公司聘请的律师。

（四）其他人员。

资料来源：https://www.sohu.com/a/492716067_120988533

任务：了解股东网络投票方式。

2. 特别股票

特别股票是指设有特别权利或特别限制的股票。优先股就是一种最常见的特别股票。它是相对于普通股而言一种特殊的股票，在某些方面比普通股享有优先权，但同时又在其他某些方面失去一些权利。优先股的特点主要有：

(1) 股息率固定。绝大多数优先股的股息率是在发行时就确定了的，无论公司经营状况和盈利水平如何变化，股息率一般都是固定不变的，也就是说即使普通股股东没有股息，优先股股东也应照常分得股息。

(2) 盈余分配优先。在利润分配顺序上，优先股要排在普通股的前面先进行分配。

(3) 剩余财产分配优先。当股份有限公司破产或结业进行清算分配剩余财产时，优先股股东的分配顺序排在普通股股东之前，排在债权人之后。

(4) 无经营决策参与权。优先股股东一般不能参与公司的经营决策，也没有投票表决权，但在涉及优先股股东重大权益的问题上也拥有一定的投票权。

(5) 无优先认股权。优先股一般没有优先认股权。

值得注意的是，我国只有极少数非上市公司发行过少量的优先股，而上市公司基本上没有发行过优先股。在我国法律上，对优先股的规范和监管也存在盲区，如《公司法》和《证券法》对优先股这一品种涉及甚少。

除优先股票之外，还有很多其他类型的特别股票。根据表决权与收益权的非等比配置，则有限制或无表决权股票和超级表决权股票，这两种特别股票均不享有经济性的优先权或劣后义务，仍按照投资多寡承担相应的经营风险，但限制或无表决权股票在承受风险的同时被限制或被剥夺了表决权，超级表决权股票则获得了高出持股比例数倍的表决权。流行海外股票市场的二层/多层股权结构，正是基于普通股票和这种特别股票的区分。在美国上市的百度、京东等公司即采取这种二层股权结构。香港交易所于 2018 年 4 月 30 日生效的修订后的《上市规则》容许拥有不同投票权架构的公司上市，亦属于此类。

“金股”也属于特别股票的一种，“金股”的表决权主要是赞成、反对或者弃权，附着于“金股”之上的一票否决权是对表决权本身否定性权利的强化与放大，虽然仅持有象征性的股份（通常仅有一股），但能够直接实现对表决事项的控制。在海外实践中，“金股”常被政府用于保持对私有化国有企业的控制。

特别股票还包括被赋予特别参与性权利的股票。例如在美国上市的阿里巴巴采取的合伙人制度，阿里巴巴合伙人可以提名简单多数的董事候选人，本质上是对普通股票附加了董事选任权利。

练一练

请思考：京东二层股权结构与阿里巴巴合伙人制度的区别是什么？

（二）记名股票和无记名股票

按照是否记载股东姓名，股票可以分为记名股票和无记名股票。

1. 记名股票

记名股票是指在股票票面和股份有限公司股东名册上记载股东姓名的股票。一般来说，记名股票需记载以下事项：股东姓名、名称以及住所；所持有的股份数、股票编号；取得股票的日期。若个人投资者买进股票，则在股票上及该公司股东名册上记载该股票持有者的姓名；若单位买进，则记载该单位名称或法人代表名称。记名股票的每一次所有权转让都应办理过户手续。

记名股票的特点主要有：

(1) 股东权利归属于记名股东。

(2) 可以一次或分次缴纳出资。我国《公司法》规定，设立股份有限公司的条件之一是发起人认购和募集的股本达到法定最低限额。也就是允许记名股东在认购股票时无需一次缴足款项。采取发起设立方式设立股份有限公司的，发起人应当书面认足公司章程规定其认购的股份；一次缴纳的，应缴纳全部出资；分期缴纳的，应缴纳首期出资。全体发起人首次出资额不得低于注册资本的 20%，其余部分由发起人自公司成立之日起两年内缴足。以募集方式设立股份有限公司的，发起人认购的股份不得少于公司股份总数的 35%。

(3) 转让相对复杂，或者受到限制。记名股票转让必须依据公司章程和法律程序，服从规定的转让条件，必须将受让人的信息记载于公司股东名册。我国《公司法》规定，记名股票由股东以背书方式或法律、行政法规规定的其他方式转让；转让后由公司将受让人的姓名或名称及住所记载于股东名册。

（4）便于挂失，相对安全。若遗失股票后，股东的资格和权利关系并不消失，可以依照法定程序向公司挂失，要求补发新的股票。

2. 无记名股票

无记名股票也称不记名股票，是指股票票面和股份有限公司股东名册上均不记载股东姓名的股票。它与记名股票的差别不在股东权利上，而在股票的记载方式上。无记名股票发行时一般留有存根联，包括股票主体（即公司名称、股票代表的股份数）和股息票（用来进行股息结算以及行使增资权利）。我国《公司法》规定还要登载股票编号以及日期。

无记名股票特点主要有：

（1）权利归属股票持有人或占有人，以占有事实为依据。

（2）认购股票需要一次性缴足款项。

（3）转让相对简单，持有人向受让人交付股票，不需要办理过户手续。

（4）安全性差，不能办理挂失手续。

我国法律规定：发起人、授权投资机构以及法人持有的都为记名股票；而社会公众持有的股票，可以记名，也可以无记名。

（三）面额股票和无面额股票

按照股票票面是否标明金额，股票可以分为面额股票和无面额股票。

1. 面额股票

面额股票是指股票票面上记载一定金额的股票。票面金额即为股票的票面价值，即面值。

2. 无面额股票

无面额股票是一种份额股，在股票票面不记载股票面额，只注明它在公司总股本中所占比例的股票。目前世界上很多国家（包括中国）的《公司法》都规定不允许发行这种股票。

（四）我国的股票类型

目前我国主要按投资主体的不同对股票进行分类，分为A股、境内上市外资股、境外上市外资股。

1. A股

A股是指人民币普通股票，由我国境内公司发行，供境内机构、组织和个人（不含港澳台投资者）以人民币认购和交易的股票。

2. 境内上市外资股

境内上市外资股是指股份有限公司向境外投资者募集并在我国境内上市的股份，投资者限于外国的自然人、法人和其他组织，我国香港、澳门、台湾地区的自然人、法人和其他组织，定居在国外的中国公民等。这类股票称为B股，以人民币标明股票面值，以外币认购、买卖，在境内证券交易所上市交易。上交所的B股以美元购买，深交所的

B股以港币购买。值得注意的是，B股原本只对境外投资者开放，但2001年2月19日中国证监会宣布，经国务院批准，允许境内居民以合法持有的外汇开立B股账户，交易B股股票。此后，境内投资者逐渐成为B股市场的主要投资主体，这标志着B股的“外资股”性质也由此发生了一定的变化。

3. 境外上市外资股

境外上市外资股是指股份有限公司向境外投资者募集并在境外上市的股份。它采用记名股票形式，以人民币标明面值，以外币认购。这类股票除了应符合我国的有关法规外，还须符合上市所在地国家或者地区证券交易所制定的上市条件。境外上市外资股主要有H股、N股、S股、L股等，分别取其上市地的首字母作为其名称，如H股是指公司注册地在我国内地、上市地在我国香港的外资股。

除上述3得股票类别外，对已完成股权分置改革的公司，按流通是否受限，分为有限售条件股份、无限售条件股份。有限售条件股份是指股份持有人依照法律、法规规定或按承诺有转让限制的股份，包括国家持股、国有法人持股、其他内资持股和外资持股。无限售条件股份是指流通转让不受限制的股份，包括A股、B股、H股等。

练一练

红筹股是指在我国境外注册、在香港特别行政区上市的带有“中国大陆概念”的股票。“带有中国大陆概念”主要指中资控股和主要业务在中国大陆。

请思考：红筹股属于外资股吗?

三、股票投资价值与收益

（一）股票价值

1. 股票的票面价值

股票的票面价值即面值，指股份有限公司发行股票时所标明的每股股票的票面金额。我国《公司法》规定，公司发行的股票面值必须相等，但没有规定统一的绝对值。目前，上海、深圳证券交易所交易的股票面值多为1元，唯有“紫金矿业”的股票面值为0.1元。

股票的票面价值仅在初次发行时有一定意义，它可以明确表示每一股所代表的股权比例。但随着时间的推移，公司的净资产会发生变化，面值与每股净资产逐渐背离，与股票的投资价值之间没有必然的联系。

2. 股票的账面价值

股票的账面价值又称股票净值或每股净资产，是指每股股票所代表的实际资产的价值。

$$普通股的账面价值=\frac{公司净资产}{普通股股数}$$

股票市场价格与账面价值并不一致，一般成长性股票的市场价格往往要高于其账面价值，而一些非成长性股票的市场价格往往低于其账面价值。股票账面价值对于股票市场价格有重要影响作用，其特点是：（1）账面价值通常反映的是历史成本或按某种规则计算的公允价值，并不等于公司资产的实际价格；（2）账面价值并不反映公司的未来发展前景。

3. 股票的清算价值

股票的清算价值是指公司清算时每一股份所代表的实际价值。通常，在公司清算时，由专门成立的清算小组把公司的资产按一定的法定程序进行拍卖或出售，将出售所得按一定的顺序在债权人之间进行清偿，剩余的资产净值除以总股数，就是每股的清算价值。理论上清算价值应该与账面价值一致，前提是清算时的资产实际销售额与财务报表上的账面价值一致，但实际上往往清算价值低于账面价值，原因有两点：一是清算时压价出售；二是发生清算成本。清算价值与账面价值无关，也就是说公司在清算时，不是根据股东持有的股票面额的多少来进行支付，而是根据股东所拥有的股份比例来分配公司的剩余财产。

【例 2.1】某股份有限公司清算时，对其资产进行拍卖，拍卖所得为 5 000 万元，该公司应清偿的各类债务为 2 000 万元，该公司发行股票总数为 1 000 万股，则该公司股票的清算价值为多少？

$$清算价值=(5\ 000-2\ 000)\div 1\ 000=3\ （元/股）$$

4. 股票的内在价值

股票的内在价值也即理论价值，是股票未来收益的现值，等于预期股票红利收益与市场利率的比例。由于内在价值的两大决定因素都是不确定的，各种模型计算出来的内在价值只是股票真实内在价值的估计值。研究和发现股票的内在价值，是投资者的主要任务。由供求关系产生并受多种因素影响的市场价格围绕着股票内在价值波动。股票的内在价值计算公式为：

$$股票内在价值=\frac{股票红利收益}{利息率}$$

（二）股利发放日期

1. 股利宣告日

股利宣告日指公司董事会将分红派息的消息公布于众的时间。

2. 股权登记日

股权登记日也称权益登记日，是指统计和确认参加本期股利分配的股东的日期，在此日期持有公司股票的股东方能享受此次股利发放。

3. 除权（息）日

除权是指除去股票中领取股票股息和取得配股权的权利。除息是指除去股票领取现金股息的权利。除权（息）日通常是在股权登记日后的一个交易日，在此日和此日后买入该证券的投资者无获得此次股利发放的权利。上市公司将股票红利和股息分配给股东当天，由于每股净资产、每股收益被稀释，在技术上有一个对股票价格进行除权的过程。在除权（息）日，上市证券简称前会加上 XR、XD、DR 字母。其中，XR 是英文 ex-right 的缩写，表示当天除权；XD 是英文 ex-divident 的缩写，表示当天除息；DR 则是两者的结合，表示当天既除息又除权。在除权日后公司要根据股权登记日股东名单，把送配股、股息按股东持股比例配划给股东并尽快上市流通。

除权（息）日开盘参考价格的计算公式为：

$$\text{除权（息）日开盘参考价格}=\frac{(\text{股权登记日收盘价}-\text{每股现金红利})+\text{配（新）股价格}\times\text{配股率}}{1+\text{配股率}+\text{送股率}}$$

【例 2.2】 某上市公司的分红方案为每 10 股送 5 股并派现 1.60 元，股权登记日收盘价为 6.70 元。求该公司股票的除权（息）日开盘的参考报价。

除权（息）日开盘参考价格＝(6.70－0.16)/(1＋0.5)＝4.36（元）

4. 股利支付日

股利支付日也即股利派发日，是指股利正式发放给股东的日期。根据证券存管和资金划转的效率不同，通常会在几个工作日之内到达股东账户。

知识链接

送红股好，还是派现金好？

通常投资者都面临这样的问题：送红股（即红利分配形式的股票）好，还是派现金好？这个问题需要具体分析。如果是牛市行情、股票供应紧张，则送红股好，投资者可等价格上涨后再抛出红股赚钱。如果是熊市行情、股票供应宽松，投资者抛售红股会加速价格下跌，因此，不如获取现金合适。但派现金后，股价下降得少，如每股 16 元的股票每股派现金 1 元，股价只能降低到 15 元，升值空间小。如果每股送 1 股，除权后股价为 8 元，升值空间明显放大，涨到 10 元再卖出，可赚 2 元，比派现金划算。因此对投资者而言，只有根据市场、除息和除权原理综合分析，才能知道到底是“送红股好，还是派现金好”。目前，我国证券投资者对送红股比较感兴趣。

（三）股票价格

投资者最关心的股票价格主要有两个：一是股票的发行价格，二是股票的市场价格。

1. 股票的发行价格

股票的发行价格是指股份有限公司在发行股票时的出售价格。受公司业绩及预期增长表现、行业特征、股票市场状况和股票售后市场运作等因素的影响，股票的发行价格也各不相同，主要有平价发行、溢价发行、折价发行三种情况。为确保公司注册资本真实可信，目前我国《公司法》规定，股票不允许折价发行。

2. 股票的市场价格

股票的市场价格又称股票的市价，一般是指股票在二级市场上交易的价格。由于股票是一种特殊的商品，其供求和价格的变化不是偶然的，而是各种决定股票供求和价格变化的因素共同作用的结果。根据经济学中的“价格由价值决定”这一定律，理论上来讲，股票的市场价格是围绕其价值上下波动的。

（四）股票收益

股票收益是指投资者从购入股票开始到出售股票为止整个持有股票期间的收入，它主要由股息、红利、资本利得和资本增值收益构成。

1. 股息

股息是指股票持有者依据股票从公司分取的盈利。股息一般是从公司的税后净利润中进行分配。因此，税后净利润是公司分配股息的基础和最高限额，因须做必要的公积金扣除，公司实际分配的股息总是少于税后净利润。在分配顺序上，优先股股东按照规定的固定股息率优先取得固定股息，普通股股东则根据余下的利润分配股息。在实践中，我国公司多采用现金股息和股票股息的分派方式。

(1) 现金股息。现金股息是以货币形式支付股息，是最普通、最基本的股息形式。发放现金股息对投资者而言可以满足其预期的现金收益目的，对公司而言又可以提高其股票的市场价格，以吸引更多的投资者，可谓各有意义。

(2) 股票股息。股票股息是以股票的方式派发的股息，通常是由公司用新增发的股票或一部分库存股票作为股息代替现金分派给股东。股票股息原则上是按公司现有股东持有股份的比例进行分配的，采用增发普通股票并发放给普通股股东的形式，实质上是将当年的留存收益资本化。也就是说，股票股息是股东权益账户中不同项目之间的转移，对公司的资产、负债、股东权益总额毫无影响。由于股票股息在大多数西方国家可免征所得税，出售增加的股票又可转化为现实的货币，有利于股东实现投资收益，因此是兼顾公司利益和股东利益的两全之策。

2. 红利

股东在取得固定的股息以后又从股份有限公司领取的收益，称为红利。因此红利是除股息外的另一部分收益，一般只有在公司经营状况很好时才发放。红利一般是普通股股东才能享有的收益，优先股股东不参加红利分配。

虽然股息和红利在定义上有一定区别，但在实际使用上，人们往往对股息和红利并未予以严格区分。

3. 资本利得

资本利得又称资本损益，是指投资者在证券市场上交易股票，股票的买入价和卖出价之间的差额为获取的收入。资本利得可正可负，当卖出价大于买入价时，即资本利得为正时，称为资本收益；当卖出价小于买入价时，即资本利得为负时，称为资本损失。

4. 资本增值收益

资本增值收益又称公积金转增股本，主要形式是送股，但送股的资金不是来自当年的可分配利润，而是公司提取的公积金。通过股东大会决议将公积金转为资本金时，按股东原有股份比例派送红股或增加每股面值，但法定公积金转为资本时，所留存的该项公积金不得少于转增前公司注册资本的25%。资本增值收益是长期投资者选择优质公司股票后长期持有的主要投资目的。

(五) 股票投资收益计算

1. 股利收益率

股利收益率是指股份有限公司以现金形式派发的股息与股票购买价格的比率。

$$股利收益率=\frac{每年现金股息}{股票买入价}\times 100\%$$

2. 持有期收益率

持有期收益率是指投资者在持有股票期间的股息和资本利得与股票购买价格的比率。它是投资者最关心的指标，但若要将它与债券收益率、银行利率等其他金融资产的收益率比较，要注意时间的可比性，即要将其转化为年收益率。

$$持有期收益率=\frac{现金股息+股票卖出价-股票买入价}{股票买入价}$$

【例 2.3】 假如投资者曾经以 10 元/股买入某公司的股票，持有 18 个月后以 12 元/股的价格卖出，期间分得现金 0.5 元/股。投资者的投资收益率是多少？

股利收益率＝0.5÷10×100%＝5%

持有期收益率＝(0.5＋12－10)÷10×100%＝25%

投资者可以将这一结果转化为年收益率，然后与同期债券投资收益率、银行利率进行比较，以便自己合理调整投资决策。

年收益率＝持有期收益率÷持有月份×12×100%

＝0.25÷18×12×100%

＝16.67%

3. 股份变动后持有期收益率

投资者在买入股票后，有时会发生该股份有限公司进行股票分割、送股、配股、增发等导致股份变动的情况，股份变动会影响股票的市场价格和投资者持股数量，因此要在股份变动后做相应调整，以计算股份变动后的持有期收益率。

$$调整后的持有期收益率=\frac{调整后资本利得+调整后的现金股利}{调整后的买入价}\times 100\%$$

【例 2.4】 若投资者以 18 元/股买入某股票，持有一年后分得现金红利 1 元/股，此后该公司以 1∶2 的比例拆股。拆股决定公布后，该公司股票市场价格涨至 20 元/股，拆股后的除权市场价格为 10 元/股，若此时投资者以市价出售所持股票，该投资者的收益率是多少？

由于该股票以 1∶2 的比例拆股，则应对持有期收益率进行调整：

调整后的持有期收益率＝(10－9＋0.5)÷9×100%＝16.67%

4. 证券投资年总收益率

投资者一年内买卖股票的数量往往会有多种，时间长短也各不相同，此外还可能有债券、基金甚至期货等投资对象。年末，投资者可以通过计算证券投资总收益和年总收益率来衡量盈利能力。

证券投资总收益包括买卖差价收益、现金分红收益、债券利息收益、其他证券投资现金收益、证券潜在收益和证券投资资金的存款利息收益。证券潜在收益是指投资者持有的尚未卖出的证券年末收盘价与证券投资成本的差额，差额为正即为盈利，负则亏损。在计算投资总收益时，填权收益或贴权亏损包含在买卖差价收益中。证券经纪商对投资者资金账户中未使用的现金按活期存款利息率计算存款利息，该利息收入计入证券投资收益中。

计算投资总收益和年总收益率时，可以采用以下公式：

证券投资总收益＝年末账面现金余额＋年末证券总市值余额－投入现金总额

证券投资年总收益率＝本年证券投资总收益÷本年平均占用资金额×100%

平均占用资金额是指投资者不是在年初一次性存入资金，而是在年内中途存、取，经过加权计算后得出的平均占用额。不管是以现金形式占用，还是以证券形式占用，只要资金没有被取走，就视为资金被占用。为了简化计算，全年占用时间最多按照360天计算。

【例2.5】某投资者在2019年度内第一次存入证券资金账户20 000元，占用时间为360天，第二次存入30 000元，占用时间为200天。全年证券投资收益4 500元。计算证券投资年总收益率。

本年平均占用资金额＝(20 000×360＋30 000×200)÷360＝36 666.67（元）

本年证券投资年总收益率＝4 500÷36 666.67×100%＝12.27%

四、股票回购、股票分割与合并

（一）股票回购

股票回购是指上市公司利用自有资金，从公开市场上买回发行在外的股票。2022年，中国证监会出台了《上市公司股份回购规则》，提出上市公司回购股份，包括上市公司因下列情形之一收购本公司股份的行为：（1）减少公司注册资本；（2）将股份用于员工持股计划或者股权激励；（3）将股份用于转换上市公司发行的可转换为股票的公司债券；（4）为维护公司价值及股东权益所必需。

通常，股票回购会导致公司股价上涨。这主要是股票回购改变了原有供求平衡，需求增加，供给减少；公司通常在股价较低时实施回购行为，而市场一般认为公司基于信息优势做出的内部估值比外部投资者的估值更准确，从而向市场传达了积极的信息。

（二）股票分割与合并

股票分割又称拆股、拆细，是将1股股票均等地拆成若干股。股票合并又称并股，是将若干股股票合并为1股。从理论上说，不论是分割还是合并，增加或减少股东持有股票的数量，并不改变每位股东所持股东权益占公司全部股东权益的比重；也不论股票价格以相同比例向上或向下调整，股东所持股票的市值不发生变化。但事实上，股票分割与合并通常会刺激股价上升或下降，其中原因颇为复杂，但至少存在以下理由：股票分割通常适用于高价股，拆细之后每股股票的市价下降，便于吸引更多的投资者购买；股票合并常见于低价股，例如，若某股票价格不足1元，则不足1%的股价变动很难在价格上反映，弱化了投资者的交易动机，股票合并后，其流动性可能提高，导致估值上调。

案 例

格力电器股票回购

2021年8月4日，珠海格力电器股份有限公司（000651.SZ）（以下简称“格力电器”）发布股份回购进展公告。

公告显示，截至2021年7月31日，该公司第三期回购计划已通过回购专用证券账户以集中竞价方式累计回购公司股份约 2.02 亿股，占公司截至 2021 年 7 月 31 日总股本的 3.358 4%，最高成交价为 56.11 元/股，最低成交价为 46.16 元/股，支付的总金额超 100.69 亿元（不含交易费用）。

红星资本局注意到，从 2020 年 4 月开始，格力电器共计回购了三次股份，已超过 220 亿元。

2020 年 4 月 13 日，格力电器发布公告称，将使用自有资金以集中竞价交易方式回购公司股份，回购股份的种类为公司发行的 A 股股份，资金总额不低于 30 亿元（含）且不超过 60 亿元（含），回购股份价格不超过 70 元/股。

公告透露，按回购资金最高人民币 60 亿元测算，预计可回购股份数量约为 85 714 285 股，约占公司目前总股本的 1.42%；按本次回购资金最低人民币 30 亿元测算，预计可回购股份数量约为 42 857 143 股，约占公司目前总股本的 0.71%。

受回购消息刺激，格力电器的股价随后一路上行。

2020 年 10 月、2021 年 5 月，格力电器又相继发布回购股份公告。

根据测算，格力电器三次回购耗资超过 220 亿元，已成为当之无愧的 A 股“回购王”。

至于其用途，格力电器在公告中透露，将用于实施公司员工持股计划或股权激励。格力电器董事长兼总裁董明珠在 2020 年度股东大会上曾向媒体表示，格力的股权激励与其他企业不同，“我们的股权激励是将员工与企业捆绑在一起，这属于上市公司做股权激励的一个创新，(参与持股计划的员工) 只有到退休了才可以进行期股权交易，中途如果离开格力，股权会被收回”。

任务：上市公司回购股票有什么作用？

任务二　股票交易程序

股票交易可以在证券交易所进行，也可以在场外交易市场进行。由于投资者不能直接进入证券交易所进行场内交易，必须委托证券商或经纪人代为进行，因此掌握证券交易所股票交易程序和规则十分重要。

一、开户

投资者进行股票交易首先要开立证券账户和资金账户。

（一）证券账户

1. 证券账户的概念与作用

在我国，证券账户是指中国证券登记结算有限责任公司为申请人开出的记载其证券持有及变更的权利凭证。目前我国证券交易已经完全实行无纸化，从交易到交割都由电脑完成，所有的手续都以电子划账的方式进行，每个投资者都必须有一个账户。投资者可以到中国证券登记结算有限责任公司或其代理点开立证券账户。个人投资者可以开设 A 类账户，机构投资者则必须开设 B 类账户。

2. 证券账户的开立原则

开立证券账户应坚持合法性和真实性的原则。证券交易所有关工作人员、股票发行人员、未成年人、无行为能力的人、没有身份证的特殊人员以及被判为“市场禁入者”的人员和有关政府领导干部不能开户。

3. 开立证券账户的要求

自然人及一般机构开立证券账户，由开户代理机构受理；证券公司和基金管理公司等机构开立证券账户，由中国证券登记结算有限责任公司受理。境内自然人申请开立证券账户时，须提供居民身份证。境内法人申请开立证券账户时，须提交营业执照副本、法人证明书、法人授权委托书和经办人身份证。证券公司和基金管理公司开户，还需提供中国证监会颁发的证券经营机构营业许可证和证券账户自律管理承诺书。

4. 证券托管和指定交易

通过结算系统办理买卖交割的证券，必须经过登记托管后才能进入交易所买卖。这时，投资者的证券由券商或交易所统一保管，这就是证券的托管和集中托管。目前深圳、上海证券交易所对股份都采用集中托管方式，但二者有区别。

深圳证券交易所的股份托管在全国各地深交所会员券商的证券营业部，其托管制度可以概括为：自动托管，随处买卖，哪买哪卖，转托不限。投资者在哪个证券商处买进的股票就只能在该券商处卖出。投资者如果不想在原开户的证券商处买卖股票，想换另一家证券营业部交易，同时又不想卖出持有的股票，可以办理转托管手续。转托管就是指深市投资者将其托管在某一证券商那里的证券转移到另一个证券商处托管。

上海证券交易所的股份统一托管在上海证券中央登记结算公司处，并由上交所统一管理，不存在证券的转托管问题。从 1998 年 4 月 1 日起，上交所开始实行全面指定交易制度。指定交易是指投资者与某一证券营业部签订协议后，指定该机构为自己买卖证券的唯一交易点。

(二) 资金账户

投资者进行证券买卖之前必须指定某一家券商作为自己的代理经纪人，并在该券商处开设资金账户。投资者可以选择开立以下两种资金账户：

1. 现金账户

开立这种账户的客户，其全部买卖均以现金完成。当通过证券经纪商购进股票时，必须在清算日或清算日之前交清全部价款，用现金支付；同样，当卖出股票时，也必须在清算日或清算日之前，将股票交给证券经纪商，证券经纪商将价款存入账户。

目前我国实行的第三方托管制度，即指证券公司将客户证券交易结算资金交由银行等独立第三方存管。实施客户证券交易结算资金第三方托管制度的证券公司将不再接触客户证券交易结算资金，而由存管银行负责投资者交易清算与资金交收。简言之就是：证券公司托管证券、银行存管资金，从源头上和制度上保证客户资金安全，保护客户利益，控制证券行业风险，维护市场的稳定。

2. 保证金账户

保证金账户又叫普通账户，开立这一账户的客户，在买进股票时，只需要支付部分现款（即保证金）就可以买进全数的股票，全部价款与保证金的差额部分由证券经纪商代垫，按市场利率计息，买进的股票则存在证券经纪商处作抵押品。例如：若按规定保证金比例为50%，则开立保证金账户的客户在买进股票时，只需要支付所购股票价款的50%，余下的50%价款，由证券经纪商提供贷款。

二、委托买卖

投资者在拥有了证券账户和资金账户后，即可以委托自己选择的证券经纪商进行证券买卖。委托买卖是指证券经纪商接受投资者委托，代理投资者买卖证券，从中收取佣金的交易行为。券商应对客户资料严加保密，按委托指令操作，不违反规定接受信用交易，如有违约，要承担赔偿责任。同样，投资者也须承担相应的法律义务，接受委托结果，及时支付各种交易费用，不得欺骗券商，违反契约；否则，也要赔偿券商损失。委托买卖是证券经纪商的主要业务。委托买卖包括委托指令、委托形式、委托受理和委托撤销等。

（一）委托指令

委托指令是投资者要求证券经纪商代理买卖证券的指示，只在下达委托的当日有效。

委托指令一般由投资者亲自下达，如果委托他人买卖证券，必须有书面委托书，并且出示委托人、受托人的身份证件。委托指令的内容有多项，如时间、证券账户号码、证券代码、买卖方向、委托数量、委托价格、签名等。其中最核心的是价格和数量。

1. 价格

价格是委托能否成交和盈亏的关键。委托一般分为市价委托和限价委托，投资者可任选其一。

市价委托是指投资者向证券经纪商发出买卖某种证券的委托指令时，要求证券经纪商按证券交易所内当时的市场价格买进或卖出证券。市价委托的优点是没有价格上的限制，证券经纪商执行委托指令比较容易，成交迅速且成交率高。市价委托的缺点是：只有在委托执行后才知道实际的执行价格。

限价委托是指投资者要求证券经纪商在执行委托指令时，必须按限定的价格或比限定价格更有利的价格买卖证券，即必须以限价或低于限价买进证券，以限价或高于限价卖出证券。限价委托方式的优点是：股票可以投资者预期的价格或更有利的价格成交，有利于投资者实现预期投资计划，谋求最大利益。但是，采用限价委托时，由于限价与市价之间可能有一定的差距，因此必须等市价与限价一致时才有可能成交。此时，如果有市价委托出现，市价委托将优先成交。因此，限价委托成交速度慢，有时甚至无法成交。在证券价格变动较大时，投资者采用限价委托容易坐失良机，遭受损失。

在申报价格最小变动单位方面，《上海证券交易所交易规则》规定：A股、债券交易的申报价格最小变动单位为0.01元人民币，基金、权证交易为0.001元人民币，B股交易为0.001美元。《深圳证券交易所交易规则》规定：A股、债券、债券质押式回购交易的申报价格最小变动单位为0.01元人民币，基金交易为0.001元人民币，B股交易为0.01港元。另外，根据市场需要，我国证券交易所可以调整各类证券单笔买卖申报数量和申报价格的最小变动单位。

2. 数量

一个交易单位俗称“1 手”。通过竞价交易买入股票或基金的，申报数量应当为 100 股（份）或其整数倍。卖出股票或基金时，余额不足 100 股（份）的部分，应当一次性申报卖出。通过竞价交易买入债券的，以 10 张或其整数倍进行申报。买入、卖出债券质押式回购以 10 张或其整数倍进行申报。卖出债券时，余额不足 10 张部分，应当一次性申报卖出。债券以人民币 100 元面额为 1 张，债券质押式回购以 100 元标准券为 1 张。股票（基金）竞价交易单笔申报最大数量应当不超过 100 万股（份），债券和债券质押式回购竞价交易单笔申报最大数量应当不超过 10 万张。

（二）委托形式

投资者发出委托指令的形式有柜台委托和非柜台委托两类。

柜台委托是指委托人亲自或由其代理人到证券经纪商交易柜台，根据委托程序和必需的证件采用书面方式表达委托意向，由本人填写委托单并签章的形式。

非柜台委托主要有人工电话委托、传真委托、自助终端委托、电话自主委托或网上委托等形式。

（三）委托受理

证券经纪商在收到投资者委托后，应对委托人身份、委托内容、委托卖出的实际证券数量及委托买入的实际资金余额进行审查。经审查符合要求后，按照证券交易所交易规则代理买卖证券。买卖成交后，应当按规定制作买卖成交报告单交付客户。

1. 申报原则

证券经纪商将客户委托传送至证券交易所交易撮合主机，称为申报或报盘。

证券经纪商接受投资者委托后应按“时间优先、客户优先”的原则进行申报竞价。“时间优先”是指证券经纪商应按受托时间的先后次序为委托人申报；“客户优先”是指当证券公司自营买卖申报与客户委托买卖申报在时间上相冲突时，应让客户委托买卖优先申报。

2. 申报时间

我国证交所规定，交易日为每周一至周五，国家法定假日和证券交易所公告的休市日，证券交易所市场休市。

关于申报时间，上海证券交易所规定采用竞价交易方式的，每个交易日的 9:30—11:30、13:00—14:57 为连续竞价时间，9:15—9:25 为开盘集合竞价时间，14:57—15:00 为收盘集合竞价时间，上海证券交易所交易主机不接受撤单申报。

深圳证券交易所则规定，接受会员竞价交易申报的时间为：每个交易日的 9:15—9:25 为开盘集合竞价时间，9:30—11:30、13:00—14:57 为连续竞价时间，14:57—15:00 为收盘集合竞价时间。每个交易日的 9:15—9:25、14:57—15:00，深圳证券交易所交易主机不接受参与竞价交易的撤销申报。每个交易日的 9:25—9:30，交易主机只接受申报，但不对买卖申报或撤销申报作处理。

（四）委托撤销

1. 撤单的条件

在委托未成交之前，委托人有权变更和撤销委托。证券营业部申报竞价成交后，买卖即告成立，成交部分不得撤销。

2. 撤单的程序

在证券营业部采用无形席位申报的情况下，证券营业部的业务员或委托人可直接将撤单信息通过电脑终端告知证券交易所交易系统电脑主机，办理撤单。对委托人撤销的委托，证券营业部须及时将冻结的资金或证券解冻。申请撤销买卖申报时，应经由终端机撤销。申请变更买卖申报时，除减少申报数量外，应先撤销原买卖申报，再重新申报。

知识链接

牛市与熊市

由于牛在攻击敌人时，是用牛角向上挑，所以股市上升叫牛市。而熊攻击敌人时，是用熊掌向下拍，所以股市下跌叫熊市。鹿的性情比较温顺，故有人把平稳的横盘叫鹿市。

三、竞价

（一）竞价原则

证券交易所内的证券交易按“价格优先、时间优先”原则竞价成交。

1. 价格优先

这一原则是指价格较高的买入申报优先于较低的买入申报，价格较低的卖出申报优先于较高的卖出申报。同价位申报，先申报者优先满足。

2. 时间优先

买卖方向、价格相同的，先申报者优先于后申报者。先后顺序按证券交易所交易主机接受申报的时间确定。

练一练

有甲、乙、丙、丁投资者四人，均申报卖出X股票，申报价格和申报时间分别为：甲的卖出价10.70元，时间13:35；乙的卖出价10.40元，时间13:40；丙的卖出价10.75元，时间13:25；丁的卖出价10.40元，时间13:38。那么这四位投资者交易的优先顺序是什么？

（二）竞价方式

目前，我国证券交易所采用集合竞价和连续竞价两种方式，这两种方式在不同的交易时段采用。

1. 集合竞价

所谓集合竞价，是指对在规定的一段时间内接受的买卖申报一次性集中撮合的竞价方式。集合竞价在交易日每天开始前的一段时间用于产生第一笔交易，这笔交易的价格称为开盘价。

根据我国证券交易所的相关规定，集合竞价确定成交价的原则为：

(1) 可实现最大成交量的价格；

(2) 高于该价格的买入申报与低于该价格的卖出申报全部成交的价格；

(3) 与该价格相同的买方或卖方至少有一方全部成交的价格。

如有两个以上申报价格符合上述条件的，上海证券交易所规定使未成交量最小的申报价格为成交价格；若仍有两个以上使未成交量最小的申报价格符合上述条件的，其中间价为成交价格。深圳证券交易所则取在该价格以上的买入申报累计数量与在该价格以下的卖出申报累计数量之差最小的价格为成交价；买卖申报累计数量之差仍存在相等情况的，开盘集合竞价时取最接近即时行情显示的前收盘价为成交价，盘中、收盘集合竞价时取最接近最近成交价的价格为成交价。集合竞价的所有交易以同一价格成交，然后进行集中撮合处理。

产生开盘价之后，以后的正常交易就采用连续竞价方式进行。

2. 连续竞价

连续竞价是指对买卖申报逐笔连续撮合的竞价方式。依集合竞价方式产生开盘价格的，其未成交买卖申报，仍然有效，并依原输入时序连续竞价。开盘价格未能依靠集合竞价方式产生时，应以连续竞价产生开盘价格。

连续竞价时，在当时最近一次成交价或当时揭示价连续两个升降单位内，其价格依下列原则决定：

(1) 最高买入申报与最低卖出申报价位相同，以该价格为成交价；

(2) 买入申报价格高于即时揭示的最低卖出申报价格时，以即时揭示的最低卖出申报价格为成交价；

(3) 卖出申报价格低于即时揭示的最高买入申报价格时，以即时揭示的最高买入申报价格为成交价。

连续竞价的特点是：每一笔买卖委托输入电脑自动撮合系统后，当即判断并进行不同的处理，能成交者当即成交；不能成交者等待机会成交；部分成交者则让剩余部分继续等待。按照我国证券交易所的有关规定，在无撤单的情况下，委托当日有效。另外，开盘集合竞价期间未成交的买卖申报，自动进入连续竞价。

上海证券交易所、深圳证券交易所股票交易的收盘价通过集合竞价的方式产生。收盘集合竞价不能产生收盘价的，为当日该股票最后一笔交易前 1 分钟所有交易的成交量加权平均价（含最后一笔交易）。当日无成交的，以前日收盘价为当日收盘价。

练一练

某股票即时揭示的卖出申报价格和数量分别为 15.60 元和 1 000 股、15.50 元和 800 股、15.35 元和 100 股，即时揭示的买入申报价格和数量分别为 15.25 元和 500 股、15.20 元和 1 000 股、15.15 元和 800 股。若此时该股票有一笔买入申报进入交易系统，价格为 15.50 元，数量为 600 股，则如何成交？

3. 证券价格的有效申报范围

无论买入或卖出，股票（含 A、B 股）、基金类证券在 1 个交易日内的交易价格相对上一交易日收市价格的涨跌幅度不得超过 10%，其中 ST 股票和 *ST 股票价格涨跌幅度不得超过 5%涨跌幅价格。

涨跌幅价格＝前收盘价×(1±涨跌幅比例)

【例 2.6】 X 股票的收盘价为 12.38 元，Y 股票的交易特别处理，属于 ST 股票，收盘价为 9.66 元，则次一交易日 X 股票交易的价格上限为 13.62 元，价格下限为 11.14 元；Y 股票交易的价格上限为 10.14 元，价格下限为 9.18 元。

上海证券交易所规定，属于下列情形之一的，首个交易日不实行 10%涨跌幅限制：

(1) 首次公开发行上市的股票（首日有 44%的涨跌幅限制）；

(2) 增发上市的股票；

(3) 暂停上市后恢复上市的股票；

(4) 退市后重新上市的股票；

(5) 上海证券交易所认定的其他情形。

《上海证券交易所科创板股票交易特别规定》：科创板股票竞价交易实行价格涨跌幅限制，涨跌幅比例为 20%。首次公开发行上市的股票，上市后的前 5 个交易日不设价格涨跌幅限制。

深圳证券交易所规定，属于下列情形之一的，首个交易日不实行 10%涨跌幅限制：

(1) 首次公开发行上市的股票（首日有 44%的涨跌幅限制）；

(2) 暂停上市后恢复上市的股票；

(3) 中国证监会或深圳证券交易所认定的其他情形。

《深圳证券交易所创业板交易特别规定》：创业板股票竞价交易实行价格涨跌幅限制，涨跌幅限制比例为 20%。创业板首次公开发行上市的股票，上市后的前 5 个交易日不设价格涨跌幅限制。

买卖有价格涨跌幅限制的证券，在价格涨跌幅限制内的申报为有效申报，超过涨跌幅限制的申报为无效申报。

知识链接

科创板的有关特别规定

参与上海证券交易所科创板股票交易（含发行申购）的投资者应当符合其规定的适当性管理要求。个人投资者开通科创板股票交易权限的，应当符合下列条件：

(1) 申请权限开通前 20 个交易日证券账户及资金账户内的资产日均不低于人民币 50 万元（不包括投资者通过融资融券融入的资金和证券）；

(2) 参与证券交易 24 个月以上；

(3) 上海证券交易所规定的其他条件。

投资者参与科创板股票交易，应当使用沪市 A 股证券账户。和现有的 A 股一样，科创板也实行T+1交割方式。在竞价交易中，通过限价申报买卖科创板股票的，单笔申报数量应当不少于200股，且不超过10万股；通过市价申报买卖的，单笔申报数量应当不少于200股，且不超过5万股。卖出时，余额不足200股的部分，应当一次性申报卖出。科创板股票自上市首日起可作为融资融券标的。

（三）竞价结果

证券交易的结果可能出现全部成交、部分成交和不成交三种情况。

（四）交易费用

交易费用是证券投资者在委托买卖股票时应支付的各种费用和税金。目前，投资者在交易上交所和深交所挂牌的A股、B股时，需缴纳的各项费用主要有：佣金、印花税、过户费等。

1. 佣金

佣金是投资者在委托买卖证券成交后按成交金额一定比例支付的费用，是证券公司为客户提供证券代理买卖服务收取的费用。

佣金的收费标准因交易品种、交易场所的不同而有所差异。根据中国证监会、原国家计划和发展委员会（现为国家发展和改革委员会）、国家税务总局联合发出的《关于调整证券交易佣金收取标准的通知》，从2002年5月1日开始，A股、B股的交易佣金实行最高上限向下浮动制度。

2. 印花税

投资者在卖出股票成交后支付给财税部门的税金，上海及深圳交易所股票均按实际成交金额的一定比例支付，此税金由券商代扣后由交易所统一缴付税务机关。

3. 过户费

过户费是委托买卖的股票成交后，买卖双方为变更证券登记所支付的费用。这笔收入属于登记结算公司的收入，由证券公司在同投资者清算交收时代为扣收。

我国证券交易所采用不同的运作方式，沪市股票采取的是“中央登记、统一托管”，所以只有投资者进行沪市股票交易时才支付此费用，深市股票交易时无此费用。

不同股票的交易费用对比如表2-1所示。

表2-1 股票交易费用表

收费项目	深市A股	沪市A股	深市B股	沪市B股
印花税	1‰	1‰	1‰	1‰
佣金	小于或等于3‰，起点：5元	小于或等于3‰，起点：5元	3‰，起点：5港元	3‰，起点：1美元
过户费	无	1‰（按股数计算，起点：1元）	无	无
委托费	无	5元（按每笔收费）	无	无
结算费	无	无	0.5‰（上限500港元）	0.5‰

四、清算交割

清算交割是指证券买卖双方证券买卖成交以后，通过证券交易所将证券商之间的证券买卖数量和金额分别予以轧抵，其差额由证券商确认后，在事先约定的时间内进行证券和价款的收付了结行为。它反映了投资者证券买卖的最终结果。

我国目前的证券交易交割方式有两种。

（一）T+1交割方式

T+1中的“T”指的是交易日当天，T+1即为交易日后的第一天。自1995年1月1日起，为了保证股票市场的稳定，防止过度投机，沪深证券交易所股市交易实行T+1制度，当日买进的股票，要到下一个交易日才能卖出；但对资金仍然实行T+0方式，即当日卖出股票回笼的资金马上可以使用，当天即可以用来买股票，但是当天卖出股票后，资金回到投资者账户上，投资者如果想马上提取现金是不可能的，必须等到第二天才能将资金取出。实际上资金同样是T+1到账。这种交割方式目前适用于我国的A股、基金和债券。

（二）T+3交割方式

T+3指的是交易日后的第三个交易日。目前沪深市B股清算交割制度采用的是T+3方式，指的是投资者当天买入的股票不能在当天卖出，需待第三个交易日进行交割过户后方可卖出。在资金使用上，当天卖出股票后，资金回到投资者账户上，当天即可以用来买股票。但是，当天卖出股票，资金回到投资者账上，投资者如果想马上提取现金是不可能的，必须等到第三个交易日才能将现金提出。实际上，资金同样是T+3到账。该方式目前仅适用于B股。

五、过户

过户是指股权或债权的所有权转让后的登记变更手续。投资者在场内交易中，凡买卖记名证券都须办理登记变更手续。过户后，才能确保所购证券的真实性。在我国实行证券无纸交易和集中托管制度，清算、交割、过户等手续都由证交所电脑一并代劳，并打印出一份完整的成交清单给投资者，注明交易的全部内容信息，投资者只要确认无疑，就算是办妥了全部手续。这份成交清单也是具有法律依据的重要的证明文件。

案　例

网上发行新股的申购

新股网上发行是利用证券交易所的交易系统，新股发行主承销商在证券交易所挂牌销售，投资者通过证券营业部交易系统进行申购的发行方式。它分网上竞价发行和网上定价发行两种。其差别点如下：一是发行价格的确定方式不同。定价发行方式是事先确定价格，而竞价发行方式是事先确定发行底价，由发行时竞价决定发行价。二是认购成功者的确认方式不同。竞价发行方式按价格优先、同等价位时间优先原则决定，而定价发行方式按抽签决定。在我国，绝大多数股票采用网上定价发行。

我国有许多新股采用网上定价发行方式，发行价格在发行之前就已经确定。在这种情况下，其发行申购程序为：

(1) 申购日前一天（T—1日），发行人与主承销商刊登网上发行公告。

(2) 申购当日（T日），投资者可通过指定交易的证券公司查询其持有市值或可申购额度，投资者根据可申购额度进行新股申购。当日配号，并发送配号结果数据。持有市值1万元以上（含1万元）的投资者方可参与网上发行，并根据其持有的市值确定其网上可申购额度。投资者申购新股的持有市值是指，以投资者为单位计算的T—2日前20个交易日（含T—2日）的日均持有的沪深非限售A股股份市值。投资者持有的债券、基金、ETF、LOF等产品不计算市值，不合格、休眠、注销证券账户不计算市值，正常、冻结、挂失、融资融券客户信用担保证券账户均计算市值。沪市主板每1万元市值可申购1个申购单位，不足1万元的部分不计入申购额度。沪市主板每1个新股申购单位为1 000股，申购数量应当为1 000股或其整数倍。科创板申购数量应当为500股或其整数倍。深市主板、创业板每5 000元市值可申购1个申购单位，不足5 000元的部分不计入申购额度。每1个新股申购单位为500股，申购数量应当为500股或其整数倍。

上网申购期内，投资者按委托买入股票的方式，以发行价格填写委托单，一经申报，不得撤单，且每一股票账户只能申报1次。申购价格不得低于发行公司确定的发行底价，申购量不得超过发行公告中规定的限额。投资者申购数量超过其持有市值对应的网上可申购额度部分为无效申购。投资者在进行申购时无需缴付申购资金。

投资者参与网上公开发行股票的申购，只能使用一个证券账户。融资融券客户信用担保账户可以直接申购新股。同一投资者使用多个证券账户参与同一只新股申购的，以及投资者使用同一证券账户多次参与同一只新股申购的，以该投资者的第一笔申购为有效申购，其余申购均为无效申购。

(3) 申购日后的第一天（T+1日），主承销商公布中签率，组织摇号抽签，形成中签结果，上交所于当日向证券公司发送中签结果。原T+1日申购资金验资环节取消。

(4) 申购日后的第二天（T+2日），主承销商公布发行价格及中签结果，投资者也可以向其指定交易的证券公司查询中签结果。中签的投资者应依据中签结果履行资金交收义务，确保其资金账户在T+2日日终有足额的新股认购资金。

(5) 申购日后的第三天（T+3日），15:00前，结算参与人向中国证券登记结算有限责任公司申报其投资者放弃认购数据；16:00，中国证券登记结算有限责任公司对认购资金进行交收处理，将认购资金划入主承销商资金交收账户。

(6) 申购日后的第四天（T+4日），主承销商将认购资金扣除承销费用后划给发行人，公布网上发行结果。

任务： 运用模拟交易系统参与近期新发行证券的申购，熟悉申购程序。

同步训练

一、单项选择题

1. 以下（　　）不是股票的基本特征。

A. 期限性　　B. 风险性　　C. 流动性　　D. 永久性

2. 以下（　　）不是股东依法享有的权利。

A. 资产收益　　B. 重大决策

C. 收取固定利息　　D. 选择管理者

3. 可以参与发行人的经营决策的是（　　）。

A. 债券持有人　　B. 股票持有人

C. 期权持有人　　D. 基金持有人

4. 通过证券发行来筹集资金属于（　　）。

A. 直接融资　　B. 间接融资　　C. 一级融资　　D. 二级融资

5. 从实际情况看，公司股票价格变化与公司盈利变化的关系一般为（　　）。

A. 与公司盈利的变化成正比

B. 与公司盈利的变化成反比

C. 并不完全与公司盈利的变化同时发生

D. 与公司盈利的变化没有关系

6. 下列关于深圳证券交易所托管制度中“随处通买”的说法，正确的（　　）。

A. 也在上海证券交易所市场实行

B. 指投资者可以利用同一证券账户，在国内任意一家券商托管部买入证券

C. 指投资者可以利用同一证券账户，在其开户券商的任意一家营业部买入证券

D. 指投资者可以利用同一证券账户，在国内任意一家证券营业部买入证券

7. B股是指（　　）。

A. 境外上市外资股　　B. 香港上市外资股

C. 纽约上市外资股　　D. 境内上市外资股

8. 下列关于投资者股票交易委托指令类别的说法，错误的是（　　）。

A. 根据委托价格限制，可以分为市价委托和限价委托

B. 根据委托订单的数量，可以分为整数委托和零散委托

C. 根据委托的授权范围，可以分为全权委托和部分委托

D. 根据买卖证券的方向，可以分为买进委托和卖出委托

9. 市价委托是指投资者向证券经纪商发出买卖某种证券的委托指令时，要求证券经纪商按证券交易所内（　　）买进或卖出证券。

A. 上一交易日收盘价格　　B. 当时的市场价格

C. 当时买进价和卖出价的中间价　　D. 当日加权平均成交价

10. 某股份有限公司因破产进行清算，公司财产在支付完破产费用后，其偿付的优先顺序依次是（　　）。

A. 优先股股东、债权人、普通股股东

B. 债权人、优先股股东、普通股股东
C. 优先股股东、普通股股东、债权人
D. 普通股股东、债权人、优先股股东
11. 以下不属于我国证券交易所集合竞价成交价确定原则的是（　　）。
A. 低于该成交价的所有卖出委托全部成交的价格
B. 高于该成交价的所有买入委托全部成交的价格
C. 可实现最大成交量的价格
D. 使集合竞价期内的所有委托全部成交的价格
12. 沪深证券交易所的开盘价、深圳证券交易所的收盘价，通过（　　）的方式产生。
A. 连续竞价　　B. 集合竞价　　C. 集中竞价　　D. 持续竞价
13. 关于股票，下列说法错误的是（　　）。
A. 股份有限公司的资本划分为股份，每一份股份的金额相等
B. 同种类的每一股份具有同等权利
C. 股票实质上代表了股东对股份有限公司净资产的所有权
D. 股票是设权证券
14. 对股份有限公司而言，之所以发行优先股票可以减轻其利润的分派负担，是因为（　　）。
A. 优先股股东无表决权　　B. 优先股股东股息分派优先
C. 优先股股东剩余资产分配优先　　D. 优先股的股息率固定
15. 下列关于股票的永久性的说法中，错误的是（　　）。
A. 股票的有效期与股份有限公司的存续期间相联系，两者是并存的关系
B. 永久性是指股票所载有权利的有效性是始终不变的
C. 股票持有者可以出售股票而转让其股东身份
D. 对于股份有限公司来说，由于股东不能要求退股，所以通过发行股票募集到的资金，在公司存续期间是一笔稳定的借贷资本

二、多项选择题

1. 下列关于开立证券账户的说法，正确的有（　　）。
A. 开立证券账户应坚持合法性原则
B. 开立证券账户应该坚持真实性原则
C. 一个自然人根据需求，可开立不同类别和用途的证券账户
D. 一个法人根据需求，可开立不同类别和用途的证券账户
2. 下列关于派发股利的说法，正确的有（　　）。
A. 股利宣告日，即公司董事会将分红派息的消息公布于众的时间
B. 股权登记日，即统计和确认参加本期股利分配的股东的日期
C. 除权（息）日，通常为股权登记日之后的三个工作日
D. 股利派发日，即股利正式发放给股东的日期

3. 下列关于股票市场价格的说法，正确的有（　　）。

A. 影响股票价格的因素复杂多变，所以股票的市场价格呈现出高低起伏的波动性特征

B. 股票的市场价格一般是指股票在一级市场上交易的价格

C. 供求关系是影响股票市场价格的最直接因素

D. 长期来看，股票的市场价格由股票的价值决定

4. 市场利率变化影响股票价格的途径包括（　　）。

A. 利率下降，投资者能以低利率借到所需要资金，增加对股票的需求，股票价格上涨

B. 利率下降，对固定收益证券的需求减少，资金流向股票市场，对股票的需求增加，股票价格上涨

C. 利率下降，其他投资工具收益相应增加，一部分资金会流向储蓄、债券等其他收益固定的金融工具，对股票的需求减少，股价下降

D. 利率下降，利息负担减轻，公司净利润增加，股票价格上涨

5. 关于清算与交割，下列说法正确的有（　　）。

A. 清算在前，交割在后

B. 清算与交收密不可分，清算与交割同步进行

C. 清算结果正确才能保证交割的顺利进行

D. 证券公司与客户之间的资金清算交割由证券公司自行负责

三、简答题

1. 什么是股票？

2. 股票交易中竞价方式与原则各是什么？

3. 公司股票简称前冠以“＊ST”是什么含义？

4. 证券投资过程中，投资者需要支付哪些费用？

实训拓展

实训项目：开户

1. 实训目的

熟练掌握证券交易的整个流程，理解我国证券交易中最基本的交易制度。

2. 实训学时

2 课时。

3. 实训准备

（1）实训知识准备：股票基本知识。

（2）实训环境准备：本人身份证、银行卡、选择合作的证券公司。

4. 实训方法与内容

（1）实训方法：办理证券账户开户。

（2）实训内容：条件允许的情况下，用自己的身份证，去附近的证券公司开立证券交易有关账户，办理银行三方存管业务，独立完成入市的所有准备工作。

项目三

债　券

- 债券
  - 债券概述
    - 债券的概念和属性
    - 债券的基本要素
    - 债券的特征、分类和作用
  - 政府债券
    - 政府债券概述
    - 国家债券
    - 地方政府债券
  - 金融债券
    - 金融债券的概念与特征
    - 我国的金融债券
  - 公司债券和企业债券
    - 公司债券
    - 企业债券
    - 我国公司债券和企业债券的区别
  - 国际债券
    - 国际债券的概念和特点
    - 国际债券的分类

知识目标

1. 理解债券的概念、基本要素、特征、分类及作用；
2. 理解债券与股票的异同点，熟悉各类债券的概念与特点；
3. 熟悉我国国债的品种、特点和区别，了解地方债券的发行主体、分类方法；
4. 掌握金融债券和企业债券的概念和分类；
5. 掌握国际债券的概念和特征，掌握外国债券和欧洲债券的概念、特点。

能力目标

1. 能熟练掌握债券的分类；
2. 能识别各类债券的风险程度；
3. 能够区分外国债券和欧洲债券；
4. 能够进行国债逆回购操作。

案例导读

杨百万：国库券成就我的第一个百万

我国的国债发行分为两个时期：20 世纪 50 年代为一个时期，80 年代以后为一个时期。50 年代由国家统一发行的国债共有六次。1968 年本息还清后，就不再发行国债，直到 1981 年恢复发行国债。国债年发行规模从 1981 年的 49 亿元增加到 2005 年的 7 042 亿元。2005 年底，国债余额已超过 3 万亿元，约占当年 GDP 的 17%。

口述者：杨怀定（杨百万）。原上海铁合金厂职工，1950 年生，因 1988 年从事被市场忽略的国库券买卖赚取其人生第一桶金而成名，人称“杨百万”。随后成为“上海滩”第一批证券投资大户。

以下为杨怀定的口述内容：

国库券成就我的第一个百万。

我觉得，与那些个体工商户起家的“万元户”相比，我不赚血汗钱，也不用偷税漏税，我没有原罪，我的起点比他们高，是最早进入金融市场的一批人，用“钱生钱”的方式赚钱。

1981 年 1 月 16 日，国务院会议通过《中华人民共和国国库券条例》，确定从 1981 年开始发行中华人民共和国国库券。然而，当时规定“国库券不得当作货币流通，不得自由买卖”。为了筹集建设资金，向党员和公务员摊派国库券成为最主要的募资方式。

1988 年 3 月，为了遏制国库券的黑市交易，财政部提出了《开放国库券转让市场试点实施方案》，允许国库券上市流通交易。当年 4 月 21 日开始，上海、重庆、武汉、广州、哈尔滨、深圳等七城市率先试点开放。

而就在当年的 3 月 28 日，单位说我监守自盗（当时我是仓库管理主任），我含着眼泪毅然从上海铁合金厂辞职。虽然我那时手里还有此前帮妻子工厂推销电线慢慢积累的

2 万元，但未来究竟如何走还在脑子里打转。

那时候，我曾经想过把这 2 万元存到温州的银行，还专门写信去问过，当时温州的银行年利率有 12%，想想一年利息就有 2 400 元，是一年工资的几倍。很巧的是 4 月初，我在报纸上看到中国要开放国库券买卖，凭借着读《子夜》的心得，觉得只要有交易就会有价差，就会有机会，于是放弃存银行的想法，而去买卖国库券了。

1988 年 4 月 21 日，上海开放国库券买卖，那个日子我记得很清楚。我一早赶到西康路 101 号，以开盘价 104 元买了 2 万元年利率 15%的三年期国库券，而当天下午发现涨到 112 元了，我害怕跌赶紧把手上所有的国库券卖了。这一次买卖交易赚了 800 元，这相当于我在工厂一年的工资。自此以后，如法炮制，一发不可收拾。

可以说，开展国库券异地买卖，我是第一人。由于当时全国并没有形成统一的国库券市场，也由于经济发展程度不同，一些试点城市的银行为了周转资金，往往会出现低于面值（100 元）出售国库券的现象，从而导致不同城市之间买卖国库券出现了套利空间。

最初，我主要是在合肥、上海之间坐 88 次火车往返，至少有几十次，从最初的 2 万元起家，在复利效应之下，两个月就赚到了 10 万元，加之亲戚借钱使得本金不断扩大，短短时间，我已经有百万元家产，那时候开始越来越多的人叫我“杨百万”。从第一批 7 个试点城市到第二批 54 个试点城市，我的足迹几乎遍及全国，最远去过新疆、黑龙江。

1988 年，时任上海市市长的朱镕基曾在一个文件上对我这一类人有过这样的批示：“杨百万搞得比证券公司还好，查一查我们制度上有什么漏洞。”我听了之后觉得很害怕的，我还主动去税务局想要纳税，税务局说国库券收益是不纳税的。过了许多年之后，我才从一本书上看到，时任国务委员、人民银行行长陈慕华曾表示：“杨百万这样的人，不是太多了，而是太少了。”高层的认可也使得我不仅成为民间追捧的对象，更成为政府认可的典型。现在想来，我能在国库券买卖、股票买卖上成功获利，也是在帮国库券、股票市场扩大影响。

回顾这段国库券买卖岁月，只想赚钱的我，不自觉地顺应了改革开放的潮流，不自觉地成了典型。

资料来源：http://m.10jqka.com.cn/61560375.html

任务一　债券概述

一、债券的概念和属性

（一）债券的概念

债券是政府、金融机构、工商企业等机构直接向社会借债筹措资金时，向投资者发行，并且承诺按一定利率支付利息并按约定条件偿还本金的债权债务凭证。债券的本质是债的证明书，具有法律效力。

（二）债券的属性

1. 债券属于有价证券

首先，债券反映和代表一定的价值。债券本身有一定的面值，通常它是债券投资者投入资金的量化表现；另外，持有债券可按期取得利息，利息也是债券投资者收益的价值表现。其次，债券与其代表的权利联系在一起，拥有债券就拥有了债券所表的权利，转让债券也就将债券代表的权利一并转移。

2. 债券是一种虚拟资本

债券尽管有面值，代表了一定的财产价值，但它也只是一种虚资本，而非真实资本。因为债券的本质是证明债权债务关系的证书，在债权债务关系建立时所投入的资金已被债务人占用，债券是实际运用的真实资本的证书。债券的流动并不意味着它所代表的实际资本也同样流动，债券独立于实际资本之外。

3. 债券是债权的表现

债券代表债券投资者的权利，这种权利不是直接支配财产权，也不以资产所有权表现，而是一种债权。拥有债券的人是债权人，债权人不同于公司股东，是公司的外部利益相关者。

二、债券的基本要素

债券是一种债务凭证，反映了发行者与购买者之间的债权债务关系。债券尽管种类多种多样，但是在内容上都要包含一些基本的要素。这些要素是指发行的债券上必须载明的基本内容，这是明确债权人和债务人权利与义务的主要约定。具体包括：

（一）债券面值

债券的面值是指债券的票面价值，是发行人对债券持有人在债券到期后应偿还的本金数额，也是企业向债券持有人按期支付利息的计算依据。债券的面值与债券实际的发行价格并不一定是一致的，发行价格大于面值称为溢价发行，小于面值称为折价发行。

（二）票面利率

债券的票面利率是指债券利息与债券面值的比率，是发行人承诺以后一定时期支付给债券持有人报酬的计算标准。债券票面利率的确定主要受到银行利率、发行者的资信状况、偿还期限和利息计算方法以及当时资金市场上资金供求情况等因素的影响。

（三）付息期

债券的付息期是指企业发行债券后的利息支付的时间。它可以是到期一次支付，也可以1年、半年或者3个月支付一次。在考虑货币时间价值和通货膨胀因素的情况下，付息期对债券投资者的实际收益有很大影响。到期一次付息的债券，其利息通常是按单利计算的；而年内分期付息的债券，其利息是按复利计算的。

（四）偿还期

债券的偿还期是指企业债券上载明的偿还债券本金的期限，即债券发行日至到期日之间的时间间隔。公司要结合自身资金周转状况及外部资本市场的各种影响因素来确定公司债券的偿还期。

三、债券的特征、分类和作用

（一）债券的特征

债券作为一种债权债务凭证，与其他有价证券一样，也是一种虚拟资本，而非真实资本，它是经济运行中实际运用的真实资本的证书。债券作为一种重要的融资手段和金融工具，具有如下特征：

1. 偿还性

债券一般都规定有偿还期限，发行人必须按约定条件偿还本金并支付利息。无期公债或永久性公债除外，这种公债不规定到期时间，债权人也不能要求清偿，只能按期支取利息。历史上，只有英、法等少数国家在战争期间为筹措军费而采用过。

2. 流通性

债券的流通性指债券能够迅速转变为货币而又不会在价值上蒙受损失的一种能力。一般来说，如果一种债券在持有期内不能任意转换为货币，或者在转换成货币时需要付出较高成本，如较高的交易成本或较大的资本损失，这种债券的流动性就较低。高流动性的债券一般具有以下特点：

（1）发行人具有及时履行各种义务的信誉；

（2）偿还期短，因而市场利率的上升只能轻微地减少其价值。

3. 安全性

债券安全性是指债券持有人的利益相对稳定，一般不随发行者经营收益的变动而变动，并且可按期收回本金。债券安全性是相对于债券价格下跌的风险性而言的。一般来说，具有高流动性的债券其安全性也较高。导致债券价格下跌的风险有两类：

（1）信用风险。信用风险指债权人不能按时支付利息和偿还本金的风险。这主要是与发行者的资信情况与经营状况有关。信用等级高，信用风险就小。信用风险对于任何一个投资者来说都是存在的。

（2）市场风险。市场风险指债券的市场价格因市场利率上升而跌落的风险。债券的市场价格与利率呈反方向变化。市场利率上升，债券价格下降；市场利率下降，债券价格上升。债券的有效期（指到期之前的时期）越长，债券价格受市场利率波动的影响越大，随着债券到期日的临近，债券价格便趋近于票面价值。

与股票相比，债券通常规定有固定的利率。与企业绩效没有直接联系，收益比较稳定，风险较小。此外，在企业破产时，债券持有者享有优先于股票持有者对企业剩余资产的索取权。

4. 收益性

收益性是指债券能为投资者带来一定的收入，即债券投资的报酬。在实际经济活动中，债券收益可以表现为三种形式：一是利息收入，即债权人在持有债券期间按约定的条件分期、分次取得利息或者到期一次性取得利息；二是资本利得，即债权人到期收回的本金与买入债券，或中途卖出债券与买入债券之间的价差收入；三是再投资收益，即投资债券所获现金流量再投资的利息收入，也受市场收益率变化的影响。

债券的偿还性、流动性、安全性与收益性之间存在一定矛盾，一种债券很难同时具备以上四个特征。如果某种债券流动性强、安全性高，人们便会争相购买，于是该种债券价格上涨，收益率降低；反之，如果某种债券流动性弱、安全性低，购买者则少，债券价格下跌，其收益率相对提高。对于投资者来说，可以根据自己的投资目的和财务状况，对债券进行合理的选择组合。

（二）债券的分类

债券种类很多，在债券的历史发展过程中出现过许多不同品种的债券，各种债券共同构成了一个完整的债券体系。债券可以依据不同的标准进行分类。

1. 根据发行主体分类

根据发行主体的不同，债券可以分为政府债券、金融债券和公司债券等。

政府债券是政府或政府代理公共机构作为债务人向社会公众发行的债券凭证。它具体可分为国家债券、政府机构债券、地方政府债券等。

金融债券是银行或其他金融机构为筹措长期信用资金而发行的债券，如日本的付息金融债券和贴现金融债券、美国的国民银行从属债券等。通常金融债券的信誉高于公司债券而低于政府债券，因此其利率也相应地介于两种债券利率之间，是很受欢迎的一种投资工具。

公司债券是企业为筹集投资资金而发行的债券。同政府债券相比，其风险较大，利率也较高。通常，国家为保护投资者利益，对企业在发行数额、发行时间、债券期限、利率等方面都有较严格的规定。

2. 根据付息方式分类

根据付息方式的不同，债券可分为贴现债券、附息债券、息票累积债券。

贴现债券又被称为“贴水债券”“零息债券”，是指在票面上不规定利率，发行时按某一折扣率，以低于票面金额的价格发行，发行价与票面金额之差额相当于预先支付的利息，到期时按票面金额偿还本金的债券。

附息债券的合约中明确规定，在债券存续期内，对持有人定期支付利息（通常每半年或每年支付一次）。按照计息方式的不同，这类债券还可细分为固定利率债券和浮动利率债券两大类。固定利率债券是在债券存续期内票面利率不变的债券。浮动利率债券是在票面利率的基础上参照预先确定的某一基准利率予以定期调整的债券。有些附息债券可以根据合约条款推迟支付定期利率，故称为“缓息债券”。

息票累积债券与附息债券相似，这类债券也规定了票面利率，但是，债券持有人只能在债券到期时一次性获得本息，存续期间没有利息支取。

3. 根据有无担保分类

按有无担保，债券可以分为无担保债券和有担保债券。

无担保债券亦称信用债券，指不提供任何形式的担保，仅凭筹资人信用发行的债券。政府债券属于此类债券。这种债券由于其发行人的绝对信用而具有坚实的可靠性。除此之外，一些公司也可发行这种债券，即信用公司债券。但为了保护投资人的利益，发行这种债券的公司往往受到种种限制，只有那些信誉卓著的大公司才有资格。此外，有的国家还规定，发行信用公司债券的企业还须签订信托契约，在该契约中约定一些对筹资人的限制措施，如公司不得随意增加其债务，又如在信用债券未清偿前，公司股东分红须有限制等。这些限制措施由作为委托人的信托投资公司监督执行。信用公司债券一般期限较短，利率很高。

有担保债券又可分为抵押债券、质押债券、保证债券等多种形式。一般公司债券大多为有担保债券。

抵押债券以不动产作为担保，又被称为“不动产抵押债券”，是指以土地、房屋等不动产作抵押品而发行的一种债券。若债券到期不能偿还，持券人可依法处理抵押品受偿。

质押债券以动产或权利作担保，通常以股票、债券或其他证券为担保。发行人主要是控股公司，用作质押的证券可以是它持有的子公司的股票或债券、其他公司的股票或债券，也可以是公司自身的股票或债券。质押的证券一般应以信托形式过户给独立的中介机构，在约定的条件下，中介机构代全体债权人行使对质押证券的处置权。

保证债券以第三人作为担保，担保人或担保全部本息，或仅担保利息。担保人一般是发行人以外的其他人，如政府、信誉好的银行或举债公司的母公司等。

4. 根据债券券面形态分类

根据债券券面形态不同，债券可以分为实物债券、凭证式债券和记账式债券。

实物债券是一种具有标准格式实物券面的债券。在标准格式的债券券面上，一般印有债券面额、债券利率、债券期限、债券发行人全称、还本付息方式等各种债券票面要素。有时债券利率、债券期限等要素也可以通过公告向社会公布，而不在债券券面上注明。无记名国债就属于这种实物债券，它以实物券的形式记录债权、面值等，不记名，不挂失，可上市流通。实物债券是一般意义上的债券，很多国家通过法律或者法规对实物债券的格式予以明确规定。

练一练

请找一找中华人民共和国成立后发行过的国库券实物券的图片，分享给大家。

凭证式债券的形式是债权人认购债券的一种收款凭证，而不是债券发行人制定的标准格式的债券。我国 1994 年开始发行凭证式国债。我国的凭证式国债通过各银行储蓄网点和财政部门国债服务部面向社会发行，券面上不印制票面金额，而是根据认购者的认购额填写实际的缴款金额，是一种国家储蓄债，可记名、挂失，以凭证式国债收款凭证记录债权，不能上市流通，从购买之日起计息。在持有期内，持券人如遇特殊情况需要提取现金，可以到原购买网点提前兑取。提前兑取时，除偿还本金外，利息按实际持有天数及相应的利率档次计算，经办机构按兑付本金的 2‰收取手续费。

记账式债券是没有实物形态的票券，利用证券账户通过电脑系统完成债券发行、交易及兑付的全过程。目前，上海证券交易所和深圳证券交易所已为证券投资者建立了电子证券账户，发行人可以利用证券交易所的交易系统来发行债券。投资者进行记账式债券买卖，必须在证券交易所设立账户。我国 1994 年开始发行记账式国债。记账式国债可以记名、挂失，安全性较高，同时因为记账式债券的发行和交易均无纸化，所以发行时间短，发行效率高，交易手续简便，成本低，交易安全。

5. 根据利率是否固定分类

按利率是否固定，债券可分为固定利率债券、浮动利率债券和可调利率债券。

固定利率债券是指在发行时规定在整个偿还期内利率不变的债券，其筹资成本和投资收益可以事先预计，不确定性较小，但债券发行人和投资者仍然必须承担市场利率波动的风险。

浮动利率债券是指发行时规定债券利率随市场利率定期浮动的债券。由于与市场利率挂钩，市场利率又考虑了通货膨胀的影响，浮动利率债券可以较好地抵御通货膨胀风险。

可调利率债券也被称为可变利率债券，是指在债券存续期内允许根据一些事先选定的参考利率指数的变化，对利率进行定期调整的债券。调整间隔往往事先设定，包括 1 个月、6 个月、1 年、2 年、3 年或 5 年。可调利率债券的具体形式千差万别，名称也多种多样，但都有一个基本特征，就是利率可变，只是变的基础、幅度、条件方面不一致。

6. 根据发行方式分类

按发行方式，债券可分为公募债券和私募债券。

公募债券是指发行人向不特定的社会公众投资者公开发行的债券。公募债券的发行量大，持有人数众多，可以在公开的证券市场上市交易，流动性好。

私募债券是指向特定的投资者发行的债券。私募债券的发行对象一般是特定的机构投资者。

7. 根据信用状况分类

按信用状况，债券可分为利率债和信用债。

利率债是指直接以政府信用为基础或是以政府提供偿债支持为基础而发行的债券。由于是依靠政府信用，正常情况下利率债的信用风险很小，影响其内在价值的因素主要是市场利率或资金的机会成本，故名“利率债”。在我国，狭义的利率债包括国债和地方政府债。广义的利率债除了国债、地方政府债，还可包括中央银行发行的票据、国家开发银行等政策性银行发行的金融债、铁路总公司等政府支持机构发行的债券。

信用债是指以企业的商业信用为基础而发行的债券，除了利率，发行人的信用是影响该类债券的重要因素，故名“信用债”。我国债券市场上的信用债包括非金融企业发行的债券和商业性金融机构发行的债券。

练一练

根据债券的分类，杨百万交易的债券属于哪类债券？他是通过什么债券交易渠道交易的？

（三）债券的作用

债券对经济发展有着广泛而重要的作用，主要体现在以下几方面：

1. 债券作为一种筹资手段，有利于实现资金从盈余方向资金短缺方的转移

在经济运行过程中，常会有一些经济主体出现资金盈余，而另一些经济主体发生资金短缺的情况，客观上就产生了资金融通的需要。债券作为一种直接筹资方式，可以实现将资金从盈余者手中向短缺者手中的直接转移。债券筹资具有如下优点：

（1）资本成本低。债券的利息可以税前列支，具有抵税作用；另外债券投资人比股票投资人的投资风险低，因此其要求的报酬率也较低。故公司债券的资本成本要低于普通股。

（2）具有财务杠杆作用。债券的利息是固定的费用，债券持有人除获取利息外，不能参与公司净利润的分配，因而具有财务杠杆作用，在息税前利润增加的情况下会使股东的收益以更快的速度增加。

（3）所筹集资金属于长期资金。发行债券所筹集的资金一般属于长期资金，可供企业在一年以上的时间内使用，这为企业安排投资项目提供了有力的资金支持。

（4）筹资的范围广、金额大。债券筹资的对象十分广泛，它既可以向各类银行或非银行金融机构筹资，也可以向其他法人单位、个人筹资，因此筹资比较容易并可筹集较大金额的资金。

与此同时，债券筹资也存在一些缺点：

（1）财务风险大。债券有固定的到期日和固定的利息支出，当企业资金周转出现困难时，易使产业陷入财务困境，甚至破产清算。因此筹资企业在发行债券来筹资时，必须考虑利用债券筹资方式所筹集的资金进行的投资项目的未来收益的稳定性和增长性的问题。

（2）限制性条款多，资金使用缺乏灵活性。因为债权人没有参与企业管理的权利，所以为了保障债权人债权的安全，通常会在债券合同中列明各种限制性条款。这些限制性条款会影响企业资金使用的灵活性。

2. 债券作为一种投资工具，有利于实现资金的积累和集中，增加社会资金的总量

对于那些有剩余资金，既想获得较高收益又不想承担太高风险的投资者而言，债券为他们提供了一种很好的投资选择。因为，与银行存款相比，债券的利率通常比银行存款利率要高；与股票相比，债券的风险又小于股票。所以，有了债券这种金融工具，投资者就多了一种投资渠道。债券在促成短期、小额的闲置资金向长期、巨额投资资金的转化方面发挥着重要的作用。

3. 债券具有资金导向功能，有利于社会资源的优化配置

有了债券这种金融工具，资金供求双方就可以平等自愿地融通资金，这种融通的结果是资金向短线产品和利润率高的部门流动。一般情况下，只有那些利润率较高、经济效益好的企业才能负担较高的利息率，而只有这样的企业才能以较高的利率从债券市场上筹措到资金，其结果就是把社会资金引向利润率较高、经济效益较好的行业和企业中去。相反，效益差的企业发行的债券风险相对较大，受投资者欢迎的程度较低，筹资成本较大。因此，通过债券这种金融工具，资金得以向优势企业集中，从而有利于资源的优化配置。

4. 债券可以作为宏观经济的调控杠杆，对于实施贯彻货币政策、实现社会经济发展目标起到积极作用

债券是通过中央银行的公开市场业务来实现调控宏观经济的。公开市场业务就是中央银行在证券市场上买卖国债等有价证券，从而调节货币供应量的业务。债券和债券市场的发展，为中央银行的宏观调控提供了平台。在经济过热、需要减少货币供应时，中央银行卖出债券，收回金融机构或公众持有的一部分货币，从而抑制经济的过热运行；当经济萧条、需要增加货币供应量时，中央银行便买入债券，增加货币的投放，以此促进经济复苏。

案　例

我国国库券实物券发行情况

国库券是指中央政府为弥补财政或国库资金的不足而发行的一种有价证券。国库券最早问世于1877年，当年由英国财政部根据《财政部证券法》发行。美国财政部根据1917年颁布的《第二自由公债法》于1929年开始发行国库券。它属于短期融通性债券，期限不超过1年，包括2个月、3个月、6个月、9个月和12个月共五种期限。

我国国库券实物券从1981年开始发行，到1997年止，共发行了11种面值的78个品种，发行总额为3 024.65亿元。此类实物券目前已成为收藏市场上备受关注的产品，它承载着中国债券发展的历史。图3-1为我国1983年和1995发行的国库券实物券图样。

图3-1　我国1983年（上）和1995年（下）发行的国库券实物券

任务二　政府债券

一、政府债券概述

（一）政府债券的概念

政府债券是国家为了筹措资金而向投资者出具的、承诺在一定时期支付利息和到期还本的债务凭证。政府债券的举债主体是国家。从广义的角度看，广义的政府债券属于公共部门的债务，与它相对应的是私人部门的债务。从狭义的角度看，政府是国家政权的代表，狭义的政府债券属于政府部门的债务，与它相对应的是非政府部门的债务。

（二）政府债券的性质

（1）从形式上看，政府债券是一种有价证券，它具有债券的一般性质。

（2）从功能上看，政府债券最初仅仅是政府弥补赤字的手段，但在现代商品经济条件下，政府债券已成为政府筹集资金、扩大公共事业开支的重要手段，并且随着金融市场的发展，逐渐具备了金融商品和信用工具的职能，成为国家实施宏观经济政策、进行宏观调控的工具。

（三）政府债券的特征

（1）安全性高。在各类债券中，政府债券的信用等级是最高的，通常被称为“金边债券”。投资者购买政府债券，是一种较安全的投资选择。

（2）流通性强。由于政府债券的信用好、竞争力强、市场属性好，因此许多国家政府债券的二级市场十分发达，一般不仅允许在证券交易所上市交易，还允许在场外市场买卖。

（3）收益稳定。政府债券的付息由政府保证，其信用度最高，风险最小，对于投资者来说，投资政府债券的收益是比较稳定的。此外，因为政府债券的本息大多数固定且有保障，所以交易价格一般不会出现大的波动，二级市场的交易双方均能得到相对稳定的收益。

（4）税收优惠。大多数国家都规定，与购买其他有价证券的投资者相比，购买国债的投资者可以享受优惠的税收待遇，甚至免税。

二、国家债券

国家债券，简称国债，是指中央政府为筹措财政资金，凭其信誉按照一定程序向投资者出具的、承诺在一定时期支付利息到期偿还本金的一种债权债务凭证。

（一）国债的分类

1. 按偿还期限划分

国债的偿还期限是国债的存续时间，习惯上把国债分为短期国债、中期国债和长期国债。

短期国债一般指偿还期限为1年或1年以内的国债，具有周期短及流动性强的特点，在货币市场上占有重要地位。政府发行短期国债，一般是为满足国库暂时的入不敷出之需。

中期国债是指偿还期限在 1 年以上、10 年以下的国债。政府发行中期国债筹集的资金或用于弥补赤字，或用于投资，不再用于临时周转。

长期国债是指偿还期限在 10 年或 10 年以上的国债。由于期限长，政府短期内无偿还的负担，而且可以较长时间占用国债认购者的资金，所以常被用作政府投资的资金来源。

2. 按是否可以流通划分

按是否可以流通划分，国债可分为可流通国债和不可流通国债。

可流通国债是指国债可以在二级市场上交易，这种债券在一些国家的国债中占主要部分。

不可流通国债是指购买条款上规定不能在二级市场进行买卖的国债。不可流通国债又可分为投资者为私人的不可流通国债和投资者为机构的不可流通国债。

3. 按附息方式划分

按附息方式不同，国债可分为附息式国债和贴现式国债。

附息式国债是指债券发行明确规定，在债券存续期内，对持有人定期支付利息（通常每半年或每年支付一次）。

贴现式国债是指在票面上不规定利率，发行时按某一折扣率，以低于票面金额的价格发行，发行价与票面金额之差额相当于预先支付的利息，到期时按面额偿还本金的国债。

通常，期限在 1 年以下（含 1 年）的国债为贴现式国债，期限在 1 年以上的国债为附息式国债。

4. 按政府债券利率变动状况程度划分

按政府债券利率变动状况程度不同，可分为固定利率政府债券、市场利率政府债券和保值政府债券。

固定利率政府债券是指政府债券的利率在发行时就已固定，不管以后的物价和银行利率水平如何发生变动，政府债券到期偿还时仍按原来利率支付利息。

市场利率政府债券是指在发行时规定政府债券利率将随市场利率的变动而浮动，债券到期偿付时以当时的市场利率支付利息。

保值政府债券的利率是根据市场物价变动幅度而浮动，使政府债券利率等于或大于通货膨胀率，从而保证投资者的实际收益水平。

（二）我国的国债

我国发行的国债主要有以下几种：

1. 普通国债

目前我国发行的普通国债有记账式国债、凭证式国债和储蓄国债（电子式）。

（1）记账式国债。我国的记账式国债是从 1994 年开始发行的一个上市券种。它是由财政部面向全社会各类投资者、通过无纸化方式发行的、以电子记账方式记录债权并可以上市和流通转让的债券。记账式国债的发行分为交易所债券市场发行、银行间债券市场发行，以及同时在银行间债券市场和交易所债券市场发行（又称为“跨市场发行”）三种情况。个人投资者可以购买交易所债券市场发行和跨市场发行的记账式国债，而银行间债券市场的发行主要面向银行和非银行金融机构等机构投资者。

记账式国债的特点是：可以记名、挂失，以无券形式发行可以防止证券的遗失、被窃与伪造，安全性好；可上市转让，流通性好；期限有长有短，但更适合短期国债的发行；通过证券交易所电脑网络发行，可以降低证券的发行成本；上市后价格随行就市，具有一定的风险。

（2）凭证式国债。这是指由财政部发行的、有固定票面利率、通过纸质媒介记录债权债务关系的国债。发行凭证式国债一般不印制实物券面，而采用填制“中华人民共和国凭证式国债收款凭证”的方式，通过部分商业银行和邮政储蓄柜台，面向城乡居民个人和各类投资者发行，是一种储蓄性国债。凭证式国债购买方便、变现灵活、利率优惠、收益稳定、安全性高，是我国重要的国债品种。

练一练

请查询最新发行的凭证式国债的利率水平，并对比近10年其利率水平的走势。

（3）储蓄国债（电子式）。这是指财政部面向境内中国公民储蓄类资金发行的、以电子方式记录债权的不可流通的人民币债券。目前，储蓄国债（电子式）通过试点商业银行面向个人投资者销售。储蓄国债（电子式）自发行之日起计息，付息方式分为利随本清和定期付息两种。储蓄国债（电子式）试点期间，财政部将先行推出固定利率固定期限和固定利率变动期限两个品种。投资者在同一试点商业银行只允许开设一个账户。储蓄国债（电子式）是2006年推出的国债新品种，具有以下特点：针对个人投资者，不向机构投资者发行；采用实名制，不可流通转让；采用电子方式记录债权；收益安全稳定，由财政部负责还本付息，免缴利息税；鼓励持有到期；手续简化；付息方式较为多样。

凭证式国债和储蓄国债（电子式）都在商业银行柜台发行，不能上市流通，但都是信用级别最高的债券，以国家信用作保证，而且免缴利息税。从我国债券市场发展的情况看，凭证式国债和储蓄国债（电子式）这两个品种将在我国长期并存。两者的不同之处在于：

第一，申请购买手续不同。投资者购买凭证式国债，可持现金直接购买；购买储蓄国债（电子式），须开立个人国债托管账户并指定对应的资金账户后方可购买。

第二，债权记录方式不同。凭证式国债采取填制“中华人民共和国凭证式国债收款凭证”的形式记录债权，由各承销银行和投资者进行管理；储蓄国债（电子式）以电子记账方式记录债权，采取二级托管体制，由各承办银行总行和中央国债登记结算有限责任公司统一管理，降低了由于投资者保管纸质债权凭证带来的风险。

第三，付息方式不同。凭证式国债为到期一次还本付息；储蓄国债（电子式）付息方式比较多样，既有按年付息品种，也有利随本清品种。

第四，到期兑付方式不同。凭证式国债到期后，须由投资者前往承销机构网点办理兑付事宜，逾期不加计利息；储蓄国债（电子式）到期后，承办银行自动将投资者应收本金和利息转入其资金账户，转入资金账户的本息资金作为居民存款，按活期存款利率计付利息。

第五，凭证式国债的发行对象主要是个人，部分机构也可认购；储蓄国债（电子式）的发行对象仅限于个人，机构不允许购买或者持有。

第六，承办机构不同。凭证式国债由各类商业银行和邮政储蓄机构组成的凭证式国债承销团成员的营业网点销售；已发售的储蓄国债（电子式）由经财政部会同中国人民银行确认代销试点资格的商业银行营业网点销售。

记账式国债与储蓄国债（电子式）都以电子记账方式记录债权，但具有下列不同之处：

第一，发行对象不同。对于记账式国债，机构和个人都可以购买，而储蓄国债（电子式）的发行对象仅限于个人。

第二，发行利率确定机制不同。记账式国债的发行利率是由记账式国债承销团成员投标确定的；储蓄国债（电子式）的发行利率由财政部参照同期银行存款利率及市场供求关系等因素确定。

第三，流通或变现方式不同。记账式国债可以上市流通，可以从二级市场上购买，需要资金时可以按照市场价格卖出；储蓄国债（电子式）只能在发行期认购，不可以上市流通，但可以按照有关规定提前兑取。

第四，到期前变现收益预知程度不同。记账式国债二级市场交易价格是由市场决定的，到期前市场价格（净价）有可能高于或低于发行面值。当卖出价格高于买入价格时，表明卖出者不仅获得了持有期间的国债利息，同时还获得了部分价差收益；当卖出价格低于买入价格时，表明卖出者虽然获得了持有期间的国债利息，但同时也承担了部分价差损失。因此，投资者购买可流通记账式国债并于到期前卖出，其收益是不能预知的，且要承担市场利率变动带来的价格风险。而储蓄国债（电子式）在发行时就对提前兑取条件做出规定，也就是说，投资者提前兑取所能获得的收益是可以预知的，而且本金不会低于购买面值（因提前兑付带来的手续费除外），不承担由于市场利率变动而带来的价格风险。因此，储蓄国债（电子式）适合注重投资安全、收益稳定的投资者购买。

我国发行的普通国债的总体趋势是规模越来越大，期限趋于多样化，发行方式趋于市场化，市场日新月异。

2. 其他类型国债

为适应国家经济发展和筹措财政资金的需要，1987 年以来，财政部曾发行多种其他类型的国债，主要有国家重点建设债券、国家建设债券、财政债券、特种债券、保值债券、基本建设债券等。

知识链接

银行间债券市场、交易所债券市场发展概况

一、银行间债券市场

银行间债券市场，是指依托于中国外汇交易中心暨全国银行间同业拆借中心和中央国债登记结算有限责任公司的，包括商业银行、农村信用联社、保险公司、证券公

司等金融机构以及一些非金融机构合格投资人通过北京金融资产交易所进行债券买卖和回购的市场。

中国债券市场是全球第二大债券市场，存量规模突破 130 万亿元，形成以银行间债券市场和交易所债券市场为主，柜台债券市场为补充的格局。银行间债券市场成立于 1997 年，经过 20 余年发展，市场规模稳步增长，融资功能持续增强，市场参与主体与投资品种不断丰富，金融基础设施不断完善，对外开放稳步推进。截至 2021 年 12 月末，银行间债券市场托管余额近 115 万亿元，年内交易量突破 1 400 万亿元，市场参与主体近 3 800 家，是中国债券市场最主要的构成部分，是国债、政策性金融债以及同业存单等国际投资者最为关注券种的主要流通市场。

二、交易所债券市场

作为集中性市场，上海证券交易所是最早开办债券交易的场所，1990 年年底上海证券交易所开办第一笔国债交易，深圳证券交易所在 1993 年才开办国债业务。交易所债券市场实行的是集中撮合竞价与经纪商制度，采用集合竞价、连续竞价和大宗交易的方式。目前，交易所按周公布各债券品种的标准券折算率，并按该比率计算各会员的标准券库存。

三、地方政府债券

（一）地方政府债券的概念

地方政府债券是由地方政府发行并负责偿还的债券，简称“地方债券”，也可以称为“地方公债”或“地方债”。地方政府债券是地方政府根据本地区经济发展和资金需求状况，以承担还本付息责任为前提，向社会筹集资金的债务凭证。筹集的资金一般用于弥补地方财政资金的不足，或者用于地方兴建大型项目。

（二）地方政府债券的分类

1. 一般责任债券

一般责任债券是由地方政府及其管理部门，以发行者的资信和政府的征税能力作为保证，投资者能按时收回本息。发行这种债券所筹集的资金主要用于修建高速公路及市政设施等。这种债券的偿还极少拖欠，投资者按期收回本金并取得利息。

2. 收益债券

这种债券的发行目的是给地方政府所属企业或某个特定的项目融资，因而不以地方政府税收能力为担保，而是以债券发行人经营该项目是否有收益为前提条件。若该项目盈利，则偿还本息，否则投资者就得不到利息，并且利息额的多少与盈利多少直接相关。比如地方政府为解决当地中低收入居民的住房困难，利用发行债券的所得收入修建一批大众化的商品房，由此获得的租售收入用于作为还债的本金和利息。

3. 混合及特种责任债券

某些地方政府债券不但具有一般责任债券和收益债券的特点，而且也具有一种特殊的结构，目的在于保证债券的本金和利息的安全性。主要有以下几种：

（1）保险债券。它是由商业保险公司所制定的保险政策和债券发行者的信用加以支持。如发生违约，保险公司便负责向债券持有者提供一定数额的款项，用于偿还本金加利息。

（2）道义责任债券。地方立法机构作为法律上的权威机构，为了能够保证债券持有者的权益，必须筹集一笔在地方政府税收收入之外的款项以满足偿债的需要。

（3）处于困境城市保释债券。这种债券的目的在于使出现严重预算赤字的一些主要的一般责任债券的发行人得到保释。

案 例

国债逆回购种类和操作技巧

王先生发现自己在短期内有一笔1万元的闲置资金，想要寻找一种资金流动性高并且安全性较高的投资方式。王先生发现国债逆回购的投资期限很短（1天、2天、3天、7天居多），且年化利率是同期银行存款的数倍。其次，此种贷款质押物为国债，而沪深交易所充当这个交易的中介、监督、执行角色，并通过证券公司结算，因此国债逆回购保证了较高的安全性。基于以上种种考虑，王先生选择了在深交所用1万元购买1天的逆回购。

一、国债逆回购认知

（一）国债逆回购的概念

国债逆回购是一种短期贷款方式，个人通过国债回购市场把自己的资金借出去，从而获得固定利息收益；而回购方，也就是借款人用自己的国债作为抵押获得这笔贷款，到期后还本付息。

（二）国债逆回购品种

国债逆回购品种在上交所（9种）、深交所（9种）两个地方上市交易。上交所的国债逆回购品种交易金额10万元起，以及10万的整倍数；深交所交易金额为1千元起，以及1千元的整倍数。10万元以上资金可操作沪市逆回购（20400x）；1千元以上10万元以下资金可操作深市逆回购（1318xx）。表3-1、表3-2展示了各个国债逆回购代码、品种，以及佣金（交易手续费用）费用。

表3-1 上交所的国债回购品种

代码	简称	品种	佣金费率	交易10万元手续费
204001	GC001	1天国债回购	成交金额的0.001%	1元
204002	GC002	2天国债回购	成交金额的0.002%	2元
204003	GC003	3天国债回购	成交金额的0.003%	3元
204004	GC004	4天国债回购	成交金额的0.004%	4元
204007	GC007	7天国债回购	成交金额的0.005%	5元
204014	GC014	14天国债回购	成交金额的0.010%	10元

续表

代码	简称	品种	佣金费率	交易 10 万元手续费
204028	GC028	28 天国债回购	成交金额的 0.020%	20 元
204091	GC091	91 天国债回购	成交金额的 0.020%	30 元
204182	GC182	182 天国债回购	成交金额的 0.030%	30 元

表 3-2 深交所的国债回购品种

代码	简称	品种	佣金费率	交易 1 万元手续费
131810	R-001	1 天国债回购	成交金额的 0.001%	0.1 元
131811	R-002	2 天国债回购	成交金额的 0.002%	0.2 元
131800	R-003	3 天国债回购	成交金额的 0.003%	0.3 元
131809	R-004	4 天国债回购	成交金额的 0.004%	0.4 元
131801	R-007	7 天国债回购	成交金额的 0.005%	0.5 元
131802	R-014	14 天国债回购	成交金额的 0.010%	1 元
131803	R-028	28 天国债回购	成交金额的 0.020%	2 元
131805	R-091	91 天国债回购	成交金额的 0.020%	3 元
131806	R-182	182 天国债回购	成交金额的 0.030%	3 元

（三）国债逆回购收益

收益＝成交额×年收益率×实际占款天数/365 天

其中，实际占款天数是指当次回购交易的首次交割日（含）至到期交割日（不含）的实际日历天数。

王先生购买了 10 万元 1 天国债逆回购（实际占款天数为 1 天），以 10%的年收益率成交（即成交价格为 10），那么他的收益为：100 000×10%×1/365＝27.4 元。

在计算实际占款天数时到了涉及 4 个日期：首次清算日、首次交割日、到期清算日，以及到期交割日。清算日为证券公司计算以及确定投资者即将要支付或者收到的金额，但财产并没有发生实际转移。财产的实际转移发生在清算日的下一个工作日，也就是交收日。

在国债逆回购中，清算日就像是证券公司计算投资者借给别人或者收回多少现金，而交割日就是投资者把现金实实在在交给或者向别人收回的日子。所以实际占款天数就是投资者不可以用自己借出去的现金的日子。

首次清算日：回购交易委托操作的当天。

首次交割日：首次清算日的下一个工作日。

到期清算日：回购期限在今天到期（若到期日为非交易日，则顺延至下一个工作日）

到期交割日：到期清算日的后一工作日，资金可在这天提现。

实际占款天数：首次交割日到到期交割日之间，即在这段时间内，资金不可提现。

具体举例见图 3-2，假设图中所有日期均为正常交易日。

区间天数为实际占款天数

首次清算日	回购期限	首次交割日（含）	到期清算日（可用）	到期交割日（不含；可取）	实际占款天数
周三	1天	周四	周四	周五	1
周三	3天	周四	下周一	下周二	5
周四	1天	周五	周五	下周一	3
周四	3天	周五	下周一	下周二	4
周五	1天	下周一	下周一	下周二	1
周五	3天	下周一	下周一	下周二	1

图 3-2　国债逆回购重点交易日

（四）国债逆回购小策略

因为计息天数为资金实际占款天数，而不是回购期限的名义天数，如果到期交割日为非交易日，资金依旧只能在股票账户里放着或操作，但不能提现到银行卡，所以资金依旧按照被占处理。如图 3-3 所示，在非节假日，王先生在周四进行 1 天逆回购，但收到的利息却是三天的。

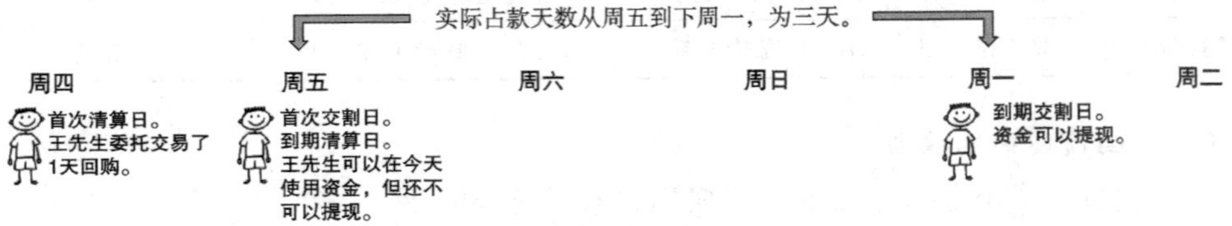

图 3-3　国债逆回购交易策略（1）

如果遇到节假日，利用小策略可获得更多收益。如图 3-4 所示，如果王先生在 12/28（周四）操作 1 天国债逆回购，可获得四天的收益。

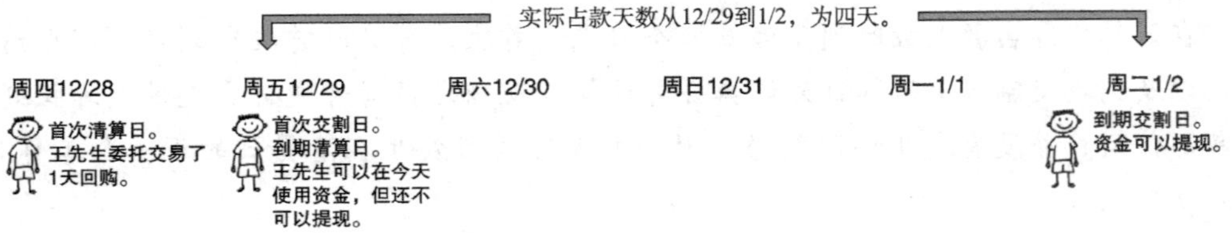

图 3-4　国债逆回购交易策略（2）

二、国债逆回购操作

（一）设置账号、代码

设置证券账户账号，输入国债回购具体品种的代码。此处为 1 天国债逆回购（131810）。

（二）输入交易价格

输入成交卖价，此处为 2.395，即年收益利率 2.395%。赚（假设实际占款天数为 1 天）：10 000×2.395%×1/365=0.66。

（三）买入逆回购

债券逆回购永远应选择“卖出”，因为是个人通过国债回购市场把自己的资金借出去。

任务三 金融债券

一、金融债券的概念与特征

金融债券是由银行和非银行金融机构发行的债券。金融债券仅凭银行等金融机构的信用发行，不需要财产抵押，属于无抵押债券。金融债券有以下特征：

(1) 金融债券的发行主体是银行或非银行金融机构，均接受中央银行的管理，信用度较高。

(2) 金融债券的期限一般是中期和短期，从1年到5年不等。

(3) 金融债券的利率形式灵活，收益稳定。金融债券的利率水平高于银行存款和国债，低于公司债。

二、我国的金融债券

(一) 中央银行票据

中央银行票据简称央票，是央行为调节基础货币而向金融机构发行的票据，是一种重要的货币政策日常操作工具，期限在3个月至3年。

(二) 政策性金融债券

政策性金融债券是政策性银行在银行间债券市场发行的金融债券。从1999年起，我国银行间债券市场以政策性银行为发行主体开始发行浮动利率债券。浮息债券以上海银行间同业拆放利率（Shibor）为基准利率。Shibor是中国货币市场的基准利率，是以16家报价银行的报价为基础，剔除一定比例的最高价和最低价后的算术平均值，自2007年1月4日正式运行。目前对外公布的Shibor共有8个品种，期限从隔夜到1年。

(三) 商业银行债券

1. 商业银行金融债券

2005年4月27日，《全国银行间债券市场金融债券发行管理办法》颁布，自2005年6月1日起施行。金融债券是指依法在中华人民共和国境内设立的金融机构法人在全国银行间债券市场发行的、按约定还本付息的有价证券。

2. 商业银行次级债券

商业银行次级债券是指商业银行发行的、本金和利息的清偿顺序列于商业银行其他负债之后，先于商业银行股权资本的债券。

3. 混合资本债券

混合资本债券是一种混合资本工具，它比普通股票和债券更加复杂。我国的混合资本债券是指商业银行为补充附属资本发行的，清偿顺序位于股权资本之前，但列在一般债务和次级债务之后，期限在15年以上，发行之日起10年内不可赎回的债券。

按照现行规定，我国的混合资本债券具有四个基本特征：

第一，期限在15年以上，发行之日起10年内不得赎回。

第二，混合资本债券到期前，如果发行人核心资本充足率低于4%，发行人可以延期支付利息。

第三，当发行人清算时，混合资本债券本金和利息的清偿顺序列于一般债务和次级债务之后，先于股权资本。

第四，混合资本债券到期时，如果发行人无力支付清偿顺序在该债券之前的债务或支付该债券将导致无力支付清偿顺序在混合资本债券之前的债务，发行人可以延期支付该债券的本金和利息。

4. 证券公司债券

2003年8月29日，中国证监会发布《证券公司债券管理暂行办法》，证券公司债券是指证券公司依法发行的、约定在一定期限内还本付息的有价证券。

2004年10月，经商中国证监会和中国银行业监督管理委员会（简称“银监会”）批准，中国人民银行制定并发布《证券公司短期融资券管理办法》。证券公司短期融资券是指证券公司以短期融资为目的，在银行间债券市场发行的约定在一定期限内还本付息的金融债券。

5. 保险公司次级债务

2004年9月29日，中国保险监督管理委员会（简称“保监会”）发布了《保险公司次级定期债务管理暂行办法》。保险公司次级定期债务是指保险公司经批准定向募集的，期限在5年以上（含5年），本金和利息的清偿顺序列于保单责任和其他负债之后，先于保险公司股权资本的保险公司债务。该《办法》所称保险公司，是指依照中国法律在中国境内设立的中资保险公司、中外合资保险公司和外资独资保险公司。保监会（2018年撤销，保监会与银监会整合为银保监会）依法对保险公司次级定期债务的定向募集、转让、还本付息和信息披露行为进行监督管理。

与商业银行次级债务不同的是，按照《保险公司次级定期债务管理暂行办法》，保险公司次级债务的偿还只有在确保偿还次级债务本息后偿付能力充足率不低于100%的前提下，募集人才能偿付本息；并且，募集人在无法按时支付利息或偿还本金时，债权人无权向法院申请对募集人实施破产清偿。

6. 财务公司债券

财务公司债券在银行间债券市场发行。2007年7月，银监会（2018年撤销，保监会与银监会整合为银保监会）下发《关于企业集团财务公司发行金融债券有关问题的通知》，明确规定企业集团财务公司发行债券的条件和程序，并允许财务公司在银行间债券市场发行财务公司债券。

7. 金融租赁公司和汽车金融公司的金融债券

2009年8月中国人民银行和中国银行业监督管理委员会发布公告，对金融租赁公司和汽车金融公司发行金融债券进行规范。符合条件的金融租赁公司和汽车金融公司可以在银行间债券市场发行和交易金融债券。

任务四 公司债券和企业债券

一、公司债券

（一）公司债券的概念

我国的公司债券是指公司依照法定程序发行，约定在1年以上期限内还本付息的有价证券。公司债券属于债券体系中的一个品种，它反映发行债券的公司和债券投资者之间的债权债务关系。公司债券的发行人是依照《公司法》在中国境内设立的有限责任公司和股份有限公司。

（二）公司债券的分类

1. 信用债券

信用公司债券是一种不以公司任何资产作担保而发行的债券，属于无担保证券范畴。一般公司的信用状况要比政府和金融机构差，所以，大多数公司发行债券被要求提供某种形式的担保。但少数大公司经营良好，信誉卓著，也发行信用公司债券。为了保护投资者的利益，可要求信用公司债券附有某些限制性条款，如不得随意增加资金用途、债券未清偿之前股东的分红要有限制等。

2. 不动产抵押公司债券

不动产抵押公司债券是以公司的不动产（如房屋、土地、设备等）作抵押品而发行的公司债券，是抵押证券的一种。此种债券是公司债券中最重要的一种类型。

3. 保证公司债券

保证公司债券是公司发行的由第三者作为还本付息担保人的债券，是担保证券的一种。担保人是发行人以外的其他人，如政府、信誉好的银行或举债公司的母公司等。在实践中，保证行为常见于母、子公司之间，如由母公司对子公司发行的公司债券予以保证。

4. 收益公司债券

收益公司债券是一种具有特殊性质的债券，它与一般债券相似，有固定的到期日，清偿时债权排列顺序优先于股票。但与一般的债券有所不同，其利息只在公司有盈利时才支付，即发行公司的利润扣除各项固定支出后的余额用作债券利息的来源。如果余额不足支付，未付利息可以累加，待公司收益增加后再补发。所有应付利息付清后，公司才可对股东分红。

5. 可转换公司债券

可转换公司债券是指发行人依照法定程序发行、在一定期限内依据约定的条件可以转换成股份的公司债券。这种债券附加转换选择权，兼有债权投资和股权投资的双重优势。可转换公司债券一般要经股东大会或董事会的决议通过才能发行，而且在发行时，应在发行条款中规定转换期限和转换价格。

6. 附认证股权公司债券

附认证股权公司债券是公司发行的一种附有认购该公司股票权利的债券。这种债券的购买者可以按预先规定的条件在公司发行股票时享有优先购买权。预先规定的条件主要是指股票的购买价格、认购比例和认购期间。按照附认股权和债券本身能否分开可划分为两种类型：一种是可分离型，即债券与认股权可以分离；另一种是非分离型，即不能把认股权从债券上分离。附认股权证的公司债券与可转换公司债券不同，前者在行使新股认购权之后，债券形态依然存在；而后者在行使转换权之后，债券形态随即消失。

7. 可交换公司债券

可交换公司债券指上市公司的股东依法发行、在一定期限内依据的约定的条件可以交换成该股东所持有的上市公司股份的公司债券。可交换债券与可转换债券的相同之处是发行要素相似，也包括票面利率、期限、换股价格和换股比率、换股期限等。

可转换债券和可交换债券主要有以下区别：第一，发行主体不同。可转换债券是指债券持有者按照发行时约定的价格将债券转换成公司的普通股票，其发行主体是上市公司本身；可交换债券是指上市公司股份的持有者通过抵押其持有的股票给托管机构进而发行的公司债券，其发行主体是上市公司的股东。第二，对股本的影响不同。可转换债券将会增加公司的总股数，从而降低每股的预期收益率；可交换债券的股本总数不变，从而每股预期收益不变。第三，转成股票的期限不同。可转换债券一般转换成股票的时间为6个月，可交换债券转换成股票的日期更长，一般为12个月。第四，担保方式不同。可交换债券以持有用于交换上市公司的股票作为担保品，可转换债券需要第三方作为担保者。第五，转换的股票来源不同。可交换债券所换的股票为其他公司的股票，可转换债券所换取的股票为发行人未来发行的股票。第六，发行目的不同。可转换债券一般用于投资项目，而可交换债券不一定用于投资项目，可用于流动资产管理，市值管理。

案　例

国购投资有限公司债券违约案例

国购投资有限公司（以下简称国购公司）于2016年7月公开发行公司债券（第三期）8.4亿元，存续期为5年，附第3年末公司上调票面利率选择权及投资者回售选择权，前3年票面利率为7.29%，后2年为8.00%，每年7月25日付息。2019年7月23日，公司由于现金流短缺、筹融资渠道受限等原因，无法按时筹措资金用于偿付本期债券的利息及回售本金。

一、发行人及债券基本情况

国购公司成立于2010年5月11日，注册资本25 000万元，法人代表、实际控制人为袁某某，经营行业主要为房地产业和化学肥料业，房地产业务范围主要集中在安徽省，其中大部分在合肥市，对外投资14家公司。

2016年2月，国购公司发行了5亿元存续期为5年、附第3年末公司上调票面利率选择权及投资者回售选择权的公司债券（“16国购01”），发行利率为7.20%，每年的2月1日为付息日。2016年3月公司发行了6.6亿元存续期为5年、附第3年末公司上调票面利率选择权及投资者回售选择权的公司债券（“16国购02”），发行利率为7.30%，每年的3月17日为付息日。2016年7月公司发行了8.4亿元存续期为5年、附第3年末公司上调票面利率选择权及投资者回售选择权的公司债券（“16国购02”），发行利率为7.30%，每年的3月17日为付息日。2016年11月非公开募集10亿元（16国购债），发行利率为7.30%。2017年8月非公开募集8亿元（“17国购01”），发行利率为8.00%。2017年12月非公开募集3亿元（“17国购02”），发行利率为7.80%。

二、风险暴露过程

公司总资产为2018年4 356 959.83万元，2017年4 479 097.85万元，2016年4 284 418.7万元；总负债为2018年3 538 597.80万元，2017年3 330 760.54万元，2016年3 150 429.23万元，资产负债率约为2018年81.22%，2017年74.36%，2016年73.53%。2018年净利润为−259 755.92万元。

2018年、2017年、2016年流动比率分别为0.82、1.04和1.14，速动比率分别为0.33、0.41和0.45，与同行业上市标杆公司相比，处于行业较低水平。

2018年现金流均为负值，经营活动产生现金流量净额为−1 779.40万元，投资活动−26 582.85万元，筹资活动−73 005.92万元，债务风险明显。税息折旧及摊销前利润（EBITDA）全部债务比：2018年、2017年、2016年分别为0.01，0.09和0.05。截至2018年12月31日，发行人已获得中国建设银行、东方资产等多家金融机构共计219亿元的授信额度，已使用165亿元，剩余授信额度为54亿元。但自2018年下半年以来，受金融政策收紧影响，公司流动性出现问题，评级被持续下调，故实际无法再从金融机构获取贷款支持。

公司陆续发出违约公告：2019年2月1日，公司发出“16国购01”未能按时兑付利息及回售本金的公告，构成实质违约。2019年3月18日，公司发出“16国购02”未能按时兑付利息及回售本金的公告，构成实质违约。2019年3月27日，公司发出《国购投资有限公司关于“18国购01”“18国购02”“18国购03”“18国购04”公司未能按时兑付本息的公告》。其中“18国购01”（2018年4月，5年期，5亿元，7.80%利率）、“18国购02”（2018年5月，5年期，4.78亿元，7.80%利率）、“18国购03”（2018年8月，5年期，1.12亿元，7.80%利率）、“18国购04”（2018年8月，5年期，1亿元，7.80%利率），共计11.9亿元。2019年3月27日，公司发出《国购投资有限公司关于“17国购01”“17国购03”公司未能按时兑付本金和利息的公告》。2019年7月23日，公司发出“16国购03”未能按时兑付利息及回售本金的公告，构成实质违约。

三、违约风险事件处置情况

2018年11月19日，联合信用评级有限公司将发行人主体长期信用等级及存续期内公开发行公司债券信用等级由“AA”下调为“A”，并将其列入信用等级观察名单。2018年11月20日，联合信用评级有限公司将发行人主体长期信用等级及存续期内公开发行公司债券信用等级由“A”下调为“BBB”，并将其继续列入信用等级观察名单。2019年1月17日，联合信用评级有限公司将发行人主体长期信用等级及存续期内公开发行公司债券信用等级由“BBB”下调为“B”，并将其评级展望调整为负面。2019年2月1日，联合信用评级有限公司将发行人主体长期信用等级及存续期内公开发行公司债券信用等级由“B”下调为“C”。

公司对于债券违约的安排包括：(1) 继续努力筹措资金，延期支付剩余回售款和利息。(2) 继续积极寻找有实力的重组方，早日实现资产及债务重组等一切可能的方式筹措偿债资金。

截至2018年年底，国购公司存在13起被执行案件，1起失信被执行人案件，涉及法律诉讼众多（企查查显示共128起，包含股权冻结等），且公司实际控制人、公司存在有效股权出质登记10余件（共计约16亿元），公司信誉堪忧。

2018年年报指出，截至2018年12月31日，公司所有权或使用权受限的资产账面价值为1 767 875.00万元，占期末资产总额的约40.58%。

四、案例启示

2018年年底，公司房地产业务收入占比约为51.83%，化学肥料业收入占比约为44.38%。2017年年底，公司房地产业务收入占比约为65.40%，化学肥料业收入占比约为30.81%。在2016年年底各约为90.37%、2.57%，显示出公司正在转型期间，新业务化肥行业有其季节性强、流通性差等行业特性，在公司现金流不足、负债比重较大的情况下存在较大风险。

二、企业债券

（一）企业债券的概念

根据《企业债券管理条例》的规定，企业债券是指企业依照法定程序发行、约定在一定期限内还本付息的有价证券。企业债由国家发展和改革委员会作为主管机关，负责发行核准工作。企业债券可在银行间债券市场和交易所债券市场发行交易，是目前我国唯一的可以跨市场上市交易的信用债品种。

在西方国家，只有股份有限公司才能发行企业债券，因此西方国家的企业债券即公司债券。在中国，企业债券泛指各种所有制企业发行的债券。企业债券，是由中国具有法人资格的企业发行的债券。

（二）企业债券的分类

企业债券按不同标准可以分为很多种类。最常见的分类有以下几种：

1. 按照期限划分

按照期限划分，企业债券可分为短期企业债券、中期企业债券和长期企业债券。根据我国企业债券的期限划分，短期企业债券期限在1年以内，中期企业债券期限在1年以上5年以内，长期企业债券期限在5年以上。

2. 按是否记名划分

按是否记名划分，企业债券可分为记名企业债券和不记名企业债券。如果企业债券上登记有债券持有人的姓名，投资和领取利息时要凭印章或其他有效的身份证明，转让时要在债券上签名。同时还要到发行公司登记，这称为记名企业债券，反之称为不记名企业债券。

3. 按债券有无担保划分

按债券有无担保划分，企业债券可分为信用债券和担保债券。

信用债券指仅凭筹资人的信用发行的、没有担保的债券，信用债券只适用于信用等级高的债券发行人。

担保债券是指以抵押质押、保证等方式发行的债券，其中，抵押债券是指以不动产作为担保品所发行的债券，质押债券是指以其有价证券作为担保品所发行的债券。保证债券是指由第三者担保偿还本息的债券。

4. 按债券可否提前赎回划分

按债券可否提前赎回划分，企业债券可分为可提前赎回债券和不可提前赎回债券。如果企业在债券到期前有权定期或随时购回全部或部分债券，这种债券就称为可提前赎回企业债券，反之则是不可提前赎回企业债券。

5. 按债券票面利率是否变动划分

按债券票面利率是否变动划分，企业债券可分为固定利率债券、浮动利率债券和累进利率债券。固定利率债券指在偿还期内利率固定不变的债券；浮动利率债券指票面利率随市场利率定期变动的债券；累进利率债券指随着债券期限的增加，利率累进的债券。

6. 按发行人是否给予投资者选择权划分

按发行人是否给予投资者选择权划分，企业债券可分为附有选择权的企业债券和不附有选择权的企业债券。附有选择权的企业债券，指债券发行人给予债券持有人一定的选择权，如有认股权证的企业债券、可返还企业债券等。有认股权证的债券持有者，可凭认股权证购买所约定的公司的股票；可退还的企业债券，在规定的期限内可以退还。反之，债券持有人没有上述选择权的债券，即是不附有选择权的企业债券。

7. 按发行方式划分

按发行方式划分，企业债券可分为公募债券和私募债券。公募债券指按法定手续经证券主管部门批准公开向社会投资者发行的债券；私募债券指以特定的少数投资者为对象发行的债券，发行手续简单，一般不能公开上市交易。

三、我国公司债券和企业债券的区别

我国证券市场上同时存在企业债券和公司债券，它们在发行主体、发行方式等方面有一定的区别。

（1）发行主体不同。公司债券不限于大型公司，一些中小规模公司只要符合一定法规标准，都有发行机会。

（2）发行方式以及发行的审核方式不同。公司债券采取核准制，引进发审委和保荐制度。企业债券采取审批制或注册制。

（3）担保要求不同。公司债券募集资金的使用不强制与项目挂钩，包括可以用于偿还银行贷款、改善财务结构等股东大会核准的用途；也不强制担保，而是引入信用评级方式。企业债券较多地采用担保方式，同时又以一定的项目（国家或者政府批准）为主。

（4）发行定价方式不同。公司债券利率或价格由发行人通过市场价确定。企业债券的利率不得高于银行相同期限居民储蓄定期存款利率的40%。

案　例

山东胜通集团股份有限公司债券违约案例

山东胜通集团股份有限公司于2016年5月面向合格投资者公开发行公司债券（第一期）“16胜通01”共11.70亿元，存续期为5年，附第3年年末公司上调票面利率选择权及投资者回售选择权，发行利率为6.2%，每年5月30日付息。2019年3月21日，公司发出《山东胜通集团股份有限公司关于公司债券违约的公告》，公司因不能清偿到期债务，已进入重整程序。

（一）发行人及债券基本情况

根据2018年上半年年报显示，公司总资产2 684 092.13万元，公司主营业务包括：钢帘线（收入占比约为50.09%）、化工产品（收入占比约为15.02%）、建筑房产（收入占比约为5.16%）、光学膜（收入占比约为13.11%）、其他（收入占比约为16.62%）。

公司于2016年5月发布公告《山东胜通集团股份有限公司2016年面向合格投资者公开发行公司债券（第一期）》：“16胜通01”共11.70亿元，存续期为5年，附第3年年末发行人上调票面利率选择权及投资者回售选择权，发行利率为6.2%，每年5月30日付息。

公司于2016年9月发布公告《山东胜通集团股份有限公司2016年面向合格投资者公开发行公司债券（第二期）》：“16胜通03”共9.6亿元，存续期为5年，附第3年年末发行人上调票面利率选择权及投资者回售选择权，发行利率为5.8%，每年9月8日付息。

公司于2017年8月发布公告《山东胜通集团股份有限公司2017年面向合格投资者公开发行公司债券（第一期）》：“17胜通01”共8.7亿元，存续期为5年，附第3年年末发行人上调票面利率选择权及投资者回售选择权，发行利率为7%，每年8月28日付息。

公司于2017年10月发布公告《山东胜通集团股份有限公司2017年非公开发行公司债券（第一期）》：“17鲁胜01”共7亿元，存续期为5年，附第2年年末及第4年年末发行人上调票面利率选择权及投资者回售选择权，发行利率为7.2%，每年10月16日付息。

公司于2018年1月发布公告《山东胜通集团股份有限公司2018年非公开发行公司债券（第一期）》：“18鲁胜01”共2亿元，存续期为5年，附第2年年末及第4年年末发行人上调票面利率选择权及投资者回售选择权，发行利率为7.5%，每年1月18

日付息。

（二）风险暴露过程

公司2018年中及2017年的总资产分别为：2 684 092.13万元、2 632 213.17万元；资产负债率分别为58.82%、60.36%；流动比率分别为1.80、1.62；速动比率分别为1.34、1.22。经营活动现金流净额分别为38 175.38万元、87 609.12万元；投资活动分别为−21 471.87万元、−48 623.45万元；筹资活动分别为−53 991.19万元、−27 827.09万元；现金流净额均有明显下降。共计资产受限额2018年中和2017年分别为209 526.69万元、220 253.08万元。利润总额由2017年的118 284.21万元下降29.93%至2018年中的82 878.94万元；净利润由2017年的88 713.16万元下降30.22%至2018年中的61 907.32万元，公司盈利能力明显下降。

（三）违约风险事件处置情况

2019年3月7日，公司已向山东省东营市中级人民法院申请重整。2019年3月15日，山东省东营市中级人民法院裁定受理公司的重整申请。根据法院裁定书，截至2018年11月30日，公司资产总额为86.12亿元，负债总额为156.14亿元，资产负债率高达181%，严重资不抵债。2020年1月3日，国海证券股份有限公司发布《关于山东胜通集团股份有限公司重整进展、竞争性谈判及补充申报债权的受托管理事务临时报告》，公司相关债权补充申报及确认、招募重整投资人等各项重整工作仍在进行中。

（四）案例启示

首先，公司主营业务状况恶化，经营回款不佳是山东胜通集团股份有限公司违约的重要原因；其次，2018年年中报告显示胜通尚未履行及未履行完毕的对外担保总额达到38.59亿元，超过报告期末净资产30%，对外担保、债务预期等致使公司股权被大量冻结，信誉恶化，难以正常经营。

任务五　国际债券

一、国际债券的概念和特点

（一）国际债券的概念

国际债券是指一国借款人在国际证券市场上以外国货币为面值、向外国投资者发行的债券。国际债券的发行人主要是各国政府、政府所属机构、银行或其他金融机构、工商企业及一些国际组织等。国际债券的投资者主要是银行或其他金融机构、各种基金会、工商财团和自然人。

（二）国际债券的特点

国际债券与国内债券相比，有如下几个特点：

（1）资金来源比较广泛。发行国际债券是在国际证券市场上筹措资金，发行对象为各国的投资者，因此，资金来源比国内债券广泛得多。

(2) 存在汇率风险。发行国内债券，筹集和还本付息的资金都是本国货币，所以不存在汇率风险。发行国际债券，筹集到的资金是外国货币，汇率一旦发生波动，发行人和投资者都有可能蒙受意外损失或获取意外收益，所以，汇率风险是国际债券的重要风险。

(3) 有国家主权保障。在国际债券市场上筹集资金，有时主权国家会以普通责任能力或“付款承诺”为保证，其安全性高，吸引力也大，因而有利于减轻或稳定还本付息的负担，有利于吸收中长期的资金。

(4) 以自由兑换货币作为计量货币。国际债券在国际市场上发行，因此其计价货币往往是国际通用货币，一般以美元、英镑、欧元、日元和瑞士法郎为主。这样，发行人筹集到的资金是一种可通用的自由外汇资金。

二、国际债券的分类

(一) 外国债券

外国债券是指某一国家借款人在本国以外的另一国家发行以该国货币为面值的债券。它的特点是债券发行人属于一个国家，债券的面值货币和发行市场则属于另一个国家。

外国债券是一种传统的国际债券。在美国发行的外国债券称为“扬基债券”，它是由非美国发行人在美国债券市场发行的吸收美元资金的债券。在日本发行的外国债券称为“武士债券”，它是由非日本发行人在日本债券市场发行的以日元为面值的债券。

国际多边金融机构在我国发行的人民币债券被命名为“熊猫债券”。2005 年 2 月 18 日，中国人民银行、中华人民共和国财政部、中华人民共和国国家发展和改革委员会、中国证监会联合发布了《国际开发机构人民币债券发行管理暂行办法》，允许符合条件的国际开发机构在中国发行人民币债券。国际开发机构是指进行开发性贷款和投资的国际开发性金融机构，其可以依法在中国境内发行约定在一定期限内还本付息以人民币计价的债券。

知识链接

扬基债券

扬基债券是在美国债券市场上发行的外国债券，即美国以外的政府、金融机构、工商企业和国际组织在美国国内市场发行的、以美元为计值货币的债券。“扬基”一词英文为“Yankee”，即俚语“美国佬”。由于在美国发行和交易的外国债券都是同“美国佬”打交道，故名扬基债券。

20 世纪 60—70 年代由于美国国内严格的金融管制和欧洲债券市场的竞争，扬基债券的发行一直不景气。为顺应金融市场改革的潮流，美国国会通过了证券交易修正案，简化了扬基债券的发行手续，有利于它的进一步发展。之后，扬基债券市场有了质的发展，1992 年扬基债券的发行量为 232 亿美元，1996 年增至 405 亿美元。

扬基债券具备以下特点：

(1) 期限长、数额大。扬基债券的期限通常为5～7年，一些信誉好的大机构发行的扬基债券期限甚至可达20～25年。扬基债券发行额平均每次都在7 500万到1.5亿美元之间，有些大额发行甚至高达数亿美元。

(2) 美国政府对其控制较严，申请手续远比一般债券烦琐。

(3) 发行者以外国政府和国际组织为主。

(4) 投资者以人寿保险公司、储蓄银行等机构为主。

（二）欧洲债券

欧洲债券是指借款人在本国境外市场发行的、不以发行市场所在国货币为面值的国际债券。欧洲债券是在20世纪60年代初期随着欧洲货币市场的形成而出现和发展起来的。到20世纪70年代中期，欧洲债券已初具规模，20世纪80年代以来，欧洲债券的发展更快。据统计，1976年国际债券发行总额中，外国债券占56%，欧洲债券占44%；而在1983年，欧洲债券升至64%，外国债券则降为36%。目前，欧洲债券已成为各经济体在国际资本市场上筹措资金的重要手段。

欧洲债券之所以对投资者和筹资者有如此大的魅力，既要归功于欧洲债券市场低廉的发行费用，又源于欧洲债券的灵活的机制：(1) 欧洲债券市场是一个相对比较开放和自由的市场，债券的发行较为自由灵活，既不需要向任何监督机构登记注册，又无利率管制和发行数额限制，还可以选择多种计值货币。(2) 发行欧洲债券筹集的资金数额大、期限长，而且对财务公开的要求不高，方便筹资者筹集资金。(3) 欧洲债券通常由几家大的跨国金融机构办理发行，发行面广、手续简便、发行费用较低，因此很受筹资者的青睐。(4) 欧洲债券的利息收入通常免交所得税，并且以不记名的方式发行，并可以保存在国外，适合一些希望保密的投资者的需要。这些优点使得欧洲债券自20世纪60年代出现以来，迅速成为国际债券市场中的重要组成部分。

练一练

请思考：外国债券与欧洲债券有哪些区别？

知识链接

欧洲债券的产生与发展

欧洲债券产生于20世纪60年代，是随着欧洲货币市场的形成而兴起的一种国际债券。20世纪60年代以后，由于美国资金不断外流，美国政府被迫采取一系列限制性措施。1963年7月，美国政府开始征收“利息平衡税”，规定美国居民购买外国在美发行的债券，所得利息一律要付税。1965年，美国政府又颁布条例，要求银行和其他金融机构限制对国外借款人的贷款数额。这两项措施使外国借款者很难在美国发行美元债券或获得美元贷款。此外，在20世纪60年代，许多国家有大量盈余美元，需要投入借贷市场获取利息。于是，一些欧洲国家开始在美国境外发行美元债券，这就是欧洲债券的由来。

欧洲债券最初主要以美元为计值货币，发行地以欧洲为主。20世纪70年代后，随着美元汇率波动幅度增大，以德国马克、瑞士法郎和日元为计值货币的欧洲债券的比重逐渐增加。同时，发行地开始突破欧洲地域限制，在亚太、北美以及拉丁美洲等地发行的欧洲债券日渐增多。

欧洲债券自产生以来，发展十分迅速。1992年欧洲债券发行量为2 761亿美元，1996年的发行量增至5 916亿美元。在国际债券市场上，欧洲债券所占比重远远超过了外国债券。

同步训练

一、单项选择题

1. 以下选择中，(　　) 属于债券的基本性质。

Ⅰ. 债券属于有价证券　Ⅱ. 债券是一种虚拟资本　Ⅲ. 债券是设权债券　Ⅳ. 债券是债权的表现

A. Ⅱ、Ⅲ、Ⅳ　　B. Ⅰ、Ⅱ　　C. Ⅰ、Ⅱ、Ⅳ　　D. Ⅰ、Ⅲ

2. 下列各项中，属于债券特征的是（　　）。

Ⅰ. 永久性　Ⅱ. 流动性　Ⅲ. 安全性　Ⅳ. 收益性

A. Ⅰ、Ⅱ、Ⅲ　　B. Ⅱ、Ⅲ、Ⅳ　　C. Ⅲ、Ⅳ　　D. Ⅱ、Ⅳ

3. 发行人在确定债券期限时，要考虑的因素主要有（　　）。

Ⅰ. 市场利率的变化　Ⅱ. 筹集资金的数额　Ⅲ. 债券的变现能力　Ⅳ. 资金的使用方向

A. Ⅰ、Ⅱ、Ⅲ　　B. Ⅰ、Ⅱ、Ⅳ　　C. Ⅰ、Ⅲ、Ⅳ　　D. Ⅱ、Ⅲ、Ⅳ

4. 下列选项中，不属于政府债券特征的是（　　）。

A. 税收优惠待遇　　B. 安全性高　　C. 收益稳定　　D. 流通性差

5. 短期国债一般指偿还期限为（　　）的国债。

A. 1年或1年以内　　B. 3个月或3个月以内

C. 9个月或9个月以内　　D. 6个月或6个月以内

6. 下列各项中，属于储蓄国债（电子式）特点的是（　　）。

Ⅰ. 针对机构投资者发行　Ⅱ. 采用实名制，不可以流通转让　Ⅲ. 采用电子方式记录债权　Ⅳ. 收益安全稳定，由财政部负责还本付息，免缴利息税

A. Ⅱ、Ⅲ、Ⅳ　　B. Ⅱ、Ⅲ

C. Ⅰ、Ⅱ、Ⅲ、Ⅳ　　D. Ⅰ、Ⅳ

7. 地方政府根据本地区经济发展和资金需求状况，以承担还本付息责任为前提，向社会筹集资金的债务凭证为（　　）。

A. 公司债券 B. 无期债券 C. 金融债券 D. 地方政府债券

8. 下列属于外国债券的是（ ）。

Ⅰ. 熊猫债券 Ⅱ. 武士债券 Ⅲ. 长城债券 Ⅳ. 扬基债券

A. Ⅰ、Ⅲ、Ⅳ B. Ⅰ、Ⅱ、Ⅳ C. Ⅱ、Ⅲ、Ⅳ D. Ⅰ、Ⅱ、Ⅲ

9. 金融债券的发行主体包括（ ）。

Ⅰ. 银行 Ⅱ. 公司 Ⅲ. 非银行的金融机构 Ⅳ. 政府

A. Ⅰ、Ⅱ、Ⅲ B. Ⅰ、Ⅲ C. Ⅱ、Ⅲ、Ⅳ D. Ⅰ、Ⅱ

10. 企业债券的发行应得到（ ）的批准。

A. 国家发改委 B. 中国证监会

C. 中国人民银行 D. 中国银保监会

11. 国际债券的发行人主要是（ ）。

Ⅰ. 工商企业 Ⅱ. 银行或其他金融机构 Ⅲ. 国际组织 Ⅳ. 各国政府

A. Ⅰ、Ⅱ、Ⅳ B. Ⅰ、Ⅱ

C. Ⅰ、Ⅱ、Ⅲ、Ⅳ D. Ⅲ、Ⅳ

12. 国外金融机构在我国发行的人民币债券称为（ ）。

A. 扬基债券 B. 武士债券 C. 龙债券 D. 熊猫债券

13. 国际债券与国内债券相比，以下说法不正确的是（ ）。

A. 资金来源比较广泛 B. 存在利率风险

C. 有国家主权保障 D. 以自由兑换货币作为计量货币

14. 以下储蓄国债（电子式）与记账式国债的说法错误的是（ ）。

A. 对于储蓄国债（电子式）国债，机构和个人都可以购买，而记账式的发行对象仅限于个人

B. 两者发行利率确定机制不同

C. 记账式国债可以上市流通，可以从二级市场上购买，需要资金时可以按照市场价格卖出

D. 储蓄国债（电子式）只能在发行期认购，不可以上市流通，但可以按照有关规定提前兑取

15. 目前，财政部以公开招标方式发行（ ）。

A. 记账式国债 B. 市政债 C. 凭证式国债 D. 金融债权

二、多项选择题

1. 关于国际债券的特点，下列说法正确的有（ ）。

A. 发行国际债券是在国际证券市场上筹措资金，发行对象为各国的投资者

B. 发行国际债券，筹集到的资金是外国货币

C. 国际债券市场上筹集资金，有时可以得到一个主权国家付款承诺为保证

D. 国际债券在国际市场上发行，计价货币是国际通用货币，以美元、英镑、欧元、日元和瑞士法郎为主

2. 发行公司债券应当符合的条件包括（ ）。

A. 经资产评级机构评级，债券信用级别良好

B. 公司最近1期末经审计的净资产额应符合法律、行政法规和中国证监会的有关规定

C. 最近3个会计年度实现的年均可分配利润不少于公司债券1年的利息

D. 本次发行后累计公司债券余额不超过最近1期期末净资产额的30%

3. 关于欧洲债券的说法，下列选项正确的有（　　）。

A. 欧洲债券债券的发行较为自由灵活，不需要向任何监督机构登记注册，无利率管制和发行数额限制，可以选择多种计值货币

B. 发行欧洲债券筹集的资金数额大、期限长，而且对财务公开的要求高

C. 欧洲债券通常由几家大的跨国金融机构办理发行，发行面广、发行费用高

D. 欧洲债券的利息收入通常免交所得税，并且以不记名的方式发行，并可以保存在国外

4. 全国银行间市场债券交易采用询价交易方式，包括（　　）等交易步骤。

A. 自主报价　　B. 格式化询价　　C. 确认成交　　D. 清算与交收

5. 关于清算与交割，以下说法正确的有（　　）。

A. 先清算后交割

B. 清算与交割都分为证券与价款两项

C. 清算是对应收应付证券及价款的收付，交割是对应收应付净额的轧抵计算

D. 证券公司都以结算公司为对手办理清算与交割

6. 短期国债的一般特征是（　　）。

A. 偿还期为1年或1年以内　　B. 流通性强

C. 在货币市场占有重要地位　　D. 偿还期为2年或者2年以内

7. 金融债券的发行目的是（　　）。

A. 筹资用于某种特殊用途　　B. 改变金融机构本身资产负债结构

C. 提高主动负债　　D. 增加核心资本

8. 根据举借债务对筹集资金使用方向的规定，国债可以分为（　　）。

A. 赤字国债　　B. 建设国债　　C. 战争国债　　D. 特种国债

9. 国际债券同国内债券相比具有一定的特殊性，主要表现在（　　）。

A. 资金来源广，发行规模大　　B. 存在利率风险

C. 有国家主权保障　　D. 以自由兑换货币作为计量货币

10. 下列有关企业债券的表述中，正确的有（　　）。

A. 募集的资金用于补充营运资金的，不得超过发债总额的30%

B. 国家发改委核准通过并经中国人民银行和中国证监会会签

C. 募集资金用于固定资产投资项目的，累计发行额不得超过其投资总额的60%

D. 地方企业的申请通过省级发改委向国家发改委申报

三、简答题

1. 债券与股票的区别是什么？

2. 凭证式国债和储蓄国债（电子式）有哪些不同之处？
3. 储蓄国债（电子式）与记账式国债有哪些不同之处？
4. 国际债券的特点包括哪些？

实训拓展

实训项目：国债逆回购

1. 实训目的

熟练掌握国债逆回购的整个流程，理解我国债券交易中最基本的国债逆回购规则。

2. 实训学时

2 课时。

3. 实训准备

（1）实训知识准备：债券基本知识。

（2）实训环境准备：模拟证券投资交易软件、证券交易 App、合作证券公司。

4. 实训方法与内容

（1）实训方法：在模拟证券投资交易软件或学生自备证券交易 App 中进行国债逆回购操作。

（2）实训内容：请在国债回购品种中任选 2 个品种进行模拟交易，并根据实时行情测算实际收益，根据实际交易日期找出首次清算日、首次交割日、到期清算日，以及到期交割日。

项目四

证券投资基金

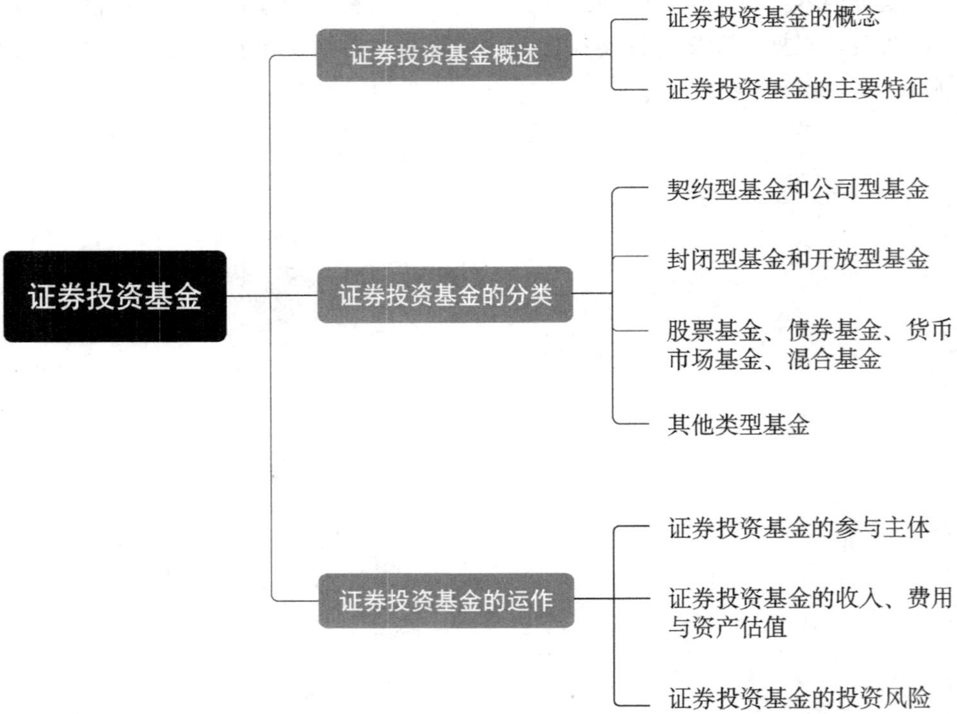

证券投资基金
证券投资基金概述
证券投资基金的概念
证券投资基金的主要特征
证券投资基金的分类
契约型基金和公司型基金
封闭型基金和开放型基金
股票基金、债券基金、货币市场基金、混合基金
其他类型基金
证券投资基金的运作
证券投资基金的参与主体
证券投资基金的收入、费用与资产估值
证券投资基金的投资风险

知识目标

1. 了解证券投资基金的概念和特征；
2. 理解基金与股票、债券的区别；
3. 熟悉证券投资基金的分类方法；
4. 掌握契约型基金与公司型基金、封闭型基金与开放型基金的概念与区别；
5. 掌握证券投资基金的运作及参与主体。

能力目标

1. 能独立进行场内场外基金交易操作；
2. 能通过互联网基金平台交易基金；
3. 能通过标准化问卷评估投资者的风险承受能力；
4. 能根据基金投资人的风险承受能力销售不同风险等级的产品。

案例导读

基金投资理念

基金投资不可有短期暴富的心态。基金是长期投资的工具，通过科学投资能够创造合理的回报，但不能急躁地期待投资基金可以“一夜暴富”，否则可能会导致非理性的投资行为。

要建立长期投资的理念。优质的公募基金产品可以在长期的投资过程中带来良好的回报，虽然在不利的市场环境下也会有波动和回撤，但通过专业风险控制和投资管理，基金更有可能实现穿越牛熊的投资回报。投资者应当重视复利的效应，长期投资于稳定回报的基金产品，实现财富的增长和积累。

独立思考和逆向投资非常重要。投资者应不断学习，提升专业知识水平和投资判断能力，切忌跟风投资，尤其是对于偏股型基金，在市场上涨到相对高位、风险较大的情况下，往往会出现巨大的发行规模，而这些产品可能短期会面临较大的投资风险。相反，在市场低点，偏股型基金产品发行相对平淡的时候，却往往是较好的入场时点，跟风投资不如逆向思考。

资料来源：http://investor.szse.cn/warning/activities/fundIntroduction/t20200612_578322.html

任务一 证券投资基金概述

一、证券投资基金的概念

证券投资基金是一种利益共享、风险共担的集合投资方式，即通过发行基金单位集中投资者的资金，由基金托管人托管，基金管理人对资金进行统一管理运作，从事股票、债券、外汇、货币等金融工具投资，以获得投资收益和资本增值。

证券投资基金在不同的国家和地区称谓有所不同，在英国称为信托单位（Trust Unit），在美国称为共同基金或互惠基金（Mutual Fund），在日本则称为证券投资信托基金。

知识链接

基金账户与投资渠道

一、基金账户

基金账户分为基金交易账户和基金 TA 账户。一般所说的基金账户（基金账号）是指基金 TA 账户。基金交易账户是银行为投资者设立的用于在本行进行基金交易的账户，而基金 TA 账户指注册登记机构为投资者建立的，用于管理和记录投资者基金种类、数量变化等情况的账户。

如果投资者在基金公司开立基金账户，首先要带上身份证到基金公司指定的银行办理银行卡，同时开通网上银行服务，然后到基金公司的网站上开通基金账户，这样就可以进行基金申赎等操作了。

如果投资者通过代销机构（如银行、证券公司）办理，只需开设（银行、证券公司）基金交易账户就可以了。在投资者购买基金时，银行或证券公司会自动向基金公司申请客户在该基金公司的账户。

二、基金投资渠道

1. 通过银行、券商渠道购买基金

它的优势在：于银行、券商渠道网点多，产品较丰富，投资者咨询、买卖基金等获取服务方便。

2. 通过基金公司直销平台（如基金公司 App、微信、官网）购买基金

它的优势在于：（1）基金交易优惠力度大、费率低（如认/申购费、转换费等）。（2）基金赎回到账快，并且基金公司自家旗下的基金大多可转换，交易体验好。（3）既能交易基金，又能获取丰富的资讯，增加基金知识，还能就基金投资中的困惑及时咨询专业人员。

3. 通过第三方平台购买基金

它的优势在于：（1）可一站式购买全市场大多数基金（场内交易基金除外）。（2）费率较低，申购费率一般 1 折起。（3）基金转换相对较方便，部分平台可实现跨公司的基金转换（无费率优惠）。

它也存在不足：对于偏好线下服务的中老年客户来说，咨询相对不便。

总的来说，对于不方便上网，年龄较大的投资者，建议通过传统的银行、券商渠道购买基金；对于想要更优惠的费率、更短的赎回到账时间、更好的服务体验的投资者，则建议通过基金公司的直销平台购买；对于想一站式购买基金的投资者，则可以选择第三方平台。投资者可以根据自己的需求选择合适的渠道投资。

二、证券投资基金的主要特征

证券投资基金具有多种投资功能，可以用来积累个人财富，可以作为价值的储藏工具，同时也是一种追求高收益的手段。投资基金通过向投资者发行股份或受益凭证募集社会闲散资金，再以适度分散的组合方式投资于各种金融资产，从而为投资者谋取最高利益。证券投资基金（以下简称基金）有以下特点：

（一）集合理财、专业管理

基金将众多投资者的资金集中起来，委托基金管理人进行共同投资，表现出一种集合理财的特点。通过汇集众多投资者的资金，积少成多，有利于发挥资金的规模优势，降低投资成本。基金由基金管理人进行投资管理和运作。基金管理人一般拥有大量的专业投资研究人员和强大的信息网络，能够更好地对证券市场进行全方位的动态跟踪与深入分析。将资金交给基金管理人管理，使中小投资者也能享受到专业化的投资管理服务。

（二）组合投资、分散风险

为降低投资风险，一些国家的法律通常规定基金必须以组合投资的方式进行投资运作，从而使“组合投资、分散风险”成为基金的一大特色。中小投资者由于资金量小，一般无法通过购买数量众多的股票分散投资风险。基金通常会购买几十种甚至上百种股票，投资者购买基金就相当于用很少的资金购买了一篮子股票，在多数情况下，某些股票下跌造成的损失可以用其他股票上涨产生的盈利来弥补，因此可以充分享受到组合投资、分散风险的好处。

（三）共享利益、共担风险

基金实行共享利益、共担风险的原则。基金投资者是基金的所有者。基金投资收益在扣除由基金承担的费用后的盈余全部归基金投资者所有，并依据各投资者所持有的基金份额比例进行分配。为基金提供服务的基金托管人、基金管理人只能按规定收取一定比例的托管费、管理费，并不参与基金收益的分配。

（四）严格监管、信息透明

为切实保护投资者的利益，增强投资者对基金投资的信心，各国（地区）基金监管机构都对基金业实行严格的监管，对各种有损于投资者利益的行为进行严厉的打击，并强制基金进行及时、准确、充分的信息披露。在这种情况下，严格监管与信息透明也就成为基金的另一个显著特点。

（五）独立托管、保障安全

基金管理人负责基金的投资操作，本身并不参与基金财产的保管，基金财产的保管由独立于基金管理人的基金托管人负责。这种相互制约、相互监督的制衡机制对投资者的利益提供了重要的保障。

知识链接

基金的认购、申购、赎回、转换、买入、卖出

一、基金场外交易的认购、申购、赎回

在基金首次募集期购买基金的行为称为认购，在基金成立后购买基金的行为称为申购。

一般情况下，认购期购买基金的费率相对来说要比申购期购买优惠。认购期购买的基金一般要经过封闭期才能赎回，申购的普通开放式基金在申购成功后的第二个交易日即可赎回。

赎回是指投资者直接或通过代销机构间接向基金管理公司提出将部分或全部基金投资退出的要求，并将相应的资金款项等退回至该投资者账户内的过程。

转换是指投资者在持有某基金公司的开放式基金后，可将其持有的基金份额直接转换成该基金公司管理的其他开放式基金的基金份额，而不需要先赎回已持有的基金，再申购目标基金的一种业务模式。

二、基金场内交易的买入、卖出

买入是指投资者通过证券公司在证券交易所竞价买入或大宗买入其他投资者持有的场内基金份额的过程。买入不同于申购，买入只是投资者之间的交易过程，不会创设新的基金份额，基金的总份额不会增加。

卖出是指投资者通过证券公司在证券交易所竞价卖出或大宗卖出其他投资者持有的场内基金份额的过程。卖出不同于赎回，赎回后基金的总份额将会减少，而卖出则不会。

任务二　证券投资基金的分类

证券投资基金因各国的历史、社会、经济、文化等环境不同，呈现出各种各样的形态。根据不同的标准可以对它们进行不同的分类。下面介绍一些主要的证券投资基金类型。

一、契约型基金和公司型基金

根据组织形式和法律地位不同，可将证券投资基金分为契约型基金和公司型基金。公司型基金以美国为代表，美国的证券投资基金皆按公司形式组成，也称共同基金。契约型基金以日本为代表。可以说，目前世界上的各种证券投资基金基本上都可以归到这两种类型中去。当然，在这两种类型的基础上又可以演变出其他不同的类型。

（一）契约型基金

契约型基金也称信托型基金，是根据一定信托契约原理，由基金发起人和基金管理人及基金托管人订立基金契约而组建的基金。基金管理公司按照相关法律、法规和基金契约负责基金的经营与管理，基金托管人负责保管基金资产，执行基金管理人的相关指令，办理基金名下的资金往来，投资者则通过购买基金单位，享有基金投资收益。契约型投资基金在英国、日本及我国的香港地区比较多见，我国颁布的《证券投资基金管理暂行办法》中所规定的也是契约型投资基金。

（二）公司型基金

公司型基金依我国《公司法》成立，通过发行基金股份将集中起来的资金投资于各种有价证券。公司型基金在组织形式上与股份有限公司类似，基金公司资产为投资者即股东所有，由股东选举董事会，由董事会选聘基金管理公司，基金管理公司负责管理基金业务。

契约型基金与公司型基金的不同点有以下几个方面：

（1）法律依据不同。公司型基金根据我国《公司法》成立，因此基金公司具有法人资格。契约型基金根据我国《信托法》组建，基金本身不具有法人资格。

（2）依据的章程契约不同。公司型基金经营信托财产凭借公司章程、委托管理契约和委托保管契约等文件；而契约型基金则凭借信托契约来经营信托财产。

（3）基金发行凭证不同。公司型基金发行的是普通股股票，它既是一种所有权凭证，又是一种信托关系；契约型基金发行的是受益凭证，它反映的仅仅是一种信托关系。

（4）投资者的地位不同。公司型基金的投资者是公司的股东，有权享有股东的一切权益；而契约型基金的投资者仅仅是受益人，有收益分配权，却无权参与基金的经营管理。

（5）基金融资渠道不同。公司型基金可以向银行借款；而契约型基金则不能。

（6）基金具体运作不同。公司型基金同一般股份有限公司一样，一般情况下都具有永久性，不能随意成立和终止；契约型基金依据信托契约建立和运作，随着契约期满基金运营即终止。

案　例

每份基金的价格（净值）越低越好吗？

基金并不是越便宜越好，越便宜的基金越要谨慎。很多人在买基金时会这样算账：同样1万元，净值1元钱的基金能够买到1万份，但1.3元的基金就只能买到7 600多份，价格便宜的基金可以得到更多份额，因此就买了价格便宜的基金。实际上，价格的高低并不影响投资基金的风险和收益（去除手续费因素），例如：有1 000元准备投资基金，A基金目前净值0.5元，B基金目前净值1元。如果用500元买A基金的话，可以买入份额1 000份，而用另外500元买B基金的话，则买入份额为500份。第二日基金大涨，A基金和B基金都涨了2%，那么A基金每份涨了0.01元，B基金每份涨了0.02元，盈利情况分别是：

A基金盈利：本金500元×2%=10元或0.01元×1 000份=10元

B基金盈利：本金500元×2%=10元或0.02元×500份=10元

从以上例子可以看出，其实高价或低价的基金所带来的盈利或损失主要看投入的本金和每日的涨跌幅，与份额没有关系。价格低的基金虽然能买到更多份额，但并不意味着比价格高的基金盈利更多。认为基金价格越低越好的另一个原因是，很多人认为越便宜的基金，上涨的空间越大。实际上，基金跟股票不一样。股价取决于其基本面和市场供求，而基金价格反映的是基金所持股票、债券等资产的价值。单位净值低也就是价格低的基金并不一定上涨快，基金业绩的好坏与价格高低无关，在同一时点，无论价格低的基金，还是价格高的基金，面临的市场条件都是相同的，而基金未来的投资收益完全取决于基金管理人的投资水平，与目前基金的价格没有太大关系。基金的现有净值只是基金历史业绩的一种反映，并不代表基金的未来业绩。当挑选一只基金时，买的只是基金的即期净值，而基金的远期净值变化是不可预测的，存在走高、走平或走低的可能性。因此，以当前基金净值的高低，作为是否购买基金的依据也是有失偏颇的，并不是说净值越低，投资的价值就越大。

二、封闭型基金和开放型基金

根据受益凭证是否可赎回，可将证券投资基金分为封闭型基金与开放型基金。

（一）封闭型基金

封闭型基金是指经核准的基金份额总额在基金合同期限内固定不变，基金份额可以在依法设立的证券交易场所交易，但基金份额持有人不得申请赎回的基金。封闭型基金在封闭期内不能追加认购或赎回，投资者只能通过证券经纪商在二级市场上进行基金的买卖。封闭型基金的期限是指基金的存续期，即基金从成立起到终止之间的时间。

（二）开放型基金

开放型基金是指基金份额不固定，基金份额可以在基金合同约定的时间和场所进行申购或者赎回的基金。开放型基金是基金管理公司在设立基金时，发行基金单位的总份额不固定，可以根据市场供求情况发行新份额或者被投资者赎回的投资基金。投资者可根据市场状况和各自的投资决策，或者要求发行机构按现期净资产值扣除手续费后赎回股份或受益凭证，或者再买入股份或受益凭证，增持基金单位份额，其买卖价格按照基金单位资产净值加上一定手续费确定。交易方式一般为柜台交易，存续期间没有明确规定。

（三）二者的区别

（1）赎回性不同。封闭型基金的份额不能被赎回，资本总额是固定不变的；开放型基金的份额是可赎回的，资本总额是可变的。

（2）期限不同。封闭型基金一般设定存续期限，如 5 年或 10 年；开放型基金不设定存续期限，只要基金不破产就可以永远存在下去。

（3）买卖方式不同。开放型基金的投资者可以随时直接向基金管理公司或通过经销商购买。而封闭型基金刚发起设立时，投资者可以向基金管理公司或经销机构按面值或规定价格购买；当发行完毕或基金已经上市交易后，投资者只能通过经纪商在证券交易市场上按市价买卖。

（4）基金的单位交易价格计算标准不同。封闭型基金的买卖价格受市场供求关系的影响，常出现溢价或折价现象，并不必然反映基金的资产净值。开放型基金的交易价格则取决于基金每单位净资产值的大小。

（5）基金投资方式不同。封闭型基金在基金封闭期间不许赎回，因此可拿出全部基金资产用作投资，并且可以用作长线投资；而开放型基金，由于需要应付投资者随时赎回兑现，经理人必须保留一部分现金，而且投资组合流动性必须很强，以备大规模赎回之需。

（6）再筹资方式不同。封闭型基金可以发行优先股、债券或向银行贷款；开放型基金可以通过增发基金份额来扩大经营规模。

知识链接

开放型基金的交易

1. 开放型基金的申购、赎回流程是怎样的？

一般来说，投资者可以在基金公司直销平台或者授权代销机构进行开放型基金的申购赎回操作，具体流程如下：

基金申购：(1) 开立基金账户，投资者购买开放型基金需要开立个人基金账户，通过基金公司或者代销机构（银行/证券公司等）都可以方便的开立。(2) 认真阅读需要申购基金的法律文件，包括招募说明书、基金合同、基金定期公告等。(3) 选择基金并通过销售机构申报购买份额，交付申购款项，经相关登记机构确认后完成基金申购。

基金赎回：赎回操作与申购相反，基金份额持有人就基金账户中所持有的基金份额提出部分或全部赎回的申请，经相关登记机构确认后收回现金款项等，这一过程称为赎回。需要注意的是，不同基金赎回金额到账时间不等，需要查阅基金销售文件或者咨询基金管理人。

2. 投资者购买场外基金后，份额数量是如何计算的？

(1) 认购：

认购份额＝净认购金额/基金单位面值

净认购金额＝认购金额/(1＋认购费率)

认购费用＝认购金额－净认购金额

(2) 申购：

申购份额＝净申购金额/T日基金份额净值

净申购金额＝申购金额/(1＋申购费率)

申购费用＝申购金额－净申购金额

(3) 赎回：

净赎回金额＝赎回总额－赎回费用

赎回总额＝赎回数量×赎回日基金份额净值

赎回费用＝赎回总额×赎回费率

3. 如何确认场外基金认购或申购成功？

一般开放型基金 T 日申购，T＋1 基金公司进行确认，T＋2 可以查询份额变化情况。

QDII 基金申赎，T＋2 由基金公司进行确认，T＋3 可以查询份额变化情况。

4. 投资者赎回场外基金后，现金多久可以到账？

一般根据基金类型的不同，到账时间的差异主要表现为：货币市场基金到账时间最快，一般 1～2 个交易日到账，网上购买的货币市场基金一般 1 个工作日就可以到账。债券、股票、混合基金一般 3～4 个交易日到账。QDII 基金到账时间相对更长，一般 7～10 个交易日到账。

但需要注意，不同购买渠道基金到账时间有差异，具体以各销售渠道为准。

5. 场外基金每日的净值何时公布？

场外基金的净值每天收盘后计算，晚上公布。场外基金交易的净值按照这个唯一净值处理。场外基金的交易是未知价交易原则，也就是无论当你申购还是赎回时，你是不可能知道成交净值的，因为交易日当天的净值是晚上才公布出来（货币市场基金、理财型基金除外）。

三、股票基金、债券基金、货币市场基金、混合基金

依据投资对象的不同，可以将基金分为股票基金、债券基金、货币市场基金、混合基金等。

股票基金是指以股票为主要投资对象的基金。股票基金在各类基金中历史最为悠久，也是各国（地区）广泛采用的一种基金类型。根据中国证监会对基金类别的分类标准，基金资产 60%以上投资于股票的为股票基金。

债券基金主要以债券为投资对象。根据中国证监会对基金类别的分类标准，基金资产 80%以上投资于债券的为债券基金。

货币市场基金以货币市场工具为投资对象。根据中国证监会对基金类别的分类标准，仅投资于货币市场工具的为货币市场基金。

混合基金同时以股票、债券等为投资对象，以期通过在不同资产类别上的投资实现收益与风险之间的平衡。根据中国证监会对基金类别的分类标准，投资于股票、债券和货币市场工具，但股票投资和债券投资的比例不符合股票基金、债券基金规定的为混合基金。

依据投资对象对基金进行分类，简单明确，对投资者具有直接的参考价值。

练一练

请通过东方财富网等互联网平台，找到近 1 年业绩排名前 10 的混合基金，并分析这些基金持有的前 10 大重仓股有哪些是重合的。

四、其他类型基金

(一) 按投资目标分类

根据基金的投资目标的不同，可以将基金分为成长型基金、收入型基金和平衡型基金。

成长型基金是指以追求资本增值为基本目标，较少考虑当期收入的基金，主要以具有良好增长潜力的股票为投资对象。

收入型基金是指以追求稳定的经常性收入为基本目标的基金，主要以大盘蓝筹股、公司债、政府债券等稳定收益证券为投资对象。

平衡型基金则是既注重资本增值又注重当期收入的一类基金。

一般而言，成长型基金的风险大、收益高；收入型基金的风险小、收益较低；平衡型基金的风险、收益则介于增长型基金与收入型基金之间。不同的投资目标决定了基金的基本投向与基本的投资策略，以适应不同投资者的投资需要。

(二) 按投资理念分类

根据基金的投资理念的不同，可将基金分为主动型基金和被动型基金。

主动型基金是指力图取得超越基准组合表现的基金。

被动型基金一般选取特定指数作为跟踪对象，因此通常又被称为指数基金。被动型基金是 20 世纪 70 年代以来出现的新的基金品种。由于其投资组合模仿某一股价指数或债券指数，收益随着即期的价格指数上下波动，因此当价格指数上升时，基金收益增加；反之，收益减少。基金因始终保持即期的市场平均收益水平，所以收益不会太高，也不会太低。被动型基金的优势是：

(1) 费用低廉；

(2) 风险较小；

(3) 在以机构投资者为主的市场中，被动型基金可获得市场平均收益率，可以为股票投资者提供比较稳定的投资回报；

(4) 被动型基金可以作为避险套利的工具，由于被动型基金收益率的稳定性、投资的分散性以及高流动性，特别适合于社保基金等数额较大、风险承受能力较低的资金投资。

(三) 按资金来源和用途分类

根据基金的资金来源和用途的不同，可以将基金分为在岸基金和离岸基金。

在岸基金是指在本国募集资金并投资于本国证券市场的证券投资基金。因为在岸基金的投资者、基金组织、基金管理人、基金托管人及其他当事人和基金的投资市场均在本国境内，所以基金的监管部门比较容易运用本国法律法规及相关技术手段对证券投资基金的投资运作行为进行监管。

离岸基金是指一国（地区）的证券投资基金组织在他国（地区）发售证券投资基金份额，并将募集的资金投资于本国（地区）或第三国证券市场的证券投资基金。

(四) 按募集与式分类

根据基金的募集方式的不同，可以将基金分为公募基金和私募基金。

公募基金是指可以面向社会公众公开发售的基金。

私募基金是指只能采取非公开方式，面向特定投资者募集发售的基金。

（五）特殊类型基金

1. 系列基金

系列基金又称为伞形基金，是指多个基金共用一个基金合同，子基金独立运作，子基金之间可以进行相互转换的一种基金结构形式。

2. 避险策略基金

避险策略基金是指通过一定的避险投资策略进行运作，同时引入相关保障机制，以在避险策略周期到期时，力求避免基金份额持有人投资本金出现亏损的公开募集证券投资基金。避险策略基金曾经叫保本基金。

3. 基金中的基金

基金中的基金（Funds of Funds，FOF）是指以其他证券投资基金为投资对象的基金，其投资组合由其他基金组成。

4. 交易型开放式指数基金（ETF）

交易型开放式指数基金通常又称为交易所交易基金（Exchange Traded Funds，ETF），是一种在交易所上市交易的、基金份额可变的开放式基金。ETF 最早产生于加拿大，但其发展与成熟主要是在美国。ETF 一般采用被动式投资策略跟踪某一标的市场指数，因此具有被动型基金的特点。ETF 结合了封闭型基金与开放型基金的运作特点。投资者既可以像封闭型基金那样在交易所二级市场买卖，又可以像开放型基金那样申购、赎回。

5. ETF 联接基金

根据中国证监会的相关指引，ETF 联接基金投资于目标 ETF 的资产不得低于基金资产净值的 90%，其余部分应投资于标的指数的成分股和备选成分股以及中国证监会规定的其他证券品种。从性质上看，可以将 ETF 联接基金看作一种指数型的基金中的基金。

6. 上市开放型基金（LOF）

上市开放型基金（Listed Open-ended Funds，LOF）是一种既可以在场外市场进行基金份额申购、赎回，又可以在交易所（场内市场）进行基金份额交易和基金份额申购或赎回的开放型基金。它是我国对证券投资基金的一种本土化创新。LOF 结合了银行等代销机构和交易所交易网络二者的销售优势，为开放型基金销售开辟了新的渠道。

练一练

请在证券交易软件中找出沪深两市交易的所有 ETF 基金，并按日成交量进行降序排名。

（六）我国 ETF 概况

1. ETF 与一般开放型基金的区别

ETF 是一种特殊的开放型基金，ETF 既可以像交易股票或封闭型基金一样在二级市场实现自由买卖，同时也具备开放型基金自由申购赎回的优点。但需要注意的是，相比开放型基金采用现金申购、现金赎回，ETF一般采用的是“实物申购、实物赎回”。ETF的基金管理人每日开市前会根据基金资产净值、投资组合以及标的指数成分股情况，公布“实物申购和赎回”清单（也称“一篮子股票档案文件”）。投资人可依据清单内容，将成分股票交付ETF的基金管理人而取得“实物申购基数”或其整数倍的ETF。以上流程将创造出新的ETF，使得ETF在外流通量增加，称之为实物申购。

由于ETF在场外只能采用成分股申赎（“实物申购赎回”），这对普通投资者来说门槛较高，基金公司为了让这部分投资者也能参与到ETF投资中来，会发行ETF联接基金，这个基金将其绝大部分基金财产投资于跟踪同一标的指数的ETF。联接基金是ETF的“影子产品”。投资者可以通过银行、券商等机构便捷ETF申购联接基金，从而增加了普通投资者参与ETF投资的渠道。

2. ETF的特点

ETF具有诸多特点，具体来看：

一是分散投资。ETF一般持有几十甚至上百只标的资产，有效分散单一资产的投资风险。二是紧密跟踪标的指数。ETF由专业人员管理，保证ETF对指数的紧密跟踪。三是交易灵活。既像股票一样在场内交易，又能场外申购赎回。四是成本低廉。相比其他开放型基金，ETF的管理费通常更低。相比直接在二级市场买卖股票，在二级市场卖出ETF时，投资者不用交印花税。五是公开透明。ETF被动跟踪指数，每日公布投资组合。

3. 国内ETF的种类

按资产类别划分，可分为股票ETF、债券ETF、商品ETF、货币ETF、外汇ETF和商品期货ETF。按投资市场划分，可分为单市场ETF、跨市场ETF和跨境ETF。以下就几种常见ETF进行详细介绍。

（1）股票ETF：

股票ETF是以股票类指数为跟踪标的并试图复制其收益率的交易型证券投资基金。因此，投资者买卖一只股票ETF，就等同于买卖了它所跟踪的股票指数，可取得与该指数基本一致的收益。通常采用完全被动式的管理方法，以拟合某一指数为目标，兼具股票和被动型基金的特色。根据ETF跟踪指数的不同，股票ETF细分为宽基ETF、行业ETF、风格ETF、主题ETF、策略ETF等。

宽基ETF在选择成分股的时候，并不限制投资哪些行业，一般捕捉市场总体的表现。宽基指数一般有如下几个特点：①成分股数量较多；②成分股相对比较分散，单个成分股权重不会太高；③成分股流动性相对较好；④包含行业种类较多。宽基ETF买入上述宽基指数全部或部分成分股，就把资金分散在这些股票上，大大降低了买个股的风险。宽基指数基金当中单只股票权重一般会有所限制，这也是分散风险的一种方式。

行业ETF能高效准确地追踪特定行业的整体表现，通过行业ETF可以方便有效地投资于自己看好的特定行业板块、参与阶段性交易机会、采用行业轮动策略等。行业ETF复制跟踪某一目标行业指数，其投资较宽基ETF更为聚焦。但与投资个股相比，行业ETF可通过对某一行业的全面布局，减少投资单个股票业绩不稳定带来的风险，从而有效分享整个行业的收益。通过行业 ETF，投资者可以像买卖个股一样方便地买卖整个行业的股票，让投资者实现低成本、多元化的行业组合投资，实现极为高效而迅速的行业配置。除了一些行业 ETF，还有像 5G、工业 4.0 等一些主题 ETF 可供选择。

（2）债券 ETF：

债券 ETF 是以债券类指数为跟踪标的并试图复制其收益率的交易型证券投资基金。虽然债券 ETF 只包含债券，但是它们像股票一样在交易所交易。投资者既可以在一级市场申购、赎回，也可以在二级市场买卖债券 ETF 份额，通过投资债券 ETF，投资者可以很方便地实现对一揽子债券的投资。

债券 ETF 可分为国债 ETF 和企债 ETF。国债 ETF 采用优化复制法跟踪某些国债指数，投资范围以标的指数成分券及备选券为主，包括国内依法上市的债券、货币市场工具、国债期货以及法律法规或中国证监会允许基金投资的其他金融工具。企业债券信用风险较国债更高，投资单只企业债券，如果违约，投资者将承担巨额损失，企债 ETF 通过投资一篮子企业债券，分散单只债券的特质风险，投资者如果没有足够的资金投资分散化的企业债券组合，通过企债 ETF 也可以实现足够分散化的企业债券投资，而且省去了管理一篮子债券带来的烦琐工作。

（3）商品 ETF：

商品 ETF 以跟踪大宗商品价格或者指数为目标，标的资产类型涵盖贵金属、工业金属、能源、农产品等。根据运作方式不同，商品 ETF 可分为实物支持 ETF 与非实物支持 ETF 两大类。

实物支持 ETF 直接持有实物资产或者实物资产合约。实物支持 ETF 的自身运营管理机制较为清晰透明，目前实物支持商品 ETF 基本都投资于贵金属类，包括黄金、白银、铂金、钯金等。非实物支持 ETF 并不直接持有商品资产，而是通过投资期货合约、互换合约等衍生品，实现对大宗商品价格或者指数的跟踪，这类 ETF 主要覆盖工业金属、能源、农产品等大宗商品及其指数。

（4）货币 ETF：

货币 ETF 即开放型货币市场基金，相比于普通货币市场基金，此类基金在交易所上市，可以进行买卖、申赎。跟其他货币市场基金相比，货币 ETF 具有以下优点：

货币 ETF 比其他货币市场基金资金使用效率更高。其他货币市场基金不能在二级市场上市交易，其资金退出只能通过赎回来实现，大部分货币市场基金在赎回申请被确认后，资金在次一交易日才可到账，这些环节所产生的时滞有可能让投资者错失投资良机，而货币 ETF 可以在二级市场上进行交易和赎回，且交易和赎回完成后资金可即日到账。

货币 ETF 相比其他货币市场基金有更高的预期收益水平。货币 ETF 的二级市场交易机制可以减缓赎回变现对投资造成的干扰和冲击，有助于保持基金规模稳定性，可防止较大比例净赎回迫使基金经理被动变现资产获取现金以及因此而产生的影响产品投资收益的冲击成本。

（5）商品期货 ETF：

商品期货 ETF 是指以持有经中国证监会依法批准设立的商品期货交易所挂牌交易的

商品期货合约为主要策略，以跟踪商品期货价格或价格指数为目标，使用商品期货合约组合或基金合同约定的方式进行申购赎回的 ETF。

知识链接

投资者挑选 ETF 时需要重点考虑的因素

ETF 的选择可以考察标的指数、基金规模和跟踪误差三个因素：

一是标的指数需契合市场风格。ETF 所跟踪的指数既有沪深 300、中证 500 这类投资范围广，分布于不同行业和主题的宽基指数；也有投资范围窄的行业或主题指数，如证券、医药、军工、5G 等行业或主题指数。当市场为结构性行情时，行业或主题指数相较宽基指数有更多的投资机会。但选择行业或主题指数要求对某一行业或主题有一定的了解，因为一旦判断失误，行业或主题指数因仓位过于集中，跌幅会大于宽基指数。当市场以白马蓝筹股行情为主时，宜选择上证 50ETF、沪深 300ETF 之类的偏蓝筹风格的 ETF，能更好地分享市场上涨的收益。

二是基金规模越大越好。一般来说，ETF 规模越大，流动性也就越好，投资者在二级市场上的大金额买卖就不会因流动性不足而受影响。此外，规模越大，基金大额申赎时对跟踪误差的影响越小。

三是跟踪误差越小越好。跟踪误差是跟踪偏离度的标准差，即被动型基金净收益率与所跟踪指数的收益率之间差值的标准差。作为被动型基金，目标是获取与指数相同的收益，因此跟踪误差越小，说明跟踪精度越高，代表在同一类产品中表现越好。

任务三 证券投资基金的运作

基金的运作包括基金的市场营销、基金的募集、基金的投资管理、基金资产的托管、基金份额的登记、基金的估值与会计核算、基金的信息披露以及其他基金运作活动在内的所有相关环节。

基金的运作活动从基金管理人的角度看，可以分为基金的市场营销、基金的投资管理与基金的后台管理三大部分。基金的市场营销主要涉及基金份额的募集与客户服务，基金的投资管理体现了基金管理人的服务价值，而包括基金份额的注册登记、基金资产的估值、会计核算、信息披露等在内的基金的后台管理则对保障基金的安全运作起着重要的作用。

一、证券投资基金的参与主体

在证券投资基金市场上，存在许多不同的参与主体。依据所承担的职责与作用的不同，可以将证券投资基金市场的参与主体分为基金当事人、基金市场服务机构、基金监管机构和自律组织三大类。

（一）基金当事人

1. 基金当事人的类型

我国的证券投资基金依据基金合同设立，基金份额持有人、基金管理人与基金托管人是基金合同的当事人，简称基金当事人。

（1）基金份额持有人。基金份额持有人即基金投资者，是基金的出资人、基金资产的所有者和基金投资回报的受益人。按照《中华人民共和国证券投资基金法》（本书统一简称为《证券投资基金法》）的规定，我国基金份额持有人享有以下权利：分享基金财产收益，参与分配清算后的剩余基金财产，依法转让或者申请赎回其持有的基金份额，按照规定要求召开基金份额持有人大会，对基金份额持有人大会审议事项行使表决权，查阅或者复制公开披露的基金信息资料，对基金管理人、基金托管人、基金销售机构损害其合法权益的行为依法提出诉讼，基金合同约定的其他权利。

（2）基金管理人。基金管理人是基金产品的募集者和管理者，其最主要职责就是按照基金合同的约定，负责基金资产的投资运作，在有效控制风险的基础上为基金投资者争取最大的投资收益。基金管理人在基金运作中具有核心作用，基金产品的设计、基金份额的销售与注册登记、基金资产的管理等重要职能多半由基金管理人或基金管理人选定的其他服务机构承担。在我国，基金管理人只能由依法设立的基金管理公司担任。

（3）基金托管人。为了保证基金资产的安全，《证券投资基金法》规定，基金资产必须由独立于基金管理人的基金托管人保管，从而使基金托管人成为基金的当事人之一。基金托管人的职责主要体现在基金资产保管、基金资金清算、会计复核以及对基金投资运作的监督等方面。在我国，基金托管人只能由依法设立并取得基金托管资格的商业银行担任。

2. 基金当事人之间的关系

（1）基金份额持有人与基金管理人之间的关系。在基金的当事人中，基金份额持有人通过购买基金份额或基金股份，参加基金投资并将资金交给基金管理人管理，享有基金投资的收益权，是基金资产的终极所有者和基金投资收益的受益人。基金管理人则是接受基金份额持有人的委托，负责对所筹集的资金进行具体的投资决策和日常管理，并有权委托基金托管人保管基金资产的金融中介机构。因此，基金份额持有人与基金管理人之间的关系是委托人、受益人与受托人的关系，也是所有者和经营者之间的关系。

（2）基金管理人与基金托管人之间的关系。基金管理人与托管人的关系是相互制衡的关系。基金管理人是基金的组织者和管理者，负责基金资产的经营，是基金运营的核心；托管人由主管机关认可的金融机构担任，负责基金资产的保管，依据基金管理机构的指令处置基金资产并监督管理人的投资运作是否合法、合规。对基金管理人而言，处理有关证券、现金收付的具体事务交由基金托管人办理，就可以专心从事资产的运用和投资决策。基金管理人和基金托管人均对基金份额持有人负责，他们的权利和义务在基金合同或基金公司章程中已预先界定清楚，任何一方有违规之处，对方都应当监督并及时制止，直至请求更换违规方。这种相互制衡的运行机制，有利于基金信托财产的安全和基金运用的绩效。但是这种机制的作用得以有效发挥的前提是基金托管人与基金管理人必须严格分开，由不具有任何关联关系的不同机构或公司担任，二者在财务上、人事上、法律地位上应该完全独立。

（3）基金份额持有人与基金托管人之间的关系。基金份额持有人与托管人的关系是委托与受托的关系，也就是说，基金份额持有人将基金资产委托给基金托管人保管。对持有人而言，将基金资产委托给专门的机构保管，可以确保基金资产的安全；对基金托管人而言，必须对基金份额持有人负责，监管基金管理人的行为，使其经营行为符合法律、法规的要求，为基金份额持有人的利益而勤勉尽责，保证资产安全，提高资产的回报。

练一练

请思考：基金投资运作涉及哪些参与主体？

（二）基金市场服务机构

基金管理人、基金托管人既是基金的当事人，又是基金的主要服务机构。除基金管理人与基金托管人外，基金市场上还有许多面向基金提供各类服务的其他机构。这些机构主要包括基金销售机构、注册登记机构、律师事务所、会计师事务所、基金投资咨询公司、基金评级机构等。

1. 基金销售机构

基金销售机构是受基金管理公司委托从事基金代理销售的机构。通常，只有机构客户或资金规模较大的投资者才直接通过基金管理公司进行基金份额的直接买卖，一般资金规模较小的普通投资者通常经过基金代销机构进行基金的申（认）购与赎回或买卖。在我国，只有中国证监会认定的机构才能从事基金的代理销售。目前，商业银行、证券公司、证券投资咨询机构、专业基金销售机构以及中国证监会规定的其他机构，均可以向中国证监会申请基金代销业务资格，从事基金的代销业务。

2. 注册登记机构

基金注册登记机构是指负责基金登记、存管、清算和交收业务的机构。其具体业务包括投资者基金账户管理、基金份额注册登记、清算及基金交易确认、红利发放、基金份额持有人名册的建立与保管等。目前，在我国承担基金份额注册登记工作的主要是基金管理公司自身和中国证券登记结算有限责任公司。

3. 律师事务所和会计师事务所

律师事务所和会计师事务所作为专业、独立的中介服务机构，为基金提供法律、会计服务。

4. 基金投资咨询机构和基金评级机构

基金投资咨询机构是向基金投资者提供基金投资咨询建议的中介机构，基金评级机构则是向投资者以及其他市场参与主体提供基金评价业务、基金资料与数据服务的机构。

（三）基金监管机构和自律组织

1. 基金监管机构

为了保护基金投资者的利益，世界上不同国家和地区都对基金活动进行严格的监督管理。基金监管机构通过依法行使审批或核准权，依法办理基金备案，对基金管理人、基金托管人以及其他从事基金活动的中介机构进行监督管理，对违法、违规行为进行查处，因此其在基金的运作过程中起着重要的作用。

2. 基金自律组织

证券交易所是基金的自律管理机构之一。我国的证券交易所是依法设立的，不以营利为目的，为证券的集中和有组织的交易提供场所和设施，履行国家有关法律、法规、规章、政策规定的职责，实行自律性管理的法人。一方面，封闭型基金、上市开放型基金和交易型开放式指数基金等需要通过证券交易所募集和交易，必须遵守证券交易所的规则；另一方面，经中国证监会授权，证券交易所对基金的投资交易行为还承担着重要的一线监控职责。基金行业自律组织是由基金管理人、基金托管人或基金销售机构等行业组织成立的同业协会。同业协会在促进同业交流、提高从业人员素质、加强行业自律管理、促进行业规范发展等方面具有重要的作用。

案　例

多维度深入考察基金产品

1. 基金公司维度

（1）查看基金公司的排名和评级，考察基金公司是否有健全完善的基金产品体系。

（2）基金公司的投资风格，可以从查看基金公司旗下产品的分布和收益分析。如果一个基金公司在某类基金中产品数量繁多、布局广泛，那么可以说该基金公司的业务重点偏向于该类基金。如果一个基金公司的某类基金收益特别突出，在同类产品中长期保持优异的表现，那么说明该基金公司的投资优势集中于该类基金。

（3）基金公司的 4P 标准：

投资理念（Philosophy），投资者要看基金所属公司的投资理念是否成熟而有效，其次看自己是否认可这一理念，进而看是否认可该基金公司的投资管理模式。

投资团队（People），基金公司投资研究团队专业能力是其旗下基金业绩表现的一个极其重要的因素。考察基金公司投研团队的实力，可以重点观察该团队的组建时间和团队稳定性。

投资流程（Process），严密科学的投资流程可以规范基金管理，使基金业绩具备长期可持续性。

投资绩效（Performance），评估基金所属公司旗下基金的历史投资绩效，可以为基金投资做辅助性参考。

2. 基金经理维度

（1）基金经理的历史业绩：考察基金经理是否长期在一家公司任职并保持业绩稳定增长，投资能力是否全面。

（2）基金经理的投资理念：了解基金经理投资理念，以判断基金未来的投资方向以及是否和自己的投资理念相符。

3. 基金业绩维度

（1）将基金的收益与业绩基准比较；

（2）将基金收益与股票大盘走势比较；

（3）与同类基金的收益比较；

（4）将基金的当期收益与历史收益比较。

4. 评级机构维度

目前公认的较具代表性的基金评级机构有晨星网、银河证券、海通证券等。评级机构的作用是，通过定性定量的方法，按照规范的评级标准对基金的收益情况及风险水平做出排序，是投资者可以借鉴的基金考察方式。

练一练

请思考：投资者可以从哪些方面出发来选择适合自己的基金产品？

二、证券投资基金的收入、费用与资产估值

（一）证券投资基金的收入

（1）利息收入是投资基金比较稳定的一项收入来源。庞大的资金规模和分散投资的经营策略使基金可以经常保持大量的现金储备，这些现金一般被存放于银行或其他金融机构，也可以被投资于短期国债或其他高信用级别的企业债券。存款和债券利息收入构成基金收入的第一个来源。

（2）股息收入也是基金的一项重要收入。许多上市公司在每年的上半年都要进行分红派息以回报投资人，但上市公司是否分红派息要根据公司的经营状况而定，因此该项收入并不稳定。

（3）投资增值是由于基金所投资的证券价格上涨超过投资成本而形成的基金账面净值的增加。严格地说，投资增值并不能算作是一种收入形式，而是为收入提供了一种潜在的支持，投资增值的变现要通过在二级市场的卖出才能实现。投资增值与二级市场的买卖差价（即资本利得）之间的区别在于后者通常是一种短期行为，是从一个投资者手中买入再出售给另一个投资者；而前者一般为一次性地购买未上市的原始股或是基金对某一有发展前景的实业项目的直接投资所形成的日后增值，通常持有期限较长。

（二）证券投资基金的费用

基金的日常运作是委托基金管理公司进行，基金份额持有人为此要支付一定的费用。通常情况下，基金的费用包括基金管理人的管理费（基金管理费）、基金托管人的托管费（基金托管费）、销售服务费、基金合同生效后的信息披露费用和会计师费、律师费、基金份额持有人大会费用、基金的证券交易费等。虽然费用的种类较多，除前两种费用数额较大外，其他费用数额都不大，因此这里主要介绍前两种费用。

1. 基金管理费

基金管理费是指基金管理人管理基金资产而向基金收取的费用，是基金管理公司的固定收入来源。基金管理费率通常与基金规模成反比，与风险成正比。不同类别及不同国家、地区的基金管理费率不完全相等，其中一般证券衍生工具基金管理费率最高。如：认购权证基金的管理费率为1.5%～2.5%；股票基金居中，约为1%～1.5%；债券基金约为0.5%～1.5%；货币市场基金最低，约为0.25%～1%。基金管理费用通常按照每个估值日基金净资产的一定比例逐日计算并按期支付。当基金经营业绩出色时，管理公司可按约定提取一定比例的业绩报酬用于对主要管理明星的奖励。

2. 基金托管费

基金托管费是指基金托管人为基金提供托管服务而向基金收取的费用。基金托管费收取的比例与基金规模、基金类型有一定关系。通常基金规模越大，基金托管费率越低。目前，我国封闭型基金按照0.25%的比例计提基金托管费；开放型基金根据基金合同的规定比例计提，通常低于0.25%；股票基金的托管费率要高于债券基金及货币市场基金的托管费率。

（三）证券投资基金的资产估值

1. 基础知识

基金资产估值是指通过对基金所拥有的全部资产及所有负债按一定的原则和方法进行估算，进而确定基金资产公允价值的过程。对基金资产估值的目的是客观、准确地反映基金资产是否得到了保值与增值。被估值的对象包括基金依法拥有的股票、债券、股息红利、债券利息和银行存款本息等资产。基金持有资产性质的不同，估值的方法也有所不同。对于已上市股票和债券的估值，以估值日证券交易所提供的市场平均价为准；未上市股票以成本价计算，未上市债券及银行存款以本金加计至估值日为止的应计利息额计算；派发的股息红利、债券利息，以至估值日为止的实际获得额计算。

2. 估值程序

(1) 基金日常估值由基金管理人进行。基金管理人每个工作日对基金资产估值后，将基金份额净值结果发给基金托管人。

(2) 基金托管人按基金合同规定的估值方法、时间、程序对基金管理人的计算结果进行复核，复核无误后签章返回给基金管理人，由基金管理人对外公布，并由基金注册登记机构根据确认的基金份额净值计算申购、赎回数额。月末、年中和年末估值复核与基金会计账目的核对同时进行。

3. 基金净值构成

基金净值的构成包括发行面值和基金收益两部分。发行面值资金通常只在赎回或基金解散时才返还给投资者，所以每年可供分配的仅是扣除费用后的基金净收益。我国现行的做法是以现金方式分配基金收益，每年分配一次，分配比例不得低于基金当年可分配收益的90%。如基金上年度发生亏损，当年收益要先弥补亏损，当年亏损的基金不得进行收益分配。

基金资产净值是指某一时点上基金资产总市值扣除负债后的余额。基金资产净值除以当前基金单位总额，就是基金单位净值。基金单位总额是当前发行在外的基金单位总量。用公式表示为：

基金资产净值＝基金总资产－基金总负债

基金单位净值＝基金资产净值÷基金单位总额

基金累计单位净值＝基金单位净值＋基金成立后累计单位派息金额

三、证券投资基金的投资风险

（一）证券投资基金风险的种类

1. 市场风险

基金主要投资于证券市场，通过专家运作能在一定程度内控制风险，但依然无法消除市场的系统性风险。证券市场价格因经济、政治等因素影响而波动时，将导致基金收益水平和净值发生变化，从而给基金投资者带来风险。

2. 管理能力风险

基金管理人作为专业投资机构，虽然比普通投资者在风险管理和控制方面更有优势，但不同的基金管理人的基金投资水平、管理手段和管理技术存在差异，从而对基金收益水平产生影响。

3. 技术风险

当计算机、通信系统、交易网络等技术保障系统或信息网络支持出现异常情况时，可能导致基金日常的申购或赎回无法按正常时限完成、注册登记系统瘫痪、核算系统无法按正常时限显示基金净值、基金的投资交易指令无法及时传输等风险。

4. 巨额赎回风险

这是开放型基金特有的风险。若因市场剧烈波动或其他原因而连续出现巨额赎回，并导致基金管理人出现现金支付困难时，基金投资者申请赎回基金份额，可能会遇到部分顺延赎回或暂停赎回等风险。

案　例

公募基金产品的风险等级

不同类型的公募基金产品在预期收益和风险特征方面的差异是很大的，在基金的销售过程中要遵循适当性原则，即根据基金投资人的风险承受能力销售不同风险等级的产品，把合适的产品卖给合适的基金投资人。

那么如何确定基金产品的风险等级呢？根据《证券期货投资者适当性管理办法》及《基金募集机构投资者适当性管理实施指引（试行）》等相关规定，在综合参考产品类型、投资方向和投资范围、流动性、到期时限、结构复杂性、募集方式等因素的基础上，可以对产品或者服务风险等级依照其风险水平由低至高划分为不同的等级（R1至R5），便于投资者和销售机构了解产品的风险属性。

以某基金公司为例，其基金产品评级等级如表4-1所示。

表4-1 某基金公司的基金产品评级

类型	备注	风险等级
普通货币		R1
特殊货币	如场内货币、货币ETF	
理财债券型		R2
纯债及一级债		
二级债		
特殊债券	如定开、QDII、FOF、ETF等	
可转债基金		R3
分级基金A份额		
偏债及灵活配置	股票下限可达0%	
平衡混合	股票下限高于0%低于60%	
偏股混合	股票下限60%	
特殊混合	如定开、QDII、FOF等	
债券基金分级B份额		R4
主动股票	股票下限80%	
指数及ETF联接		
特殊股票	如QDII、普通ETF、FOF等	
股票基金分级B份额		R5
可转债基金分级B份额		
主要针对创新或复杂产品	如跨境ETF、商品ETF等	

（二）证券投资基金风险的衡量

常见的基金风险量化指标主要包括：收益率标准差、贝塔系数（β）、最大回撤、夏普比率和跟踪误差等。除了基金风险量化指标，还能通过基金持仓判断基金风险。

1. 收益率标准差

收益率标准差衡量基金每日收益率相对于平均收益率的偏差程度，用于度量基金收益的波动程度，基金收益率标准差越大，相应的风险也就越大。

2. 贝塔系数（β）

通常基金的收益率可以分解成两部分，其公式为：

$$基金收益=\alpha+\beta\times 市场涨跌$$

总收益中一部分与阿尔法系数（α）有关，代表基金的超额收益，该部分收益与市场涨跌无关，衡量的是基金经理的投资管理能力；总收益中另一部分与贝塔系数（β）有关，衡量该基金相对于整个市场的价格变动方向及幅度。

当 $\beta<0$ 时，代表基金与市场表现基本呈现反向变动，少数基金的贝塔值为负；

当 $0<\beta<1$ 时，代表基金与市场表现基本呈现同向变动，且比市场波动要小；

当 $\beta=1$ 时，代表基金与市场表现基本呈现一致变动；

当 $\beta>1$ 时，代表基金与市场表现基本呈现同向变动，且比市场波动更大。

3. 最大回撤

最大回撤衡量投资者一定时期内可能面临的最大亏损，具体计算方式为：在选定周期内任一历史时点往后推，产品净值走到最低点时收益率回撤幅度的最大值。例如：A基金和B基金的净值在一段时间里都增长了20%，A基金平稳增长，其最大回撤为0%，而B基金则在存在较大波动，最大回撤为（1.5－1.2）/1.5＝20%。虽然两只基金净值涨幅一致，但B基金相较A基金的潜在最大亏损风险更大。

4. 夏普比率

夏普比率衡量基金的风险收益比，即每承受一单位总风险，可以相较无风险利率产生多少超额收益。因此，夏普比率越大，代表基金的收益风险表现越好。

夏普比率＝(基金年化收益率－无风险利率)/基金年化波动率

举例来说，如果基金A的夏普比率为0.5，而同类型基金的平均夏普比率为0.2，则意味着基金A的风险收益表现优于同类型基金的平均水平。

5. 跟踪误差

跟踪误差是评价指数基金的主要指标，它衡量的是基金投资组合回报与标的指数回报偏离的风险，即基金与标的指数走势间的密切程度。跟踪误差越小意味着基金与指数走势越紧密，也就意味着投资者可以获得与指数表现更为接近的收益。

6. 基金持仓

基金在其定期报告中会披露持仓信息，其中季报披露前十大持仓，而在半年报及年报中会披露完整持仓。基于持仓信息可以计算基金的持仓集中度，比如前十大重仓股集中度为基金前十大持仓个股占基金净值比之和。通常集中度较高的基金由于投资范围较为集中，无法较好的分散风险，投资者也可能因此承受更高的净值波动风险。

同步训练

一、单项选择题

1. 基金资产净值是指基金资产总值减去（　　）后的价值。

A. 基金负债　　B. 银行存款本息

C. 各类证券的价值　　D. 基金应收的申购基金款

2. 我国《证券投资基金法》规定，基金托管人由依法设立并取得基金托管资格的（　　）担任。

A. 实力雄厚的证券公司　　B. 信托投资公司

C. 商业银行　　D. 基金公司

3. 在基金首次募集期购买该基金的行为称为（　　）。

A. 申购　　B. 买入　　C. 认购　　D. 预购

4. 开放型基金的交易价格取决于（　　）。

A. 基金总资产值　　B. 供求关系

C. 基金净资产　　D. 基金单位净资产值

5. 封闭型基金单位的交易方式是（　　）。

A. 赎回　　B. 证券交易所交易

C. 柜台交易　　D. 场外交易

6. 一般而言，股票、债券、基金三者的投资风险相比较，基金的投资风险（　　）。

A. 最大　　B. 最小　　C. 无风险　　D. 居中

7. 下列说法错误的是（　　）。

A. 开放型基金没有固定期限，投资者可以随时向基金管理人赎回基金份额，若大量赎回甚至会导致基金清盘

B. 绝大多数开放型基金不上市交易，交易在投资者与基金管理人或其代理人之间进行

C. 封闭型基金与开放型基金的基金份额首次发行价格都是按面值加一定百分比的购买费计算

D. 开放型基金一般每周或更长时间公布一次基金份额资产净值

8. 按基金的组织形式不同，证券投资基金可分为（　　）。

A. 契约型基金和公司型基金

B. 封闭型基金和开放型基金

C. 债券基金、股票基金和货币市场基金

D. 成长型基金、收入型基金和平衡型基金

9. 开放型基金管理人对基金资产进行估值和公布，应该于（　　）。

A. 每季度进行　　B. 每个月进行

C. 每周进行　　D. 每个交易日进行

10. 平衡型基金的投资目标是（　　）。

A. 基金资产长期增值　　B. 获取当期最大收入

C. 在收入和资产增值间平衡　　D. 以上均是

11. 证券投资基金一般不包括（　　）。

A. 债券基金　　B. 货币市场基金

C. 创业型基金　　D. 股票基金

二、多项选择题

1. 封闭型基金与开放型基金的区别在于（　　）。

A. 投资者的身份不同　　B. 期限和发行规模限制不同

C. 投资策略不同　　D. 交易方式和价格计算依据不同

2. 按基金的组织形式不同，投资基金可以分为（　　）。

A. 开放型基金　　B. 封闭型基金

C. 契约型基金　　D. 公司型基金

3. 证券投资基金的参与主体有（　　）。

A. 基金持有人　　B. 基金管理人

C. 基金托管人　　D. 基金发起人

4. 货币市场基金的特点包括（　　）。

A. 安全性高，不会亏损　　B. 盈利每日分配

C. 盈利能力强，超过股票　　D. 流动性好，随时可取用

5. 证券投资基金的作用有（　　）。

A. 为中小投资者拓宽了投资渠道　　B. 为中小企业拓宽了融资渠道

C. 有利于证券市场的稳定和发展　　D. 有利于证券市场的国际化

6. 下列说法正确的是（　　）。

A. 场内开放型基金的买卖价格受市场供求的影响，常出现溢价或者折价现象，并不必然等于基金份额的净资产值

B. 封闭型基金不上市交易，交易在投资者和基金管理人或者其代理人之间进行

C. 开放型基金没有发行规模限制，投资者可以随时提出申购或赎回申请

D. 场外开放型基金的赎回价是基金份额净资产值减去一定的赎回手续费

7. 封闭型基金的特点有（　　）。

A. 基金总份额不变

B. 基金投资的股票不变

C. 基金存续期不变

D. 在证券交易所交易，交易方法、原则同股票，价格围绕单位净值波动

8. 基金根据投资对象不同，分为（　　）。

A. 股票基金　　B. 债券基金

C. 货币市场基金　　D. 指数基金

E. 混合基金

9. 开放型基金的特点有（　　）。

A. 基金总份额不固定

B. 存续期可变更

C. 场外柜台交易的开放式基金，认购、申购、赎回都是以单位净值为准

D. 交易所交易的开放型基金，买卖价格随供求关系波动，与单位净资产相比，可能溢价，也可能折价

10. 开放型基金的认购步骤包括（　　）。

A. 开立基金账户和资金账户　　B. T 日进行确认

C. 填写认购申请表，并全额缴款　　D. T+2 日进行确认

11. 开放型基金的认购通常采用的收费方式是（　　）。

A. 前端收费　　B. 固定金额收费

C. 后端收费　　D. 变动费率收费

12. 开放型基金的认购计算公式包括（　　）。

A. 净认购金额=认购金额/(1+认购费率)

B. 认购费用=净认购金额×认购费率

C. 认购份额=(净认购金额+认购利息)/基金份额面值

D. 认购份额=净认购金额/基金份额面值

13. 场外交易的开放型基金的交易原则有（　　）。

A. 金额申购　　B. 份额赎回

C. 价格以 T 日的基金单位净值为基准　　D. 采用未知价法

14. 开放式基金的申购计算公式包括（　　）。

A. 净申购金额=申购金额/(1+申购费率)

B. 申购费用=净申购金额×申购费率

C. 申购份额=净申购金额/申购当日基金份额面值

D. 申购份额=净申购金额/基金份额面值

三、简答题

1. 什么是基金?

2. 公募基金与私募基金有何区别?

3. 基金投资运作涉及哪些参与主体?

4. 如何对基金产品进行分类?

实训拓展

实训项目：证券投资基金的交易

1. 实训目的

熟练掌握基金交易的整个流程，理解我国基金交易中最基本的交易制度。

2. 实训学时

2 课时。

3. 实训准备

（1）实训知识准备：证券投资基金基本知识。

（2）实训环境准备：证券投资模式交易平台、互联网基金代销平台 App、证券投资实训计算机若干。

4. 实训方法与内容

（1）实训方法：证券投资基金模拟交易。

（2）实训内容：通过证券投资模式交易平台进行场内基金模拟交易实训；条件允许情况下，通过互联网基金代销平台 App，多维度筛选业绩排名靠前的基金，并跟踪其走势。

项目五

金融衍生工具

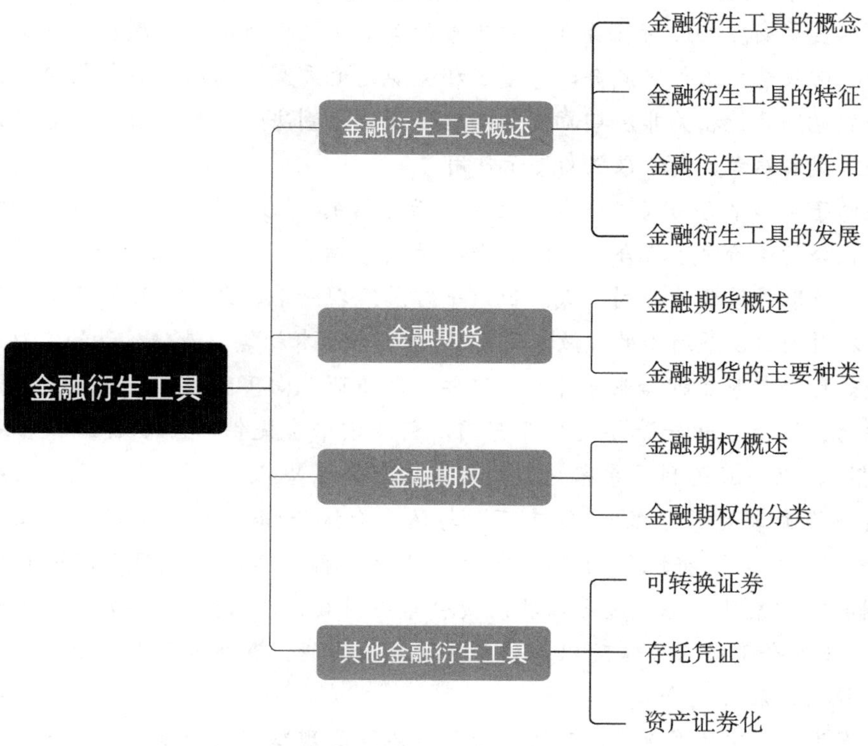
金融衍生工具
金融衍生工具概述
金融衍生工具的概念
金融衍生工具的特征
金融衍生工具的作用
金融衍生工具的发展
金融期货
金融期货概述
金融期货的主要种类
金融期权
金融期权概述
金融期权的分类
其他金融衍生工具
可转换证券
存托凭证
资产证券化

知识目标

1. 了解金融衍生工具的概念、特点和类型；
2. 了解股指期货、期权的概念；
3. 理解沪深300股指期货合约要素、交易规则和制度；
4. 熟悉股指期货的基本交易原理和过程。

能力目标

1. 能用证券或期货行情软件查看股指期货的走势；
2. 能够进行股指期货交易；
3. 能掌握利用沪深300股指期货进行套利和保值的方法。

案例导读

期货交易重资质，非法平台莫着迷

近年来，非法期货活动处于多发状态，特别是以商品现货的名义进行非法期货交易活动的场所屡禁不止，严重侵害了投资者的合法权益，损害了期货市场的声誉，在社会上造成了不良影响。2017年上半年，清理整顿各类交易场所部际联席会议分别召开第三次会议和“回头看”工作交流会，部署了相关规范地方交易场所的政策措施。同时，部分地区法院也陆续就相关非法期货交易活动依法做出判决，对投资者辨识非法期货交易活动提供了现实参考，具有很强的警示作用。

以某电子交易平台为例。作为清理整顿后保留的交易场所，该平台以现货为依托，采用标准化合约竞价电子撮合、T+0、每日无负债结算、杠杆、保证金、强制平仓等交易方式，以收取手续费为营利模式。但该平台总经理谢某、副总经理郑某某和陈某某等相关涉案人员擅自发展所谓的“做市商”，将该平台的木糖醇、液碱、甘油、双氧水、甲醛、草酸等部分交易品种和业务外包。这些“做市商”向下继续发展代理商，他们共同通过互联网、微信、电话等方式公开营销，利用该平台提供的后台数据，采用先提供“正确情报”，以小额盈利诱导客户加大投资，后提供虚假行情信息，反向操纵价格的方式，致使投资者大幅亏损。“做市商”与该平台按照85%与15%的比例瓜分投资者亏损资金，“做市商”将取得的85%客户亏损资金再在其与代理商之间进行瓜分。据统计，谢某、郑某某、陈某某等人共同获取非法利益合计人民币7 972.32万元。2015年11月，三人分别被人民法院以诈骗罪判处无期徒刑、有期徒刑十三年、有期徒刑七年，同时被处以相应罚金。

在已发生或判决的案例中，不法分子往往以商品现货交易为幌子，诱导投资者参与非法期货交易活动，造成投资者财产损失。投资者对此应保持高度警惕，并特别注意以下两点：一是商品现货交易通常采取买卖双方“一对一”的方式协商确定品种、价格、数量、交货日期等合同条款，而不能采取国发〔2011〕38号和国办发〔2012〕37号文件中禁止的集合竞价、连续竞价、电子撮合、匿名交易、做市商等集中交易方式；二是商品现货交易通常要发生实物交割，而不是通过结算买卖差价的方式了结交易。若有人劝诱你参加与上述特点不相符合的“商品现货交易”，请当心卷入非法期货交易活动，并可向当地公安机关举报。

《期货交易管理条例》第六条明确规定：未经国务院批准或者国务院期货监督管理机构批准，任何单位或者个人不得设立期货交易场所或者以任何形式组织期货交易及其相关活动。但实际中，期货交易因其特殊的交易制度，常被不法分子拿来利用，设立各种名目的现货交易平台或中心，这就涉嫌非法经营罪。其实要辨识非法期货活动，只需从以下四个角度来考量：

一是辨识主体资格。按照前述规定，开展期货业务需要经中国证监会核准，取得相应业务资格，否则即为非法机构。投资者可以登录中国证监会网站、中国期货业协会网站查询合法期货经营机构及其从业人员信息，或者向当地证监局核实相关机构和人员信息。

二是辨识营销方式。一些不法分子喜欢以“老师”“期神”自居，常常发出“只要跟着我做，就能赚大钱”等只强调收益不关注风险的夸大言辞。投资者需要知晓，包括期货在内的任何金融产品投资都是遵循“高收益必然伴随高风险”的基本原则，没有“天上掉馅饼”的好事。合法的期货经营机构以适当性制度为指引，讲究“把合适的产品卖给适合的投资者”，是不得进行此类虚假宣传的。投资者遇到这种夸张的宣传手法，请一定注意提高警惕。

三是辨识互联网网址。非法期货网站的网址往往采用无特殊意义的字母和数字构成，或采用仿冒方法，在合法期货经营机构网址的基础上变换或增加字母和数字。投资者可通过中国证监会网站或中国期货业协会网站查询合法期货经营机构的网址，识别非法期货网站。投资者请勿登录非法期货网站，以免误入陷阱，上当受骗。

四是辨识收款账号。合法期货经营机构只能以公司名义对外开展业务，也只能以公司的名义开立银行账户，而非法机构往往以个人的名义开立收款账户。如果有人要求投资者把钱打入以个人名义开立的账户，投资者即可果断拒绝。

资料来源：http://www.csrc.gov.cn/newsite/tzzbhl/tbtzzjy/tbfxff/201711/t20171103_326427.html

任务一 金融衍生工具概述

2007年10月，起源于美国的信贷危机波及全球金融市场，进而把全球经济带入下降轨道。美联储原本估计规模约1 000亿美元左右的次级贷款，何以最终波及大量金融机构，最终放大为一场“金融海啸”呢？很多人将其归咎于金融衍生工具的泛滥和难以估值、无法约束。早在2002年，巴菲特就在其致股东的信中断言金融衍生工具是“魔鬼”“定时炸弹”，甚至是“大规模杀伤性武器”。

评价金融衍生工具的功过，还是要坚持一分为二的辩证立场，不能因为“金融海啸”就彻底否定它。因此，强化对金融衍生工具的政府监管、信息披露以及市场参与者的自律将是必要之举。

一、金融衍生工具的概念

金融衍生工具也叫金融衍生产品，衍生产品是英文"derivatives"的中文意译，其原意是派生物、衍生物。金融衍生工具通常是指原生资产派生出来的金融工具，它建立在基础产品或基础变量之上，其价格取决于基础金融产品价格（或数值）变动的派生金融产品。基础金融工具主要有三大类：货币（包括本币和外汇）、债务工具和股权工具。

二、金融衍生工具的特征

由金融衍生工具的概念可以看出，其具有下列4个显著特征：

（一）跨期性

金融衍生工具交易双方通过对利率、汇率、股价等因素变动趋势的预测，约定在未来某一时间按照一定条件进行交易或选择是否交易的合约，因此会影响交易双方在未来一段时间内或未来某时点上的现金流。

（二）杠杆性

金融衍生工具交易一般只需要支付少量的保证金或权利金就可签订未来的大额合约或互换不同的金融工具。例如：若期货交易保证金为合约金额的10%，则期货交易者可以控制10倍于所投资金额的合约资产，实现以小博大的效果。

（三）联动性

由于金融衍生工具都有一种基础金融工具作为其价格的参照，因此基础金融工具价格的轻微变动都可能给投资者带来大盈大亏。所以金融衍生工具的价值与基础金融工具或基础变量紧密联系、规则变动。

（四）高风险性

金融衍生工具的杠杆性一定程度上决定了它的高风险性。交易双方对利率、汇率、股价等价格因素的未来变动趋势判断的正确与否直接关系到他们的交易盈亏。而基础金融工具价格变幻莫测，谁也无法准确预测，这就成了金融衍生工具高风险性的重要诱因。

三、金融衍生工具的作用

（一）转移风险

现货市场的价格常常是短促多变的，处于不断的波动之中，这给投资者带来了价格波动的风险。金融衍生工具给了投资者利用套期保值的方式来转移价格风险，即利用现货市场和期货市场的价格差异，在现货市场买进或卖出基础金融工具的同时或前后，在期货市场卖出或买进相同数量的该商品期货合约，从而在两个市场之间建立起一种互相对冲的机制，进而达到保值的目的。正是金融衍生工具的这一作用，才吸引了众多的投资者，同时这也是其生命力所在。

（二）形成权威价格

现货市场的价格往往存在失真的现象，而期货市场的建立和完善，可形成一种比较良好的价格形成机制。在期货市场中，买卖双方都能充分表达自己的愿望，影响价格变动的各种因素都在这个市场上体现，因此形成的价格能比较准确地反映基础金融工具的真实价格。

（三）调控价格水平

金融衍生工具的交易价格能准确反映市场价格水平，对未来市场供求变动具有预警作用。如某一工具价格下降，则反映其在市场上的需求疲软；反之亦然。因此，投资者可根据不同工具的市场价格的水平变化，选择自己的投资策略；管理者则可以选择自己的调控策略。

（四）提高资产管理质量

金融衍生工具的出现，为投资者提供了更多的选择机会和对象。同时企业也可利用衍生工具达到优化资产组合的目的。例如：通过利率互换业务，能使企业降低成本，以实现资产组合最优化。

四、金融衍生工具的发展

（一）金融衍生工具产生的最根本原因是避险

20 世纪 70 年代以来，随着美元的不断贬值，以及布雷顿森林体系的崩溃，国际货币制度由原来的固定汇率制走向浮动汇率制。1973 年和 1979 年两次石油危机使西方国家经济陷入滞胀，为对付通货膨胀，美国不得不运用利率工具，这加剧了金融市场利率的波动。利率的升降引起证券价格的反方向变化，并直接影响投资者的收益。面对利率市场、汇率市场、股票市场、债券市场价格的剧烈波动，金融市场风险急剧加大，迫使商业银行、投资机构、企业开始寻找可以规避风险、进行套期保值的金融工具，金融期货、期权等金融衍生工具便应运而生。

（二）金融自由化和金融机构的利润驱动推动了金融衍生工具的发展

20 世纪 80 年代以来，随着以美国为代表的全球金融市场都开始了自由化的浪潮，形成了一个较宽松、自由、更符合市场运行机制的新的金融体制。一方面，金融自由化使利率、汇率、股价的波动更加频繁、剧烈，使投资者迫切需要避险的工具；另一方面，金融自由化促进了金融竞争。多元化经营的金融机构夺走了银行业大量的业务，迫使银行不得不寻找新的利润增长点、扩大利润来源，越来越多的商业银行开始把金融衍生工具视为未来新的增长点。

（三）我国金融衍生工具的发展

我国的金融衍生工具产生于 20 世纪 90 年代初，至今仍处于发展初期，产品品种少、交易规模小，较不完善。1992 年，上海外汇调剂中心率先创办了上海外汇期货市场，开办了人民币汇率期货交易；同年，国债期货也开始试点，在上海、深圳证券交易所等市场交易。1995 年 2 月，国债期货市场上发生了“327 事件”，5 月中国证监会停止了国债期货交易，我国的金融衍生工具市场进入停滞期。2005 年 8 月，中国外汇交易中心推出远期外汇交易以配合人民币汇率制度改革，一周后，宝钢权证产品在上海证券交易所挂牌交易。2006 年 9 月 8 日，中国金融期货交易所挂牌成立。2010 年 4 月 16 日，股票指数期货推出，我国的金融衍生工具市场进入稳步发展时期。

任务二　金融期货

一、金融期货概述

（一）金融期货的概念

期货交易是指交易双方在集中的交易所以公开竞价方式进行的期货合约的交易。期货合约是指由期货交易所统一制定的，规定在将来某一特定的时间和地点交割一定数量和质量商品的标准化合约。金融期货是期货的一种，是以金融商品合约为交易对象的期货。

（二）金融期货与金融现货的对比

金融期货的特征是由其交易本身的基本特性决定的，金融现货交易是“一手交钱、一手交货”，二者区别包括：

1. 交易对象不同

金融现货交易的对象是某一具体形态的金融工具，通常是代表着一定所有权或债权关系的股票、债券或其他金融工具。而金融期货交易的对象是金融期货合约，这一合约是由期货交易所设计的一种对指定金融工具的种类、规格、数量、交割月份、交割地点都做出统一规定的标准化书面协议。

2. 交易目的不同

金融现货交易的目的是获得价值或收益权，为生产或经营筹集必要的资金或为暂时闲置的货币资金寻找生息获利的投资机会。金融期货交易主要是为了套期保值，即为不愿承担价格风险的生产经营者提供稳定成本、保住利润的条件，从而保证生产经营活动的正常进行。

3. 交易方式不同

金融现货交易一般要求在成交后的几个交易日内完成资金与金融工具的全额交割，成熟市场中通常也允许进行保证金买入或卖空，但所涉及的资金或证券缺口部分系由经纪商出借给交易者，要收取相应利息。金融期货交易则实行保证金交易和逐日盯市制度，交易者并不需要在成交时拥有或借入全部资金或基础金融工具。

4. 结算方式不同

金融现货交易通常以基础金融工具与货币的转手而结束交易活动。而在金融期货交易中，仅有少数的合约到期进行实物交收，绝大多数的期货合约是通过相反交易实现对冲而平仓的。

（三）金融期货的功能

1. 套期保值

套期保值是指通过在现货市场与期货市场建立相反的头寸，从而锁定未来现金流的交易行为。期货交易之所以能够套期保值，其基本原理在于某一特定商品或金融资产的期货价格和现货价格受相同经济因素的制约和影响，从而它们的变动趋势是一致的。而且，现货价格与期货价格具有市场走势的收敛性，即当期货合约临近到期日时，现货价格与期货价格将逐渐趋合，它们之间的价差即基差将接近于零。

套期保值的基本做法是：在现货市场买进或卖出某种金融工具的同时，做一笔与现货交易品种、数量、期限相当但方向相反的期货交易，以期在未来某一时间通过期货合约的对冲，以一个市场的盈利来弥补另一个市场的亏损，从而规避现货价格变动带来的风险，实现保值的目的。

套期保值的基本类型有两种：一是多头套期保值，是指交易者先在期货市场买进期货，以便将来在现货买进时不至于因价格上涨而给自己造成经济损失的一种期货交易方式；二是空头套期保值，是指交易者先在期货市场卖出期货，当现货价格下跌时以期货市场的盈利来弥补现货市场的损失，从而达到保值的一种期货交易方式。

2. 价格发现

价格发现功能是指在一个公开、公平、高效、竞争的期货市场中，通过集中竞价形成期货价格的功能。期货价格具有预期性、连续性和权威性的特点，能够比较准确地反映未来商品价格的变动趋势。期货市场之所以具有价格发现功能，是因为期货市场将众多影响供求关系的因素集中于交易所内，通过买卖双方公开竞价，集中转化为一个统一的交易价格。因为期货价格与现货价格走向一致并逐渐趋同，所以当下的期货价格可能就是未来的现货价格，这一关系使世界各地的套期保值者和现货经营者都利用期货价格来衡量相关现货商品的近、远期价格发展趋势，利用期货价格和传播的市场信息来制定各自的经验决策。这样，期货价格就成为世界各地现货成交价的基础，它能够比较真实地反映一定时期世界范围内供求关系影响下的商品或金融资产的价格水平。

练一练

如果期货市场中缺少了投机套利者的参与，需要保值的交易者还能顺利实现套期保值吗？

二、金融期货的主要种类

（一）外汇期货

外汇期货又称货币期货，是以外汇为基础工具的期货合约，是金融期货最早产生的品种，其目的主要是规避外汇风险。所谓外汇风险，也称汇率风险，是指由于外汇市场汇率的不确定性而使人们遭受损失的可能性。

外汇期货交易自 1972 年在美国芝加哥商业交易所（CME）所属的国际货币市场（IMM）率先推出后得到了迅速发展。其后，英国、澳大利亚等国也相继建立了外汇期货的交易市场。目前，外汇期货成为一种世界性的交易品种。

（二）利率期货

利率期货是指以债券类证券为标的物的期货合约，它可以回避银行利率波动所引起的证券价格变动的风险。利率期货一般可分为短期利率期货和长期利率期货，前者大多以银行同业拆借市场3月期利率为标的物，后者大多以5年期以上长期债券为标的物。

20世纪70年代末，由于受两次石油危机的冲击，美国等西方各主要资本主义国家的利率波动非常剧烈，借贷双方面临着巨大的风险。为了降低或回避利率波动的风险，1975年美国芝加哥商业交易所首先开办了利率期货。虽然比外汇期货晚了3年，但其发展速度与应用范围都远较外汇期货来得迅速和广泛。

（三）股票价格指数期货

股票价格指数期货，简称股指期货，是一种以股票价格指数为标的物的期货交易。它是20世纪80年代金融创新中出现的最重要、最成功的金融衍生工具之一。股指期货标的物的特征决定了它独特的交易规则。

股指期货合约的价格是由标的指数的点数与某一固定金额（每点价格）的乘积表示的。如：沪深300指数期货合约乘数定为每点价格300元，假设期货报价为3 000点，则每张合约名义金额为3 000×300=900 000元。由于股价指数本身并没有任何的实物存在形式，因此股指期货是以现金结算方式来结算交易的。在现金结算方式下，每一未平仓合约将于到期日得到自动冲销，即买卖双方根据最后结算价计算出盈亏金额，通过借记或贷记保证金账户而结清交易部位。这种现金交割方式是股指期货合约的一大特征。

股指期货是为了适应人们规避风险，尤其是系统性风险的需要而产生的。股指期货之所以能回避股票交易中的风险，主要是因为股价指数的变动代表了整个股价变动的方向和水平，而大多数股票价格的变动是与股指同方向的。因此，在股票现货市场和股指期货市场做相反的操作，并通过系数进行调整，就可以抵消投资股票市场面临的风险。

股指期货本身是一个完全的零和博弈，多空两方的盈利必然建立在对方的亏损上，全体参与者必定盈亏相等，不会创造任何新的价值，也不会损失任何财富。从整个市场来说，股指期货本身并不会创造风险。在零和博弈的机制下，风险只会从一方转移到另外一方，股指期货只是一个对现有风险的转移和再分配的工具。通过这种风险转移和再分配，系统风险得到了疏通渠道：防止系统风险过度积累导致市场剧烈波动；有效地提高了证券市场抗击风险的弹性；为市场提供了一套行之有效的避险机制，满足投资者日益增长的多样化金融需求。

知识链接

我国股指期货“历史首演”

2010年4月16日，我国首只股指期货——沪深300指数期货合约（见表5-1）正式挂牌，这无疑是中国资本市场金融创新最引人瞩目的历史性时刻，也是完善优化金融生态和深层次资本体系建设进程中迈出的关键一步，对国内股票市场和期货市场亦将产生积极深远的影响。

为了维护市场正常交易秩序，股指期货设置了价格日涨跌幅限制，内容主要包括三点：第一，股指期货合约的涨跌停板幅度为上一交易日结算价的±10%。第二，季月合约上市首日涨跌停板幅度为挂盘基准价的±20%。上市首日成交的，于下一交易日恢复到合约规定的涨跌停板幅度；上市首日无成交的，下一交易日继续执行前一交易日的涨跌停板幅度。第三，股指期货合约最后交易日涨跌停板幅度为上一交易日结算价的±20%。

表 5-1 沪深 300 指数期货合约表

合约标的	沪深 300 指数
合约乘数	每点 300 元
报价单位	指数点
最小变动价位	0.2 点
最低交易保证金	合约价值的 8%
每日价格最大波动	上一个交易日结算价的±10%
合约月份	当月、下月及随后两个季月
交易时间	上午：9:30—11:30 下午：13:00—15:00
最后交易日	合约到期月份的第三个周五（遇法定假日顺延）
交割日期	同最后交易日
交割方式	现金交割

任务三 金融期权

一、金融期权概述

（一）金融期权的概念

期权又称选择权，是指其持有者能在规定的期限内按交易双方商定的价格购买或出售一定数量的基础工具的权利。期权交易就是对这种选择权的买卖。

金融期权是指以金融工具或金融变量为基础工具的期权交易形式。具体地说，金融期权购买者在向出售者支付一定费用后，就获得了能在规定期限内以某一特定价格向出售者买进或卖出一定数量的某种金融工具的权利。

（二）金融期权的特征

与金融期货相比，金融期权的主要特征在于它仅仅是买卖权利的交换。期权交易实际上是一种权利的单方面有偿让渡。金融期权的买方以支付一定数量的期权费为代价而拥有了以事先确定的价格向期权的卖方买进或卖出某种金融工具的权利，但不承担必须买进或卖出的义务；金融期权的卖方则在收取了一定数量的期权费后，在一定期限内必须无条件服从买方的选择并履行成交时的承诺。也就是说金融期权的买方有选择的权利但无义务，而卖方则只有义务没有选择的权利。

（三）金融期权与金融期货的区别

1. 标的物不同

一般而言，可作期货交易的金融工具都可作期权交易，但可作期权交易的金融工具却未必可作期货交易。在实践中，只有金融期货期权，没有金融期权期货，即只有以金融期货合约为基础资产的金融期权交易，而没有以金融期权合约为基础资产的金融期货交易。一般而言，金融期权的基础资产多于金融期货的基础资产。

随着金融期权的日益发展，其基础资产还有日益增多的趋势，不少金融期货无法交易的金融产品均可作为金融期权的基础资产，甚至连金融期权合约本身也成了金融期权的基础资产，即所谓复合期权。

2. 投资者权利与义务的对称性不同

金融期货交易的双方权利与义务对称，即对任何一方而言，都既有要求对方履约的权利，又有自己对对方履约的义务。而金融期权交易双方的权利与义务存在着明显的不对称性，期权的买方只有权利而没有义务，而期权的卖方只有义务而没有权利。

3. 履约保证不同

金融期货交易双方均需开立保证金账户，并按规定缴纳履约保证金。在金融期权交易中，只有期权的卖方，尤其是无担保期权的卖方才需开立保证金账户，并按规定缴纳保证金，以保证其履约的义务。至于期权的买方，因没有义务，故无需开立保证金账户，也就无需缴纳任何保证金。

4. 现金流转不同

金融期货交易双方在成交时不发生现金收付关系，但在成交后，由于实行每日结算制度，交易双方将因价格的变动而发生现金流转，即盈利一方的保证金账户余额将增加，而亏损一方的保证金账户余额将减少。当亏损方保证金账户余额低于规定的维持保证金时，他必须按规定及时追加保证金。因此，金融期货交易双方都必须保有一定的流动性较高的资产，以备不时之需。而在金融期权交易中，在成交时，期权的买方为取得期权合约所赋予的权利，必须向期权的卖方支付一定的期权费；但在成交后，除了到期履约时，交易双方将不发生任何现金流转。

5. 盈亏特点不同

金融期货交易双方都无权违约，也无权要求提前交割或推迟交割，只能在到期前的任一时间通过反向交易实现对冲或到期进行实物交割。而在对冲或到期交割前，价格的变动必然使其中一方盈利而另一方亏损，其盈利或亏损的程度取决于价格变动的幅度。因此，从理论上说，金融期货交易中双方潜在的盈利或亏损都是无限的。相反，在金融期权交易中，由于期权的买方和卖方在权利和义务上的不对称性，因此他们在交易中的盈利和亏损也具有不对称性。从理论上说，期权买方在交易中潜在亏损是有限的，仅限于他所支付的期权费，而他可能取得的盈利却是无限的；相反，期权卖方在交易中所取得的盈利却是有限的，仅限于他所收取的期权费，而他可能遭受的损失却是无限的。

6. 套期保值的作用与效果不同

人们利用金融期货进行套期保值，在避免价格不利变动造成损失的同时，也必须放弃若价格有利变动可能获得的收益。人们利用金融期权进行套期保值，若价格发生不利变动，套期保值者可通过执行期权来避免损失；若价格发生有利变动，套期保值者又可通过放弃期权来保护利益。

但这并不是说金融期权比金融期货更为有利。如从保值角度来说，金融期货通常比金融期权更为有效，也更便宜，而且要在金融期权交易中真正做到既保值又获利，事实上也并非易事。所以，金融期权和金融期货可谓各有所长，各有所短。在现实的交易活动中，人们往往将二者结合起来，通过一定的组合或搭配来实现某一特定目标。

二、金融期权的分类

（一）按照选择权性质不同分类

根据选择权的性质不同，可将金融期权划分为看涨期权和看跌期权。

看涨期权又称买入期权或认购权，是指期权的买方具有在约定期限内按约定价格（也称为行权价）买入一定数量金融资产的权利。投资者之所以买入看涨期权，是因为他预期这种金融资产的价格在近期内将会上涨。如果判断正确，按协议价买入该项资产并以市价卖出，可赚取市价与协议价之间的差额；如果判断错误，则损失期权费。

看跌期权又称卖出期权或认沽权，是指期权的买方具有在约定期限内按约定价格卖出一定数量金融资产的权利。投资者之所以买入看跌期权，是因为他预期该项金融资产的价格在近期内将会下跌。如果判断正确，可从市场上以较低的价格买入该项金融资产，再按协议价卖出，将赚取协议价与市价的差额；如果判断失误，将损失期权费。

（二）按照合约所规定的履行时间不同分类

按照合约所规定的履约时间不同，可将金融期权分为欧式期权、美式期权和修正的美式期权。欧式期权只能在期权到期日执行；美式期权则可在期权到期日或到期日之前的任何一个营业日执行；修正的美式期权也称为百慕大期权或大西洋期权，可以在期权到期日之前的一系列规定日期执行。

练一练

既然期权是一种选择权，且这种权利是通过缴纳期权费获得的，那么欧式期权、美式期权的期权费一样吗？

（三）按照金融期权基础资产性质不同分类

按照金融期权基础资产性质不同，可将金融期权分为股权类期权、利率期权、货币期权、金融期货合约期权、金融互换期权等。

1. 股权类期权

股权类期权可进一步细分为单只股票期权、股票组合期权和股票指数期权。

单只股票期权简称为股票期权，是指买方在交付了期权费后，即取得在合约规定的到期日或到期日以前按协议价买入或卖出一定数量相关股票的权利。

股票组合期权是以一揽子股票为基础资产的期权，代表性品种是交易所交易基金的期权。

股票指数期权是以股票指数为基础资产，买方在支付了期权费后，即取得在合约有效期内或到期时以协定指数与市场实际指数进行盈亏结算的权利。股指期权没有可作实物交割的具体股票，只能采取现金轧差的方式结算。

2. 利率期权

利率期权是指买方在支付了期权费后，即取得在合约有效期内或到期时以一定的利率（价格）买入或卖出一定面额的利率工具的权利。利率期权合约通常以政府短期、中期、长期债券，以及大额可转让存单等利率工具为标的物。

3. 货币期权

货币期权又叫外币期权、外汇期权，是指买方在支付了期权费后即取得在合约有效期内或到期时以约定的汇率购买或出售一定数额某种外汇资产的权利。货币期权合约主要以美元、欧元、日元、英镑、瑞士法郎、加拿大元及澳大利亚元为基础资产。

4. 金融期货合约期权

金融期货合约期权是一种以金融期货合约为交易对象的期权，它赋予其持有者在规定时间内以协定价格买卖特定金融期货合约的权利。

5. 金融互换期权

金融互换期权是以金融互换合约为交易对象的选择权，它赋予其持有者在规定时间内以规定条件与交易对手进行互换交易的权利。

知识链接

上交所个人投资者参与期权交易准入条件

上海证券交易所个人投资者参与期权交易，应当符合下列条件：

1. 申请开户时托管在其委托的期权经营机构的证券市值与资金账户可用余额（不含通过融资融券交易融入的资金或证券），合计不低于人民币 50 万元。

认定标准：个人投资者在证券公司开户的，以托管在证券公司上一交易日日终或者当天的证券市值与资金账户可用余额（不含通过融资融券交易融入的证券和资金）

为依据。证券市值指在上海、深圳证券交易所或全国股份转让系统挂牌的股票、基金、债券、券商发行或代销的理财产品以及本所规定的其他证券的市值，如通过“港股通”购买的港股。

2. 指定交易在证券公司6个月以上并具备融资融券业务参与资格或者金融期货交易经历；或者在期货公司开户6个月以上并具有金融期货交易经历。

认定标准：指定交易在本公司或其他证券公司开户合计满六个月；具备本公司或其他公司融资融券业务参与资格或者至少有一次金融期货交易经历。

3. 具备期权基础知识，通过本所认可的相关测试。

认定标准：目前本所组织的期权知识测试有两种形式，期权经营机构在营业部组织的网上期权知识测试和本所统一组织的现场培训测试。通过知识测试的投资者，知识测试成绩长期有效，并可用于在其他期权经营机构申请开户。证券公司可登录本所会员信息服务平台（https://sc.sseinfo.com/sc/login）查询指定交易在本单位的投资者的知识测试成绩；个人投资者可通过本所股票期权投教专区（http://edu.sse.com.cn/option）“投资者期权知识测试成绩查询”入口查询本人测试成绩。

4. 具有本所认可的期权模拟交易经历。

认定标准：投资者期权模拟交易经历，依据其参与本所期权模拟交易的记录数据予以核定。证券公司可登录本所会员信息服务平台查询指定交易在本单位的投资者的模拟交易经历。查询页面直接显示投资者模拟交易经历对应的级别，证券公司无需再查询模拟交易细节。模拟交易经历对应的级别以本所系统显示为准。

5. 具有相应的风险承受能力。

认定标准：期权经营机构应当对投资者的风险承受能力进行评估。1年内对该投资者进行过风险承受能力评估的，可不重做评估。对于风险承受能力评估中未达“稳健”或相应等级的投资者，建议期权经营机构不为其开立期权账户。

6. 不存在严重不良诚信记录，不存在法律、法规、规章和本所业务规则禁止或者限制从事期权交易的情形。

认定标准：法律、法规、规章禁止或者限制从事期权交易的情形，如《国家外汇管理局关于改革外商投资企业外汇资本金结汇管理方式的通知》规定，外商投资企业资本金及其结汇所得人民币资金不得直接或间接用于证券投资。证券公司应当加强外商投资企业客户的资金来源核查工作，必要时可以要求客户提交相关承诺书。

7. 本所规定的其他条件。

个人投资者参与期权交易，应当通过期权经营机构组织的期权投资者适当性综合评估。港澳台投资者只要满足《上海证券交易所股票期权试点投资者适当性管理指引》相关要求，可参与期权交易。

任务四　其他金融衍生工具

一、可转换证券

（一）可转换证券的概念

可转换证券是指其持有者可以在一定时期内按一定比例或价格将持有的一种证券转换成一定数量的另一种证券的证券。可转换证券通常是转换成普通股股票，因此它实际上是一种长期的普通股股票的看涨期权。

（二）可转换证券的分类

按发行时证券性质的不同，可转换证券主要分为两类：

（1）可转换公司债券。可转换公司债券是指发行人依据法定程序发行、在一定期限内依据约定的条件可以转换成该发行公司股票的公司债券。

（2）可转换优先股股票。可转换优先股股票是指优先股持有者可依据一定转换条件，将优先股股票转换成该发行公司普通股股票的证券。

（三）可转换证券的特征

我国目前只有可转换公司债券，所以本书下文中的可转换证券主要指可转换公司债券。它兼具有债券和股票的特性，其主要特点有：

（1）债权性。在转换以前，它是一种公司债券，具有债券的一切特征，体现的是一种债权债务关系。

（2）股权性。可转换公司债券在转换成股票之后，持有者就由债权人变成了所有者，可参与企业的经营决策和红利分配，体现的是一种所有权关系。

（3）可转换性。可转换性是可转换公司债券的重要标志，债券持有者可以按约定的条件将债券转换成股票。债权转股权是投资者享有的、一般债券所没有的选择权。因此，可转换债券利率一般低于普通公司债券利率，这有助于发行企业降低筹资成本。但这种可转换性会影响到公司的所有权。

（四）可转换证券的构成要素

1. 有效期限和转换期限

可转换公司债券的有效期限和一般债券相同，指债券从发行之日起至清偿本息之日止的时间。转换期限是指可转换债券转换成普通股股票的起始日至结束日的期间。我国现行法规规定，可转换公司债券的期限最短为 3 年，最长为 5 年，自发行之日起 6 个月后可转换为公司股票。

2. 票面利率或股息率

可转换公司债券的票面利率（或可转换优先股的股息率）由发行人根据当前市场利率水平、公司债券资信等级和发行条款确定，一般低于相同条件的不可转换公司债券（或不可转换优先股）。可转换公司债券应半年或一年付息一次，到期后 5 个工作日内应偿还未转股债券的本金及最后一期利息。

3. 转换比例或转换价格

转换比例是指一定面额可转换证券可转换成普通股的股数。转换价格是指可转换证券转换成每股普通股股份所支付的价格。

我国现行法规规定，可转换公司债券的转换价格应以公布募集说明书前30个交易日公司股票的平均收盘价为基础，并上浮一定幅度。

练一练

如果某可转换证券面额为1 500元，规定其转换价格为30元，则转换比例为多少？

解： 转换比例＝可转换证券面值/转化价格，所以当可转换证券面额为1 500元、转换价格为30元时，转换比例＝1 500/30＝50。

4. 赎回条款和回售条款

赎回是指发行人在发行一段时间后，可以提前赎回未到期的发行在外的可转换公司债券。赎回条件一般是当公司股票价格在一段时间内连续高于转股价格达到一定幅度时，公司可按照事先约定的赎回价格买回发行在外尚未转股的可转换公司债券。

回售是指公司股票在一段时间内连续低于转换价格达到某一幅度时，可转换公司债券持有者按事先约定的价格将所持可转换公司债券卖给发行人的行为。

赎回条款和回售条款是可转换证券在发行时规定的赎回行为和回售行为发生的具体市场条件。

5. 转换价格修正条款

转换价格修正是指发行公司在发行可转换证券后，由于公司送股、配股、增发股票、分立、合并、拆细及其他原因导致发行人股份发生变动，引起公司股票名义价格下降时而对转换价格所做的必要调整。

案　例

健帆生物可转换公司债券

健帆生物在国内血液灌流领域市占率超过80%，为绝对龙头，随着透析患者增长和公司灌流渗透率提升，仅肾病领域行业潜在空间超过70亿元，公司有望推动行业持续增长。

从企业披露的财报看，公司在肾病、肝病、危重症等核心业务持续放量。同时公司还在积极扩充产能，坚持研发投入。2021年公司的激励方案考核目标为2021、2022、2023年收入相较2020年增长35%、83%、150%，复合增速35%以上，彰显公司核心骨干对未来发展的信心。

公司是血液净化行业的龙头企业，产品已覆盖全国5 800余家二级及以上医院，品牌影响力强，技术及产品逐渐获得学界认可。随着肾病、肝病业务增长，海外市场不断开拓，公司业绩有望保持较高增速。不过公司产品未纳入集采，未来存在产品价格大幅降低的风险。

考虑到疫情下，利好医药题材，结合AA评级、类似转换公司债券（简称转债）等综合分析，可预估健帆转债上市首日溢价率在18%左右，当前转股价值94.32，预计上市价格110元左右。公司主营血液灌流相关产品及设备的研发、生产与销售，是该行业的龙头企业。近年来业绩快速增长，毛利率稳定，现金流充裕。2021年一季报净利润同比增长45.07%。

根据上市公司公告，原A股股东可优先配售的可转债数量上限为其在股权登记日（2021年6月22日，T—1日）收市后登记在册的持有发行人股份数按每股配售1.242 1元可转债的比例计算可配售可转债金额，再按100元/张转换为可转债张数，每1张为一个申购单位。则1 000/1.242 1=806，即在6月22日股权登记日当天，收盘后每持有806股健帆生物的股票可以获配一手（10张）健帆转债。因为是深市转债，一手需持有800股，差不多可获配一手健帆转债。成本投入：806股×85.45元/股=68 873元。

资料来源：https://baijiahao.baidu.com/s?id=1703163001519859850&wfr=spider&for=pc

任务：在金融类上市公司中选择一个发行可转债的，分析其转换条件。

二、存托凭证

（一）存托凭证的概念

存托凭证（Depositary Receipts，DR），是指在一国证券市场流通的代表外国公司有价证券的可转让凭证，一般为外国公司股票，有时也代表债券。

存托凭证首先由J. P. 摩根首创。1927年，美国投资者看好英国百货业公司塞尔弗里奇公司的股票，由于地域的关系，这些美国投资者要投资该股票很不方便。当时的J. P. 摩根首次发行了美国存托凭证（ADR），持有该股票的投资者可以把该股票交给摩根指定的一家在美国和英国都有分支机构的银行，再由这家银行发给投资者ADR。这种ADR可以在美国的证券市场上流通，原来持有该股票的投资者就不必跑到英国抛售该股票。同时，再投资该股票也不必到英国股票交易所去购买，只要在美国证券交易所购买该股票的ADR就可以了。在该股票配股或分红时，发行ADR的银行在英国的分支机构都会帮助美国投资者进行配股或分红，省去了来回邮寄股票以进行股东确认的成本。从那以后，ADR逐渐被各国所接受，为非美国公司证券在美国证券市场融资和交易打开了方便之门。各国也开始根据自己的情况相继推出了适合本国的存托凭证，如新加坡存托凭证（SDR）、全球存托凭证（GDR）等。我国上市公司中的上海石化、仪征化纤、二纺机、马钢等已通过ADR形式在美国上市。2020年9月22日，中国证监会同意九号有限公司（即“九号智能”）科创板公开发行存托凭证注册。因此，九号有限公司是第一家通过发行CDR（中国存托凭证）的形式登陆科创板的红筹企业。

（二）存托凭证的优点

1. 对发行人而言的优点

（1）市场容量大，筹资能力强。发行存托凭证的外国公司能在短期内筹集到大量的外汇资金，拓宽公司的股东基础，提高其长期筹资能力，提高公司证券的流动性并分散风险。

（2）避开直接发行股票与债券的法律要求，上市手续简单，发行成本低。

2. 对投资者而言的优点

（1）以投资者所在地货币交易，且通过投资者熟悉的本国清算公司进行清算。

（2）上市交易的存托凭证须经发行国证监会注册或审核，有助于保障投资者利益。

（3）上市公司发放股利时，投资者能及时获得，并以当地货币支付。

（4）某些机构投资者可以不受投资政策限制，投资外国证券。

三、资产证券化

（一）资产证券化的概念

资产证券化是指将特定的同质资产进行组合，出售或转让给特定目的机构（Special Purpose Vehicle，SPV），使该部分资产从自身的整体风险中隔离出来，并以这一资产组合为偿付基础发行有价证券的一种结构性融资活动。资产证券化的实质是发起银行将资产的未来现金流收益权转让给证券化产品的投资者。在资产证券化过程中发行的以资产池为基础的证券就称为证券化产品。资产证券化的流程结构见图 5-1。

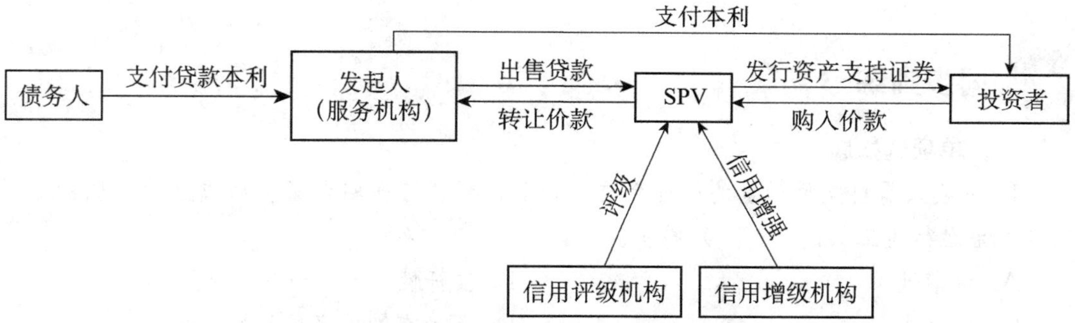

图 5-1　资产证券化的流程结构

全球的资产证券化兴起于 20 世纪 70 年代美国的住房抵押贷款证券化，蓬勃发展于 90 年代前后，被称为 20 世纪最伟大的金融发明。

资产证券化交易比较复杂，涉及的当事人较多，一般而言，下列当事人在证券化过程中具有重要作用：

（1）发起人。发起人也称原始权益人，是证券化基础资产的原始所有者，通常是金融机构或大型工商企业。

（2）特定目的机构（SPV）或特定目的受托人。特定目的机构或特定目的受托人是指接受发起人转让的资产，或受发起人委托持有资产，并以该资产为基础发行证券化产品的机构。

（3）资金和资产存管机构。通常由发起人担任，为保证资金和基础资产的安全，特定目的机构通常聘请信誉良好的金融机构进行资金和资产的托管。

（4）信用增级机构。此类机构负责提升证券化产品的信用等级，为此要向特定目的机构收取相应费用，并在证券违约时承担赔偿责任。有些证券化交易中，并不需要外部增级机构，而是采用超额抵押等方法进行内部增级。

（5）信用评级机构。如果发行的证券化产品属于债券，发行前必须经过信用评级机构进行信用评级。

（6）承销人。承销人是指负责证券设计和发行承销的投资银行，如果证券化交易涉及金额较大，可能会组成承销团。

（7）投资者，即资产证券化产品发行后的持有人。

（二）资产证券化的分类

（1）根据证券化基础资产的不同，可将资产证券化分为不动产证券化、应收账款证券化、信贷资产证券化、未来收益证券化（高速公路收费）、债券组合证券化等。

（2）根据资产证券化发起人、发行人和投资者所属地域不同，可将资产证券化分为离岸资产证券化和境内资产证券化。国内融资方面通过在国外的特殊目的机构或结构化投资机构在国际市场上以资产证券化的方式向国外投资者融资称为离岸资产证券化；融资方通过境内特殊目的机构在境内市场融资则称为境内资产证券化。

（3）根据证券化资产的金融属性不同，资产证券化可以分为股权型证券化、债权型证券化和混合型证券化。

同步训练

一、单项选择题

1. 一般只需要支付少量的保证金或权利金就可签订远期大额合约或互换不同的金融工具是金融衍生工具的（　　）特征。

A. 跨期性　　B. 杠杆性

C. 联动性　　D. 不确定性或高风险性

2. 金融衍生工具产生的最基本原因是（　　）。

A. 逃避金融管制　　B. 金融机构的利润驱动

C. 避险　　D. 存在套利机会

3. 下列关于金融期货的交易双方的潜在盈亏的说法正确的是（　　）。

A. 买方的潜在盈利是无限的，卖方的潜在盈利是有限的

B. 买方的潜在亏损是无限的，卖方的潜在亏损是有限的

C. 双方的潜在盈利和亏损都是无限的

D. 双方的潜在盈利和亏损都是有限的

4. 下列选项中，不属于期货特点的是（　　）。

A. 交易对象是标准化合约，而非具体商品

B. 期货交易必须在期货交易所进行

C. 实行保证金交易，即杠杆操作

D. 只能先买后卖，不能先卖后买

5. 以下不属于利率金融衍生工具的是（　　）。

A. 远期利率协议　　B. 利率期权
C. 信用联结票据　　D. 利率互换
6. 下列期货中，（　　）不属于金融期货。
A. 商品期货　　B. 外汇期货
C. 股票价格指数期货　　D. 利率期货
7. 下列选项中，属于交易所交易的衍生工具的是（　　）。
A. 公司债券条款中包含的赎回条款
B. 公司债券条款中包含的返售条款
C. 公司债券条款中包含的转股条款
D. 在期货交易所交易的期货合约
8. 共同发起设立中国金融期货交易所的单位有（　　）。
Ⅰ上海期货交易所　Ⅱ郑州商品交易所　Ⅲ中国证监会　Ⅳ上海证券交易所和深圳证券交易所
A. Ⅰ、Ⅲ　　B. Ⅰ、Ⅱ、Ⅳ　　C. Ⅱ、Ⅲ、Ⅳ　　D. Ⅰ、Ⅱ、Ⅲ、Ⅳ
9. 下列关于金融期货的说法中，错误的是（　　）。
A. 金融期货是期货交易的一种
B. 金融期货合约的基础工具是各种金融工具
C. 与金融现货交易相比，金融期货的交易目的不同
D. 金融期货交易的对象是某一具体形态的金融工具
10. 下列不属于金融期货功能的是（　　）。
A. 套期保值　　B. 价格发现　　C. 消除风险　　D. 投机
11. 当投资者买入看涨期权后，如果判断正确，则可以获得（　　）。
A. 标的资产市价与行权价格之间的差额
B. 期权标的资产
C. 期权费
D. 利息
12. 下列关于可转换公司债券的表述，错误的是（　　）。
A. 可转换公司债券具有普通债券的特质
B. 可转换公司债券可以按约定转换为普通股股票
C. 可转换公司债券具有看跌期权的价值
D. 可转换公司债券具有权益类证券的特征
13. 可转换公司债券通常是指其持有者可以在一定时期内按一定比例或价格将它转换成一定数量的（　　）。
A. 担保债券　　B. 抵押债券　　C. 优先股票　　D. 普通股票
14. 可转换公司债券应在到期后（　　）个工作日内偿还未转股债券的本金及最后一期利息。
A. 4　　B. 5　　C. 6　　D. 7
15. 期货合约是指由（　　）统一制定的、规定在将来某一特定的时间和地点交割

一定数量和质量标的物的标准化合约。

A. 期货交易所　　B. 期货公司

C. 中国证券会　　D. 中国期货业协会

二、多项选择题

1. 金融衍生工具的基本特征包括（　　）。

A. 杠杆性　　B. 跨期性

C. 不确定性或高风险性　　D. 投机性

2. 下列有关金融期货的说法，正确的有（　　）。

A. 金融期货交易双方的权利与义务是对称的

B. 金融期货交易双方的权利与义务是不对称的

C. 金融期货交易双方均需开立保证金账户

D. 金融期货交易双方都必须在交易所保有一定的流动性较高的资产

3. 下列有关金融期权的表述正确的是（　　）。

A. 期权的买方在支付了期权费后，就获得了期权合约所赋予的权利

B. 期权的买方可以选择行使所拥有的权利

C. 期权的卖方在收取期权费后，就承担着在规定时间内履行该期权合约的义务

D. 期权的卖方可以有条件地履行合约规定的义务

4. 下列属于中国金融期货交易所的股指期货合约内容的是（　　）。

A. 合约乘数为每点 300 元

B. 合约月份有当月、下月及随后两个季月

C. 最低交易保证金为合约价值的 8%

D. 现金交割

5. 下列选项中，属于金融期货主要交易制度的有（　　）。

A. 限仓制度　　B. 逐日盯市制度

C. 集中交易制度　　D. 有负债的结算制度

三、简答题

1. 什么叫金融衍生工具？其特征是什么？

2. 金融期权和金融期货有什么区别？

3. 权证和股票有什么联系和区别？

4. 2007 年美国发生的次贷危机和资产证券化有什么联系？

实训拓展

实训项目：辨识我国股指期货和商品期货交易品种

1. 实训目的

了解我国不同期货交易所交易的金融衍生品及其交易规则。

2. 实训学时

2 课时。

3. 实训准备

（1）实训知识准备：期货基本知识。

（2）实训材料准备：网络、计算机、证券分析软件。

4. 实训方法与内容

（1）实训方法：查看我国商品期货交易所和金融期货交易所的有关金融衍生工具的交易业务，整理资料。

（2）实训内容：登录期货交易所网站，查找其交易业务的相关资料；查阅有关金融衍生工具交易的书籍、报纸、杂志；分组汇报。

项目六

证券行情软件

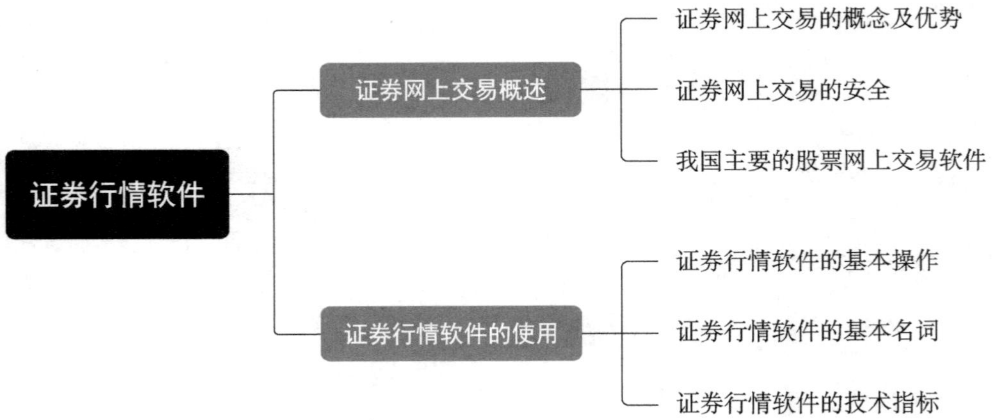

证券行情软件
证券网上交易概述
证券网上交易的概念及优势
证券网上交易的安全
我国主要的股票网上交易软件
证券行情软件的使用
证券行情软件的基本操作
证券行情软件的基本名词
证券行情软件的技术指标

知识目标

1. 了解证券网上交易的概念及优势；
2. 了解我国主要的股票网上交易软件；
3. 理解证券行情软件的基本名词的概念；
4. 掌握指数及个股分时走势图的分析方法；
5. 了解K线图走势。

能力目标

1. 熟悉证券网上交易软件的类型和下载安装；
2. 熟悉证券行情软件的热键操作；
3. 掌握移动平均线、日K线MACD、日K线KDJ等指标的参数设置。

案例导读

网上“股票黑市”迷局

2012年2月，周先生收到一条短信：“股票T+0双向交易平台，涨跌均可获利，资金杠杆100倍，详情请登录……”周先生知道A股市场已经可以在一些特定股票上开通融资融券，以为这只是某家券商发过来的促销短信。可登录短信中的网址一看，他就明白了这条短信并不是券商发的。

登录这家网站，通过跳转链接转到另一个名为鑫丰泰金融的网站。网站声称，该公司在美国注册，获得了美国某期货协会会员资格，只要在该网站开立账户并汇款，就可进行所有沪深A股的T+0交易，买股票不但可以做多，还可以做空。并且同期货一样实行杠杆交易，可以将盈利和亏损都放大多倍。也就是说，如果做多一只股票，该股票当天涨停，那么本金就会翻10倍；如果做空一只股票，该股当天跌停，本金也会翻10倍。看到这番介绍，周先生怦然心动。

周先生先在这个网站开设了模拟账户进行模拟炒股，模拟交易一个多月后，其虚拟账户获利颇丰。于是，他就开设了真实账户，并通过网上银行和第三方支付平台向对方账户汇了1万元资金。起初操作顺利，周先生将杠杆比例设置到1：20，通过高频交易反复做多或做空，使其账户市值增长到2万多元。兴奋之余，周先生又汇款2万多元，进行更为频繁的操作。而就在这以后，周先生发现该网站提供的交易软件似乎不太灵光，下单经常延迟，导致他错过了很多机会。随后这种情况出现得越来越频繁，直到有一天，股市开盘后10分钟，周先生通过该网站的交易页面在9.17元的价位上卖出了正邦科技的空单，但几分钟后正邦科技突然放量拉升。周先生见势不好，赶忙下单平仓，但无论怎么挂单，始终无法成交。转眼间正邦科技涨到9.37元，周先生一狠心干脆以高于现价的1%挂买单平仓，但网站页面却显示网络拥堵。周先生再挂，页面干脆显示“该产品接单量已超过公司的最大限量，恕不接受新单”。5分钟后，正邦科技封上涨停，周先生爆仓了，其账户资金只剩下原来的3%，所有交易全部清零。那一瞬间，周先生才意识到这是个骗局。

后来，周先生将自己的遭遇向相关媒体曝光，一些专家立即指出周先生遭遇的正是当年曾猖狂一时的“股票黑市”。

2000年前后，国内多地都曾出现“股票黑市”，一些不法分子在未经任何批准的情况下，成立非法证券机构吸纳股民参与“股票交易”。表面上，股民在这些机构买卖的股票都是沪深两市个股；但实际上，这些非法证券机构根本没有和沪深交易所联网，股民的每一笔下单都没有传到交易所，也没有产生交易。非法机构以此和股民对赌，利用种种手段使股民“炒股亏损”，股民的亏损全部变成非法机构的盈利。

2000年之后，国家曾严厉打击“股票黑市”犯罪。2001年震惊全国的“兰州证券黑市案”表明，这种虚拟炒股已不是非法证券交易范畴，而是赤裸裸的诈骗。但案例中的“鑫丰泰金融”和2001年的兰州大案的不同之处在于，当年的犯罪分子需要在国内租用场地，而十多年后，这种诈骗方法已经搬到互联网上，诈骗过程更加虚拟和不留痕迹。

任务一　证券网上交易概述

现在的证券行情软件主要包括证券公司现场交易软件、证券网上交易软件和手机炒股软件（本质上属于证券网上交易软件）三种，本项目主要探讨证券网上交易软件的使用。

一、证券网上交易的概念及优势

证券网上交易是一种以互联网为操作平台和数据传输媒介的证券交易方式。作为交易的重要平台，互联网络安全、速度、可靠性等对证券网上交易的发展起着决定性作用。

证券网上交易与其他的交易方式相比较，优势是较为明显的，具体表现在以下方面：

（1）证券网上交易可以大幅度降低交易成本；

（2）证券网上交易能够提高证券交易的透明度；

（3）证券网上交易打破了时间和空间的限制，使投资者摆脱了固定营业场所的束缚，能满足投资者多种形式的需求。

在欧美发达国家，已有多家提供证券网上交易服务的机构取得了良好的业绩。证券网上交易模式已成为全球金融业发展的趋势。

知识链接

我国证券网上交易的发展

我国的证券网上业务始于1997年。当时，一些证券公司开始探索网上业务，相继推出了证券网上交易系统。1998年底，约4%的证券营业部开通了证券网上交易系统。1999年底，有近20%的证券营业部开通了证券网上交易系统。2000年以来，证券公司的网站相继涌现，证券网上交易也更加普遍，约40%的证券营业部开通了证券网上交易。但由于网络环境的限制，真正使用网上交易的投资者并不多。2002年以来，证券网上交易软件逐渐完善，且速度快、稳定性好，使得证券网上交易软件的投资者大幅增加。到目前，我国所有证券公司都已开通了证券网上交易业务，几乎所有的投资者都可以开展证券网上交易，绝大多数投资者都在使用证券网上交易软件。

二、证券网上交易的安全

证券网上交易是否安全一直是证券投资者非常关心的问题。证券网上交易作为一种新的委托方式，多数人对其缺乏较深层次的了解，防范风险意识相对较弱，有时因使用操作不当等原因会使证券买卖出现失误，甚至发生被人盗卖证券的现象。因此，掌握一些必要注意事项，对于确保交易正确和资金安全是非常重要的。一般来说可以从以下几个方面来加强证券网上交易的安全。

(1) 到官方网站下载证券网上交易软件。这里面有一个特别需要注意的问题，就是在下载软件时一定要到证券公司自己的网站，不要到其他的网站（包括各种各样的软件网站）下载，更不要使用不明来源的证券交易软件。

(2) 正确设置交易密码。如果证券交易密码泄露，他人在得知投资者账号的情况下，就可以轻松登录投资者的账户，严重影响个人资金和股票的安全。所以对网上投资者来说，必须高度重视网上交易密码的保管，密码忌用吉祥数、出生年月、电话号码等易猜数字，并应定期修改、更换。

(3) 谨慎操作。证券网上交易开通协议中，证券公司要求客户在输入交易信息时必须准确无误，否则造成损失，证券公司概不负责。因此，在输入网上买入或卖出信息时，一定要仔细核对股票代码和价位的元、角、分以及买入（卖出）选项后，方可点击“确认”。

(4) 及时查询、确认买卖指令。由于网络运行的不稳定性等因素，有时电脑界面显示网上自助委托已成功，但证券公司服务器却未接到其委托指令；有时电脑显示委托未成功，但当投资人再次发出指令时，证券公司却已收到两次委托，造成了重复买卖。所以，每项委托操作完毕后，应立即利用网上交易的查询选项，对发出的交易指令进行查询，以确认委托是否被证券公司受理和是否已成交。

(5) 退出交易系统。交易系统使用完毕后如不及时退出，有时可能会因为家人或同事的误操作，造成交易指令的误发；如果是在网吧等公共场所登录交易系统，使用完毕后更要立即退出，以免造成证券和资金损失。

(6) 同时开通其他委托形式。证券网上交易遇到系统繁忙或网络通信故障时，常常会影响正常登录，贻误买入或卖出的最佳时机。其他委托形式，尤其是电话自助委托作为证券网上交易的补充，可以在网上交易暂不能使用时缓解投资者的燃眉之急。

(7) 不过分依赖系统数据。以股票为例，许多投资者习惯用交易系统的查询选项来查看股票买入成本、股票市值等信息，由于交易系统的数据统计方式不同，个股如果遇有配股、转增或送股，交易系统记录的成本价就会出现偏差。因此，在判断股票的盈亏时应以个人记录或交割单的实际信息为准。

(8) 做好防黑客、防病毒工作。目前网上黑客猖獗，各种病毒泛滥，如果电脑和网络缺少必要的防黑客、防病毒系统，一旦被黑客攻击或被病毒感染，轻者会造成机器瘫痪和数据丢失，重者会造成交易密码等个人资料的泄露。因此，安装必要的防黑客、防病毒软件是确保证券网上交易安全的重要手段。

三、我国主要的股票网上交易软件

当前，证券网上交易软件正渐渐成为广大投资者广泛使用的软件，股票网上交易软件正是其中的代表。股票网上交易软件提供的股票行情信息和指标参数，已成为交易买卖时的重要依据。而实时交易的便利也使股票软件深得广大投资者喜爱。面对众多的股票网上交易软件，投资者应该如何选择呢？以下对目前市场上的主要股票网上交易软件进行简单介绍。

(1) 钱龙网上交易软件。钱龙网上交易软件是我国最早的证券分析软件之一，很多证券营业部都在现场交易中使用过钱龙的系列软件，所以钱龙是股民最为熟悉的股票分析软件之一，后来出现的股票软件有许多都沿袭了钱龙的界面和操作习惯，钱龙网上交易软件也获得广大投资者的欢迎。

(2) 大智慧网上交易软件。大智慧网上交易软件是一套用来进行行情显示、行情分析并同时进行信息即时接收的超级证券信息平台。其面向证券决策机构和各阶层证券分析、咨询、投资人员，并特别关注广大股民的使用习惯和感受。软件包含对证券市场最深刻的理解和最全面的反映。

(3) 通达信网上交易软件。通达信是 2002 年以后证券网上交易领域市场份额上升最快的厂商之一。通达信自 2002 年进入证券网上交易领域以来，成功完成了多家证券公司总部级的网上交易系统承建、维护工作。通达信一直是证券网上交易系统业务创新和技术性能指标领先的软件供应商。

(4) 指南针网上交易软件。指南针网上交易软件主要适用对象为机构投资者及广大中小投资者。这是一个利用生物神经学网络技术对股市的变化进行智能推测的工具。它将股市的变化抽象为博弈模型，并在已有股市走势的基础上利用神经网络技术对未来的行情演变进行运算与模拟。

(5) 同花顺网上交易软件。同花顺网上交易软件是一套先进完善的网上交易系统，不仅向投资者提供基本的沪深证券行情，而且还提供了外汇、港股、期货等众多市场行情。另外，系统还提供了多家资讯商的资讯信息、短信服务以及手机买卖等功能，是国内目前功能最强大的交易软件之一。

知识链接

证券网上交易软件的下载安装

从目前来看，我国各家证券公司都已经推出网上交易软件。由于网络环境不断向好的方向发展和家庭宽带网络的普及，网上交易显示出巨大的生命力。一般来说，下载安装一款网上交易软件需要完成以下几步。

(1) 选择一家证券公司开户。选择证券公司要看该公司的信用、实力、网点分布和交易系统的快捷程度。

(2) 登录该证券公司的网站。每家证券公司都有自己的网站，开户时可以拿到该公司的网址，按照网址正常上网，找到下载窗口并选择适合自己的软件下载。

(3) 下载后安装。软件下载到电脑上以后，可以像其他软件一样进行安装，安装完成后联网就可以进行网上交易了。

任务二 证券行情软件的使用

案 例

历次印花税调整后股指的走势

从历史上看，每次调整股票交易印花税都对股市产生了较大影响，调整股票交易印花税，均针对股市过热或过冷的情况，尽管不一定在当天起作用，但从一个阶段来看，最终达到抑制或催热股市的效果。

(1) 2001 年 11 月 16 日，股票交易印花税从 0.4%降到 0.2%。股市产生一波 100 多点的波段行情，11 月 16 日是这轮行情的启动点。

(2) 2005 年 1 月 23 日，股票交易印花税从 0.2%降到 0.1%。此后一个月内出现波段行情，随后继续探底，直至年中股改行情启动。

(3) 2007 年 5 月 30 日，股票交易印花税从 0.1%升到 0.3%。上证指数 31 日低开 5.69%，跌 6.5%，经过近两个月的震荡调整后重新步入升势，直到当年 10 月 16 日达到 6 124 点，3 个月大涨超过 2 700 点。

(4) 2008 年 4 月 24 日，股票交易印花税从 0.3%降到 0.1%。当日收盘时，上证指数上涨 9.29%，此后一路暴跌至 2 651 点。

以上反映历次印花税调整后股指走势的数据都是借助特殊的软件获取的，这种软件就是证券行情软件，即俗称的炒股软件。当前的炒股软件有很多，大众流行的软件一般是免费的，只有那些提供特殊服务的软件才会收费。下面将选取几款主流的证券行情软件进行介绍，明确其基本操作和参数调整方法。

一、证券行情软件的基本操作

掌握一些常用的快捷键，能使投资者在看盘时更灵活地切换各种分析界面，提高投资分析的效率。以下简单介绍 3 款常用软件的快捷键操作。

(一) 钱龙网上交易软件的快捷键操作

钱龙网上交易软件的快捷键及其功能如表 6 - 1 所示。

表 6-1 钱龙网上交易软件的快捷键及其功能

快捷键	对应的页面
1+Enter	上证 A 股报价
2+Enter	上证 B 股报价
3+Enter	深证 A 股报价
4+Enter	深证 B 股报价
5+Enter	上证债券报价
6+Enter	深证债券报价
7+Enter	上证基金报价
8+Enter	深圳基金报价
03+Enter（或 F3）	上证领先指标
04+Enter（或 F4）	深证领先指标
05+Enter（或 F5）	日 K 线和分时线切换
06+Enter（或 F6）	自选股报价
07+Enter（或 F7）	当前股票的个股全景
08+Enter（或 F8）	K 线周期切换
10+Enter（或 F10）	当前股票的资料
11+Enter（或 F11）	当前股票的基本财务资料
61+Enter	上证 A 股涨跌幅排名
62+Enter	上证 B 股涨跌幅排名
63+Enter	深证 A 股涨跌幅排名
64+Enter	深证 B 股涨跌幅排名
65+Enter	上证债券涨跌幅排名
66+Enter	深证债券涨跌幅排名
67+Enter	上证基金涨跌幅排名
68+Enter	深证基金涨跌幅排名
81+Enter	上证 A 股综合排名
82+Enter	上证 B 股综合排名
83+Enter	深证 A 股综合排名
84+Enter	深证 B 股综合排名
85+Enter	上证债券综合排名
86+Enter	深证债券综合排名
87+Enter	上证基金综合排名
88+Enter	深证基金综合排名
91+Enter	主力大单
180+Enter	上海 180 成分股报价表

（二）大智慧网上交易软件操作的快捷键操作

大智慧网上交易软件操作的快捷键及其功能如表 6-2 所示。

表 6-2 大智慧网上交易软件的快捷键及其功能

快捷键	对应的页面
F1 或 01＋Enter	个股成交明细表
F2 或 02＋Enter	个股价位表
F3 或 03＋Enter	上证领先
F4 或 04＋Enter	深证领先
F5 或 05＋Enter	实时走势图或 K 线分析图切换
F6 或 06＋Enter	查看【自选】个股
F7 或 07＋Enter	K 线画面下指标参数设定
F8 或 08＋Enter	分析周期切换
F9 或 09＋Enter	K 线画面下划线工具
F10 或 10＋Enter	个股概况
F12	交易委托
0＋Enter	系统功能菜单
9＋Enter	中小板块行情
11＋Enter	涨幅排行
12＋Enter	震幅排行
13＋Enter	成交量排行
14＋Enter	现手排行
15＋Enter	量比排行
16＋Enter	资金流向排行
17＋Enter	委比排行
18＋Enter	换手率排行
19＋Enter	市盈率排行
20＋Enter	股价排行
21＋Enter	总市值排行
22＋Enter	流通市值排行
30＋Enter	板块指数行情
31＋Enter	板块指数涨幅排名
41＋Enter	开放型基金排名
51—58＋Enter	自选板块（1～8）
60＋Enter	全部 A 股涨幅排名
61＋Enter	上证 A 股涨幅排名
62＋Enter	上证 B 股涨幅排名

续表

快捷键	对应的页面
63+Enter	深证 A 股涨幅排名
64+Enter	深证 B 股涨幅排名
65+Enter	上证国债涨幅排名
66+Enter	深证国债涨幅排名
67+Enter	上证基金涨幅排名
68+Enter	深证基金涨幅排名
69+Enter	中小板块涨幅排名
80+Enter	全部 A 股综合排名
81+Enter	上证 A 股综合排名
82+Enter	上证 B 股综合排名
83+Enter	深证 A 股综合排名
84+Enter	深证 B 股综合排名
85+Enter	上证国债综合排名
86+Enter	深圳国债综合排名

（三）通达信网上交易软件快捷键操作

通达信网上交易软件的快捷键及其功能如表 6－3 所示。

表 6－3　通达信网上交易软件的快捷键及其功能

快捷键	对应的页面
Ctrl+V	切换前复权与还原
Ctrl+B	切换后复权与还原
Ctrl+W	分时图或分析图界面下的本屏区间统计
Ctrl+M	按当前的股票集合进入多股界面
Crl+R	所属板块
Ctrl+D	系统设置
Ctrl+Z	加入板块
Shift+Ctrl+Z	从板块中删除
Ctrl+O	在分时图或分析图界面下叠加股票
Ctrl+G	在分时图或分析图界面下删除叠加
Ctrl+J	进入主力大单，再按“Ctrl+J”退回
Ctrl+F	进入公式编辑器
Shift+F10	进入基本信息资料界面
Shift+Enter	在有信息地雷的画面进入信息地雷
Ctrl+1、Ctrl+2	显隐功能树和辅助区

续表

快捷键	对应的页面
Ctrl+3、Ctrl+4	显隐工具栏和状态栏
Ctrl+L	显隐右边信息区
“.202”——“.226”	快速排名点系列键
“.400”	热门板块分析点系列键
“.001”——“.099”	如果有自定义的版面，使用点系列键
—	启动或停止“自动换页”
+	在走势图或分析图画面切换右下角的内容
Shift+“+”	反向切换
空格键	在报价界面和报表界面打开股票集合的菜单
】或【键	切换各分类
“100”	深证 100 指数快捷键
“180”	上证 180 指数快捷键
“300”	沪深 300 指数快捷键
Alt+F12	画线工具
“.905”或按 Ctrl+T	条件选股
“.906”	定制选股
“.907”	智能选股
“.909”	综合选股
Ctrl+P	全屏和非全屏的切换
“67”	全市场的涨幅排名
“87”	全市场的综合排名
Alt+数字键	在分时走势图画面切换多日分时图，在分析图界面切换子窗口个数
Tab	在行情报价画面切换行情信息和财务信息，在分时图界面切换上下午半场，在分析图画面叠加或删除叠加均线

二、证券行情软件的基本名词

（一）基本概念解释

1. 价格

（1）现价：现价是指最新的价格。

（2）今开：今开是指今天的开盘价格。

（3）最高：最高是指今天盘中的最高价格。

（4）最低：最低是指今天盘中的最低价格。

（5）收盘：收盘是指证券的收盘价。

2. 上涨与下跌

(1) 上涨及涨幅。上涨是用前一交易日的收盘价与今天的收盘价相比较，今天的收盘价高于前一交易日的收盘价，就说明今天的股票价格上涨了。比如说某股票前一天的收盘价是 7.53 元，当日的收盘价是 7.86 元，那么当日就上涨了 0.33(＝7.86－7.53) 元。涨幅就是个股或指数上涨的幅度，如上例中的涨幅为 4.38%(＝0.33/7.53×100%)。

(2) 下跌及跌幅。下跌是用前一交易日的收盘价与今天的收盘价相比较，今天的收盘价低于前一交易日的收盘价，就说明今天的股票价格下跌了。比如说某股票前一日的收盘价是 7.53 元，当日的收盘价是 7.36 元，那么今天就跌了 0.17(＝7.36－7.53) 元。跌幅就是个股或指数下跌的幅度，如上例中的跌幅为 2.27%(＝0.17/7.53×100%)。

如果是在闭市的时候谈论的涨、跌，往往指的是连续两个交易日收盘价的比较结果；如果是在交易时间内提到的涨、跌，往往指的是当时的股价相对于前一交易日股价的涨、跌。

3. 成交量

成交量以柱状图显示，按照日期对应排列在 K 线组合图的下面，单位是手（1 手＝100 股)。成交量大，代表交投活跃，可界定为热门股；反之就是冷门股。但要注意成交量大与小是个相对的概念。

(1) 外盘：外盘就是主动买入股票的成交量，单位是手。

(2) 内盘：内盘就是主动卖出股票的成交量，单位是手。

(3) 总量：总量是今天的总成交量，单位是手，盘中的总量是不断地变化的。其公式为：

外盘＋内盘＝总量

(4) 量比：量比是一个衡量相对成交量的指标，它是开市后每分钟的平均成交量与过去 5 个交易日每分钟平均成交量之比。量比数值大于 1，说明当日每分钟的平均成交量大于过去 5 个交易日的平均数值，成交量增多；量比数值小于 1，表明当日的成交比不上过去 5 日的平均水平，成交量萎缩。其公式为：

量比＝当日成交总手数/(过去 5 日平均每分钟成交量×当日累计开市时间)

4. 股本与换手

(1) 股本：股本表示该股的总股本；流通股表示该股的流通股本，流通股本就是可以买卖的股票数量。

(2) 换手：换手说的就是换手率，换手率是指在一定时间内市场中股票转手买卖的频率，是反映股票流通性的指标之一。计算公式为：

换手率＝(某一段时间内的成交量/流通股数)×100%

通常，换手率高，意味着该股的股性较活跃，容易买到，也容易出手；反之，则股性较为呆滞。换手率较高的股票多为市场热门股，但是换手率高的股票相对投资风险也大，介入时需要谨慎。一般来说，当股价处于低位、当日换手率达到 4%左右时，投资者应加以关注；而股价处于上升期、换手率达到 20%左右时，投资者则应引起警惕。

5. 委比与委差

（1）委买手数：委买手数是指现在所有个股委托买入下五档之手数相加之总和。

（2）委卖手数：委卖手数是指现在所有个股委托卖出上五档之手数相加之总和。

（3）委差：委差表示委买手数减去委卖手数。

（4）委比：委比是用以衡量一段时间内买卖盘相对强度的指标，其计算公式为：

委比＝[（委买手数－委卖手数）/（委买手数＋委卖手数）]×100％

委比值的变化范围为－100％～＋100％，当委比值为－100％时，表示只有卖盘而没有买盘，说明市场的抛盘非常大；当委比值为＋100％时，表示只有买盘而没有卖盘，说明市场的买盘非常有力。当委比值为负时，说明卖盘比买盘大；当委比值为正时，说明买盘比卖盘大。委比值从－100％～＋100％的变化是卖盘逐渐减弱、买盘逐渐强劲的过程，但在个股处于涨跌停板时属于例外情况。

6. 盈利能力

（1）市盈率。行情上显示的市盈就是表示该只股票的市盈率，它是指普通股每股市价与每股利润的比率。其计算公式为：

市盈率＝每股市价/每股利润

市盈率是反映股份有限公司获利能力的一个重要财务比率，投资者对这个比率十分重视。这一比率是投资者做出投资决策的重要参考指标之一。

市盈率有三种，分别是静态市盈率、滚动市盈率、动态市盈率，它们的区别在于所用的净利润的周期不一样，主要如下：

①静态市盈率，简称 PE LYR，计算方式：当前总市值除以去年一年的总净利润。

②滚动市盈率，简称 PE TTM，计算方式：当前总市值除以前面四个季度的总净利润。

③动态市盈率，简称 PE（动），计算方式：当前总市值除以预估今年全年总净利润。

总的来说就是滚动市盈率要比静态市盈率更加准确一点，数据更新一些。而动态市盈率中的总净利润是预估的，一般由机构按照一定的方法进行预测。

需要注意的是，净利润也是动态的，在使用市盈率指标的时候，还需要结合净利润增加率来做进一步的判断。

（2）净资：净资表示该股目前的净资产。

（3）收益：收益（一）表示当年该股第一季度的每股收益，收益（二）表示截至第二季度该股的每股收益，以此类推。

7. 分笔成交

（1）分笔成交中的 B、S 标记。在个股处于分时走势时，右面下端是分笔成交，其中红色“B”表示主动性买单，“S”表示主动性卖单。无“B”“S”标记的表示是不明单，系统根据当时的叫买叫卖价无法得知是主动性买单还是主动性卖单。

（2）分笔成交明细中的最右边的灰色数字。交易所发布的行情中，每一个分笔并不是只有一笔成交，可能是几笔合成，深交所发布的数据有笔数信息，灰色数字就是该分笔数据中实际上包含多少笔成交。

(3) 分笔成交明细和行情信息中有的成交量为紫色，表示该成交为大单。一般的交易系统默认500手以上为大单。

8. 股票名称前的字母

在一些股票名称前面我们经常见到会有一些字母，这些字母各自表达不同的含义。

(1) N：深沪两市每逢新股上市首日，在该新股的中文名称前加注字母“N”以提醒投资者。凡是在股票名称前加注“N”的股票均为当日上市的新股。

(2) XD：XD是Exit Divident的缩写，意思是除息。

(3) XR：XR是Exit Right的缩写，意思是除权。

(4) DR：DR是Exit Divident and Right的缩写，意思是除息和除权。

(5) C：C是“次”的首个汉语拼音字母。表示该股票上市首日至第5个交易日，该股票为次新股。

在科创板、创业板，我们经常见到一些股票名称后面会有一些字母，这些字母各自表达不同的含义。

(1) U：股票简称中如果标有字母U，表示这家公司尚未盈利；若实现盈利，这个标识就会取消。

(2) W：股票简称中标有字母W，代表股票发行人具有表决权差异安排。比如美团，王兴的持股比例不高，但是其表决权却是占绝对比例的。如果上市后不再具有表决权差异安排，该特别标识取消，这种情况比较少。

(3) V：字母V代表股票发行人具有协议控制架构或者类似特殊安排。这类公司类似有VIE架构的，国际上做这种安排的公司有不少。

9. 方格条下面的6种不同符号

(1) 红色向上的箭头，表示整个市场涨势在增加。

(2) 红色向下的箭头，表示整个市场涨势在减弱。

(3) 红色等号，表示整个市场涨势保持持平。

(4) 绿色向上的箭头，表示整个市场跌势在增加。

(5) 绿色向下的箭头，表示整个市场跌势在减弱。

(6) 绿色等号，表示整个市场跌势保持持平。

10. 复权

股票除权、除息之后，股价随之产生了变化，但实际成本并没有变化。例如，原来40元的股票，十送十之后为20元，但实际还是相当于40元。在K线图上这个价位看似很低，但很可能就是一个历史高位。因此如果不进行权息修正（复权），就很可能影响投资者的正确判断。

(二) 分时走势图解释

一般来说，人们打开一套证券交易软件，无论是打开各股还是指数，这时看到的都是分时走势图。分时走势图是把股票市场的交易信息实时地用曲线在坐标图上加以显示的技术图形。坐标的横轴是开市的时间，纵轴的上半部分是股价或指数，下半部分显示的是成交量。分时走势图是股市现场交易的即时资料。分时走势图分为指数分时走势图和个股分时走势图。

1. 指数分时走势图

扫描二维码获取上证指数分时走势图示例。

上证指数分时走势图

（1）白色和黄色曲线。如二维码中的图所示，白色表示证券交易所对外公布的通常意义下的大盘指数，也就是加权数。黄色曲线是不考虑上市股票发行股票数量的多少，将所有股票对上证指数的影响等同对待的不含加权数的大盘指数。考虑白色曲线和黄色曲线的相对位置关系，可以得到以下信息：

当指数上涨时，如果黄色曲线在白色曲线走势之上，则表示发行数量少（盘小）的股票涨幅较大；而如果黄色曲线在白色曲线走势之下，则表示发行数量多（盘大）的股票涨幅较大。

当指数下跌时，如果黄色曲线在白色曲线之上，这表示小盘股的跌幅小于大盘股的跌幅；如果白色曲线处于黄色曲线之上，则说明小盘股的跌幅大于大盘股的跌幅。

（2）红色、绿色和黄色的柱线。反映当前大盘所有股票的买盘与卖盘的数量对比情况。红柱增长，表示买盘大于卖盘，指数将逐渐上涨；红柱缩短，表示卖盘大于买盘，指数将逐渐下跌。绿柱增长，指数下跌量增加；绿柱缩短，指数下跌量减小。黄色柱线表示每分钟的成交量，单位为手。

（3）行情信息栏。二维码展示的图的右侧是行情信息栏，显示了 A 股、B 股、国债、基金成交额，以及最新指数、今日开盘、昨日收盘、指数涨跌、指数涨幅、指数振幅、总成交额、总成交量、最高指数、最低指数、指数量比、上证换手、涨家数和跌家数等行情统计数据，供投资者看盘分析。

2. 个股分时走势图

扫描二维码获取东方通信分时走势图。从二维码中的图可以看出，个股分时走势与指数的分时走势有明显的区别。

东方通信分时走势图

（1）白色、黄色曲线及黄色柱线。二维码中图左面部分的白色曲线表示该股的分时成交价格，黄色曲线表示该股当日的平均成交价格。黄色柱线表示该股每分钟的成交量，单位为手。

（2）行情信息栏。二维码中图的右侧是个股行情信息栏，该栏又包含报价栏、个股行情数据和分笔成交数据三个区域。

①右边最上面的是报价栏，可以查看 5 档买卖盘报价情况。上面的是委托卖出区，包括价格分布、委托数量分布，比如说卖一 9.76、8，实际指的是该股票目前以 9.76 元卖出委托数量为 8×100＝800（股），因为 1 手＝100 股，并且 9.76 元是已经做完委托的投资者的最低卖出报价。其他的卖出委托同理。买一就是已经做完委托的投资者的最高买入报价。对于个股来说，显示在卖五到买五的委托是交易所提供给投资者的没有成交的单子，但不是投资者的全部未成交的委托。

②右边中间部分的是个股行情数据区域，可以查看现价、涨跌、涨幅、总量、外盘、内盘、换手、股本、净资、流通等行情统计数据。研读并深刻理解这些数据，对于指导

投资者操作和分析具有重要意义。

③ 右面最下面的是即时分笔成交数据，可以查看即时成交的价格、数量等信息数据。

（三）K 线图

1. K 线图简介

在分时走势图的界面下，按 F5 键或“05”再按 Enter 键即可进入 K 线图。扫描二维码获取上海航空的 K 线图。

上海航空的 K 线图

二维码中的图左侧包含三个信息区，最上面的一个框里面是 K 线走势图，其中缠绕的那些线条是价格移动平均线（MA），又叫均价线；中间的是成交量，缠绕的线条是成交量移动平均线；最下面的是指标区，使用者可以依据自己的喜好和需要来调整指标区的指标，但要注意可能有些指标并不是在个股和指数上都是可以使用的。

二维码中的图右侧包含了三个信息区，这些信息与个股分时走势图右侧的个股行情信息栏相同。

2. K 线的使用

在 K 线图中，不同的投资者使用的 K 线周期应该是不一样的。短线投资者一般来说可以将日 K 线、小时 K 线、30 分钟 K 线、15 分钟 K 线和 5 分钟 K 线结合起来使用，以利于自己找到买入和卖出的机会。长线投资者一般来说可以将日 K 线、周 K 线、月 K 线和年线结合起来使用，以利于自己较准确地把握长期的走势，进而做出合适的投资决策。使用 F8 键或“08”再按 Enter 键可以在不同 K 线周期之间进行切换。

三、证券行情软件的技术指标

（一）移动平均线

移动平均线在股票投资的分析中占据重要位置。投资者通常会使用移动平均线系统，但不同的移动平均线系统的使用功效差异很大。

移动平均线，按照计算方式的不同，常见地可分为简单算术平均线和加权算术平均线。这里主要介绍简单算术平均线，以下简称移动平均线。

移动平均线的常用线有 5 天、10 天、30 天、60 天、120 天和 250 天等。不同参数的移动平均线放在一起使用便形成移动平均线系统。

当前各种使用的参数可设置很多种，如 5 天、10 天、30 天、60 天、120 天和 250 天等。用于测市的移动平均线系统很多种，且使用方法、应用范围、运用原则各不相同，但一些指标在使用者看来精准度不高，难以发挥效用。因此，需要对这些不同参数的移动平均线进行设置，以为使用者分析股票价格走势发挥更好的效果。一般来说，移动平均线系统的参数设置有以下三种。

（1）短线投资者使用的移动平均线系统。很多股票行情软件直接默认 5 天、10 天、20 天、30 天的移动平均线系统。短线投资者应根据自己一段时间的投资结果并结合当时的市场情况调整移动平均线的参数设置。

（2）中线投资者使用的移动平均线系统。中线投资者为了研究和判断股价及大盘的中期走势，通常将参数分别设置为 8 天、20 天、50 天、125 天，组成一个移动平均线系统。

（3）长线投资者使用的移动平均线系统。长线投资者在投资过程中最常用的移动平均线系统的参数分别为 30 天、60 天（季线）、120 天（半年线）、250 天（年线）。

知识链接

半年（年）移动平均线的作用

（1）套牢者的“逃命线”。对前期已出现一轮较大升幅之后见顶回落的庄股来说，一旦跌破半年（年）线，证明调整格局形成。后市调整时间和空间都难以预测，而套牢的投资者应该当机立断，以半年（年）线作为止损线，尽快逃命。

（2）反弹的“高压线”。对在半年（年）线之下运行的个股来说，若反弹至半年（年）线附近，遇阻回落的可能性很大。因而一旦股价接近半年（年）线附近，应该减仓为宜，至少不要在这个位置轻易买进。

（3）跌途中的“救命线”。一些在半年（年）线之上运行的个股，途中若出现短线回调，在半年（年）线处往往会获得支撑，随后出现反弹的概率极高。在此线附近，套牢者可适当补仓，空仓者可大胆介入抢反弹。

（二）日 K 线 MACD

MACD 指标称为指数平滑异同移动平均线（Moving Average Convergence and Divergence，MACD），是通过计算两条不同速度的指数平滑移动平均线之间的离差值来研判股市行情的一种技术分析方法。其基本原理是利用快速与慢速移动平均线聚合与分离的征兆功能，加以双重的平滑计算，用以研判买卖时机。

MACD 计算过程比较复杂，所需要的指标也较多，包括快速平滑移动平均线 EMA1、慢速平滑移动平均线 EMA2 和正负差 DIF。大多数投资者认为 MACD 的 EMA1 和 EMA2 参数不用更改，使用 12 和 26 就可以了。但如果在分析中对 EMA1 和 EMA2 参数进行重新设定，对 DIF 的参数进行修改，往往会取得意想不到的使用效果。

使用中可将快速 EMA 参数设为 5，慢速 EMA 参数设为 50，DIF 参数仍然是 10。这时就可以按照相关的规则分析股价的后期走势了。

一般来说，在实际操作中 MACD 指标具有这样的特性：当价格下跌之前会先于价格发出预警信号，但当价格上涨时买入信号却往往滞后于价格的上涨，而通过对参数以 5 和 50 来设置，情况要变得好一些。经过重新设置参数后的价格日 K 线 MACD 指标遵循以下的操作原则。

（1）就个股而言，MACD 纵轴上标明的 DIF 与 MACD 线的数值非常重要，一般来说，在 MACD 指标处于高位时出现的死叉（详细介绍见项目八）往往是有效的，这一参数设定的高位是 1.6 以上，部分超强势股可以达到 3～6 的区间，在这些区间出现死叉后价格往往可以中线看跌。

(2) MACD 指标 DIF 与 MACD 线的黄金交叉出现的有效区间应当在纵轴上−0.5 以下的位置，否则意义不大。

(3) 一般而言，当 DIF 线和 MACD 线持续向上攀升，远离红色柱状线，同时红色柱状线出现持续收缩甚至出现绿色柱状线时，应警惕指标出现高位死叉和价格走势转跌。

(4) 运用这一指标特别强调背离关系。MACD 指标所能提供的技术面参考价值完全在于它与价格走势是否背离，如果没有出现背离现象，那么当前的趋势将得到很好的保持，但如果出现了背离，就算形态走势再好，也有发生反转的可能。

(三) 日 K 线 KDJ

随机指标（KDJ）是乔治·莱恩（George Lane）博士在 20 世纪 80 年代初发明的，是在百分比的基础上发展起来的，开始用于期货市场，后来被引入股票市场。

在一般的分析软件中，KDJ 指标的系统默认参数是 9。从实际操作中来看，由这一参数设置而成的日 K 线 KDJ 指标存在着波动频繁、过于灵敏、无效信号较多的缺陷，也正因为如此，KDJ 指标往往被市场人士所忽略，认为这一指标并没有太大的使用价值。但事实上，如果把 KDJ 指标的参数进行修改，可以发现这一指标对研究判断股价走势仍然具有比较好的功效。

根据经验，将日 K 线的 KDJ 指标参数选定 5、19、25 天具有比较好的使用效果。使用者可根据不同的股票和不同的时间段来灵活地设置这一指标的参数。下面就来讨论一下三个参数的不同用处。

1. 以 5 天为参数而设置的 KDJ 指标

以 5 天为参数而设置的 KDJ 指标，对价格波动的敏感性加强，它变动的频率非常高，适合于短线投资者寻找买点和卖点。一般来说，KDJ 三条线在超买超卖区的每一次交叉都将可能成为投资者的操作时点。

以参数 5 天设置而成的日 K 线，KDJ 指标由于在价格运行中会出现多次交叉，容易产生信号失真，因此除非投资者有足够丰富的实际操作经验，否则一般不要轻易尝试这一参数设置。

2. 以 19 天为参数设置而成的 KDJ 指标

以 19 天为参数设置而成的 KDJ 指标具有信号稳定而且灵敏度不低的优点，在大多数情况下，建议投资者根据这一参数来设定 KDJ 指标。按照这一参数设定的 KDJ 指标，有一条非常重要的操作原则，即在指标处于 20 超卖区以下时应该坚决做买进操作，而在 80 超卖区以上时应该坚决做卖出操作。

以参数 19 天设置而成的日 K 线 KDJ 指标，在使用中必须遵循这样的操作原则：指标的交叉必须出现在超卖区或者超买区时才是有效信号；在底部发出交叉时，出现两次交叉应视为良好的买进时机；在高位出现交叉时，多数情况下应当有连续两次以上的交叉，当第三次交叉即将出现时，就可以采取卖出操作了。

3. 以 25 天为参数而设定的 KDJ 指标

以 25 天为参数而设定的 KDJ 指标在更大程度上排除了价格波动所产生的虚假信号，用它来寻找价格的中线买点或者中线卖点是一个不错的选择。

无论是大盘指标还是单只股票，寻找中线买点或是卖点时应当考虑设定超买超卖区的问题。传统的 KDJ 指标理论认为，当 KDJ 值在 80 以上是超买区，应当做卖出操作，而当 KDJ 值在 20 以下是超卖区，应当做买进操作。事实上，以 25 天为参数设置而成的 KDJ 指标的超卖区应当在 10 以下，而不是 20 以下，而超买区应当在 85 以上，而不是 80 以上（主要指 K 值）。

总体而言，在各指标的分析中，不同的人在使用的参数和参数之间的关系的习惯不同，每位投资者都要经过较长时间的摸索才能找到自己习惯使用的参数系统。

同步训练

一、单项选择题

1. 股票名称前加注（　　）的股票为当日除权的个股。

A. S　　B. XD　　C. XR　　D. DR

2. 普通股每股市价与每股利润的比率是（　　）。

A. 市盈率　　B. 市净率

C. 净资产收益率　　D. 利润报酬率

3. 以钱龙网上交易软件为例，在证券市场行情中要看某个股的公司概况、最新消息以及分红扩股等资料，需要由行情界面输入（　　），然后再按 Enter 键即可。

A. 05　　B. 10　　C. 03　　D. 06

4. 以钱龙网上交易软件为例，要看深圳证券交易所 A 股市场行情内涨幅榜排名，需要输入的是（　　）加 Enter 键。

A. 83　　B. 04　　C. 61　　D. 63

5. 以钱龙网上交易软件为例，分时走势和历史走势之间切换时，要输入（　　）加 Enter 键。

A. 03　　B. 04　　C. 05　　D. 10

6. 以钱龙网上交易软件为例，要看上海证券交易所 A 股市场行情报价，需要输入的是（　　）加 Enter 键。

A. 1　　B. 4　　C. 3　　D. 6

7. 个股分时走势图中白色曲线（　　）。

A. 表示该种股票的分时成交价格

B. 表示该种股票的平均价格

C. 表示该种股票的成交量

D. 表示该种股票的指数平滑移动平均线

8. 在上证领先指标分时图中，白线是对外公布的指数。由于其计算公式的原因，又反映（　　）的趋势。

A. 大盘股　　B. 小盘股　　C. 科技股　　D. 中盘股

9. 委比值的变化范围为（　　）。

A. 0～100%　　B. －100%～＋100%

C. －100%～0　　　　　　D. －50%～50%

10. 个股分时成交图中的"量比"指标在1以上，表示（　　）。

A. 今天的成交量大于1手

B. 今天的个股成交量占市场总成交量的比率

C. 今天的成交量大于昨天的成交量

D. 今天的成交量大于之前5天的平均成交量

二、判断题

1. 在个股分时走势中，右面下端部分显示的是分笔成交，其中红色"B"表示是主动性卖单。（　　）

2. 在个股行情中，若外盘数量大于内盘数量，说明以买方价格成交的股票多于以卖方价格成交的股票，价格会上涨。（　　）

3. 大盘分时走势中，量比小于1，表明当天成交比前几天较为活跃。（　　）

4. 通常换手率越高，意味着该股的股性较呆滞，不易买到，也不易出手；反之，则股性较为活跃。（　　）

5. 股票名称前有XD，表示该股今天除权，投资者刚刚接受了公司转增股份，即送股。（　　）

6. 股票名称前有DR，表示该公司今天除权除息，投资者接受了公司送股和分配现金。但今天再买入新股票，就没有了分配权。（　　）

7. 科创板股票的名称后，加了一个U，表示该公司发行时，没有实现盈利。（　　）

8. 科创板和注册制发行的创业板股票，新股上市5天后，涨跌幅限制为±20%。（　　）

9. 在个股分时走势图中，白色曲线表示该股的分时成交价格。（　　）

10. 移动平均线的参数选择越大，其助涨助跌性就越强。（　　）

三、简答题

1. 什么是证券网上交易？

2. 证券网上交易有哪些优势？

3. 我国主要的证券网上交易软件有哪些？

4. 简述钱龙网上交易软件的快捷键及其功能。

5. 如何解读分时行情界面及K线图？

6. 简述移动平均线、日K线MACD及日K线KDJ等指标的参数设置。

实训拓展

实训项目：证券市场行情查询操作与解读

1. 实训目的

通过网上观摩沪深证券交易行情，了解证券交易盘面基本知识、证券交易显示屏的一般构成要素。

2. 实训学时

2 课时。

3. 实训准备

（1）实训知识准备：证券行情软件基本名词的概念。

（2）实训材料准备：计算机、证券分析软件。

4. 实训方法与内容

（1）实训方法：观看演示，上机操作。

（2）实训内容：沪深市场、股价指数种类、走势分析，个股报价与查询、操作方法。

项目七

证券投资基本面分析

- 证券投资基本面分析
  - 基本面分析概述
    - 基本面分析的概念及特点
    - 基本面分析的理论基础及内容
  - 宏观经济分析
    - 宏观经济指标分析
    - 宏观经济政策分析
    - 经济周期分析
    - 国际经济环境对证券市场的影响
    - 非经济因素对证券市场的影响
  - 行业分析
    - 行业的分类
    - 行业的一般特征分析
    - 影响行业兴衰的主要因素
  - 公司分析
    - 公司基本分析
    - 公司财务分析
    - 公司重大事项分析

知识目标

1. 理解基本面分析的内涵、意义和局限性；
2. 熟悉基本面分析的内容、资料来源；
3. 掌握宏观经济分析、行业分析、公司分析的方法。

能力目标

1. 能根据宏观经济因素的发展状况初步判断证券市场趋势；
2. 能依据行业特性、影响兴衰的因素分析，选择有发展潜力的行业，把握行业轮动的基本规律；
3. 能对上市公司的行业地位、财务状况、重大事项进行分析，找到成长性好的潜力股；
4. 能综合运用基本面分析，判断长期投资的方向和时机。

案例导读

浅谈新冠肺炎疫情对资本市场的影响

2020 年，突如其来的新冠肺炎疫情给全球社会与经济带来了巨大冲击。一方面，由于这种病毒具有明显的人际传播特征，传统的实体经济与线下经济几近停滞，2020 年一季度中国 GDP 同比增速降至－6.8%；但另一方面，以线上零售、线上教育为代表的消费新业态快速发展，“新基建”有望成为国内经济发展与增长的新动能。疫情也冲击着全球经济，特别是疫情叠加全球高债务、经济缺乏创新引领和全球化进程倒退等长期问题。高度全球化的供应链在此次疫情下遭受重创。

受情绪面与基本面影响，全球资本市场亦大幅震荡。国内 A 股市场波动加剧，短期风险偏好受国内外疫情主导，但长期看，随着经济复苏，慢牛行情仍可期待。而疫情对海外资本市场的影响则分两步走：第一步，对风险偏好的冲击导致了前期流动性压力，而在近期全球货币宽松政策下，流动性问题得以缓释，以美股为代表的资本市场重新步入上升趋势；第二步，将进入基本面消化期，在全球供应链影响下，叠加需求的下行，基本面冲击对市场的影响仍不容过分乐观。

疫情不可能令中国整体经济复苏停止，但却会导致不同行业间的表现差异持续。部分行业在疫情初期已感受到强烈的负面影响，故此影响较为明显，包括餐饮、零售、机场和航空公司，以及旅游业。相反，一些行业在短期内或可仍维持强韧，包括必需消费品、线上教育、个别科技和医疗设备行业、临床试验、诊断和疫苗接种。

应对疫情冲击，需充分发挥资本市场作用。疫情终会过去，生活会回归到常态，短期的冲击终将在长期的趋势中消逝，人类也终将在挫折与坎坷中不断前行。

资料来源：刘元瑞，《浅谈新冠肺炎疫情对资本市场的影响》，http://www.china-cer.com.cn/zhonghong/202004264407.html

任务一 基本面分析概述

基本面分析在整个证券投资分析方法体系中占有十分重要的地位。通过基本面分析，投资者能比较清楚地把握影响证券行情波动的宏观、中观及微观层次的各种因素，从而为做出正确的投资决策提供重要的参考依据。

一、基本面分析的概念及特点

基本面分析又称基本分析，是指投资者根据经济学、金融学、会计学及管理学原理，对决定证券价值及价格的基本要素，如宏观经济指标、经济政策走势、行业发展状况、产品市场态势、公司销售和财务情形等进行分析，以预测证券市场走势、评估证券投资价值，提出投资建议的一种分析方法。

基本面分析的特点：（1）它以价值分析为基础，通过研究证券价格变化的原因，对证券市场中长期前景预测有很大帮助；（2）相对于技术分析、心理分析和学术分析来说，它是投资界的主流分析方法和派别，是其他分析方法的基础和前提，也是一种最简单，同时也最重要的分析方法；（3）它对选择具体投资对象和中长期投资决策作用大，而对选择买卖时机和短期投资的决策作用不是很大。

二、基本面分析的理论基础及内容

基本面分析的理论基础是商品价值决定商品价格，价格围绕价值上下波动。公司发行的证券也是一种商品，具有价值，它们在证券市场上的价格也以价值为依据上下波动。基本面分析包括宏观经济分析、行业分析、公司分析三部分。

宏观经济分析主要探讨各项经济指标和经济政策对证券价格的影响。行业分析主要研究行业所属的不同市场类型、所处的不同生命周期以及行业的业绩对于证券价格的影响。行业的发展状况对该行业上市公司的影响是巨大的，从某种意义上说，投资某个上市公司，实际上就是以某个行业为投资对象。公司分析是基本面分析的重点，无论什么样的分析报告，最终都要落实在某个公司证券价格的走势上。如果没有对发行证券的公司状况进行全面分析，就不可能准确地预测其证券的价格走势。

综上，基本面分析是通过对影响证券价格及其变动趋势的宏观因素的研究，来评价证券总体价值，从而对证券市场、具体股票运行的方向做出判断。

任务二 宏观经济分析

在证券投资中，宏观经济分析是一个重要环节，只有把握住宏观经济运行的大方向，才能把握证券市场的总体变动趋势，做出正确的投资决策；只有密切关注宏观经济因素的变化，尤其是货币政策和财政政策的变化，才能抓住证券投资的市场时机。

证券市场素有“经济晴雨表”之称，这既表明证券市场是宏观经济的先行指标，也表明宏观经济的走向决定了证券市场的长期趋势。可以说，宏观经济因素是影响证券市场长期走势的唯一因素，其他因素可以暂时改变证券市场的中期和短期走势，但改变不了证券市场的长期走势。宏观经济运行影响证券市场的方式主要体现在：（1）企业经济效益，无论从长期看还是从短期看，宏观经济环境是影响公司生存、发展的最基本因素；（2）居民收入水平；（3）投资者对股价的预期。

一、宏观经济指标分析

判断宏观经济运行的主要经济指标有国民经济的总量指标、投资指标、消费指标和金融财政指标等，投资者借助这些经济运行的指标，可以判断出经济增长的前景、经济周期所处的阶段以及通货的变动。

（一）国内生产总值

国内生产总值简称GDP，是一国（或地区）经济总体状况的综合反映，是衡量宏观经济发展状况的主要指标。GDP由最终消费、资本形成总额、货物和服务净出口等部分构成。从长期看，股票价格的变动与GDP的增长变化是相吻合的。持续、稳定、快速的GDP增长表明经济总体发展良好，此时上市公司有更多的机会获得优良的经营业绩，证券价格上涨概率大；如果GDP增长缓慢甚至负增长，则表明宏观经济处于低迷状态，此时大多数上市公司的盈利状况也难以有好的表现，证券价格下跌概率大。但投资者不能简单对应，实际走势有时会相反，因为影响价格趋势的因素有很多。

（二）失业率

失业率是指劳动力人口中失业人数所占的百分比。劳动力人口是指年龄在16岁以上且具有劳动能力的全体。一直以来，失业率数字被视为一个反映整体经济状况的指标。一般情况下，失业率下降，表示整体经济健康发展；失业率上升，表示经济发展放缓衰退。

（三）通货变动

在没有价格管制的情况下，通货变动反映物价总水平变动。通货变动包括通货膨胀和通货紧缩。

1. 通货膨胀对证券市场的影响

通货膨胀是影响股票市场及股票价格的一个重要的宏观经济指标。这一指标对股票市场的影响比较复杂，它既有刺激股票市场的作用，又有抑制股票市场的作用。通货膨胀主要是由于过多地增加货币供应量造成的。而货币供应量与股票价格一般呈正比关系，即货币供应量增大使股票价格上升，货币供应量减少则使股票价格下降，但在特殊情况下也有相反的作用。

情况一：通货膨胀促使股票价格上涨。

货币供应量适当增加能够引起社会商品价格上涨，使股份有限公司的销售收入及利润相应增加，从而使得经货币形式表现的股利（即股票的名义收益）出现一定幅度的上升，进而导致股票需求增加，使股票价格也相应上涨。

货币供应量持续增加可能引起通货膨胀，而通货膨胀带来的往往是虚假的市场繁荣，造成一种企业利润普遍上升的假象。保值意识使人们倾向于将货币投到贵金属、不动产和短期证券上，导致股票需求增加，从而使股票价格也相应上涨。

情况二：通货膨胀促使股票价格下跌。

通货膨胀是很危险的，一旦其站稳脚跟，将会严重扭曲经济，使货币每年以很快的速度贬值，此时人们会囤积商品、购买房屋以期对资产保值。这可能从两个方面影响股价：一是资金流出金融市场，引起股价下跌；二是经济扭曲和失去效率，使企业筹集不到必需的生产资金，同时原材料、劳务价格等成本飞涨，使企业经营严重受挫，盈利水平大大下降。

政府往往不会长期容忍通货膨胀存在，因而必然会动用某些宏观经济工具（如提高存款准备金率、减少货币投放）来抑制通货膨胀，这些措施必然对经济运行造成影响，这种影响将会改变资金流向和企业的经营利润，进而影响股价。例如：我国在2007—2009年出现了通货膨胀，为了应对其影响，政府采取紧缩性货币政策，导致市场流动性下降，证券价格发生较大波动。

在通货膨胀时期，并不是所有价格和工资都按同一比率变动，而是相对价格发生变化。这种相对价格变化会引起财富和收入的再分配，扭曲产量和就业，使某些公司从中获利，而另一些公司蒙受损失。与之相应的是获利公司的股价上涨，受损公司的股价下跌。

需要补充的是，通货膨胀不仅会产生经济影响，还可能产生社会影响，并影响公众的心理和预期。通货膨胀使得各种商品价格具有更大的不确定性，也使得企业未来经营状况具有更大的不确定性，从而影响市场对股息的预期，并增大获得预期股息的风险，进而导致股价下跌。

2. 通货紧缩对证券市场的影响

通货紧缩将损害消费者和投资者的积极性，造成经济衰退和经济萧条，与通货膨胀一样不利于币值稳定和经济增长，通货紧缩甚至被认为是导致经济衰退的“杀手”。从消费者的角度来说，通货紧缩持续下去，会使消费者对物价的预期值下降，而更多地推迟购买。对投资者来说，通货紧缩将使投资产出的产品未来价格低于当前预期，这会促使投资者更加谨慎，或推迟原有投资计划。消费和投资的下降减少了总需求，使物价继续下降，从而步入恶性循环。企业的效益下滑，居民收入减少，使得股票、债券及房地产等资产价格大幅下降，银行资产状况严重恶化。而经济危机与金融萧条的出现反过来又大大影响了投资者对证券市场走势的信心。

（四）利率

利率在各国存在差异，有的采用浮动利率制，此时利率作为一个货币政策的中介目标，直接对货币供应量做出反应；有的实行固定利率制，此时利率作为一个货币政策工具，受政府（中央银行）直接控制。无论如何，利率对证券市场的影响是十分直接的。

1. 利率上升对证券市场的影响

（1）利率上升，公司借款成本增加，利润率下降，股票价格自然下跌。特别是对于那些负债率比较高，且主要依靠银行贷款从事生产经营的企业而言，这种影响就更显著，相应股票的价格下跌得更惨。

（2）利率上升，债券和股票投资机会成本增大，导致价值评估降低，价格下跌。

（3）利率上升，吸引部分资金从债券市场和股票市场转向储蓄，导致证券需求下降，证券价格下跌。尤其是在我国现阶段，投资者风险意识不强，而保险的观念和传统使得这种影响更为明显。

2. 利率下降对证券市场的影响

利率下降可能使得部分资金流向证券市场，促进证券价格的上升。自2008年美国次贷危机发生至2015年10月，我国共降息9次，有8次股票市场都出现上涨；同期有5次加息，有4次股市出现下跌。

（五）汇率

汇率是两国货币的兑换比率或换算关系。在直接标价法中，汇率上升表示外币升值，本币贬值；汇率下降表示本币升值，外币贬值。通常，一国的经济越开放，证券市场的国际化程度越高，证券市场受汇率的影响越大。汇率对证券市场的影响主要体现在以下两个方面。

（1）汇率的变动将影响进出口企业的利润。汇率上升，本币贬值，本国产品的竞争力增强，出口型企业将增加收益，其股票和债券价格将上涨；而依赖于进口的企业成本增加，利润受损，其股票和债券价格将下跌。汇率下降则相反。

（2）汇率的变动将影响国际投资者的投资方向。汇率上升，本币贬值，将导致资本流出本国，资本的流失使本国证券市场需求减少，从而使证券价格下跌。汇率下降则相反。

（六）国际收支

国际收支是一国对其他国家或地区，由于贸易、非贸易及资本往来而引起的国际间的货币支付，它是一国对外全部经济关系的综合反映。国际收支包括经常项目和资本项目。经常项目主要反映一国的贸易和劳务往来状况；资本项目则集中反映一国同国外资金往来状况，反映着一国利用外资和偿还本金的执行情况。

一般来说，国际收支的赤字增加，政府为了减少赤字，将实行紧缩性货币政策，如提高再贴现率等，其结果是国内资金市场利率水平上升，本国货币贬值。虽然这一举措有利于出口型企业的经营，但对大多数以国内市场为主的企业而言，其后果是严重的，它将直接导致企业借贷成本上升，利润下降。所以，当一国国际收支恶化时，一国证券市场的价格水平将下降。反之，证券市场价格水平将可能上涨。

表7-1是东方财富网为证券投资者提供的关于国际收支的部分主要经济数据。

表7-1　部分主要经济数据表

中国	国内生产总值（GDP）	外商直接投资	海关进出口增减	银行间同业拆借利率
	居民消费价格指数（CPI）	企业家信心指数	外汇和黄金储备	法定存款准备金率
	工业品出厂价格指数（PPI）	消费者信心指数	全国财政收入	利率调整
	采购经理人指数（PMI）	社会消费品零售总额	货币供给量	全国股票交易统计
	城镇固定资产投资	工业增加值增长	新增信贷数据	股票账户统计
美国	GDP年率初值	制造业指数（ISM）	失业率	央行公布利率决议
日本	国内生产总值（GDP）	消费者物价指数年率	失业率	央行公布利率决议

二、宏观经济政策分析

（一）货币政策

1. 货币政策及其作用

货币政策是指政府为实现一定的宏观经济目标所制定的关于货币供应和货币流通组织管理的基本方针和基本准则。在现代社会，货币政策的目标总体上包括稳定物价、提供就业、实现经济增长和维持国际收支平衡等。对于这些目标，可利用货币供应量、信用总量、银行间同业拆借利率和银行备付金率等中介指标来实现。通过对以上中介指标的全方位调控，货币政策能起到以下作用。

（1）通过调控货币供应量，保持社会总供给与总需求的平衡。

（2）通过调控利率和货币供应量，控制通货膨胀，保持物价总水平的稳定。

（3）通过对利率的调节，影响人们的消费倾向和储蓄倾向。低利率鼓励消费，高利率则促进储蓄。

（4）引导储蓄向投资转化，并实现资源的合理配置。

2. 货币政策工具

货币政策工具又称货币政策手段，是指中央银行为实现货币政策目标所采用的政策手段。货币政策工具可分为一般性政策工具和选择性政策工具。其中一般性政策工具包括法定存款准备金率、再贴现政策、公开市场业务三种。

（1）法定存款准备金率。法定存款准备金率是指中央银行规定的金融机构为保证客户提取存款和资金清算需要而准备的在中央银行的存款占其存款总额的比例。当中央银行提高法定存款准备金率时，商业银行可运用的资金减少，贷款能力下降，货币乘数变小，市场货币流通量便会相应减少。所以，在通货膨胀时，中央银行可提高法定存款准备金率；反之，则降低法定存款准备金率。由于货币乘数的作用，法定存款准备金率的作用效果十分明显。人们通常认为这一政策工具效果过于猛烈，它的调整会在很大程度上影响整个经济和社会心理预期，因此，一般对法定存款准备金率的调整都持谨慎态度。

（2）再贴现政策。再贴现政策是指中央银行对商业银行用持有的未到期票据向中央银行融资所做的政策规定。再贴现政策一般包括再贴现率的确定和再贴现的资格条件。再贴现率主要着眼于短期政策效应。中央银行根据市场资金供求状况调整再贴现率，以影响商业银行借入资金成本，进而影响商业银行对社会的信用量，从而调整货币供给量。在传导机制上，若商业银行需要以较高的代价才能获得中央银行的贷款，便会提高对客户的贴现率或提高放款利率，其结果就会使信用量收缩，市场货币供应减少；反之，结果则相反。中央银行对再贴现资格条件的规定则着眼于长期的政策效用，以发挥抑制或扶持作用，并改变资金流向。

（3）公开市场业务。在多数发达国家，公开市场业务操作是中央银行吞吐基础货币、调节市场流动性的主要货币政策工具，通过中央银行与指定交易商进行有价证券和外汇交易，实现货币政策调控目标。当中央银行认为应增加货币供应量时，就在金融市场上买进有价证券；反之，就出售所持有的有价证券。

中国人民银行从 1998 年开始建立公开市场业务一级交易商制度，选择了一批能够承担大额债券交易的商业银行作为公开市场业务的交易对象，至 2022 年 6 月，公开市场业务一级交易商共 49 家商业银行。这些交易商可以运用国债、政策性金融债券等作为交易工具与中国人民银行开展公开市场业务。从交易品种看，中国人民银行公开市场业务债券交易主要包括回购交易、现券交易和发行中央银行票据。

此外，随着中央银行宏观调控作用的重要性加强，货币政策工具也趋向多元化，出现了一些可供选择的新措施，这些措施被称为选择性货币政策工具。选择性货币政策工具主要有直接信用控制和间接信用指导。直接信用控制以行政命令或其他方式直接对金融机构尤其是商业银行的信用活动进行控制，其具体手段包括规定利率限额、信用配额、信用条件限制，规定金融机构流动性比率和直接干预等。间接信用指导是指中央银行通过道义劝告、窗口指导等方法来间接影响商业银行等金融机构行为的做法。

3. 货币政策的运作

货币政策的运作主要是指中央银行根据客观经济形势采取适当的政策措施调控货币供应量和信用总量，使之达到预定的货币政策目标，并以此影响整体经济的运行。通常，将货币政策的运作分为扩张性货币政策和紧缩性货币政策。扩张性货币政策是降低法定存款准备金率、降低贴现率、放松信贷控制、在公开市场买入证券，结果是增加货币供应量，利率下降。紧缩性货币政策正相反。一般来说，在经济衰退、总需求不足时，采取扩张性货币政策；反之采取紧缩性货币政策。

4. 货币政策对证券市场的影响

扩张性货币政策对证券市场的影响体现在以下四个方面。紧缩性货币政策作用效应则相反。

(1) 为企业生产发展提供充足资金，使企业利润上升，从而使证券价格上涨。

(2) 社会总需求增大，刺激生产发展；同时居民收入得到提高，对证券投资的需求增加，使证券价格上扬。

(3) 银行利率随货币供应量的增加而下降，不但降低了企业的融资成本，还会使部分资金从银行转移出来流向证券市场，扩大了证券市场的需求；同时利率下降还提高了证券价值的评估，两者均使证券价格上升。

需要强调的是，利率与股价运动呈反向变化是一般情况，不能将此绝对化，股价和利率并不是呈现绝对的负相关关系。当形势看好、股票行情暴涨的时候，提高利率对股价的控制作用就不会很大。同样，当股市处于暴跌的时候，即使出现利率下降，股价也回升乏力。

(4) 货币供应量的过度增加将引发通货膨胀，适度的通货膨胀或在通货膨胀初期，市场表现出繁荣的景象，企业利润上升，加上受保值意识驱使，资金转向证券市场，使证券价值和对证券的需求均增加，从而使证券价格上涨。但是当通货膨胀上升到一定程度时，可能导致经济环境恶化，将对证券市场起反作用，而且政府采取紧缩性货币政策为时不远，当市场对此做出预期时，证券价格将下跌。

（二）财政政策

1. 财政政策的概念及目标

财政政策是政府依据客观经济规律制定的指导财政工作和处理财政关系的一系列方针、准则和措施的总称。各种财政政策都是为相应时期的宏观经济控制总目标和总政策服务的。

财政政策的目标之一是促进经济稳定增长，从我国现实情况看，时常出现经济过热、投资与消费过度膨胀而造成社会总供求不平衡的局面，这是经济不能保持稳定增长的主要原因。财政政策主要通过预算收支平衡或财政赤字、财政补贴和国债政策等来影响社会总需求，促进社会总需求和总供给平衡。具体而言，首先财政政策促进资源合理配置，通过调控供给，为总供求的均衡提供条件。比如，将政策支出直接作用于经济结构调整，用财政贴息手段引导社会投资方向，以配合产业政策并为经济持续稳定增长创造均衡条件。其次财政政策促进收入公平分配。世界各国尤其是发达国家通常运用财政中的税收和转移支付来调节各地区和各阶层的收入差距，以达到兼顾平等与效率、促进经济社会协调发展的目的。

2. 财政政策手段

财政政策手段主要包括国家预算、税收、国债、财政补贴、财政管理体制、转移支付制度等。这些手段可以单独使用，也可以配合协调使用。

（1）国家预算。国家预算是政府的基本财政收支计划，它能够反映国家财力规模和平衡状态，并且是各种财政政策手段运用结果的综合体现，是财政政策的主要手段。

国家预算的收支规模和收支平衡状态能对社会供求的总量平衡产生影响。在一定时期，当其他社会需求量不变时，财政赤字具有扩张社会总需求的功能；而财政结余政策和财政支出压缩政策则具有缩小社会总需求的功能。

国家预算的支出方向可以调节社会总供求的结构平衡。财政投资主要运用于能源、交通及重要的基础产业和设施建设，财政投资的数量和方向直接影响和制约着国民经济的部门结构，既具有构建未来经济结构框架的功能，又具有矫正当期结构失衡状态的功能。

（2）税收。税收是国家凭借政治权力参与社会产品分配的重要形式，它具有强制性、无偿性和固定性特征，既是筹集财政资金的主要工具，又是调节宏观经济的重要手段。

税收能够调节收入的分配。税制的设置既可以调节和制约企业间的税负水平，体现国家的产业政策；又可以调节个人收入的差距，兼顾公平与效率。

税收可以调节社会总供求的结构。财政税收可以根据消费需求和投资需求的不同对象设置税种，也可以在同一税种中实行差别税率，以控制需求数量和调节供求结构。

税收对促进国际收支平衡具有重要的调节功能。对出口产品的退税政策可用来鼓励出口，进口关税则可以用来调节进口商品的品种和数量。

（3）国债。国债是国家按照有偿信用原则筹集财政资金的一种形式，也是实现财政政策、进行宏观调控的重要工具。

国债可以调节国民收入初次分配所形成的格局，将部分企业和居民收入以信用方式集中到政府手中，以扩大政府收支的规模。

国债可以将部分消费资金转化为投资基金，用于农业、能源、交通和基础设施等国民经济薄弱部门和瓶颈产业的发展，以调节固定资产投资结构，促进经济结构合理化。

（4）财政补贴。财政补贴是国家为了某种特定需要，将一部分财政资金无偿补助给企业和居民的一种再分配形式。我国财政补贴主要包括价格补贴、企业亏损补贴、财政贴息、职工生活补贴和外贸补贴等。

（5）财政管理体制。财政管理体制是中央与地方之间、地方各级政府之间，以及国家与企事业单位之间资金管理权限和财力划分的一种根本制度，其主要功能是调节各地区、各部门之间的财力分配。

（6）转移支付制度。转移支付制度是中央财政将集中的一部分资金按一定的标准拨付给地方财政的一项制度，其主要功能是调整中央政府与地方政府之间的财政纵向不平衡及调整地区之间的财政横向不平衡。

3. 财政政策对证券市场的影响

一般来说，财政政策分为扩张性财政政策、紧缩性财政政策和中性财政政策。其中，扩张性财政政策也称宽松的财政政策，是通过减少税收、扩大财政支出、减少国债发行和增加财政补贴等手段实现的。紧缩性财政政策与此相反，它可能通过增加税收、减少财政支出、增加国债发行和减少财政补贴等手段实现。不同的财政政策对证券市场的影响不同。

（1）扩张性财政政策对证券市场的影响。首先，通过降低税率减少税收，扩大减免税范围，能够增加微观经济主体的收入，刺激他们的投资需求和消费支出，使股票价格上涨。其次，通过扩大财政支出，加大财政赤字，能够扩大社会总需求，进而促进投资和就业。特别是与政府购买和支出相关的企业将最先、最直接从财政政策中获益，有关企业的证券价格将率先上涨。再次，减少国债发行或回购部分短期国债，能够扩大货币供应量，这也将推动证券价格上扬。最后，增加财政补贴往往使财政支出扩大，进而扩大社会总需求和刺激供给增加。

（2）紧缩性财政政策对证券市场的影响。当社会总供给不足时，则使用紧缩性财政政策，通过减少财政支出、财政赤字、财政补贴，增加公开市场上出售国债等手段来压缩社会总需求，将使证券价格下跌。

案 例

疫情应对中的量化宽松政策、金融市场波动与全球经济走向（摘要）

一个时期以来，随着新冠肺炎疫情蔓延和疫情封锁措施实施，一些经济活动被迫中断，全球供应链深受影响，世界经济面临衰退。为此，许多国家尤其是主要发达经济体在实施扩张性财政政策的同时，开启了新一轮量化宽松货币政策。

一、关于量化宽松政策的界定

量化宽松操作是指中央银行通过购买国债等中长期债券，增加基础货币供给，向市场注入流动性的货币政策操作。日本是最早实行量化宽松政策的国家。在美国次贷危机、全球金融危机和欧洲主权债务危机期间，主要发达经济体相继实施了这一操作。

量化宽松政策主要包括两方面内容："量化"主要是指资产购买计划，中央银行购买中长期债券的行为扩大了自身的资产负债表，资产购买计划也被称作扩表；"宽松"主要是指中央银行降息，实行低利率、零利率甚至负利率。量化宽松政策属于非常规货币政策操作。

在此次疫情应对中，主要发达经济体的中央银行均实行了量化宽松政策，不同之处在于，欧洲中央银行和日本中央银行的量化宽松政策是"资产购买计划＋负利率"，美联储和英格兰银行的量化宽松政策是"资产购买计划＋零利率"。

二、量化宽松政策出台的必要性

1. 陷入恐慌的全球股票市场

2020年3月，美国股票市场共有22个交易日，所有交易日无一例外地呈现暴涨暴跌，包括4次熔断、8天暴跌、10天暴涨。2020年6月以来，全球股票市场逐步回稳。

2. 供求失衡的国际原油市场

受国际原油市场供求关系严重失衡的影响，2020年上半年原油期货价格下跌36%。进入2020年5月，国际原油市场开始复苏。由于美元指数仍在升值周期上，预期国际原油价格的上升空间有限。

3. 大幅震荡的全球国债市场

三、世界经济走向分析：2020年面临衰退，2021年较快回升

2020年世界经济面临严重衰退。国际货币基金组织曾预测，2020年世界经济平均增长率为−4.9%，其中，发达经济体为−8%，发展中国家为−3%。全球金融市场的变动趋势主要取决于各国疫情控制情况和世界经济复苏进程。

2021年世界经济有望较快恢复。国际货币基金组织曾预测，2021年全球经济有望呈现较快恢复，世界平均经济增长率为5.4%，其中，发达经济体为4.5%，发展中国家为6.6%。

四、在疫情得到基本控制之后，量化宽松政策应当立即退出

在应对疫情冲击中，扩张性货币政策操作有其必要性。疫情是人类面临的公共卫生危机和健康危机，疫情蔓延还会造成经济衰退，引发失业、破产和社会动荡。因此，紧急救助是为了稳定市场，复苏经济，更是为了挽救生命，拯救健康。

量化宽松政策是非常规政策，只能在危机情况下使用，只能在疫情蔓延时使用，只能在短期内使用。在疫情得到基本控制之后，应当立即退出。任何将非常规政策长期化和常态化的行为，都有可能对世界经济造成长期伤害。

资料来源：https://doc.docsou.com/b3c13cf794ae70df85308dead31a0d0b89f3eabfc-2.html

任务：中国目前的货币政策属于哪一种类型？目的是什么？

（三）产业政策

产业政策是政府为了实现一定的经济和社会目标而对产业的形成和发展进行干预的各种政策的总和。在我国，根据国家产业结构调整的要求，在预算支出中，优先安排国家鼓励发展的产业的投资。例如：运用财政贴息、财政补贴等手段，以及利用国家政策性金融机构提供资金或担保，来支持高新技术产业、新能源、农业的发展。

产业政策要通过财政政策、货币政策来实现。优先发展的产业因得到了一系列政策的支持，能够获得较高的利润并具有良好的发展前景，这些产业势必受到投资者的青睐，其证券价格自然会上扬。即使在紧缩性财政政策和货币政策下，这些产业也会受到特殊照顾。由此可见，产业政策对证券市场的影响是长期而深远的。

案　例

新能源汽车发展政策力度不断加大

众所周知，新能源汽车有诸多优势，是各国政府倾力支持的新兴产业。2020年，我国国务院及政府有关部门发布的有关新能源汽车的重要政策有近十项，每一项政策都关乎新能源汽车产业的现在及未来。其中，重要政策有：

1.《关于完善新能源汽车推广应用财政补贴政策的通知》

2020年4月23日，财政部发布了《关于完善新能源汽车推广应用财政补贴政策的通知》，延长了补贴期限，将新能源汽车推广应用财政补贴政策实施期限延长至2022年底。另外，补贴退坡力度和节奏得到平缓，即原则上2020—2022年补贴标准分别在上一年基础上退坡10%、20%、30%。原则上每年补贴规模上限约200万辆。

2.《关于开展燃料电池汽车示范应用的通知》

2020年9月21日，五部门联合发布了《关于开展燃料电池汽车示范应用的通知》，对我国燃料电池汽车产业发展明确了四个方面内容。

一是支持方式。将采取“以奖代补”方式，对入围示范的城市群，按照其目标完成情况核定并拨付奖励资金。

二是示范内容。示范城市群应找准应用场景，完善政策环境，聚焦关键核心技术创新，构建完整产业链。

三是示范城市群选择。采取地方自愿申报、专家评审方式确定示范城市群。鼓励申报城市群打破行政区域限制，强强联合，自愿组队，取长补短。

四是组织实施。示范城市群应确定牵头城市，明确任务分工，强化沟通协调，统筹推进示范。五部门将依托第三方机构和专家委员会，全程跟踪指导示范工作，并实施节点控制和里程碑考核。

3.《节能与新能源汽车技术路线图（2.0版）》

2020年10月27日，《节能与新能源汽车技术路线图（2.0版）》正式发布。该路线图分别以2025年、2030年、2035年为关键节点，设立了产业总体发展里程碑。

根据上述路线图，预计到2035年，节能汽车与新能源汽车年销售量占比达到50%，汽车产业实现电动化转型；燃料电池汽车保有量将达到100万辆左右，商用车将实现氢动力转型，各类网联式高度自动驾驶汽车车辆在国内广泛运行。中国方案智能网联汽车与智慧能源、智慧交通、智慧城市深度融合。

4.《新能源汽车产业发展规划（2021—2035年）》

2020年11月2日，国务院办公厅印发了《新能源汽车产业发展规划（2021—2035年）》（以下简称《规划》）。《规划》明确了未来15年新能源汽车产业的发展方向，进一步表明了国家推动新能源汽车产业发展的决心。

《规划》提出了新能源汽车产业的发展愿景，即到2025年，我国新能源汽车市场竞争力明显增强，动力电池、驱动电机、车用操作系统等关键技术取得重大突破，安全水平全面提升。纯电动乘用车新车平均电耗降至12.0千瓦时/百公里，新能源汽车新车销售量达到汽车新车销售总量的20%左右，高度自动驾驶汽车实现限定区域和特定场景商业化应用，充换电服务便利性显著提高。

到2035年，纯电动汽车成为新销售车辆的主流，公共领域用车全面电动化，燃料电池汽车实现商业化应用，高度自动驾驶汽车实现规模化应用，充换电服务网络便捷高效，氢燃料供给体系建设稳步推进，有效促进节能减排水平和社会运行效率的提升。

任务：中国新能源汽车的生产商有哪些？领军企业是哪一家？

三、经济周期分析

经济周期的循环波动与证券价格之间存在紧密的联系。一般情况下，证券价格总是伴随着经济周期的变化而升降。经济周期包括复苏、繁荣、衰退和萧条四个阶段，不同的阶段对证券市场有着不同的影响。

在经济复苏阶段，投资逐步回升，资本周转开始加速，利润逐渐增加，证券价格呈上升趋势。

在经济繁荣阶段，生产继续增加，设备扩充、更新加速，就业机会不断增多，工资持续上升并引起消费上涨；与此同时，企业盈利不断上升，投资活动趋于活跃，证券价格进入大幅上升阶段。

在经济衰退阶段，由于有支付能力的需求减少，造成整个社会的生产过剩，企业经营规模缩小、产量减少、盈利能力下降，失业人数迅速增加；同时，由于危机的到来，企业大量倒闭，投资者纷纷抛售证券，证券价格急剧下跌。

在经济萧条阶段，生产严重过剩并处于停滞状态，商品价格低落且销售困难，但少数有眼光的投资者已在筹集资金默默吸纳证券，证券价格渐趋稳定，或已开始缓缓上升。

经济总是处在周期性运动中。以股票为例，股价伴随经济周期相应波动，但股价的波动超前于经济运动，股价波动是永恒的。因为股票市场综合了人们对于经济形势的预期，这种预期必然反映到投资者行为中，从而影响股票市场的价格。既然股价反映的是对经济形势的预期，那么其表现必定领先于经济实际。如在经济繁荣阶段，当少数有识之士在综合分析经济形势的基础上，认为经济将不会再创高潮时，就悄然抛出股票，股价虽然还在上涨，但供需力量逐渐发生转变。当经济形势逐渐被更多的投资者所认识，供求趋于平衡直至供大于求时，股价便开始下跌。因此，投资者应主动收集有关宏观经济资料和政策信息，随时注意经济发展动向，正确把握当前经济发展处于经济周期的何种阶段，对未来做出正确判断。

此外，不同行业受经济周期的影响程度是不一样的，对具体某种证券的行情，投资者应深入细致地探究其价格波动的原因和政府调控经济周期所采取的政策措施，并结合行业特征及证券发行公司的状况进行综合分析。

四、国际经济环境对证券市场的影响

开放是证券市场发展的内在要求，也是市场走向成熟的必由之路。目前，人民币在国际支付结算中所占比重不断提高，在全球外汇储备资产中占比达到 2.02% [国际货币基金组织（IMF）2020 年一季末数据]，这一方面说明人民币逐步得到国际认同，成为自由兑换货币的步伐在加快，另一方面也说明我国经济与世界经济的联系日趋紧密。伴随着经济全球化，一国经济发生问题会在国际上引起连锁反应。国际经济环境的剧烈动荡会通过各种途径影响我国的证券市场。

（一）A 股引入外援，境外资金流入证券市场渠道增多

1. 取消了 QFII/RQFII 投资额度限制

QFII 即合格的境外机构投资者（Qualified Foreign Institutional Investor），是一国在货币没有实现完全可自由兑换、资本项目尚未开放的情况下，有限度地引进外资、开放资本市场的一项过渡性的制度。这种制度要求外国投资者若要进入一国证券市场，必须符合一定的条件，得到该国有关部门的审批通过后汇入一定额度的外汇资金，并转换为当地货币，通过严格监管的专门账户投资当地证券市场。RQFII，即人民币合格境外机构投资者，是指境外机构投资人可将批准额度内的人民币投资于境内的证券市场。

2019 年 9 月 10 日，我国宣布取消 QFII/RQFII 投资额度限制。2020 年 11 月起，有关部门又降低了投资准入门槛，扩大了投资范围，新三板、私募、金融期货与商品期货、期权，以及债券回购、两融业务等的开放，将进一步增强国内市场对于 QFII、RQFII 的吸引力，客观上也为更多 QFII、RQFII 进入国内市场创造了条件。

2. A 股纳入明晟指数

明晟指数是 MSCI 的中文名称，其全称是 Morgan Stanley Capital International Index，即摩根士丹利资本国际指数。明晟指数是明晟公司的主要产品之一，跟踪其成分股的表现，也是世界上投资组合经理最常用的基准指数之一。全球最大的 100 家资产管理公司中，约有 97 家是 MSCI 的客户，约 10 万亿美元的资产基于 MSCI 指数。明晟公司是摩根士丹利国际资本公司，是美国股权、对冲基金、固定资产和股票市场指数等综合财务信息的供应商。

中国明晟指数是一个跟踪中国概念股表现的指数，主要针对中国市场的国际和国内投资者，涵盖大盘股、中盘股和小盘股的所有板块。A 股纳入 MSCI，一是带来增量资金，预计资金的流入量将达到 3 400 亿美元左右。二是提高预期收益，历史上，新兴市场加入 MSCI 后股市整体回报更好，接近 70%的概率实现正回报。

3. 不断深化沪深港通等互联互通机制

沪/深港通是沪/深港股票市场交易互联互通机制的简称，指上海/深圳证券交易所和香港联合交易所有限公司建立技术连接，使内地和香港投资者可以通过当地证券公司或经纪商买卖规定范围内的对方交易所上市的股票。沪深港通的实行有助于吸引外资流入A股市场，改善A股与海外市场之间差异显著的估值体系，进而再度提升A股市场活力。2014年9月5日，中国证监会明确表示，在沪港通试点取得经验的基础上，支持深港两地交易所进一步加强合作，深化合作的方式和内容，共同促进两地资本市场的发展。

沪股通是指投资者委托香港经纪商，经由香港联合交易所设立的证券交易服务公司，向上海证券交易所进行申报（买卖盘传递），买卖规定范围内的上海证券交易所上市的股票。港股通是指投资者委托内地证券公司，通过上海证券交易所设立的证券交易服务公司（SPV），向香港联合交易所进行申报，买卖规定范围内的香港联合交易所上市的股票。

4. 沪伦通、中日ETF互通相继落地

沪伦通是指上海证券交易所与伦敦证券交易所互联互通的机制。符合条件的两地上市公司，可以发行存托凭证（DR）并在对方市场上市交易。沪伦通于2018年12月14日启动。

2019年6月25日，上海证券交易所和日本交易所集团分别举行中日ETF互通开通仪式，4只中日ETF互通产品在上海证券交易所成功上市，此举对丰富我国金融产品、扩大资本增量有重要意义，也是扩大我国证券市场对外开放的又一项重要举措。

通过以上改革，境外投资者持有A股市值不断提升，外资连续3年保持净流入。但这也使我国证券市场更容易受到境外市场、境外投资者的干预和影响。

（二）国际金融市场动荡通过人民币汇率预期影响我国证券市场

汇率对证券市场的影响是多方面的。一般来讲，一国的经济越开放，证券市场的国际化程度越高，证券市场受汇率的影响越大。由于我国经济的持续高速发展，近年来人民币一直处于升值通道。人民币升值对股票市场的影响主要体现在三个层面：其一，将全面提升人民币资产价值，对境内、境外的资金投资于中国资本市场都将产生极大的吸引力；其二，拥有人民币资产类的行业或企业将特别受到投资者的青睐，比如零售商业、房地产业、金融业等；其三，拥有外币负债类的行业或企业将会降低还债压力和进口产品成本、提高盈利能力。

（三）国际金融市场动荡通过宏观面间接影响我国证券市场

改革开放以来，我国国民经济的对外依存度大大提高，国际金融市场动荡会导致进出口增幅和外商直接投资下降，进而影响经济增长率。宏观经济环境的恶化又导致上市公司业绩下降和投资者信心下降，最终使证券市场行情下跌。其中，国际金融市场的动荡对外向型上市公司和外贸行业上市公司的业绩影响最大，对其股价的冲击也最大。2020年，受新冠肺炎疫情影响，主要经济体的实体经济受到重冲。一季度，我国GDP出现−6.8%的下降，但由于我国疫情防控措施有力，之后经济逐步得到复苏，全年经济增长率达到2.3%。反观美国，全年经济增长−3.5%，为1946年后最差的一年。反映在证券市场上，2020 年 3 月美国股市出现暴跌，其中出现 4 次熔断，而之前的近百年间，美股只有 1 次熔断。市场恐慌情绪漫延到全球，各国股市均出现不同程度的下跌。

知识链接

美股熔断机制

所谓熔断机制，指的是基于参考价格的一系列价格波动限制。简单来说，就是当股市跌到一定幅度之后，市场自动停止交易一段时间，可能是几分钟，也可能是全天交易就此终止。这样做的主要目的是防范恐慌情绪进一步扩散，给市场带来更大的冲击。

美国推出熔断机制的动因是 1987 年的“黑色星期一”。1987 年 10 月 19 日，道·琼斯指数暴跌 508.32 点，跌幅 22.6%。几个月之后，1988 年 2 月熔断机制出台，10 月首次开始实施。目前，在美国交易时段和非美国交易时段，甚至于部分个股，美国都有熔断机制。除了非美国交易时段的期货有针对上涨幅度的熔断外，美国交易时段只对跌幅有熔断机制。

美国股市熔断机制如表 7－2 所示。在这里，“下跌”是指标在常规交易时段（美东时间 9:30—16:00），指数点位相对于前一日收盘点位的下跌。

表 7－2　美国股市熔断机制

<table>
<tr><th colspan="3">美国交易时段</th></tr>
<tr><td>第一层</td><td>下跌 7%</td><td rowspan="2">美国东部时间 9:30 至 15:25（含）之间，全市场股票暂停交易 15 分钟。15:25 之后，不暂停交易。</td></tr>
<tr><td>第二层</td><td>下跌 13%</td></tr>
<tr><td>第三层</td><td>下跌 20%</td><td>全市场停止交易，直至下一个交易日开盘</td></tr>
<tr><th colspan="3">非美国交易时段</th></tr>
<tr><td>股指期货</td><td>涨/跌 5%</td><td>交易暂停 15 分钟</td></tr>
</table>

（四）国际金融市场动荡通过微观面直接影响我国证券市场

近年来，国际关系中，单边主义、民粹主义抬头，以美国为首的西方国家对我国复兴竭尽遏制，甚至动用国家力量打压具体公司。2018 年以来，美国先后对中兴通讯、华为等高科技企业进行 5G 技术推广的封杀和芯片断供，对国内相关企业造成极大的困难。此外，中国在美国等境外证券交易所上市的中概股达数百个，很多公司都是国内知名的大型企业，这些公司也很容易成为被调查和打压的对象。这必然会影响证券市场的走向。

香港作为一座国际金融中心，外资进出频繁，与国际金融市场联系密切，国际金融市场动荡会通过 H 股影响 A 股市场。目前，我国很多公司既在内地发行 A 股，又在香港联合交易所发行 H 股，且多数公司的 A 股股价又高于 H 股股价。因此，投资中国股市要密切关注国际金融市场动态。

五、非经济因素对证券市场的影响

（一）政治因素对证券市场的影响

一国政局稳定有利于证券市场的平稳发展，股票价格免受突发因素的打击。相反，政局动荡时人们就会对该国经济失去信心，大量抛售该国证券，证券市场就会大跌。

我国股市对政治因素变动尤其敏感，股市行情与政治的相关性特别强，政府主要官员任免、对股市的表态，国家金融政策的一举一动，都可能导致股市行情突变，甚至猛升或狂跌。近年来，我国企业“走出去”步伐加快，在海外有投资的上市企业不少，一旦所在国发生政治动乱，不仅企业在海外投资的利益会受到损失，而且企业在国内发行的证券价格也会受到冲击。

（二）战争、自然灾害对证券市场的影响

战争、自然灾害都会使投资者感到恐慌而抛售股票，导致证券市场价格的大幅度下跌。因为它们会导致财物损失、物价上涨、货币贬值，上市公司的业绩受到冲击。

一般而言，局部战争、自然灾害引发的证券市场动荡只影响受灾国和地区的证券市场，不会波及全球。有时因为受灾国和地区需求扩大的刺激，非受灾国和地区的上市公司也会因为进入灾后复兴阶段而收益增加，尤其是与生产生活恢复密切相关的建筑材料、药品行业等上市公司的股票会率先受到投资者的追捧，其股价会明显上升。

（三）社会心理因素对证券市场的影响

现实中，如果投资者对某种股票的市场行情过分悲观，就会不顾上市公司的盈利状况而大量抛售手中的股票，导致股票价格下跌。在股票交易市场，很多投资者存在盲目跟风心理。这被称为“羊群心理”或“羊群行为”，即投资者模仿他人决策，或者过度依赖舆论，而不考虑信息真伪的行为，这是一种特殊的非理性行为。

一个成功的股票投资者，除了要有足够的实践经验和丰富的股票市场知识外，还需要具有良好的心理素质、稳定的心理机能和抵抗外部干扰的能力。

◀ 任务三　行业分析 ▶

行业（industry）是指从事国民经济中同性质的生产、服务或其他经济社会的经营单位或者个体的组织结构体系。行业有自己特定的生命周期和市场结构，处在生命周期不同发展阶段与市场结构的行业，其投资价值不一样；在国民经济中具有不同地位的行业，其投资价值也不一样。公司的投资价值可能会由于所处行业不同而有明显差异。

一、行业的分类

（一）道·琼斯分类法

道·琼斯分类法是在19世纪末为选取在纽约证券交易所上市的有代表性的股票而对各公司进行的分类，是证券指数统计中最常用的分类法之一。道·琼斯分类法将大多数股票分为三类，即工业、运输业和公用事业，然后选取有代表性的股票。虽然入选的股票并不涵盖这类行业中的全部股票，但所选择的这些股票足以表明行业的一种趋势。

在道·琼斯指数中，工业类股票取自工业部门的30家公司，包括采掘业、制造业和商业；运输业类股票取自20家交通运输业公司，涵盖航空、铁路、汽车运输与航运业；公用事业类股票取自6家公用事业公司，主要包括电话公司、煤气公司和电力公司等。

（二）我国上市公司的行业分类

为规范上市公司行业分类方法，中国证监会于2001年颁布了《上市公司行业分类指引》，将上市公司分成13个门类，即：农、林、牧、渔业，采掘业，制造业，电力、煤气及水的生产和供应业，建筑业，交通运输、仓储业，信息技术业，批发和零售贸易，金融、保险业，房地产业，社会服务业，传播与文化产业，综合类13个门类下设90个大类和288个中类。

目前投资者常用的还有申银万国证券研究所行业分类，分为一级行业28个、二级行业104个、三级行业227个。

（三）上海证券交易所上市公司行业分类调整

为更好地反映证券市场结构，服务投资管理要求，2003年经证券交易所专家委员会研究决定，将在上海证券交易所上市的公司按一定标准划分为十大行业。这十大行业有：能源、原材料、工业、可选消费、主要消费、健康护理、金融、信息技术、电信、公用事业。划分标准遵循以下原则。

(1) 如果公司某项主营业务收入占公司总收入的50%以上，则该公司归属该项业务对应的行业。

(2) 如果公司没有一项主营收入占到总收入的50%以上，但某项业务的收入和利润均在所有业务中最高，而且均占到公司总收入和总利润的30%以上，则该公司归属该业务对应的行业。

(3) 如果公司没有一项业务的收入和利润占到30%以上，则由专家委员会进一步研究确定其行业归属。

上市公司行业划分根据上市公司年报每年调整一次。

二、行业的一般特征分析

（一）行业的市场结构分析

市场结构就是市场竞争或垄断的程度。根据该行业中企业数量的多少、进入限制程度和产品差别，行业基本上可分为四种市场结构：完全竞争、垄断竞争、寡头垄断、完全垄断。

1. 完全竞争

完全竞争型市场是指竞争不受任何阻碍和干扰的市场结构。其特点是：

(1) 生产者众多，各种生产资料可以完全流动。

(2) 产品都是同质的、无差别的。没有一个企业能够影响产品的价格，企业的盈利基本上由市场对产品的需求来决定。

从上述特点可以看出，完全竞争是一个理论上的假设，该市场结构得以形成的根本因素在于企业产品的无差异，所有的企业都无法控制产品的市场价格。在现实经济中，完全竞争的市场类型是少见的，初级产品（如农产品）的市场类型较类似于完全竞争。

2. 垄断竞争

垄断竞争型市场是指既有垄断又有竞争的市场结构。在垄断竞争型市场上，每家企业都在市场上具有一定的垄断力，但它们之间又存在激烈的竞争。其特点是：

（1）生产者众多，产品同种但不同质，即产品之间存在着差异。产品的差异性是指各种产品之间存在着实际或想象上的差异。这是垄断竞争与完全竞争的主要区别。

（2）由于产品差异性的存在，生产者可以树立自己产品的信誉，从而对其产品的价格有一定的控制能力。

可以看出，垄断竞争型市场虽有大量企业，但没有一个企业能有效影响其他企业的行为。该市场结构中，造成垄断现象的原因是产品差别；造成竞争现象的是产品同质，即产品的可替代性。在国民经济各行业中，制成品（如纺织、服装等轻工业产品）的市场类型一般属于垄断竞争。

3. 寡头垄断

寡头垄断型市场是指相对少量的生产者在某种产品的生产中占据很大市场份额，从而控制了这个行业的供给的市场结构。这类行业初始投入资本较大，阻止了大量中小企业的进入；或者产品只有在大规模生产时才能获得好的效益，这就会在竞争中自然淘汰大量的中小企业。

在寡头垄断型市场上，由于这些少数生产者的产量非常大，因此他们对市场的价格和交易具有一定的垄断能力。同时，由于只有少量的生产者生产同一种产品，因而每个生产者的价格政策和经营方式及其变化都会对其他生产者产生重要的影响。因此，在这个市场上，通常存在着一个起领导作用的企业，其他企业跟随该企业定价与经营方式的变化而相应进行某些调整。资本密集型、技术密集型产品，如石化、钢铁、汽车、金融、房地产等属这种类型。

4. 完全垄断

完全垄断型市场是指独家企业生产某种特质产品的情形，即整个行业的市场完全处于一家企业所控制的市场结构。特质产品是指那些没有或缺少相近的替代品的产品。完全垄断可分为政府完全垄断和私人完全垄断。

在当前的现实生活中没有真正的完全垄断型市场，每个行业都或多或少地引进了竞争。公用事业（如电力、煤气、自来水和邮电通信等）和某些资本、技术高度密集型或稀有金属矿藏的开采等行业属于接近完全垄断的市场类型。

从完全竞争、垄断竞争、寡头垄断到完全垄断，各种市场结构的竞争程度递减，垄断程度递增。在垄断市场，企业可以依靠其垄断地位，制定垄断价格，确定产量，以获得超额利润。但是，各国在不同时期，都会根据市场的竞争和垄断情况，制定和实施反垄断法，垄断企业一旦招致法律干预，常常会陷入困境。在竞争市场，厂商进入行业的成本较低，价格受供求关系影响大，因此企业竞争失败破产的可能性相对变大，投资的风险也变大。因此，投资者持不同市场结构的股票和债券，获得的投资收益和承担的投资风险会有差异。

（二）经济周期与行业分析

经济周期的变化不可避免地会对行业的发展产生影响，但这一影响对不同的行业作用是不一样的。根据经济周期与行业发展的相互关系，可将行业分为三类。

1. 增长性行业

增长性行业的运行状态与经济周期及其振幅并不紧密相关。这些行业收入增长的速率不随着经济周期的变动而出现同步变动；或者是这些行业受经济周期的影响，但其行业的增幅足以抵消经济波动的衰退幅度。因为它们主要依靠技术进步、推出新产品及更优质的服务，而使其经常呈现增长形态。增长性行业能创造大量的社会需求，这种社会需求可能在几年甚至几十年中不断存在并持续增长。

在近十年里，智能手机、机器人、物联网、电子商务、光伏太阳能、新能源等行业表现出这种形态。投资者对增长性行业十分感兴趣，主要是因为这些行业对经济周期性波动来说，提供了一种财富套期保值的手段。在经济高涨时，高增长行业的发展速度通常高于平均水平；在经济衰退时期，其所受影响较小甚至仍能保持一定的增长。然而，这种行业增长的形态却使得投资者难以把握精确的购买时机，因为这些行业的股票价格不会明显地随着经济周期的变化而变化。

2. 周期性行业

周期性行业的运行状态与经济周期紧密相关。当经济处于上升时期，这些行业会紧随其扩张；当经济衰退时，这些行业也相应衰落，且该类型行业收益的变化幅度往往会在一定程度上夸大经济的周期性。

产生这种现象的原因是，这些行业的产品需求的弹性较大，经济波动通过收入水平的变动必然反映到产品的需求上来，进而对行业产生影响。当经济上升时，对这些行业相关产品的购买相应增加；当经济衰退时，这些行业相关产品的购买被延迟到经济改善之后。例如煤炭、电力、钢铁、建筑建材、家电业及其他需求收入弹性较高的行业，就属于典型的周期性行业。

3. 防守性行业

防守性行业又称防御性行业，是指那些在经济波动中需求起伏不大的行业。因为该类型行业的产品需求相对稳定，需求弹性小，因而公司盈利水平相对较稳定。其产品往往是生活必需品或是必要的公共服务，例如食品业、医药医疗和公用事业就属于防守性行业。投资于防守性行业的一般是保守型投资者。

（三）行业的生命周期分析

通常，每个行业都要经历一个由成长到衰退的发展演变过程，这个过程被称为行业的生命周期。一般来说，行业的生命周期可分为初创阶段、成长阶段、成熟阶段和衰退阶段。

1. 初创阶段

在行业的初创阶段，一般只有为数不多的创业公司投资其中。由于初创阶段行业的创业投资和产品研发费用较高，而市场需求狭小（大众对其产品尚缺乏全面了解），销售收入较低，因此这些创业公司财务上可能不但没有盈利，反而出现较大亏损。同时，较高的产品成本和价格与较小的市场需求之间的矛盾使得创业公司面临很大的市场风险，甚至有引发破产的风险。因此，这类企业更适合投机者而非投资者。随着行业生产技术的成熟、生产成本的降低和市场需求的扩大，新行业便逐步由高风险、低收益的初创阶段迈入高风险、高收益的成长阶段。

2. 成长阶段

行业的成长实际上就是行业的扩大再生产。在成长阶段，生产技术逐渐成熟，企业的产品和劳务已为广大消费者接受，销售收入和利润开始加速增长，部分优势企业脱颖而出，投资于这些企业的投资者往往获得极高的投资回报，所以成长期阶段有时被称为投资机会时期。

随着市场需求上升，新行业也随之繁荣起来。投资于新行业的企业大量增加，产品也逐步从单一、低质、高价向多样、优质和低价方向发展，出现了生产企业之间和产品之间相互竞争的局面。这种状况会持续数年或数十年。进入成长阶段的后期，生产企业不仅依靠扩大产量和提高市场份额来获得竞争优势，还需不断提高生产技术水平，降低成本，研制和开发新产品，从而战胜或紧跟竞争对手、维持企业的生存。这一时期企业的利润虽然增长很快，但所面临的竞争风险也非常大，破产率与被兼并率相当高。由于市场竞争优胜劣汰规律的作用，市场上生产企业的数量会在一个阶段后出现大幅度减少，之后开始逐渐稳定下来。由于市场需求趋向饱和，产品的销售增长率减慢，迅速赚取利润的机会减少，整个行业便开始进入成熟阶段。

3. 成熟阶段

行业的成熟阶段是一个相当长的时期。在这一时期，在竞争中生存下来的少数大企业垄断了整个行业的市场，每个企业都占有一定比例的市场份额。由于彼此势均力敌，这些企业的市场份额变化程度较小，企业之间的竞争手段逐渐从价格手段转向各种非价格手段，如提高产品质量、改善产品性能和加强售后服务等。

在成熟阶段，行业的利润由于一定程度的垄断达到了很高的水平，行业的风险却因市场占有率比较稳定、新企业难以打入而较低。此时市场已被原有大企业按比例分割，产品的价格比较低，新企业往往会由于创业投资无法很快得到补偿或产品销路不畅、资金周转困难而倒闭或转产。

4. 衰退阶段

在成熟阶段后期，由于新产品和大量替代品的出现，原行业的市场需求量逐渐减少，产品的销售量开始下降，某些厂商开始向其他更有利可图的行业转移资金。随着厂商数目逐渐减少、利润额下降，整个行业便进入生命周期的最后阶段——衰退阶段。当正常利润无法维持时，或者当现有投资折旧收回之后，整个行业便逐渐解体。处于衰退阶段的行业，不适合投资者进行投资。

但由于需求等原因，不少行业是衰而不亡，甚至会与人类社会长期共存，例如煤炭、钟表、自行车行业等。

一些当前典型行业所处生命周期阶段如图 7－1 所示。

（1）初创阶段：智能穿戴、智慧城市、人工智能、无人驾驶、医疗美容、光刻机、

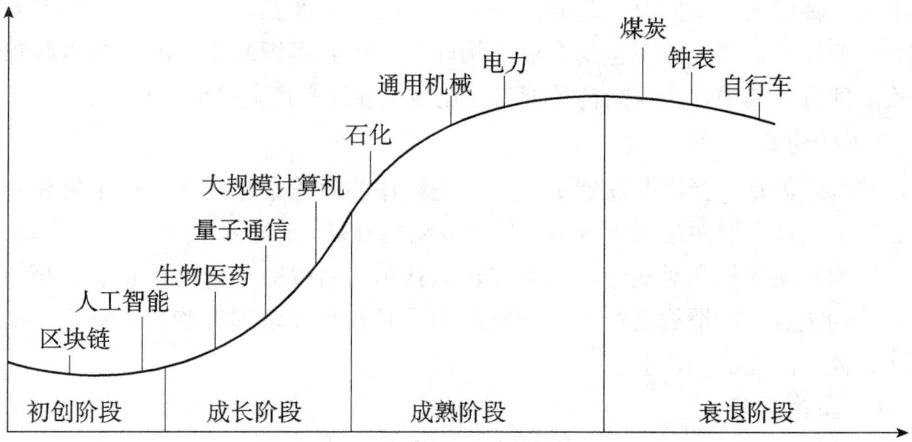

图 7-1　当前典型行业所处生命周期阶段

区块链……

（2）成长阶段：大规模计算机、生物医药、量子通信、集成电路、芯片、智能手机、在线教育……

（3）成熟阶段：金融、电力、钢铁、建筑、石化、房地产、汽车、通用机械……

（4）衰退阶段：煤炭、钟表、自行车……

练一练

请思考：还有哪些行业处于初创阶段、成长阶段？

三、影响行业兴衰的主要因素

（一）技术进步

当前正值百年未有之大变局时期，科学技术日新月异，不仅新兴学科不断涌现，而且理论科学向实用技术的转化过程也被大大缩短，其速度大大加快。技术进步对行业的影响是巨大的，它往往催生了一个新的行业，同时迫使一个旧的行业加速进入衰退期。例如：智能手机的出现极大地削减了固定电话的需求，银行柜台转账支付业务被网上支付结算取代，大规模计算机则取代了一般的电子计算机等。这些新产品或服务在定型和大批量生产使用后，市场价格大幅度下降，很快能被消费者广泛使用，从而代替旧行业，或严重地威胁原有行业的生存。

但是，新、旧行业并存也是未来全球行业发展的基本规律和特点，因为大部分行业都是国民经济不可缺少的。多数行业也会在竞争中以改革求发展，以新的增长方式为自己找到生存的空间。例如：传统农业在引入科学技术后成为现代农业；传统工业在通过技术创新获得深度增长的同时，还可以通过行业的国际转移，在其他相对落后的国家获得广度增长的机会。

（二）产业政策

政府对于行业的管理和调控主要是通过产业政策来实现的。产业政策是国家干预或参与经济的一种形式，是国家（政府）系统设计的有关产业发展的政策目标和政策措施的总和。一般认为，产业政策包括产业结构政策、产业组织政策、产业技术政策和产业布局政策等部分。其中，产业结构政策与产业组织政策是产业政策的核心。

1. 产业结构政策

产业结构政策是选择行业发展重点的优先顺序的政策措施，其目标是促使行业之间的关系更协调、社会资源配置更合理，使产业结构升级。产业结构政策是一个政策系统，包括产业结构长期构想和对战略产业的保护和扶植。对战略产业的保护和扶植政策是产业结构政策的重点。所谓战略产业，一般是指具有较高需求弹性和收入弹性、能够带动国民经济其他部门发展的产业。

2. 产业组织政策

产业组织政策是调整市场结构和规范市场行为的政策，以“反对垄断、促进竞争、规范大型企业集团、扶持中小企业发展”为主要核心，其目的在于实现同一产业内企业组织形态和企业间关系的合理化。

3. 产业技术政策

产业技术政策是促进产业技术进步的政策，是产业政策的重要组成部分。它主要包括产业技术结构的选择和技术发展政策、促进资源向技术开发领域投入的政策。

4. 产业布局政策

产业布局政策是指政府机构根据产业的经济技术特性、国情、国力状况和各类地区的综合条件，对若干重要产业的空间分布进行科学引导和合理调整的意图及其相关政策措施。包括：（1）制定国家产业布局战略，完善产业投资环境，加速产业集中，优化区域产业结构；（2）地区发展重点产业的选择政策。

（三）经济全球化

经济全球化大大推动了产业的全球性转移，主要表现为发达国家将中低端制造技术加速向发展中国家进行产业化转移。随着高新技术行业逐渐成为发达国家的主导产业，传统的劳动密集型行业（如纺织服装、消费类电子产品）甚至低端技术的资本密集型行业（如中低档汽车制造）将加快向发展中国家转移。发达国家在将发展中国家变成它的加工组装基地和制造工厂的同时，仍然可以掌握传统行业的核心技术，并通过不断向发展中国家转让其技术专利取得市场利益。

案　例

2020 年我国光伏产业现状及发展前景

一、中国光伏装机容量和出口仍继续保持全球第一

目前，我国已成为全球光伏产业发展的主要动力，每年新增和累计光伏装机容量继续保持全球第一。截至 2019 年底，累计光伏并网装机量达到 204.3GW，同比增长 17.1%；全年光伏发电量 2 242.6 亿千瓦时，同比增长 26.3%，占我国全年总发电量的 3.1%，同比提高 0.5 个百分点。据中国光伏行业协会消息，2019 年，我国光伏产业出口表现亮眼，实现出口额、出口量“双升”。光伏产业出口额超过200亿美元，创下“双反”以来的新高。

二、2020年光伏产业发展趋势分析

根据中国光伏产业协会，2020年我国光伏产业发展趋势主要集中在以下六个方面：

（一）产业集中度进一步提升

2020年产业集中度将进一步提升，主要体现在以下两个方面：一方面，落后产能加速淘汰；另一方面，头部企业加速扩张。2020年，硅片端隆基、中环、晶科产能目标分别提升至65GW、50GW以及20GW以上；组件端隆基、晶科产能目标分别提升至22GW以上。头部企业产能的持续扩张在增大其市场供应量的同时将进一步挤压中小企业的生存空间。

（二）市场空间进一步扩大

预计2020年竞价项目规模可达到20～25GW、户用市场5～7GW，加上未完成的2019年的相关项目等，2020年市场规模有望超过35GW。

（三）制造端盈利水平进一步合理

预计2020年多晶硅环节整体供需格局将会趋于紧张，在强劲的市场需求下，组件环节盈利能力有望继续向上修复。

（四）技术进步进一步加速

目前光伏发电即将脱离对补贴的依赖，由于光伏平价目标压力巨大，迫使光伏制造企业加速降低光伏度电成本，新技术的应用步伐不断加快，甚至将呈现超预期的发展态势。

（五）光伏应用进一步多样化

预计2020年及未来，随着光伏发电在各领域应用的逐步深入，以下几个领域的关注度也将逐步提高。一是“光伏＋制氢”。“光伏＋制氢”实现了清洁能源生产清洁能源，能有效解决光伏发电消纳问题，实现两种新能源之间的有效应用。二是“光伏＋5G通信”。据规划，随着5G技术的应用普及，国内至少有1 438万个基站需要新建或改造，同时，按照各运营商5G规模和数量计算能耗总量，5G基站全网功耗将是4G的4.62倍。三是“光伏＋新能源汽车”。随着光伏充电站/桩建设业务逐渐扩大，“光伏＋新能源汽车”应用模式将逐渐普及。四是“光伏＋建筑”。随着近零能耗、零能耗等更高节能水平绿色建筑逐步应用和普及，以高效、智能化的光伏发电系统作为建筑能源形式的“光电建筑”，将成为越来越多光伏企业差异化发展的契机。

（六）出口市场进一步分散

随着光伏产品价格的下降，光伏发电成本不断降低，光伏发电在越来越多的国家得到广泛应用。根据IHS预计，2020年全球光伏装机量将达到142GW，超过1GW的国家达到43个左右。在海外市场的拉动下，出口市场也将进一步呈分散趋势。

疯狂的光伏

资料来源：http://guangfu.bjx.com.cn/news/20200310/1052519.shtml，扫描右侧二维码阅读全文

任务：光伏行业的股票，值不值得买？

任务四　公司分析

投资者通过对公司基本情况、财务情况和重大事项等进行分析，可以评估和预测公司证券的投资价值、价格及其未来变化的趋势。因此，公司分析是证券投资基本面分析的核心。

一、公司基本分析

（一）公司行业地位分析

行业地位分析的目的是判断公司在所处行业中的竞争地位，如是否为领导企业，在价格上是否具有影响力，是否有竞争优势等。衡量公司行业竞争的主要指标有以下几个：

1. 年销售额

一般来说，年销售额越大，表明公司的竞争地位越强。年销售额在整个行业中占前几名的公司，通常被称为主导型公司。主管部门和新闻媒体一般每年都要按公司销售额或营业额排列名次，如世界500强、中国工业500强、中国医药50强等，投资者可通过排名了解主导型公司。

2. 销售额年增长率

销售额年增长率是一个相对指标，只有既有相当规模又能长期保持销售额迅速增长的公司才能长期保持在本行业中的主导地位，才是真正具有竞争实力的公司。投资者可将其与同行业的其他公司、所在行业平均增长率、GDP增长速度等相比较，来判断是否属于成长性公司和具有发展潜力的公司。

3. 销售额的稳定性

在其他条件相同的情况下，公司若能保持稳定的年销售额和销售额年增长率，则公司的盈利水平也能稳定或稳定增长，股息派发也有保证，投资者面临的投资风险将大为下降；相反，年销售额的大起大落必然给投资者带来较大的风险。

4. 公司销售趋势预测

年销售额和销售额年增长率只能说明过去，公司是否能继续保持竞争力和快速增长，还要结合宏观经济状况、行业发展态势、国家产业政策、海内外市场需求等对其销售趋势做出预测。

（二）公司产品分析

1. 产品的竞争优势

（1）成本优势。成本优势是指公司的产品依靠低成本获得高于同行业其他企业的盈利能力。产品的成本优势可以通过规模经济、专有技术、优惠的原材料、低廉的劳动力、科学的管理、发达的营销网络等实现。

（2）技术优势。技术优势是指公司拥有的比同行业竞争对手更强的技术研究与新产品开发能力。在百年未有之大变局时代，科技对经济的贡献超过以往任何朝代，新产品研发能力成为决定公司竞争成败的关键因素。通过比较不同公司的研发费用占销售额比例，可以判断公司的新产品开发能力。

（3）质量优势。由于公司技术能力及管理等诸多因素的差别，不同公司间相同产品的质量是有差别的。需求者在进行购买选择时，产品的质量始终是影响他们购买倾向的一个重要因素。

2. 产品的市场占有情况

产品的市场占有情况可从两个方面进行考察：其一，公司产品销售市场的地域分布情况。从这一角度可将公司的销售市场划分为地区型、全国型和世界范围型。市场地域的范围能大致地估计一个公司的经营能力和实力。其二，公司产品在同类产品市场上的占有率。市场占有率是对公司实力和经营能力较精确的估计。

3. 产品的品牌战略

品牌是商品名称和商标的总称，是用来区分同类货物或劳务的。品牌不仅是产品标识，而且是产品质量、性能、满足消费者效用可靠程度的综合体现。好品牌可以提升产品认知率，培养客户忠诚度。品牌竞争是产品竞争的深化和延伸，当产业发展进入成熟阶段，产业竞争充分展开时，品牌就成为产品及企业竞争力的一个越来越重要的因素。品牌具有产品所不具有的创造市场、联合市场和巩固市场的功能。

（三）公司经营管理能力分析

1. 公司法人治理结构

公司法人治理结构有狭义和广义两种定义。狭义上的公司法人治理结构是指有关公司董事会的功能、结构和股东的权利等方面的制度安排；广义上的公司法人治理结构是指有关企业控制权和剩余索取权分配的一整套法律、文化和制度安排，包括人力资源管理、收益分配和激励机制、财务制度、内部制度和管理，等等。健全的公司法人治理结构至少体现在以下方面：规范的股权结构，有效的股东大会制度，董事会权力的合理界定与约束，完善的独立董事制度，监事会的独立性和监督责任，优秀的职业经理，相关利益者的共同治理等。

2. 公司管理人员的素质

在现代公司里，管理人员不仅担负着对公司生产经营活动进行计划、组织、领导、控制等管理职能，而且从不同角度和方面负责或参与对各类非管理人员的选择、使用和培训工作。因此，管理人员的素质是决定公司能否取得成功的重要因素。一般而言，公司的管理人员应该具备如下素质：一是从事管理工作愿望，二是专业技术能力，三是良好的道德品质修养，四是人际关系协调能力。

3. 公司从业人员的素质

公司业务人员的素质也会对公司的发展起到很重要的作用。作为公司的员工，公司业务人员应该具有如下的素质：专业技术能力、对公司的忠诚度、责任感、团队合作精神和创新能力等。对员工的素质进行分析，可以判断该公司发展的持久力和创新能力。

4. 人事管理效率与企业文化

一个公司的人事管理效率决定着该公司的生产效率和员工能力是否充分发挥，也影响着该公司的公文化。公文化在现代公司中起着越来越重要的作用。

(四) 公司成长性分析

1. 公司经营战略分析

经营战略是公司面对激烈的市场竞争环境，为求得长期生存和不断发展而对公司从事的经营范围、成长方向和竞争对策进行的总体性谋划，它是公司战略思想的集中体现。经营战略具有全局性、长远性和纲领性的特征，它从宏观上规定了公司的成长方向、成长速度及其显现方式。

2. 公司规模变动特征及扩张潜力分析

公司规模变动特征和扩张潜力一般与其所处的行业发展阶段、市场结构、经营战略密切相关，它是从微观方面具体考察公司的成长性。首先，分析公司规模扩张的动力是由供给推动，还是由市场需求拉动，是依靠技术进步，还是依靠其他生产要素等，以此找出公司发展的内在规律。其次，纵向比较公司历年的销售、利润、资产、规模等数据，把握公司的发展趋势是加速发展、稳步扩展，还是停滞不前。

二、公司财务分析

(一) 公司主要的财务报表

上市公司必须遵守财务公开的原则，定期公开自己的财务状况，提供有关财务资料，便于投资者查询。上市公司公布的财务资料中，主要是一些财务报表。在这些财务报表中，最为重要的有资产负债表、利润表和现金流量表。

1. 资产负债表

资产负债表是反映企业在某一特定日期（月末、季末或年末）财务状况的会计报表，表明企业在某一时点上所持有的资产、所负的债务和所有者对净资产的要求权。它是根据“资产＝负债＋所有者权益（净资产）”的会计基本平衡公式，按资产、负债的流动性顺序，按照账户式反映资产、负债和所有者权益之间的内在关系。

2. 利润表

利润表是反映企业一定期间生产经营成果的会计报表，表明企业运用所拥有的资产进行获利的能力。利润表把一定期间的营业收入与其同一会计期间相关的营业费用进行配比，以计算企业一定时期的净利润（或净亏损）。我国一般采用多步式利润表格式，计算步骤如下：

主营业务利润＝主营业务收入－主营业务成本－营业税金及附加

营业利润＝主营业务利润＋其他业务利润－(管理费用＋营业费用＋财务费用)

利润总额＝营业利润＋投资净收益＋营业外收入－营业外支出

净利润＝利润总额－所得税费用

3. 现金流量表

现金流量表反映企业一定期间现金的流入和流出，表明企业获得现金和现金等价物的能力，主要包含经营活动、投资活动和筹资活动产生的现金流量三个部分。

通过经营活动产生的现金流量，可以了解企业在不动用外部筹得资金的情况下，凭借经营活动产生的现金流量是否足以偿还负债、支付股利和对外投资。

通过投资活动产生的现金流量，可以了解企业为获得未来收益和现金流量而导致现金流出的程度，以及以前资源转出带来的现金流入的信息。

通过筹资活动产生的现金流量，可以帮助投资者和债权人预计对企业未来现金流量的要求权以及获得前期现金流入需付出的代价。

（二）公司财务报表分析

一般来说，财务报表分析中较为直观、便捷且具有一定操作性的方法是比较分析法和比率分析法。其中比率分析法是财务报表分析的核心。

比较分析法是指通过将某项财务指标与性质相同的指标进行比较，来提示企业财务状况和经营成果的一种方法。该方法一般用于不同上市公司之间的财务报表分析。

比率分析法是指用比率来反映同一张财务报表的不同项目和不同类别之间，或不同财务报表的有关项目之间各会计要素的相互关系，从中发现企业经营过程中存在的问题并据以评价企业的财务状况的一种分析方法。

比率分析法主要有：变现能力分析、营运能力分析、长期偿债能力分析、盈利能力分析、投资收益分析、现金流量分析等。

1. 变现能力分析

变现能力是公司产生现金的能力，它取决于可以在近期转变为现金的流动资产的多少，是考察公司短期偿债能力的关键。反映变现能力的财务比率主要有流动比率和速动比率。

（1）流动比率：

流动比率＝流动资产÷流动负债

公司能否偿还短期债务，主要看有多少变现能力强的流动资产。如果用流动资产偿还流动负债后有剩余，则为营运资金。一般认为，生产型公司合理的最低流动比率是2（倍）。这是因为流动资产中变现能力最差的存货金额约占其一半。流动比率只有与同行业平均比率、本公司过去流动比率进行比较，才有意义。影响流动比率的主要因素是营业周期、应收账款数额、存货周转速度等。

（2）速动比率：

速动比率＝（流动资产－存货）÷流动负债

速动比率也称酸性测试比率。通常认为正常的速动比率为1（倍），低于1的速动比率被认为是短期偿债能力偏低。不同行业的速动比率会有很大差别，因而没有统一标准的速动比率。例如：采用现金销售的商店，几乎没有应收账款，大大低于1的速动比率是很正常的；相反，一些应收账款较多的公司，速动比率可能要大于1。影响速动比率可信度的重要因素是应收账款的变现能力。账面上的应收账款不一定都能变成现金，实际坏账可能比计提的准备金要多。季节性的变化，也可能使报表的应收账款数额不能反映平均水平。

2. 营运能力分析

营运能力是指公司经营管理中利用资金运营的能力，主要表现为资产管理及资产利用的效率。它可以通过以下指标来衡量。

（1）存货周转率（次数）和存货周转天数：

存货周转率＝营业成本÷平均存货

存货周转天数＝360÷存货周转率

公式中的“营业成本”数据来自利润表，“平均存货”数据来自资产负债表中的“存货”期初数与期末数的平均数。

存货周转率和存货周转天数是衡量和评价公司购入存货、投入生产、销售收回等各环节管理状况的综合性指标。一般来讲，存货周转速度越快，存货的占用水平越低，流动性越强，存货转换为现金或应收账款的速度越快。

（2）应收账款周转率（次数）和应收账款周转天数：

应收账款周转率＝营业收入÷平均应收账款

应收账款周转天数＝360÷应收账款周转率

公式中的“营业收入”数据来自利润表。“平均应收账款”是指未扣除坏账准备的应收账款金额，是资产负债表中的应收账款期初数与期末数及对应坏账准备的平均数。

应收账款周转率反映年度内应收账款转为现金的平均次数。应收账款周转天数也称应收账款回收期或平均收现期，反映公司从取得应收账款的权利到收回款项转换为现金所需要的时间，是用时间表示的应收账款周转速度。

应收账款与存货一样，是企业重要的流动资产，及时收回应收账款，不仅能增强公司的短期偿债能力，也能反映出公司管理应收账款方面的效率。影响应收账款周转率的因素有：季节性经营、大量使用分期付款结算方式、大量使用现金结算的销售、年末销售的大幅度增加或下降等。

（3）流动资产周转率（次数）：

流动资产周转率＝营业收入÷平均流动资产

公式中的“平均流动资产”是资产负债表中的流动资产合计期初数与期末数的平均数。

流动资产周转率反映流动资产的周转速度。周转速度快，会相对节约流动资产，等于相对扩大资产投入，增强公司盈利能力。

（4）总资产周转率（次数）：

总资产周转率＝营业收入÷平均资产总额

公式中的“平均资产总额”是资产负债表中的资产总计的期初数与期末数的平均数。

该项指标反映资产总额的周转速度。周转越快，反映销售能力越强。公司可以通过薄利多销的方法，加速资产的周转，带来利润绝对额的增加。

3. 长期偿债能力分析

长期偿债能力是指公司偿付到期长期债务的能力，通常以反映债务与资产、净资产的关系的负债比率来衡量。

（1）资产负债率：

资产负债率＝负债总额÷资产总额×100％

该比率反映债权人所提供的资本占全部资本的比例，因而也被称为举债经营比率，可用来衡量公司在清算时保护债权人利益的程度。对股东来说，在全部资本利润率高于借款利息率时，负债比例越大越好；否则相反。对债权人来说，负债比例越低越好，这样企业偿债才有保证，贷款不会有太大的风险。而对经营者来说，在借入资本时，必须充分估计可能增加的风险，在两者之间权衡利害得失，做出正确的决策。

注意，不同行业的资产负债率差异很大，所以，计算结果只能与同行业的平均水平相比较。

（2）产权比率：

产权比率＝负债总额÷股东权益总额×100％

该项指标反映由债权人提供的资本与股东提供的资本的相对关系，反映公司基本财务结构是否稳定。一般来说，股东资本大于借入资本较好，但也不能一概而论。比如从股东来看，在通货膨胀加剧时期，公司多借债可以把损失和风险转嫁给债权人；在经济繁荣时期，公司多借债可以获得额外的利润；在经济萎缩时期，少借债可以减少利息负担和财务风险。产权比率高，是高风险、高报酬的财务结构；产权比率低，是低风险、低报酬的财务结构。

资产负债率与产权比率具有相同的经济意义，两个指标可以相互补充。

（3）已获利息倍数：

已获利息倍数＝息税前利润÷利息费用

公式中的“息税前利润”是指利润表中未扣除利息费用和所得税之前的利润，可以用利润总额加利息费用来测算。利息费用是指本期发生的全部应付利息，不仅包括财务费用中的利息费用，还应包括计入固定资产成本的资本化利息。

已获利息倍数是用来衡量企业偿付借款利息的能力，也称利息保障倍数，倍数足够大，公司就有充足的能力偿还借款利息。评价公司已获利息倍数，不仅要与同行业平均水平比较，还要选择公司最低年度的数据作为标准。因为公司在经营不好的年度也要偿还大约等量的债务。

（4）有形资产净值债务率：

有形资产净值债务率＝负债总额÷有形资产净值×100％

有形资产净值是股东权益（净资产）减去无形资产净值和商誉后的余额。

有形资产净值债务率指标实质上是产权比率指标的延伸，其更为谨慎、保守地反映了公司清算时债权人融出的资本受到股东权益的保障程度。指标数值越大，债权人的风险越大，公司长期偿债能力越弱。因为无形资产包括商誉不一定能用来还债，所以将其从分母中扣除。

近年来，随着企业并购重组、做大做强的热情不断高涨，许多上市公司的资产总额中积累了大量的商誉，一旦被并购企业的盈利能力不及预期，收购企业都要计提大额的减值损失，这成为不少公司业绩大变脸的重要原因之一，被比喻为埋在上市公司财报中的地雷。

表 7－3 是截至 2021 年 7 月末部分上市公司商誉占总资产、净资产的比重，由此可知投资这些企业面临的风险。

表 7-3 2021 年 7 月末部分上市公司商誉数据

公司名称	商誉金额（亿元）	商誉/净资产（%）	商誉/总资产（%）
纳斯达	121.99	137.30	32.32
闻泰科技	226.97	76.03	36.71
世纪华通	220.97	74.69	49.95
海航科技	65.63	90.92	5.43
万达电影	46.02	47.47	14.47
我爱我家	48.12	46.02	24.56
美年健康	40.05	53.07	25.32

资料来源：东方财富网

练一练

请思考：你关注的上市公司中，有因商誉导致业绩爆雷的吗？

4. 盈利能力分析

盈利能力就是公司赚取利润的能力。一般来说，公司的盈利能力只涉及正常的营业状况。非正常的营业状况也会给公司带来收益或损失，但这只是个别的特殊情况，不能说明公司的能力。因此，投资者在分析公司盈利能力时，应当排除以下因素：证券买卖等非正常项目、已经或将要停止的营业项目、重大事故或法律更改等特别项目、会计准则和财务制度变更带来的累计影响等。

（1）营业净利率：

营业净利率＝净利润÷营业收入×100%

该指标反映每 1 元营业收入带来的净利润，表示营业收入的收益水平。

（2）营业毛利率：

营业毛利率＝(营业收入－营业成本)÷营业收入×100%

该指标表示每 1 元营业收入扣除营业成本后，有多少钱可以用于弥补各项期间费用和形成盈利。营业毛利率是公司营业净利率的基础，没有足够的毛利率便很难盈利。

（3）资产净利率：

资产净利率＝净利润÷平均资产总额×100%

该指标反映公司资产利用的综合效果。指标越高，表明资产的利用效率越高，说明公司在增加收入和节约资金使用等方面取得了良好的效果；否则相反。评价时，可与公司前期、行业平均水平和先进公司进行对比，以分析差异原因。

（4）净资产收益率（ROE）：

净资产收益率（ROE）＝净利润÷平均净资产×100%

净资产收益率也称权益报酬率，该指标越高，说明公司给投资者创造的收益越多；反之亦然。作为判断上市公司盈利能力的一项重要指标，净资产收益率一直受到证券市场参与各方的极大关注，具有很强的综合性。

5. 投资收益分析

截至 2021 年末，我国证券市场的上市公司已超过 4 600 家，投资人要想从中选出满意的股票，进行投资收益分析十分重要。投资收益分析中，常用指标如下所示：

（1）普通股每股收益（EPS）：

普通股每股收益（EPS）＝净利润÷发行在外的年末普通股总数

该指标反映了普通股的获利水平。分析时，可与同行业其他公司比较，以评价其相对盈利能力；与公司不同时期比较，以了解盈利能力变化趋势。在此要强调的是，每股收益多，不一定意味着分红多，分红取决于公司的股利分配政策。

（2）每股净资产：

每股净资产＝期末净资产÷发行在外的年末普通股份总数

该指标也称为每股账面价值或每股权益，反映发行在外的每股普通股所代表的净资产成本，即账面权益。投资分析时，只能有限使用这个指标，因其是用历史成本计量的，既不反映净资产的变现价值，也不反映净资产的产出能力。每股净资产在理论上提供了股票的最低价值。

（3）市盈率（P/E）：

市盈率（P/E）＝每股市价÷每股收益

市盈率也称本益比，反映投资者为每 1 元净利润所愿支付的价格，可以用来估计公司股票的投资报酬和风险，是市场对公司的共同期望指标。一般说来，市盈率越高，表明市场对公司的未来越看好。在市价确定的情况下，每股收益越高，市盈率越低，投资风险越小；反之亦然。在每股收益确定的情况下，市价越高，市盈率越高，风险越大；反之亦然。

使用市盈率指标时应注意：①该指标不能用于不同行业公司的比较，充满扩张机会的新兴行业市盈率普遍较高，而成熟行业的市盈率普遍较低，这并不能说明前者的股票没有投资价值。②在每股收益很小或亏损时，市价不会降至零，很高的市盈率往往不能说明任何问题。③市盈率受市价的影响，影响市价变动的因素很多，包括投机炒作等，因此要灵活、辩证地使用市盈率指标。

（4）市净率（P/B）：

市净率（P/B）＝每股市价÷每股净资产

市净率表明股价以每股净资产的多少倍在流通转让，进而评价股价相对于每股净资产而言是否被高估。因为每股净资产是投资者在企业破产时所能获得的最低保障和底线，所以市净率越小，说明证券的投资价值越高，证券价格的支撑越有保证；反之亦然。

每股净资产是用历史成本计量的，每股市价是这些资产的现在价值，它是投资者竞价的结果。市净率大于 1，说明投资者看好公司资产的盈利能力；反之亦然。市净率小于 1 的股票，就像售价低于成本的商品一样，属于“处理品”。当然，“处理品”也不是没有购买价值，关键在于该公司今后是否有转机，或者购入后经过资产重组能否提高获利能力。

（5）股利支付率：

股利支付率＝每股股利÷每股收益

该指标主要反映公司股利分配政策和支付股利的能力。

6. 现金流量分析

现金流量分析是在现金流量表出现以后发展起来的，其方法体系并不完善，一致性也不充分。现金流量分析不仅要依靠现金流量表，还要结合资产负债表和利润表。分析时，可把各指标的计算结果与同行业平均水平相比，以判断其现金流量是否正常。

(1) 流动性分析：所谓流动性，是指将资产迅速转变为现金的能力。一般来讲，真正能用于偿还债务的是现金，因此分析现金流量可以更好地反映公司偿债能力。

①现金到期债务比：

现金到期债务比＝经营现金净流量÷本期到期债券

公式中，“经营现金净流量”是现金流量表中的经营活动产生的现金流量净额，“本期到期债务”是指本期到期的长期债务和本期应付的应付票据，通常这两种债务是不能展期的，必须如数偿还。

②现金流动负债比：

现金流动负债比＝经营现金净流量÷流动负债

③现金债务总额比：

现金债务总额比＝经营现金净流量÷负债总额

这三项指标的比值越高，说明公司偿付债务的能力越强。同时，该比值也体现了企业最大付息能力。

(2) 获取现金能力分析：获取现金能力可通过经营现金净流入和投入资源的比值来反映。其中，投入资源可以是营业收入、资产总额、营运资金、净资产或普通股股数等。

①营业现金比率：

营业现金比率＝经营现金净流量÷营业收入

公式中的“营业收入”是指营业收入和应向购买者收取的增值税销项税额。该比率反映每 1 元营业收入得到的净现金，其数值越大越好。

②每股营业现金净流量：

每股营业现金净流量＝经营现金净流量÷普通股股数

该指标反映公司最大的分派股利能力，超过此限度，就要借款分红。

③全部资产现金回收率：

全部资产现金回收率＝经营现金净流量÷资产总额

该指标说明公司资产产生现金的能力，其数值越大越好。

三、公司重大事项分析

证券投资中，上市公司的许多非基本面和财务信息，对股票价格的影响也很大，需要投资者经常关注其信息披露，及时发现机会或风险，以趋利避害，例如上市公司重大事项。上市公司重大事项包括再融资、资产重组、业绩预报、投资、技术改造、分配以及重大人事变动等。这些事项一般会对股价走势产生正面、负面或中性的影响。普通投资者可重点关注资产重组、定向增发、“高送转”、预盈预增或预亏预减、大股东或高管增持与减持等可对股价可能产生的影响。

（一）资产重组

资产重组是指企业资产的拥有者、控制者与企业外部的经济主体进行的，对企业资产的分布状态进行重新组合、调整、配置的过程，或对设在企业资产上的权利进行重新配置的过程。

根据我国证券市场的约定俗成，一般可以把上市公司资产重组分为四大类，即：（1）收购兼并；（2）股权转让，包括非流通股的划拨、有偿转让和拍卖等，以及流通股的二级市场购并（以公告举牌为准）；（3）资产剥离或所拥有股权出售，是指上市公司将企业资产或所拥有股权从企业中分离、出售的行为；（4）资产置换，包括上市公司资产（含股权、债权等）与公司外部资产或股权互换的活动等方式。

A股市场对重组题材的炒作大多是非理性的。如果是注入优质资产，资产重组能够快速改善上市公司的经营状况，股价一般会大涨；反之则下跌。如2017年下半年，三六零安全科技股份有限公司（601360.SH）通过收购江南嘉捷电梯股份有限公司，实现借壳上市，致使后者的股价由不足10元爆涨到60元以上，之后开始长达4年的下跌，至2022年中，股价已调整至10元以下。

案　例

资本大佬清仓宁波银行，获利超60亿元

2020年2月5日晚间，宁波杉杉股份有限公司（简称杉杉股份）公告称，1月6日至2月5日，公司通过深交所集中竞价交易方式出售了所持有的宁波银行870.88万股，成交金额约3.4亿元。本次出售后，杉杉股份不再持有宁波银行股份。

作为宁波银行的原始股东之一，杉杉股份对该行的入股成本不到1.82亿元。但从2014年底首次减持直至如今的清仓，杉杉股份已累计实现减持收益（税前）约54亿元，并取得现金分红收益（税前）超过6.5亿元，合计投资收益率超过33倍。合计投资收益达60.5亿元。

此外，杉杉股份全资子公司宁波创投还在2020年出资4亿元，通过单一资管计划参与宁波银行增资扩股，合计认购近1 900万股。据公告，这部分股份已于2020年11月16日至12月底出售完毕，获得投资收益约2.2亿元。

杉杉股份起于服装业务，后逐渐组建起新能源科技、医疗健康、贸易物流、旅游休闲、金融投资等产业于一体的多元化产业集群。2019年后聚焦锂电材料，2020年6月，作为国内锂电材料龙头之一，杉杉股份又宣布拟以7.7亿美元（约合人民币54亿元）收购LG化学旗下LCD偏光片业务及相关资产，进军LCD市场。

据悉，此次跨行布局面板领域，主要是由于杉杉股份新能源业务的增速下滑。公告中也指出，此次重大资产重组事宜完成后，能够降低锂电材料市场波动对公司经营业绩的影响，公司将实现剥离服装业聚焦单主业后再次变成双主业发展。

在杉杉股份看来，目前我国已成为全球最大、增长速度最快的LCD市场，受益于我国下游面板行业的迅速发展，作为面板的核心材料之一的偏光片需求量稳步增长，

通过资产并购进入LCD偏光片领域，有望增强公司的整体竞争力和可持续发展能力。借由此次收购，杉杉股份将得以继承原LG化学占据的行业领先地位，进入全球仅由少数几家公司主导的LCD偏光片市场。

资料来源：http://finance.eastmoney.com/a/202102061805146294.html

（二）定向增发

定向增发（又称为非公开发行）是指上市公司向符合条件的少数特定投资者非公开发行股票的行为。定向增发对股价的影响：

（1）如果增发对象为战略投资者或企业集团，有望使公司的估值水平提高，则会带动二级市场股价上涨。

（2）如果增发对象为大股东，以现金认购，表明大股东对上市公司发展具有信心，则能够对股价产生正面的影响。

（3）如果增发，募集资金投资项目较好且建设期较短，则明显利好。

（4）如果计划定向增发的公司股价跌破增发底价，则可能出现大股东刻意拉升股价，这会构成定向增发的短线利好。

（三）"高送转"

"高送转"一般是指上市公司大比例送红股或大比例以资本公积转增股本。这实质是股东权益的内部结构调整，对净资产收益率没有影响，对公司盈利能力也没有任何实质性影响。"高送转"对股价和公司的影响有：

（1）有些上市公司选择"高送转"方案，表明公司对业绩的持续增长充满信心，处于快速成长期，有助于保持良好的市场形象。这种情况下对公司股价构成利好。

（2）有些股价高、股票流动性差的上市公司，也可能通过"高送转"降低股价，达到增强股票流动性的目的。这种情况就可能面临下一年度因净利润与股本扩张不同步而降低每股收益的风险。

（四）预盈预增或预亏预减

预盈预增是指发布正式财务报告之前，公布净利润同比预计增长的金额及比例。预亏预减是指发布正式财务报告之前，公布净利润同比预计亏损的金额及比例。预亏预减的股票风险比预盈预增的股票大得多。

（1）若公司原来业绩较差，即使预盈预增幅度较大，也难以刺激股价上涨。

（2）扭亏为盈的公司股价常常会强于那些原本绩优的公司股价。

（3）若在预盈预增之前股价已大幅度上涨，就不宜盲目追高。

（五）大股东或高管增持与减持

大股东或高管，作为公司重大决策的参与者或内部信息知情人，其行为有时会对公司股价产生较大影响。例如：涉及违纪违法、刑事犯罪，高管的家庭事务等。

大股东或高管如果在公司股价低位时，较多增持本公司股票，对股价走势产生正面影响；如果是很少量的象征性增持，有可能是假增持真减持，大股东或高管如果较多减持本公司股票，则对股价走势产生负面影响。

案　例

一条“寻夫”微博砸掉市值23亿元

上市公司老板娘全网“寻夫”，竟然惊动交易所。

2021年3月12日午间，上海证券交易所披露，向丽人丽妆（605136.SH）就相关媒体报道事项发出监管工作函，涉及对象是上市公司董事、控股股东及实际控制人黄韬。

自3月8日以来，疑似丽人丽妆老板娘全网“寻夫”事件持续发酵，引发全网热议。“三八妇女节”当天，注册名为“丽人丽妆翁淑华”的微博用户发文表示，被迫喊丈夫“回家”。据该用户的简介显示，翁淑华是丽人丽妆的001号员工，其“寻找”的人正是丽人丽妆的董事长黄韬。

受此影响，丽人丽妆股价遭受重挫，随后的2个交易日内大跌超17%，总市值蒸发超23亿元，持有丽人丽妆股票的4.2万股东非常无奈：“两口子吵架，股民买单。”

3月11日，黄韬终于发声表示，司法的事情司法解决，他们更相信法律，大家看到的并不是真相，当前不方便回应舆论关切的问题是因为丽人丽妆即将披露年报。

资料来源：http://finance.eastmoney.com/a/202103121842174956.html

同步训练

一、单项选择题

1. 下列能够反映上市公司变现能力的指标是（　　）。

A. 流动比率　　B. 存货周转率

C. 资产负债率　　D. 利息保证倍数

2. 下列属于扩张性财政政策的是（　　）。

A. 政府降低税率　　B. 政府减少购买支出额度

C. 政府提高利率　　D. 政府减少投资

3. 下列财政、货币政策中，通常会造成股价上升的是（　　）。

A. 中央银行提高法定存款准备金率

B. 中央银行提高再贴现率

C. 中央银行通过公开市场业务大量买入证券

D. 政府大幅提高税率

4. 一般来说，宽松的财政政策会导致证券价格（　　）。

A. 上涨　　B. 下跌　　C. 不变　　D. 先涨后跌

5. 影响证券市场长期走势的因素是（　　）。

A. 利率　　B. 汇率　　C. 货币政策　　D. 宏观经济

6. 我国中央银行用（　　）符号代表广义货币供应量。

A. M0　　B. M1　　C. M2　　D. M2－M1

7. 食品业、医药和公用事业属于（　　），是经济衰退时期最佳投资品。

A. 增长性行业　　B. 周期性行业　　C. 防守性行业　　D. 成长性行业

8. 下列关于行业的周期性分析错误的是（　　）。

A. 防守性行业主要依靠技术进步、新产品推出及更优质的服务，使其经常呈现出增长形态

B. 防守性行业的产品需求相对稳定，需求弹性小，经济周期处于衰退阶段对这种行业的影响也比较小

C. 经济上升时期，周期性行业会紧随其扩张；经济衰退时，周期性行业也衰落，且行业收益的变化幅度往往会夸大经济的周期性

D. 在经济高涨时，增长性行业的发展速度通常高于平均水平；在经济衰退时期，其所受影响较小甚至仍能保持一定的增长

9. 下列反映企业经营状况的财务指标中，投资者通常最关注的是（　　）。

A. 营业收入　　B. 利润总额　　C. 毛利率　　D. 净资产收益率

10. 某公司股票市价为25元/股，当年收益为0.5元/股，则该股票的市盈率为（　　）。

A. 50%　　B. 25%　　C. 50　　D. 25

二、多项选择题

1. 市场利率变化影响股票价格的途径包括（　　）。

A. 利率下降，投资者能以低利率借入资金，增加对股票的需求，股票价格上涨

B. 利率下降，对固定收益证券需求减少，资金流向股票市场，股票价格上涨

C. 利率下降，部分资金流向储蓄、债券等收益固定的金融工具，对股票需求减少，股价下降

D. 利率下降，利息负担减轻，公司净利润增加，股票价格上涨

2. 当中央银行提高法定存款准备金率时（　　）。

A. 商业银行可运用的资金减少

B. 贷款能力变弱

C. 货币乘数变大

D. 市场货币流通量减少

3. 货币政策工具主要有（　　）。

A. 法定存款准备金率　　B. 再贴现率

C. 公开市场业务　　D. 利率和汇率政策

4. 下列关于行业初创阶段的说法，正确的是（　　）。

A. 在这一阶段，只有为数不多的投资公司投资于这个行业

B. 这类企业更适合稳健型投资者而不适合投机者

C. 创业公司的研究和开发费用较高

D. 初创阶段后期便逐步由高风险、低收益迈入低风险、高收益的成长期

5. （　　）是财政政策手段。

A. 国债　　B. 再贴现政策

C. 转移支付制度　　　　D. 规定信用配额

三、计算题

某公司2020年年末发行在外的普通股为400万股，财务报表主要资料如表7-4、表7-5所示：

表7-4　资产负债表

编制单位：某公司　　　　2020年12月31日　　　　单位：万元

项　目	期初数	期末数	项　目	期初数	期末数
流动资产：			流动负债：		
货币资金	25	50	应付账款	209	200
应收账款	200	400	应付票据	4	5
存　货	326	119	长期负债：		
长期投资：			长期借款	245	450
长期股权投资	45	45	负债合计	458	655
固定资产：			股东权益：		
固定资产原价	1 617	2 000	实收资本（或股本）	500	500
减：累计折旧	662	762	资本公积	10	16
固定资产净值	955	1 238	未分配利润	583	681
			股东权益合计	1 093	1 197
资产总计	1 551	1 852	负债及股东权益合计	1 551	1 852

表7-5　利 润 表

编制单位：某公司　　　　2020年12月31日　　　　单位：万元

项　目	上年实际数	本年实际数
一、营业收入	2 850	3 000
减：营业成本	2 503	2 644
税金及附加	28	28
加：其他业务利润	36	20
减：销售费用	20	20
管理费用	40	46
财务费用	96	110
资产减值损失	—36	—30
加：公允价值变动收益		
投资收益	24	40
二、营业利润	223	210
加：营业外收入	17	10
减：营业外支出	5	20
三、利润总额	235	200
减：所得税	75	64
四、净利润	160	136

要求：请依据以上数据，选择正确答案。

1. 公司的流动比率是（　　）。

A. 2.78　　B. 2.53　　C. 2.20　　D. 1.56

2. 公司的速动比率是（　　）。

A. 2.78　　B. 2.53　　C. 2.20　　D. 1.56

3. 公司的存货周转率是（　　）。

A. 8.11　　B. 11.88　　C. 11.24　　D. 22.22

4. 假设期初、期末坏账准备为0，公司的应收账款周转率是（　　）。

A. 7.5　　B. 9.5　　C. 10　　D. 15

5. 公司的流动资产周转率是（　　）。

A. 5.01　　B. 5.44　　C. 5.27　　D. 5.36

6. 公司的总资产周转率是（　　）。

A. 1.76　　B. 1.62　　C. 1.84　　D. 1.94

7. 公司的资产负债率是（　　）。

A. 29.53%　　B. 35.37%　　C. 32.71%　　D. 24.73%

8. 公司的产权比率是（　　）。

A. 54.72%　　B. 41.90%　　C. 59.93%　　D. 48.32%

9. 公司的已获利息倍数是（　　）。

A. 1.82　　B. 2.82　　C. 2.18　　D. 2.55

10. 公司的营业净利率是（　　）。

A. 5.67%　　B. 6.67%　　C. 4.53%　　D. 10.93%

11. 公司的营业毛利率是（　　）。

A. 12.18%　　B. 11.19%　　C. 10.93%　　D. 11.87%

12. 公司的资产净利率是（　　）。

A. 7.99%　　B. 11.75%　　C. 9.99%　　D. 19.28%

13. 公司的每股净资产是（　　）元。

A. 3.12　　B. 2.99　　C. 2.28　　D. 3.46

14. 公司的普通股每股收益是（　　）元。

A. 0.32　　B. 0.25　　C. 0.34　　D. 0.40

四、简答题

1. 全球化下，国外金融市场的波动是如何影响到中国证券市场的？

2. 2020年新冠肺炎疫情暴发后，各国采取了什么样的财政政策与货币政策来减缓社会经济下行？

3. “十四五”计划期间，我国哪些行业将会面临投资机会？为什么？

4. 行业排名居前的上市公司股票往往会受到机构投资者的关注，试分析其原因。

5. 上市公司的哪些非财务信息容易引发投资者的关注？为什么？

实训拓展

实训项目：证券投资基本面分析

1. 实训目的

（1）学会通过多种渠道获取宏观经济、行业运行数据和宏观经济政策的主要内容，能初步判断其对证券市场价格走势的影响，能结合实际情况，通过行业分析确定重点投资的行业领域。

（2）学会收集上市公司财务数据，能对某类股票进行财务比较分析，为制定投资方案提供依据。

2. 实训学时

2 课时。

3. 实训准备

（1）实训知识准备：证券投资基本面分析。

（2）实训材料准备：互联网、计算机、证券分析软件。

4. 实训方法与内容

（1）实训方法：上网查找资料，运用所学到的知识进行分析。

（2）实训内容：收集宏观经济、财政政策、货币政策、行业规划数据，分析其对股市中长期趋势的影响；建立自选股票池，对其中的股票进行财务比率分析，从中选出较优秀的公司进行模拟投资。

项目八

证券投资技术分析

- 证券投资技术分析
  - 技术分析概述
    - 技术分析的概念和作用
    - 技术分析的假设基础
    - 技术分析的四个要素
    - 技术分析的特点
  - 技术分析的主要理论
    - 道氏理论
    - 波浪理论
    - K线理论
    - 切线理论
    - 形态理论
    - 缺口理论
  - 技术分析的主要技术指标
    - 趋势型指标
    - 超买超卖型指标
    - 人气型指标
    - 大势型指标

知识目标

1. 理解技术分析的概念、假设、要素，以及技术分析的特点；

2. 理解K线的意义，掌握K线的画法；

3. 理解趋势、支撑、压力、突破的内涵，掌握趋势线的画法、支撑和压力位的确定方法、突破的判断方法；

4. 理解葛兰维尔八大法则，掌握多头排列（黄金交叉）、空头排列（死亡交叉）的形状及特征；

5. 掌握主要的反转突破形态与持续整理形态；

6. 掌握MACD等四大常用技术指标的内涵及用法，了解其他非常用技术指标。

能力目标

1. 能对技术分析有初步认识，对其假设、要素有所感悟；

2. 能依据K线图分析、判断大盘和个股短期内多空双方力量对比，并能较为准确地预测证券价格短期走势；

3. 能准确判断大盘和个股的支撑位和压力位，能准确判断突破的真伪，并据此提出操作策略；

4. 能熟练运用葛兰维尔八大法则、多空排列等均线分析方法研判个股买卖时机；

5. 准确判断股价形态并据此提出操作策略；

6. 熟练应用MACD等主要技术指标研判个股买卖时机。

案例导读

技术分析是科学还是玄学

技术分析派认定股价波动具有趋势性与规律性，基本分析派与随机漫步派则否定股价波动具有趋势性与规律性。众所周知，科学是揭示规律的一门学问。技术分析揭示的是何种规律?

基本分析派大多持“股市趋势不可知”的理念。例如，彼得·林奇认为：尝试预测股市未来一两年的走势，根本是不可能的。再如，巴菲特也说过：“让我再重申一遍，对我而言未来永远是不明白的。”一个人可以“预言”股市的趋势，就好像一个人能够预测一只鸟飞离树梢时将向哪里飞走一样，但那是一种猜测而非分析。既然巴菲特认定股市趋势无规律，不可预测，那么他当然不相信技术分析具有什么科学性了。他甚至挖苦说：“我们一直觉得股市预测的唯一价值在于让算命先生从中获利。”

随机漫步派也认定“股市趋势不可期”，技术分析的有效性和掷硬币的结果差不多，即50%左右。他们认为，股价波动如同随机漫步，上升与下跌的概率差不多。技术预测的准确度恐怕也会服从于概率论的“大数定理”。

但据对投资者的调查，技术分析预测市势的准确度在60%～70%。技术分析是基于历史数据、心理学和概率论等预测市场趋势的一种方法，介乎于模糊性规律与经验性规律之间，肯定不会“放之四海而皆准”，更不是点石成金的金手指。我们不能因为认知有限，就说技术分析是“算命打卦”。任何一种分析理论或方法都不能拟定出永远正确的投资策略。

技术分析既具有一定玄奥性，也具有一定的科学性，其应用更是一门艺术，需要高度熟练的技巧，应辩证地看待技术分析的作用。世界上许多事情之间的关系并非简单的非此即彼，而是复杂的互相关联、互相补充的关系。

资料来源：http://money.163.com/08/1229/17/4UBMJIES002533T0.html

任务一　技术分析概述

技术分析是证券投资分析的重要方法，作为证券市场最古老的分析方法，其理论是众多证券投资者在进行证券投资的实践中总结出来的，是经过无数次验证的。它对于提高证券投资者的判断能力有很大的帮助，可以帮助投资者预测市场未来发展变化趋势，避免明显的错误。对技术分析的掌握和运用程度，有时会直接影响到证券市场投资者的切身利益。

一、技术分析的概念和作用

技术分析是以证券市场过去和现在的市场行为为分析对象，应用数学和逻辑的方法，探索出一些典型变化规律，并据此预测证券市场未来变化趋势的分析方法。它凭借图表和各种指标来解释、预测市场的未来走势，强调心理因素对证券价格走势的影响。利用技术分析做买卖决策的时候，投资者不需要花费时间、精力去做谨慎周密的宏观分析和行业、公司研究，甚至无需知道公司的名称。投资者只要坐在电脑前面，研究该证券价格走势和价格所表现的各种指标和图表，就能够从中把握买卖的时机。

技术分析的理论和方法有多种，主要有道氏理论、波浪理论、K线理论、切线理论、形态理论和缺口理论。技术分析深受证券、期货市场投资者的青睐，其作用如下：

（1）技术分析所采用的原始数据，如价格、成交量等，可以反映市场变动的内在原因，不论是基本的供求关系，还是政治因素、市场心理因素，最终都反映在市场价格和成交量的变动上。

（2）技术分析可以从市场的历史行为中推演出市场趋势未来发展轨迹，从而使投资者能顺势投资。

（3）投资者应充分利用技术分析提供的精确的买卖时机信号，若使用得当，可以使投资者获益不少。

二、技术分析的假设基础

技术分析在19世纪末产生的初期，纯粹是人们的一种经验总结，但随着技术分析的不断普及和研究的不断深入，方法不断得到充实、完善和发展，并逐步形成了一套颇为复杂的体系。一般来说，技术分析作为一种理论体系是建立在以下三大假设基础上的，即市场行为包含一切信息、价格沿趋势运动并保持趋势以及历史会重演。

（一）市场行为包含一切信息

该假设是进行技术分析的基础。其主要思想是：任何一个影响证券市场的因素，包括经济的、政治的、心理的或信息的，最终都必然体现在股票价格变动上。因此，投资者只需关心这些因素对市场行为的影响结果，而不必去分析影响证券价格变动的所有因素，从而可节省时间和精力。

（二）价格沿趋势运动并保持趋势

该假设是进行技术分析的最根本、最核心的因素。其主要思想是：证券价格的变动是有一定规律的，即保持原来运动方向的惯性，在市场力量没有根本性、质变逆转的时候，不要轻言趋势已经结束、盲目断言市场的顶部或底部，从而反向逆势操作。这也是技术分析专家最为看重的投资原则——顺势而为——的科学理论依据。

（三）历史会重演

该假设是从交易者的心理因素方面考虑的。市场中进行具体买卖的是人，是由人决定最终的操作行为。由于人类心理行为模式具有遗传性特征，因此在市场具备相似情况和波动趋势时，投资者倾向于采取相同的心理和行为进行应对，从而使市场的各种现象表现出与历史现象具有相互类似的重演特征。具体在证券市场上，一个人在某种情况下按照一种方法进行操作取得成功，那么以后遇到相同或相似的情况，就会按同一方法进行操作；如果失败了，以后就不会按前一次的方法操作。证券市场的某个市场行为给投资者留下的阴影或快乐是会长期存在的。

技术分析的三个假设有合理的一面，也有不尽合理的一面。例如：第一个假设是市场行为包括一切信息，但市场行为反映的信息同原始的信息毕竟有一些差异，信息损失是必然的。正因为如此，在进行技术分析的同时还应该适当进行一些基本分析和别的方面的分析，以弥补不足。因此，技术分析法由于说服力不够、逻辑关系不够充分引起不同的看法与争论。

三、技术分析的四个要素

技术分析主要研究证券的市场行为，即价格、成交量、时间、空间。这几个要素的具体情况和相互关系是进行正确分析的基础。

（一）价格和成交量是市场行为最基本的表现

价格和成交量作为市场行为最基本的表现，两者之间的对应关系存在着一定的规律。

一是价升量增、价跌量减。当股价从底部开始启动时，部分先知先觉的投资者捕捉到这一信号开始提前进入，从而使得股价形成向上趋势，一旦趋势形成势必会吸引更多的投资者跟进，从而表现为价格进一步抬高、成交量进一步放大。相反，当股价由上升转为下降时，投资者的心态变得悲观从而多数采取观望的态度，表现在市场行为上即是价跌量减。在这一规律中价升量增更具有普遍性，而价跌量减则有时不太明显。

二是价升量不增、行情难长久。这条规律是上条规律的自然结果。成交量是股价上升的动力，如果股价上升而成交量没有有效放大，即是多方量能不足，那么这种升势肯定不能持续多久。

三是高位放量、行情到顶。随着股价的上升，市场多空双方的力量对比不断地发生着变化，多方买入的动力越来越小，同时持股者卖出股票的动力越来越大，当股价到达一定高度，持股者会集中卖出获利，那么这种价格处于高位的大成交量也就意味着一次行情的结束，故高位放量、行情到顶。

四是低位放量、行情启动。股价经过长时间的下跌到达一定低位后，空方动能消耗殆尽而多方的动能开始积聚，表现在成交量上有一个温和的放大过程，所以低位放量往往意味着一个新行情的开始。

当然，价量之间还存在着其他类型的规律性关系。技术分析者非常重视成交量，认为成交量是价格的先行指标，当成交量放大时价格迟早会跟上来，当价格上升而成交量不放大时，价格迟早会回落。从这个意义上来说，“价格是虚的，只有成交量才是真实的”。

（二）时间和空间是市场潜在能量的表现

证券技术分析中的时间，是指完成某个过程所经过的时间长短，一般是指一个波段或一个升降周期所经过的时间。时间在进行行情判断时有着很重要的作用。时间要素主要体现在，人们完成任何一种行为必须有一定的时间才行。一个已经形成的趋势在短时间内不会发生根本改变，中途出现的反方向波动，对原来趋势不会产生太大的影响。一个形成了的趋势又不可能永远不变，经过了一定时间又会有新的趋势出现。每个事物都有自己的循环周期，该循环周期不断制约着事物的变化和发展，这就是循环周期理论。在股市中，时间更多地与循环周期理论相联系，反映市场起伏的内在规律和事物发展的周而复始的特征，体现了市场潜在的上升或下降的能量的大小。上升或下降幅度越大，潜在能量越大；反之，潜在能量越小。

技术分析中的空间是指一个市场波动周期内价格运动的最高点与最低点间的距离。在市场中，对于时间长的周期，今后的价格将要经过的变化过程也应该长，价格变动的空间也会大；对于时间短的周期，今后的价格变化过程和变化幅度会小。通常情况下，时间长、波动空间大的过程，对今后价格趋势的影响和预测作用较大；时间短、波动空间小的过程，对今后价格趋势的影响和预测作用较小。

知识链接

涨跌停板制度下量价关系分析

由于涨跌停板制度限制了股票一天的涨跌幅度，使多空双方的能量得不到彻底的宣泄，容易形成单边市。很多投资者存在“追涨杀跌”的意愿，在股价接近涨幅或跌幅限制时可能经不起诱惑，挺身“追涨”或“杀跌”，形成涨时助涨、跌时助跌的趋势。

在实行涨跌停板制度下，大涨（涨停）和大跌（跌停）的趋势继续下去，是以成交量大幅萎缩为条件的。如果某只股票在涨停板时成交量不多，很可能是卖方目标高远，不愿意以此价位抛出，买方买不到。次日，买方会继续追买，因而股价会续涨。然而，当涨停后中途打开，且成交量放大，则说明卖方的抛售意愿加大，买卖力量发生变化，下跌有望。类似地，如果某只股票跌停而成交量不多，很可能是买方希望明天以更低价格买入，结果在缺少买盘的情况下跌势不止。然而，如果收盘仍为跌停，但中途曾被打开，且成交量放大，则说明有主动性买盘介入，跌势有望止住，盘升有望。

在涨跌停板制度下，量价分析基本判断为：

（1）涨停量小，将继续上扬；跌停量小，将继续下跌。

（2）涨停中途被打开次数越多、时间越久、成交量越大，反转下跌的可能性越大；同样，跌停中途被打开的次数越多、时间越久、成交量越大，则反转上升的可能性越大。

（3）涨停关门时间越早，次日涨势可能性越大；跌停关门时间越早，次日跌势可能越大。

（4）封住涨停板的买盘数量大小和封住跌停板的卖盘数量大小说明买卖盘力量大小。这个数量越大，继续当前走势的概率越大，后续涨跌幅度也越大。

四、技术分析的特点

（一）技术分析和基本面分析的联系和区别

1. 二者的联系

二者目的都是分析证券的投资价值，为投资者服务。基本面分析可以帮助投资者选择上市公司，选择有增值潜力的证券，而技术分析可以帮助投资者决定证券的买卖时机。两者结合使用，投资者就可以选准投资对象并把握时机，在证券投资中获得收益。

2. 二者的区别

（1）二者的分析依据不同。基本面分析是在搜集各种客观资料的基础上，依据分析者的经济金融知识和经验得出的判断，具有一定的主观性；技术分析是依据市场价格变化规律，采取过去及现在的资料数据，得出将来的行情。

（2）二者的分析方法不同。基本面分析认为市场外部因素影响着证券的价格，着重研究这些外部因素与价格的内在联系和逻辑。技术分析直接从证券市场入手，根据证券的供求、价格和交易量等市场因素，运用统计方法得出某种结论。

（3）二者的投资策略不同。基本面分析侧重于选择有投资价值的公司进行长期投资，忽略短期的价格波动和亏损公司。技术分析侧重于趋势预测，无须知道投资对象的品质，只需在合适的时点买入、卖出，从中获利，具有可操作性。

（二）技术分析的局限性

技术分析所采用的信息都是已经发生的，它相对于行情滞后发展，预测现实走势存在一定的时间差距，由此分析得到的买入卖出信号存在超前或滞后的可能，因此技术分析无法指导投资者进行长期投资。有时候，技术分析会失灵，其数据图形得出的结论与实际情况不相符合，投资者如果照此操作，就会掉入陷阱。

（三）降低技术分析偏差的方法

1. 与基本面分析结合使用

基本面分析是事前分析，即在基本因素变动对证券市场发生影响之前，投资者已经在分析、判断市场的可能走势，从而做出顺势而为的买卖决策。技术分析是事后分析，以历史预知未来，用数据、图形、统计方法来说明问题，不依赖于人的主观判断，一切都依赖于用已有资料做出客观结论。但未来不会简单重复过去，所以仅依靠过去和现在的数据预测未来并不可靠。因此，投资者只有将技术分析与基本面分析结合起来，才能既保留技术分析的优点，又考虑基本因素的影响，提高测试的准确程度。

2. 多种技术分析方法综合研判

技术分析方法多种多样，但每一种方法都有其独特的优势和功能，也有不足和缺陷。没有任何一种方法能概括股价走势的全貌。实践证明，单独使用一种技术分析方法有相当大的局限性和盲目性，甚至会给出错误的买卖信号。为了减少失误，只有将多种技术分析方法结合运用，相互补充、相互印证，才能减少出错的机会，提高决策的准确性。

3. 对每个结论不断进行修正

各种技术分析方法都是前人在特定环境下得到的。随着环境的变化，别人的成功方法在自己使用时却有可能失灵，必须进行修正。

练一练

请思考：投资者应当用什么样的态度看待技术分析的结论？

任务二　技术分析的主要理论

一、道氏理论

道氏理论是技术分析的理论基础，产生于19世纪末20世纪初的美国证券市场，后来的许多技术分析方法的基本思想都来自道氏理论。该理论的创始人是美国人查尔斯·亨利·道。为了反映市场总体趋势，他与爱德华·琼斯创立了著名的道·琼斯指数。作为一名华尔街的财经记者，他在《华尔街日报》上发表了数百篇有关证券市场的文章，后经人们整理成为我们今天所看到的道氏理论。

（一）市场的三个变动趋势

道氏理论认为，虽然市场中的起伏形态各异，但是最终可以将它们划分为三种不同的趋势类型，即主要趋势、次要趋势和短暂趋势。主要趋势像大潮，次要趋势像波浪，短暂趋势则如波纹。

1. 主要趋势

主要趋势是指股价出现长期上涨或者长期下跌趋势，这种单边走势一般持续一段时间，通常为1～4年，其涨跌幅度至少超过20%。道氏理论把主要趋势分为牛市和熊市。股票市场呈现长期涨势时就是牛市，也称为多头市场。在牛市中，股票市场价格平均数的新波峰比前一个波峰高。股票市场呈现长期跌势时就是熊市，也称空头市场。在熊市里，股票市场平均价格的新波谷比前一个波谷低。对美国证券市场研究表明，长期上升趋势比长期下跌趋势持续的时间要长。按照道氏理论，主要趋势的上升或下降通常都分为三个阶段。

(1) 股市的长期上升趋势，即多头市场，主要包括以下三个阶段：

第一个阶段是建仓（积累）阶段。在此阶段，股票价格水平比较低，公众对股票投资缺少信心，但是有远见的投资者意识到股市将要复苏，开始买进悲观者卖出的股票或者减少持有股票的卖出。随着这类投资者的增多，股票价格水平将徐徐回升，绩优股往往回升得较早较快一些。此外，在这一阶段，公司所公布的财务报表显示该公司经营状况尚属一般，投资者对买卖股票存有戒心，因此股票交易并不活跃，但是交易量开始增大。

第二个阶段是稳定上涨阶段。在这一阶段，公司财务报告开始好转，股市已经恢复景气，经济前景乐观，股票价格稳定上升，吸引了投资者的关注，交易量持续增加。

第三个阶段是市场的高峰阶段。在这一阶段，股市一片沸腾，所有的经济和金融消息使投资者振奋，资金大量涌入股市，交易量大幅增加，股价暴涨；公司趁此机会大量发行新股；投机者趁机哄抬，许多无投资价值的股票价格大幅上涨，其价格远远高于其内在价值。当股票市场投机活动开始泛滥，无投资价值的股票价格大幅上涨而有投资价值的股票（绩优股）价格反而稳定下来时，多头市场即将转向空头市场。

(2) 股市的长期下跌趋势，即空头市场，主要包括以下三个阶段：

第一个阶段是出仓或者说分散阶段。在这一阶段，股市上升的趋势已经结束，有远见的投资者预见到股市快要变盘，于是开始抛售持有的股票，促使股价下跌；股价开始的下跌幅度不大，成交量却逐渐减少。

第二个阶段称为恐慌阶段。在这一阶段，股市前景明显趋向不利，大多数的投资者意识到熊市来临，于是加速抛售持有的股票，卖方增多而买方减少，股票价格急剧暴跌，交易量大幅减少，市场处于一片恐慌之中。

第三个阶段是市场低迷阶段。在这一阶段，股市一片悲观，到处都是坏消息，股票价格继续下跌，交易量大幅减少；但是，股价已经停止暴跌，绩优股的下跌幅度较小，投机股的下跌幅度较大，其股价远远低于其内在价值。当这些坏消息消失时，空头市场才会结束，即将转入多头市场。

2. 次要趋势

次要趋势是指在股价上升趋势中发生急剧的下降或者在股价下降趋势中出现的迅速上升，它是在发生主要趋势过程中进行的调整。在主要趋势中，经常会有些中期性波动对主要趋势发生干扰，称为“中期性调整”。

在牛市中，可能出现较大幅度的回落现象，导致市场的短期性低点低于上次的低点，但改变不了股市长期上升的趋势。下跌的幅度通常在上次升幅的1/3～2/3之间，在调整后，股市仍然回到原来的上升趋势。

在熊市中，可能出现较大幅度的回升现象，其短期性高点高于上次的高点，但是其长期下跌没有停止。回升的幅度通常是上次跌幅的1/3～2/3左右，反弹之后，股市将继续下跌。

一般而言，一个多头市场或者空头市场会出现多个次要趋势，持续时间在3周以上、1年以内。次要趋势属于一种正常的市场自我调节，是对以往市场行为的一种修正，常常出现在过度卖出和买入之后。

3. 短暂趋势

短暂趋势是指时间持续几个小时到几天，波动幅度大小不确定的变动趋势，这种变动一般是由消息的好坏及其他技术因素的影响所致，如公司盈利变化、政治影响等。短暂趋势本身没有意义，只不过许多个短暂趋势就构成了股市的次要趋势，它的随机性很大，无法预测其变动幅度。

（二）道氏理论的其他重要观点

（1）市场价格指数可以解释和反映市场的大部分行为，这是道氏理论对证券市场的重大贡献。道氏理论认为收盘价是最重要的价格，并利用收盘价计算平均价格指数。目前，世界上所有的证券交易所计算价格指数的方法大同小异，都源于道氏理论。此外，道氏理论还提出平均价格涵盖一切信息的假设。目前，这仍是技术分析的一个基本假设。

（2）趋势必须得到交易量的确认。在确定趋势时，交易量是重要的附加信息，交易量应在主要趋势的方向上放大。

（3）盘局可以代替中级趋势。

（4）在反转趋势出现之前主要趋势仍将发挥影响。

二、波浪理论

波浪理论是技术分析中又一个经典理论，是运用较多且最难掌握的一种技术分析工具，其全称为艾略特波浪理论。该理论最初由美国人艾略特于1938年首先提出并应用于证券市场，但是当时没有得到社会的广泛承认，其后又有许多研究人员为波浪理论的建立做出了巨大贡献。直到20世纪70年代柯林斯的专著《波浪理论》出版后，波浪理论才正式确立。

艾略特认为，不管是股票还是商品价格的波动，都与大自然的潮汐、波浪一样，一浪跟着一浪，周而复始，具有相当程度的规律性，展现出周期循环的特点，任何波动均有迹可循。因此，投资者可以根据这些规律的波动预测价格未来的走势，在买卖策略上实施使用。

（一）波浪理论的四个基本特点

（1）股价指数的上升和下跌将会交替进行。

（2）推动浪和调整浪是价格波动的两个最基本的形态，而推动浪（即与大市走向一致的波浪）可以分为五个小浪，一般用第1浪、第2浪、第3浪、第4浪、第5浪表示；调整浪也可以划分为三个小浪，通常用a浪、b浪、c浪表示。

（3）在上述八个波浪（五升三跌）完毕之后，一个循环即将完成，走势将进入下一个八波浪循环。

(4) 时间的长短不会改变波浪的形态，因为市场仍会依照其基本形态发展，波浪可以拉长，也可以缩短，但其基本形态永恒不变。

总之，波浪理论也可以用 4 个字来概括：八浪循环。

（二）波浪的形态

图 8－1 是一个八浪的循环过程。那么，如何来划分上升五浪和下跌三浪呢？一般来说，八浪各有其不同的表现和特性。

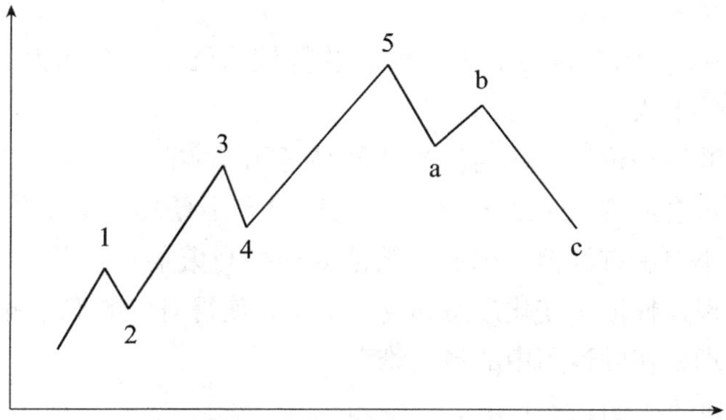

图 8－1　八浪的基本循环图

1. 上升五浪

第 1 浪：几乎半数以上的第 1 浪，属于营造底部形态的第一部分，第 1 浪是循环的开始，由于这段行情的上升出现在空头市场跌势后的反弹和反转，买方力量并不强大，加上空头继续在卖压，在此类第 1 浪上升之后出现第 2 浪调整回落时，其回撤的幅度往往很深。另外，半数的第 1 浪出现在长期盘整完成之后，在这类第 1 浪中，其行情上升幅度较大，依经验来看，第 1 浪的涨幅通常是上升五浪中最短的行情。

第 2 浪：这一浪是下跌浪，由于市场人士误以为熊市尚未结束，其调整下跌的幅度相当大，几乎"吃掉"第 1 浪的升幅，当行情在此浪中跌至接近底部（第 1 浪起点）时，市场出现惜售心理，抛售压力逐渐衰竭，成交量也逐步缩小，第 2 浪调整才会宣告结束，在此浪中经常出现图表中的转向形态，如头肩底、双底等。

第 3 浪：第 3 浪往往是最大、最有爆发力的上升浪，这段行情持续的时间与幅度，经常是最长的，市场投资者信心恢复，成交量大幅上升，常出现传统图表中的突破信号，例如跳空缺口等。这段行情走势非常激烈，一些图形上的关卡，非常轻易地被穿破，尤其在突破第 1 浪的高点时，是最强烈的买进信号，由于第 3 浪涨势激烈，经常出现"延长波浪"的现象。

第 4 浪：第 4 浪是行情大幅劲升后的调整浪，通常以较复杂的形态出现，经常出现"下降三角形"的走势，但第 4 浪的底点不会低于第 1 浪的顶点。

第 5 浪：在股市中第 5 浪的涨势通常小于第 3 浪，且经常出现失败的情况，在第 5 浪中，二、三类股票通常是市场内的主导力量，其涨幅常常大于一类股（绩优蓝筹股），即投资人士常说的"鸡犬升天"，此期市场情绪表现相当乐观。

2. 下跌三浪

a 浪：在 a 浪中，市场投资人士大多数认为上升行情尚未逆转，此时仅为一个暂时的回档现象。实际上，a 浪的下跌，在第 5 浪中通常已有警告信号，如成交量与价格走势背离或技术指标上的背离等，但由于此时市场仍较为乐观，a 浪有时会出现横盘调整或者“之”字形态运行。

b 浪：b 浪表现经常是成交量不大，一般而言是多头的“逃命线”，然而由于是一段上升行情，很容易让投资者误以为是另一波段的涨势，形成“多头陷阱”，许多人在此时期惨遭套牢。

c 浪：c 浪是一段破坏力较强的下跌浪，跌势较为强劲，跌幅大，持续的时间较长久，而且出现全面性下跌。

从以上看来，波浪理论似乎颇为简单和容易运用，实际上，由于其每一个上升、下跌的完整过程中均包含有一个八浪循环，大循环中有小循环，小循环中更有小的循环，即大浪中有小浪，小浪中有细浪，因此使数浪变得相当繁杂和难以把握，再加上其推动浪和调整浪经常出现延伸浪等变化形态和复杂形态，使得对浪的准确划分更加难以界定，这两点构成了波浪理论实际运用中的最大难点。

（三）波浪之间的比例

波浪理论推测股市的升幅和跌幅采取黄金分割率和神奇数字来计算。一个上升浪可以是上一次高点的 1.618，另一个高点又再乘以 1.618，依此类推。另外，下跌浪也是这样，一般常见的回撤幅度比率有 0.326(=0.382×0.618)、0.382、0.5、0.618 等。

（四）波浪理论内容的基本要点

（1）一个完整的循环包括八个波浪，五升三跌。

（2）第 1、3、5 三个推动浪中，第 3 浪不可以是最短的一个波浪。

（3）加入三个推动浪中的任何一个浪为延伸浪，其余两个浪的运行时间及幅度会趋于一致。

（4）黄金分割率、神奇数字组合是波浪理论的数据基础。

（5）经常遇见的回撤率为 0.326、0.382、0.5、0.618。

（6）第 4 浪的底不可以低于第 1 浪的顶。

（7）波浪理论包括三部分：形态、比率及时间，其重要性以排行先后为序。

（8）波浪理论主要反映群众心理。越多人参与的市场，其准确性越高。

（五）波浪理论的不足

波浪理论第一个且最大的不足是应用上的困难，也是学习和掌握上的困难。波浪理论从理论上讲是八浪循环完成一个完整的过程，但是，推动浪的变形和调整浪的变形会产生复杂多变的形态，波浪所处的层次又会产生大浪套小浪、浪中有浪的多层次形态，这些都会使应用者在具体数浪时发生偏差。浪的层次的确定和浪的起始点的确认是应用波浪理论的两大难点。波浪理论的第二个不足是面对同一个形态，不同的人会产生不同的数法，而且都有道理，谁也说服不了谁。例如：一个下跌的浪可以被当成第 2 浪，也可能被当成 a 浪。如果是第 2 浪，那么紧接而来的第 3 浪将是很诱人的；如果是 a 浪，那么这之后的下跌可能是很深的。具体结果如何尚需实践的检验。

三、K 线理论

(一) K 线概述

K 线又称为日本线或蜡烛线，起源于 200 多年前日本的米市。经过上百年的运用和变更，目前已经形成了一整套 K 线分析理论，在实际中得到了广泛的应用，受到了证券市场、外汇市场以及期货市场等各类市场投资者的喜爱。K 线的主要功能在于记录股价过去和现在的走势，以为其他技术方法提供依据。除此之外，K 线分析也能帮助投资者判断多空双方的力量对比，从而对股价未来行情进行预测。

(二) K 线的画法

K 线图的构造分为上影线、下影线以及实体，是将单位时间的开盘价、收盘价、最高价和最低价用蜡烛形连接起来的图形。在 K 线坐标图上，竖轴代表证券的价格，横轴为时间项。

按不同时间，分为日、周、月、年 K 线图及分钟 K 线图等。以日 K 线为例，一日之间的开盘价与收盘价之间以实体表示。收盘价比开盘价低，为阴实体；收盘价比开盘价高，为阳实体。最高价高于实体的上限称为上影线，最低价低于实体的下限称为下影线，均用细线表示（见图 8－2）。

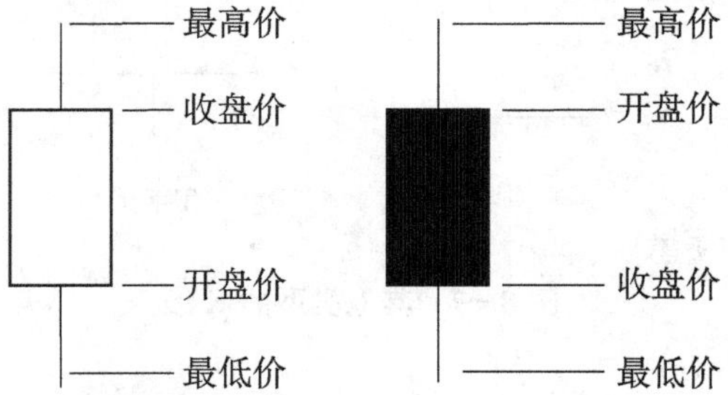

图 8－2　K 线的两种常见形状

(三) K 线的主要形状

以图 8－2 所示的 K 线形状为基础，由于四个价格的不同取值，会产生不同形状的 K 线。

(1)“光头光脚”的 K 线（见图 8－3）。这种 K 线既没有上影线也没有下影线。当开盘价和收盘价分别与最高价和最低价中的一个相等时，就会出现这种 K 线，从左至右分别为“光头光脚”大、中、小阴线和“光头光脚”大、中、小阳线。

(2) 带上影线的 K 线（见图 8－4）。这是没有下影线的 K 线。当开盘价或收盘价正好与最低价相等时，就会出现这种 K 线。从左至右分别为带上影线的大、中、小阴线和带上影线的小、中、大阳线。

(3) 带下影线的 K 线（见图 8－5）。这是没有上影线的 K 线。当收盘价或开盘价正好与最高价相等时，就会出现这种 K 线。从左至右分别为带下影线的大、中、小阴线和带下影线的大、中、小阳线。

（4）带上、下影线的K线（见图8－6）。这是一种最常见的K线，图8－6从左至右分别为带上、下影线的大、中、小阴线和带上、下影线的小、中、大阳线。

（5）其他类型的K线（见图8－7）。这些是不太常见的K线，从左至右分别为十字形（当天开盘价和收盘价相等）、一字形（当天四个价格均相等，出现这种K线一般不是涨停就是跌停）、T字形（当天开盘价、收盘价和最高价相等）和倒T字形（当天开盘价、收盘价和最低价相等）。

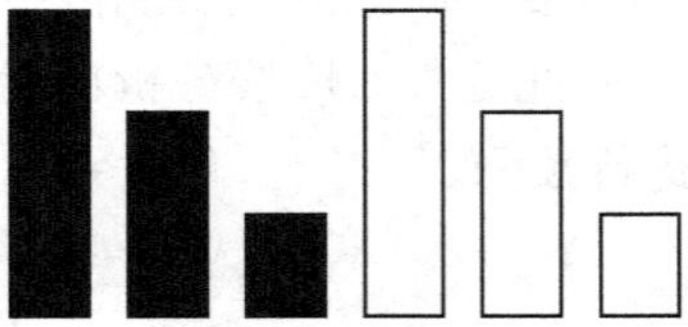
图8－3　光头光脚的K线

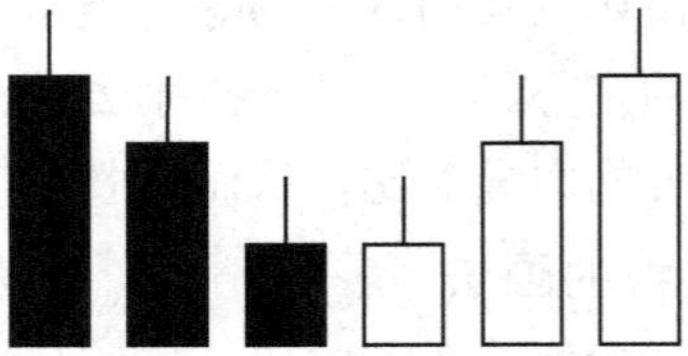
图8－4　带上影线的K线

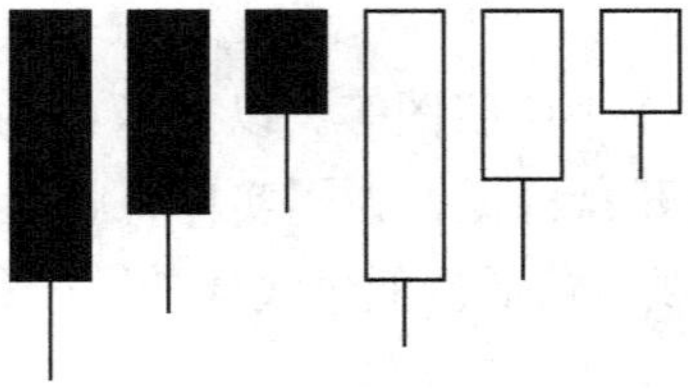
图8－5　带下影线的K线

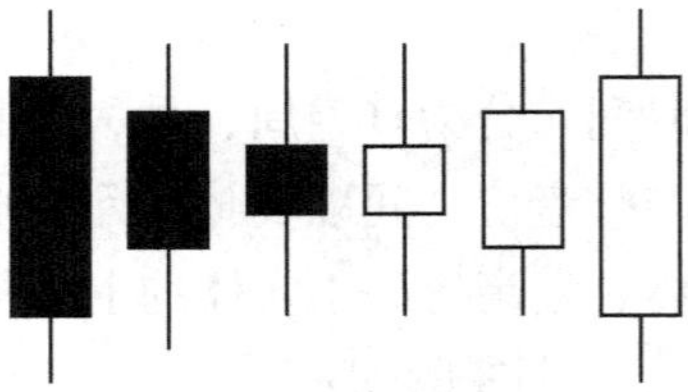
图8－6　带上下影线的K线

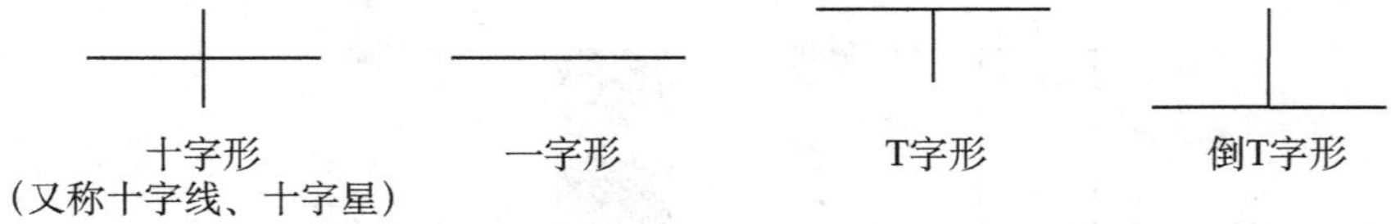

图8－7　其他类型的K线

练一练

根据表8－1的开盘价、收盘价、最低价、最高价画出K线。

表8－1　股票价格列表

时间	1	2	3	4
开盘价	20.84	15.97	15.5	4.97
最高价	21.40	15.97	15.5	5.08
最低价	20.76	15.32	15.5	4.97
收盘价	21.14	15.58	15.5	4.97

（四）K线分析

K线图反映的是一段时间以来买卖双方实际争斗的结果，从中可以看到买卖双方争斗中力量的增减、风向的转变等。因此，熟悉这些K线及其组合对市场走势的分析至关重要。

1. 单根 K 线分析

由于 K 线的类型很多，这里仅就单根 K 线的各个组成部分进行分析，分析要领如下：

第一要看阴阳。K 线的阴阳取决于收盘价。收盘价是多空双方在一天“交战”中最后的均衡点，如果当天的收盘价高于前一天的收盘价，表明多方占优；反之，则空方占优。因此，阴阳代表趋势方向，阳线预示将继续上涨，阴线预示将继续下跌。

第二要看影线长短。上影线由多方推动股价上升，再被空方从上方向下打压而形成，是空方从多方抢得的失地。因此，上影线代表了空方的能量，是股价上升的阻力。下影线由空方推动股价下降，再被多方从下向上攻击而形成，是多方从空方抢得的失地。因此，下影线代表了多方的能量，是股价下降的阻力。上影线越长，说明上涨阻力越大，越不利于股价上涨；下影线越长，说明下方支撑力越大，越不利于股价下跌。

第三要看实体大小，实体大小代表内在动力，实体越大说明获胜方优势明显，上涨或下跌的趋势越是明显，反之则趋势不明显。

第四要看关键 K 线的位置。

股价的短期波动有较大的偶然性，因而，单根 K 线分析不具备太大的技术分析意义。我们应该关注关键位置的 K 线，最典型的关键位置出现的 K 线包括两种：

（1）股价持续下降后出现的大阳线或是有较长下影线的中阳线，显示多方力量的集中爆发以及其在低位的强大支撑。

（2）股价持续上升后出现的大阴线或是有较长上影线的中阴线，显示空方力量的集中爆发以及其在高位的强大压力。

2021 年 5 月至 2021 年 10 月江苏雷利（300660）日 K 线

扫描二维码获取江苏雷利（300660）在 2021 年 5 月至 2021 年 10 月间的日 K 线，注意观察高位和低位的十字星提示的变盘信号。

2. K 线组合分析

K 线组合的情况很多，不过，无论是两根 K 线、三根 K 线还是多根 K 线，都是以各根 K 线，特别是最后一根 K 线的相对前面 K 线的位置来判断多空双方的实力大小推测行情。我们把 K 线的组合分成上升和下跌两种类型形态来学习。

第一类：上升形态的 K 线组合，即这种 K 线组合出现后，表示市场价格即将上涨，我们称这类的 K 线组合为上升 K 线组合。这类 K 线组合主要如下，可扫描二维码获取具体图示。

上升 K 线组合

（1）早晨之星：出现在下跌途中，由 3 根 K 线组成：第一根是阴线，第二根是小阴线或者小阳线，甚至十字线，第三根是阳线。第三根 K 线实体深入第一根 K 线实体之内。该组合为见底信号，后市看涨。

（2）红三兵：出现在上涨行情初期，由 3 根连续创新高的小阳线组成。该组合为买进信号，后市看涨。

（3）曙光初现：出现在下跌途中，由一阴一阳 2 根 K 线组成，先是一根大阴线或中阴线，接着出现一根大阳线或中阳线，阳线的实体深入阴线的二分之一以上处。该组合为见底信号，后市看涨。

(4) 旭日东升：出现在下跌途中，由一阴一阳 2 根 K 线组成，先是一根大阴线或中阴线，接着出现一根高开的大阳线或中阳线，阳线的收盘价已高于前一根阴线的开盘价。该组合为见底信号，后市看涨。该见底信号强于“曙光初现”；阳线实体高出阴线实体部分越多，转势信号越强。

(5) 塔形底：在下跌趋势中出现，先是一根大阴线或中阴线，后为一连串的小阴、小阳线，最后出现一根大阳线或中阳线。该组合为见底信号，后市看涨。

(6) 上升三部曲：出现在上涨途中，由大小不等的 5 根 K 线组成，先出现一根大阳线或中阳线，接着连续出现 3 根小阴线，但都没有跌破前面阳线的开盘价，随后出现了一根大阳线或中阳线，其趋势有点类似英文的“N”，后市继续看涨。

下跌 K 线组合

第二类：下跌形态的 K 线组合，即当这种 K 线组合出现后，表示市场价格要下跌或上涨已经遇到强大阻力，短期内走势会转弱，我们称这类的 K 线组合为下跌 K 线组合。这类 K 线组合主要如下，可扫描二维码获取具体图示：

(1) 黄昏之星：出现在涨势中，由 3 根 K 线组成。第一根是阳线、第二根是小阴线或小阳线，甚至是十字线，第三根是阴线。第三根 K 线实体深入第一根 K 线实体之内。该组合为见顶信号，后市看跌。

(2) 三只乌鸦：出现在上涨趋势中，由 3 根阴线组成，阴线多为大阴线或中阴线，每次均以跳高开盘，最后以下跌收盘。该组合为见顶信号，后市看跌。

(3) 乌云盖顶：出现在涨势中，由一根中阳线或大阳线和一根中阴线或大阴线组成。阴线已深入阳线实体的二分之一以下处。该组合为见顶信号，后市看跌。阴线深入阳线实体部分越多，转势信号越强。

(4) 倾盆大雨：出现在涨势中，由一阳一阴 2 根 K 线组成，先是一根大阳线或中阳线，接着出现一根低开的大阴线或中阴线，阴线的收盘价低于前一根阳线的开盘价。该组合为见顶信号，后市看跌，并且见顶信号强于“乌云盖顶”。阴线实体低于阳线实体部分越多，转势信号越强。

(5) 塔形顶：出现在涨势中，先是一根大阳线或中阳线，后为一连串的小阳、小阴线，最后出现一根大阴线或中阴线。该组合为见顶信号，后市看跌。

(6) 下降三部曲：出现在下降趋势中，由 5 根大小不等的 K 线组成，先出现一根大阴线或中阴线，接着出现 3 根向上爬升的小阳线，但这 3 根小阳线都没有冲破第一根阳线开盘价，最后一根大阴线或中阴线又一下子全部或者大部分吞吃了前面的 3 根小阳线。该组合为卖出信号，后市看跌。

知识链接

如何判断主力在洗盘还是在出货

一般说来，当主力尚未准备拉抬证券价格时，证券价格的表现往往很沉闷，成交量的变化也很小，此时研究成交量没有什么意义，不能看出主力的意图。

但一旦主力放量拉升证券价格，其行踪就会暴露，此时研究成交量的变化就具有非常重要的意义。此时如果能准确地捕捉到主力洗盘的迹象并果断介入，往往能在较短的时间内获取理想的收益。实践证明，根据成交量变化的特征，可以对主力是不是在洗盘做出较为准确的判断。

(1) 由于主力的积极介入，原本沉闷的证券在成交量明显放大的推动下变得活跃起来，出现了价升量增的态势。尔后，主力为了给后市的大幅拉升扫平障碍，不得不将短线获利盘强行洗去，这种洗盘在K线图上往往表现为阴阳相间的震荡。由于主力的目的是让一般投资者出局，因此，证券价格的K线形态往往会成为明显的“头部形态”。

(2) 在主力洗盘阶段，K线组合往往是大阴不断，且收阴的次数居多，每次收阴时都伴有巨大的成交量，好像主力正在大举出货。其实仔细观察会发现，出现巨量大阴时，证券价格很少跌破10日均线，短期均线对证券价格构成强大的支撑，主力低位回补的迹象一目了然。

(3) 主力洗盘时，作为研判成交量变化的主要指标OBV、均量线也会出现一些明显的特征，主要表现为，出现大阴巨量时，证券价格的5日、10日均量线始终保持向上运行，表明主力一直在增仓，交投活跃。此外，成交量的量化指标OBV在证券价格高位震荡期间始终保持向上，即使瞬间回落，也会迅速拉起并创出近期新高。这说明单从量能的角度看，证券价格已具备了上涨的条件。

资料来源：上海证券报

（五）应用K线组合应注意的问题

K线作为一种较为短期的分析方法，其对于较长时期的分析是不太有效的，这一点投资者应该充分地认识到。总的来说，无论是一根K线，还是两根、三根以至更多根K线，都是对多空双方争斗做出的一个描述，由它们的组合得到的结论都是相对的，不是绝对的。对股票投资者而言，结论只起一种建议作用。在应用时，有时会发现运用不同种类的组合会得到不同的结论。有时应用一种组合得到明天会下跌的结论，但是次日股价没有下跌，反而上涨。这时的一个重要原则是尽量使用根数多的K线组合的结论，并将新的K线加进来重新进行分析判断。一般说来，多根K线组合得到的结果不大容易与事实相反。

案　例

“曙光初现”K线组合形态

“曙光初现”K线组合形态由两根走势完全相反的较长K线构成，前一天为阴线，后一天为阳线。第二天阳线向下跳空低开，开盘价远低于前一天的收盘价；但第二天的收盘价却高于前一天的收盘价，并且阳线的收盘价深入第一根阴线的实体部分中，几乎达到前一天阴线实体的一半左右的位置。

在弱市下跌行情中，连续性的“曙光初现”K线组合形态往往预示着该股具有强烈的反转要求。在熊市中应用时，第二根阳线的最低价必须是13个交易日以来的最低价，这主要是用于避免投资者在熊市中贸然追高、增大操作风险。但是，如果市场趋势向好，股市运行在牛市行情中时，投资者则不必过于拘泥这条规则，因为牛市中股价涨多跌少，如果强调买入13天以来的最低价，就会坐失良机。

无论熊市还是牛市，运用“曙光初现”K线组合形态选股时，必须注意三个要点：

(1) 量能的变化情况。伴随着K线组合形态同时出现缩量，表明股价已经筑底成功。

(2) 股价所处的环境位置很重要。如果个股涨幅过大时，出现“曙光初现”K线组合形态，则有“骗线”的可能性。

(3) 出现“曙光初现”K线组合形态后，如果股价立即展现上升行情，则力度往往并不大。相反，出现“曙光初现”K线组合形态后，股价有一个短暂的蓄势整理过程，往往会爆发强劲的个股行情。

“曙光初现”K线组合形态应用于大盘趋势分析中也十分有效，常常能把握市场的拐点。值得注意的是，用于大盘分析的“曙光初现”K线组合形态的技术要求，与用于个股分析的技术要求有所不同，因为股指包含的市场容量较大，其短期震荡幅度远远小于个股的股价震荡幅度。因此，在分析大盘的K线组合形态时，对技术要求的标准可以适当放宽，只要大致符合“曙光初现”的基本条件就可以。

资料来源：http://www.zhengquan5.com/html/2/201003257399.html.

任务：结合现在的个股和大市行情，寻找“曙光初现”K线组合形态。

四、切线理论

在证券市场中，“顺势而为”是众多投资者广泛认同的投资原则。证券市场行情的趋势不是简单地向上或下降，常常上升过程中包含下降，下降过程中包含上升。这给投资者在预测行情趋势方面带来了很多麻烦。切线理论就是帮助投资者识别主要趋势的较为实用的方法。在此，我们主要介绍切线理论中的支撑线、压力线、趋势线、轨道线、黄金分割线和百分比线。

(一) 支撑线和压力线

1. 支撑线和压力线的概念

支撑线又称抵抗线，是指当股价下跌到某个价位附近时，会出现买方增加、卖方减少的情况，从而使股价停止下跌，甚至有可能回升。支撑线起阻止股价继续下跌的作用。如图8-8所示，这个起着阻止股价继续下跌的价位就是支撑线所在的位置。

压力线又称阻力线，是指当股价上涨到某价位附近时，会出现卖方增加、买方减少的情况，股价会停止上涨，甚至回落。压力线起阻止股价继续上升的作用。如图8-8所示，这个起着阻止股价继续上升的价位就是压力线所在的位置。

在某一价位附近之所以形成对股价运动的支撑和压力，主要由投资者的筹码分布、持有成本以及投资者的心理因素所决定。当股价下跌到投资者（特别是机构投资者）的

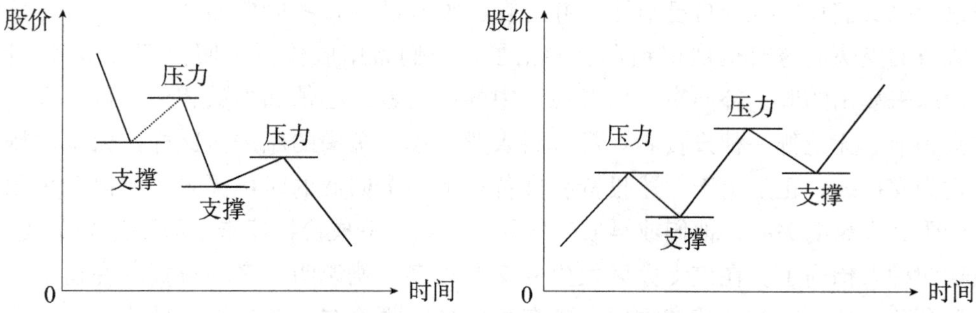

图 8-8　压力线和支撑线

持仓成本价位附近，或股价从较高的价位下跌一定程度（如 50%），或股价下跌到过去的最低价位区域时，都会导致买方大量增加买盘，使股价在该价位站稳，从而对股价形成支撑。当股价上升到某一历史成交密集区，或当股价从较低的价位上升一定程度，或上升到过去的最高价位区域时，会导致大量解套盘和获利盘的抛出，从而对股价的进一步上升形成压力。

2. 支撑线和压力线的作用

如前所述，支撑线和压力线的作用是阻止或暂时阻止股价朝一个方向继续运动。股价的变动是有趋势的，要维持这种趋势，保持原来的变动方向，就必须冲破阻止其继续向前的障碍。例如：要维持下跌行情，就必须突破支撑线的阻力和干扰，创造出新的低点；要维持上升行情，就必须突破上升压力线的阻力和干扰，创造出新的高点。由此可见，支撑线和压力线有被突破的可能，它们不足以长久地阻止股价保持原来的变动方向，只不过是暂时停顿而已（见图 8-8）。

投资者只要在一定时间段内从价格趋势图中正确找到支撑线和压力线的位置，就能成功地在下跌的支撑点买入，在上升的压力点卖出。但是，支撑线和压力线有时候又有彻底阻止股价按原方向变动的可能。当一个趋势终结了，它就不可能创出新的低价或新的高价，这时的支撑线和压力线就显得异常重要，投资者必须加以关注，乘机“逃顶”和“抄底”。

在上升趋势中，如果下一次没有创出股价的新高，也就是说没有突破压力线，表明这个上升趋势已经处于关键位置了。如果以后的价格下跌并且突破了上升趋势的支撑线，就发出了一个趋势有变的提示，一般意味着这一轮上升趋势已经结束，后市将是下降趋势。同理，在一个下降趋势中，如果下一次没有创出股价的新低，即没有突破支撑线，也表明这个下降趋势已经处于关键位置了。如果以后的价格上涨并且突破了下降趋势中的压力线，就产生了一个趋势有变的提示，预示着下降趋势已经结束，后市将是上升趋势。

3. 支撑线和压力线的相互转化

支撑线和压力线之所以能起支撑和压力作用，两者之间之所以能相互转化，很大程度上是心理因素方面的影响，这也是支撑线和压力线理论上的依据。

证券市场中主要有三种投资者：多头、空头和旁观者。旁观者又可分为持股者和持币者。假设股价在一个区域停留了一段时间后突破压力区域开始向上移动，在此区域买入股票的多头们肯定认为自己对了，并对自己没有多买入些股票而感到后悔。在该区域卖出股票的空头们这时也认识到自己弄错了，他们希望股价再跌回他们卖出时的区域，将他们原来卖出的股票补回来。而旁观者中的持股者的心情和多头相似，持币者的心情同空头相似。无论哪一种投资者，都有买入股票成为多头的愿望。这样，原来的压力线就转化为支撑线。正是由于上述投资者准备在下一个回调的时机买入，所以股价稍一回落就会受到大家的关心，他们或早或晚地买入股票，造成价格还未下降到原来的支撑位，就被这四种人抬高了。在该支撑区发生的交易越多，就说明很多的投资者在这个支撑区有切身利益，这个支撑区就越重要、越有力。如果股价在一个支撑区域停留了一段时间后开始向下移动，多头会认为自己判断失误，空头则认为自己抛售股票的判断是正确的。大家这个时候都有抛售股票的念头，一旦价格有所回升，还没有达到原来的支撑位，人们就会纷纷抛售持有的股票，从而使股价被压低。

同理，压力线的分析过程也如此，结论与支撑线的正好相反。

从上述分析中，可以看出支撑线和压力线的相互转化过程（见图 8－9）。一条支撑线如果被突破，那么这条支撑线将变成压力线；一条压力线如果被突破，那么这条压力线将变成支撑线。这些表明，支撑线和压力线的位置不是一成不变的，而是可以变化的，其变化前提就是它能够被有效的足够强大的股价变动突破。突破就是指股价对于已有的支撑位和压力位的穿透。

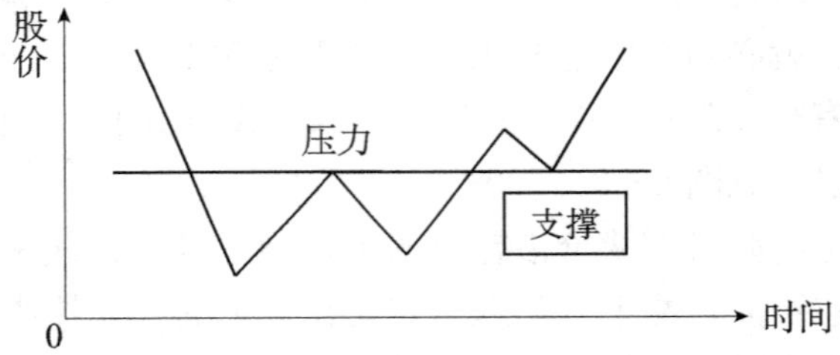

图 8－9　压力线与支撑线的转化

支撑线和压力线相互转化的重要依据是被突破。证券价格波动的新形态是伴随着突破重要的支撑线和压力线一起出现的。这种突破表明：支撑线和压力线过去形成的力量平衡已经被打破，市场将寻找新的平衡点。突破有着重要的技术分析意义。一般来讲，股价突破压力位将会看高一线，而股价突破支撑位则会看低一线，对于投资者的投资行为有着重大影响。但股价运动过程中经常会出现一些假的突破，因此，如何判断一次有效的突破就显得非常重要。

一般来说，判断突破有效与否有四条原则：

（1）收盘价原则：突破必须是收盘价的突破。

（2）幅度原则：突破必须超过关键价位一定幅度以上。通常有 3%、5%和 10%三种幅度，3%偏重于短线的支撑和压力区域，10%偏重于长线的支撑和压力区域，5%则介于两者之间。此外，股价指数的幅度可以小点，而个股的幅度应该大点。

（3）成交量原则：向上突破应该有成交量的放大作为配合，而向下突破则不一定需要大成交量的配合。

（4）时间窗原则：突破行情的维持时间至少在3天。

这四条原则，投资者在应用时应该本着确认和背离的观念，即一次突破符合的原则（互相确认）越多则越可能有效；相反，如果在一次突破中，这几条原则相反（互相背离），则假突破的可能性较大。一般来说，向上突破是买入的最好时机，向下突破则应该立即卖出。

4. 支撑线和压力线的重要性判断和修正

如前所述，每一条支撑线和压力线的确认都是人为进行的，主要是根据股价变动所画出的图表，具有一定的主观性，并且因人而异。一般来说，一条支撑线或压力线对当前影响的重要性有三个方面的考虑：一是股价在这个区域停留时间的长短；二是股价在这个区域伴随的成交量大小；三是这个支撑区域或压力区域发生的时间距离当前这个时期的远近。很显然，股价停留的时间越长，伴随的成交量越大，离现在越近，则这个支撑或压力区域对当前的影响越大，反之就越小。

有时，由于股价的变动，会发现原来确认的支撑线或压力线可能不真正具有支撑或压力的作用，比如说不完全符合上面所述的四个原则，这时就有一个对支撑线和压力线进行调整的问题，这就是支撑线和压力线的修正。对支撑线和压力线的修正过程其实是对现有各个支撑线和压力线重要性的确认。

5. 常见的支撑线和压力线的位置

正确判断支撑线和压力线位置，不仅可以使投资者在一段时间内选择合适的买卖时机，还可以帮助投资者把握股价变动的方向。常见的支撑线和压力线位有成交密集区、缺口、颈线、历史最高点和最低点。

（1）成交密集区。这是指过去成交量大、交易比较活跃的价格区域，这里堆积了大量的资金筹码。如果价格波动在成交密集区之上，则成交密集区将成为日后价格下跌时较强的支撑区域；如果价格波动在其下，则成交密集区会成为以后价格上升时较强的压力区域。

（2）缺口。这是指价格向某个方向急速运动却没有成交量的一段真空区域，其具体内容在后续的缺口理论中有详细说明。不同类型的缺口对价格波动表现出来的支撑和压力效果不同，突破缺口和持续性缺口表现较强，而普通缺口和消耗性缺口表现较弱。

（3）颈线。这是形态理论中的重要概念。颈线在价格波动中具有较强的支撑和压力作用。

（4）历史最高点和最低点。历史最高点和最低点反映了长期以来价格波动趋势中的波峰和波谷，所以它们是价格波动中最具有影响力的价位，对投资者有较强的心理影响力。当价格接近最高点，人们就会抛售股票；当接近最低点，人们会积极买进股票。因此，历史最高点和最低点处常常会出现具有极强支撑和压力效果的支撑线和压力线附近。

（二）趋势线

1. 趋势线的概念

由于证券价格变化的趋势是有方向的，因而可以用直线将这种趋势表示出来，这样的直线称为趋势线。反映价格向上波动发展的趋势线称为上升趋势线；反映价格向下波动发展的趋势线则称为下降趋势线。股票价格的波动可分为长期趋势、中期趋势及短期趋势三种，因此描述价格变动的趋势线也分为长期趋势线、中期趋势线与短期趋势线三种。因为价格波动经常变化，可能由升转跌，也可能由跌转升，甚至在上升或下跌途中转换方向，所以反映价格变动的趋势线不可能一成不变，而是要随着价格波动的实际情况进行调整。换句话说，价格不论是上升还是下跌，在任一发展方向上的趋势线都不是只有一条，而是若干条。不同的趋势线反映了不同时期价格波动的实际走向，研究这些趋势线的变化方向和变化特征，就能把握住价格波动的方向和特征。

2. 趋势线的画法

连接一段时间内价格波动的高点或低点可画出一条趋势线。在上升趋势中，将两个低点连成一条直线，就得到上升趋势线；在下降趋势中，将两个高点连成一条直线，就得到下降趋势线，如图 8－10 中的直线。标准的趋势线必须由两个以上的高点或低点连接而成。

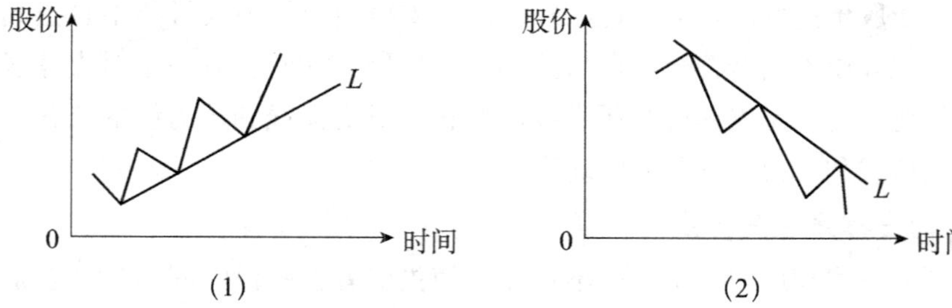

图 8－10　趋势线

由图 8－10 可看出，上升趋势线起支撑作用，是支撑线的一种；下降趋势线起压力作用，是压力线的一种。

虽然我们很容易画出趋势线，但这并不意味着趋势线已经被我们掌握了。画出一条直线后，有很多问题需要解答，最关键的问题是正确确定趋势线的高点或低点。然而，正确判断趋势线的高点或低点并不是一件十分简单的事情，它需要对过去价格波动的形态进行分析研究。

根据两点决定一条直线的基本原理，画任何趋势线必然选择两个有决定意义的高点或低点。一般来说，上升趋势线的两个低点，应是两个反转低点，即下跌至某一低点开始回升，再下跌没有跌破前一低点又开始上升，则这两个低点就是两个反转低点。同理，决定下跌趋势线也需要两个反转高点，即上升至某一高点后开始下跌，回升未达前一高点又开始回跌，则这两个高点就是反转高点。由于股价波动有时候会超出原有趋势线的范围，使原有的趋势线失去作用，这时，就必须根据股价的实际波动情况重新画趋势线，这叫作趋势线的修正，如图 8－11 所示。

在若干条上升趋势线和下跌趋势线中，最重要的是原始上升趋势线或原始下跌趋势线。它决定了价格波动的基本发展趋势，有着极其重要的意义。原始趋势的最低点是由下跌行情转为上升行情之最低点，至少在一年中此价位没有再出现，例如 2008 年 10 月 28 日沪市的 1 664.93 点。原始趋势的最高点是上升行情转为下跌行情之最高点，同样至少在一年中此价位没有再出现，例如 2009 年 8 月 4 日沪市的 3 478.01 点。

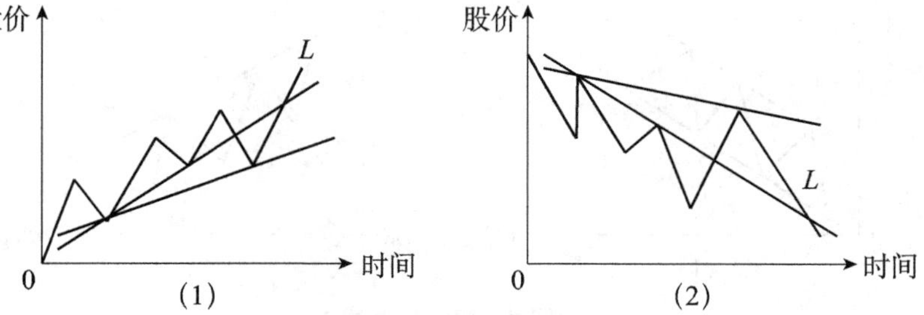

图 8-11 趋势线的修正

3. 趋势线的确认及其作用

要得到一条真正起作用的趋势线，要经多方面的验证才能最终确认，不合条件的一般应删除。首先，必须确认有趋势存在。也就是说，在上升趋势中，必须确认出两个依次上升的低点；在下降趋势中，必须确认两个依次下降的高点，才能确认趋势的存在。其次，画出直线后，还应得到第三个点的验证才能确认这条趋势线是有效的。一般说来，所画出的直线被触及的次数越多，其作为趋势线的有效性越能得到确认，用它进行预测越准确有效。另外，这条直线延续的时间越长，越有效，如图 8-12 所示。

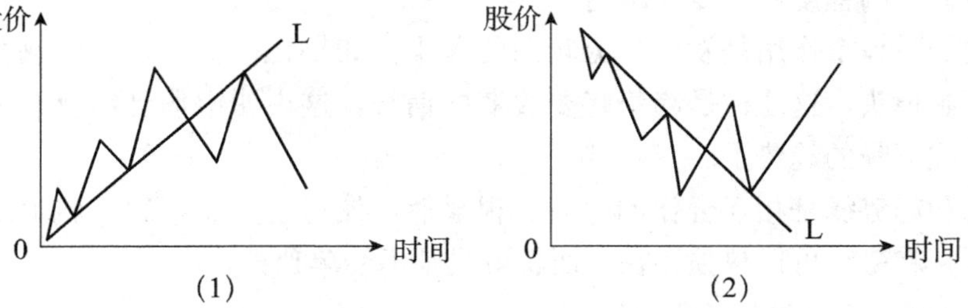

图 8-12 趋势线突破后起相反作用

一般来说，趋势线有两种作用：

第一，对价格今后的变动起约束作用，使价格总保持在这条趋势线的上方（上升趋势线）或下方（下降趋势线）。实际上，就是起支撑和压力的作用。

第二，趋势线被突破后，就说明股价下一步的走势将要反转。越重要、越有效的趋势线被突破，其转势的信号越强烈。被突破的趋势线原来所起的支撑和压力作用，突破后将相互交换角色。

（三）轨道线

轨道线又称通道线或管道线，是基于趋势线的一种方法。在已经得到了趋势线后，通过第一个峰或谷可以画出这条趋势线的平行线，这条平行线就是轨道线，如图 8-13 所示。

两条平行线组成的一个轨道，就是常说的上升和下降轨道。轨道的作用是限制股价的变动范围，让它不能变得太离谱。一个轨道一旦得到确认，那么价格将在这个通道里变动。对上面或下面的直线的突破将意味着行情有一个大的变化。

与突破趋势线不同，对轨道线的突破并不是趋势反转的开始，而是趋势加速的开始，即原来的趋势线的斜率将会增加，趋势线的方向将会更加陡峭（见图 8-14）。

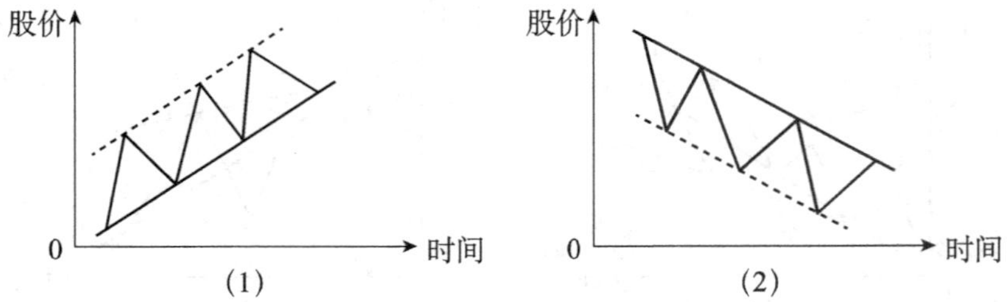

图 8-13　轨道线

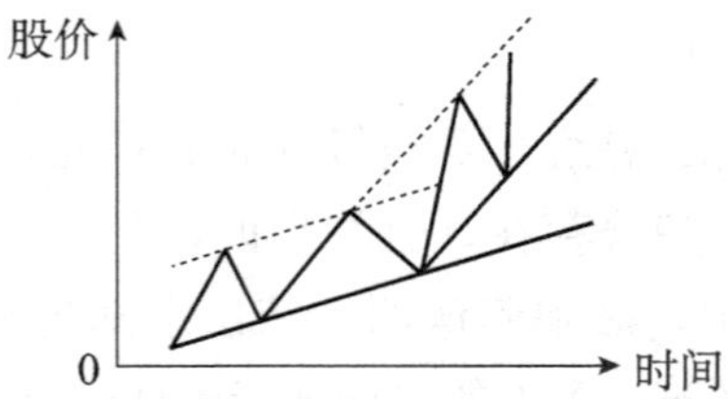

图 8-14　趋势的加速

轨道线也有一个被确认的问题。一般而言，轨道线被触及的次数越多、延续的时间越长，其被认可的程度和重要性越高。

轨道线的另一个作用是发出趋势转向的警报。如果在一次波动中未触及轨道线，离得很远就开始掉头，这往往是趋势将要改变的信号，这说明市场已经没有力量继续维持原有的上升或下降的趋势了。

轨道线和趋势线是相互合作的一对。很显然，先有趋势线，后有轨道线。趋势线比轨道线重要。趋势线可以单独存在，而轨道线则不能单独存在。

（四）黄金分割线和百分比线

黄金分割线和百分比线是两种重要的判断支撑位与压力位的方法，其中黄金分割线又分为单点黄金分割线和两点黄金分割线。

1. 黄金分割线

黄金分割是一个古老的数学方法，应用非常广泛，现在已经成功地应用到证券市场。

（1）单点黄金分割线的画法：

首先，画黄金分割线要记住若干特殊的数字：0.191，0.382，0.5，0.618，0.809，1.191，1.382，1.618，1.809，2，2.618，4.236，6.854 等。这些数字中，0.382、0.618、1.618、4.236 最为重要，股价极容易在由这四个数产生的黄金分割线处得到支撑或压力。

其次，找到一个阶段性的高点（低点），这个点是上升（下降）行情结束、调头向下（向上）的最高（低）点。

最后，计算出黄金分割线的位置。这里分为上升和下降两种情况。

对于上升的情况，投资者关心的是股价在上升过程中会遇到哪些压力，例如一只股票从 10 元起步开始上升，则下述位置可能会成为其未来的压力位：

10×1.191＝11.91	10×1.382＝13.82	10×1.618＝16.18
10×1.809＝18.09	10×2＝2	10×2.618＝26.18
10×4.236＝ 42.36	10×6.854＝68.54	

对于下降的情况，投资者关心的是股价在下降过程中会遇到哪些支撑，例如一只股票从 10 元起步开始下跌，则下述位置可能会成为其未来的支撑位：

10×0.809＝8.09　　10×0.618＝6.18　　10×0.5＝5

10×0.382＝3.82　　10×0.191＝1.91

在这五个价位中，6.18、5 和 3.82 最有可能产生实际的支撑作用。

（2）单点黄金分割线的适用条件：

单点黄金分割线主要适用于主要趋势，一个主要趋势的起点或终点都可以成为单点黄金分割线的计算依据。

案　例

运用黄金分割线法计算大盘下跌的支撑位

以我国上海市场为例，上证指数在 2020 年 11 月 11 日创造出阶段性高点 3 186.72 点，依据单点黄金分割线的计算方法，可以计算以下位置可能成为其下跌的支撑位和上涨的压力位：

3 186.72×0.809＝2 578.06　3 186.72×0.618＝1 969.39

3 186.72×0.5＝1 593.36　3 186.72×1.191＝3 795.38

3 186.72×1.382＝4 404.05　3 186.72×1.618＝5 156.11

任务：上网查看上证指数历史行情，验证已经产生的实际支撑位与这些理论上的支撑位之间的差距。

两点黄金分割线实际上是百分比线的一个特殊情况，将在后面介绍。

2. 百分比线

（1）百分比线的画法：

首先，确定百分比数，常用的包括 1/8、2/8、3/8、4/8、5/8、6/8、7/8、1/3、2/3 等。

其次，找到一次上涨开始的最低点和开始下跌的最高点两者之间的差，按下面的公式计算：

百分比线位＝百分数×（高点－低点）＋低点

最后，计算百分比线位。百分比线同时适用上升和下降两种情况，不用区别开来。

在百分比线中，最有可能产生支撑与压力作用的是 1/3、1/2、2/3 这三个位置。

案　例

百分比线法的应用

如一只股票上一个波段行情的起点是 10 元，终点是 20 元，按百分比线法可以计算出的可能成为其下跌的支撑位：

10＋（20－10）×1/8＝11.25　10＋（20－10）×2/8＝12.50

10＋（20－10）×3/8＝13.75　10＋（20－10）×4/8＝15.00

10＋(20－10)×5/8＝16.25　10＋(20－10)×6/8＝17.50

10＋(20－10)×7/8＝18.75　10＋(20－10)×1/3＝13.33

10＋(20－10)×2/3＝16.67

任务：找到上证指数（1A0001）2007 年 10 月 16 日开始下跌的最高点 6 124.04 点、2008 年 10 月 28 日上涨开始的最低点 1 664.93 点，按照百分比线公式计算 2008 年 10 月 28 日上涨以来百分比位，并与上证大盘实际遭遇的压力位进行对照。

（2）百分比线的适用条件：

百分比线主要适用于次要趋势，即主要趋势中的反向运动，其计算时需要的起点和终点即是一个波动行情的起点和终点，投资者在使用时应把百分比线和单点黄金分割线区别开来。

另外，如果将百分比线法中的百分比数换成黄金分割数字，即 0.191、0.382、0.5、0.618、0.809，其他均不变，百分比线就变成了两点黄金分割线了，所以说两点黄金分割线只是百分比线的一个特例而已。把这两种方法结合起来，百分比线法中最常用的三个数字是 61.8%、50%和 38.2%。

（五）应用切线理论应注意的问题

切线为我们提供了很多价格移动可能遇到的支撑线和压力线，这些直线有很重要的作用。但是，支撑线、压力线有被突破的可能，它们的价位只是一种参考，不能把它们当成万能的工具。

五、形态理论

K 线理论已经告诉我们一些有关对今后股价运动方向进行判断的方法，但是其预测结果只适用于短期投资。为了弥补这种不足，可以将 K 线组合中所包含的 K 线数量增加，这样，众多的 K 线组成了一条上下波动的曲线，这条曲线就是股价在这段时间移动的轨迹，更有利于投资者判断市场行情。形态理论正是通过研究股价所走过的轨迹，分析和挖掘出曲线所包含的多空双方力量对比的结果，发现股价的运动方向，进而指导投资的一种分析方法。

股价波动形成的形态主要有反转突破形态和持续整理形态两种类型。反转突破形态是反映股价运动趋势即将发生重大转变的一种形态；持续整理形态是股价经过一段时间的持续上涨或下跌以后出现的价格在一定区域内上下窄幅波动形成的横向延伸的运动轨迹，它只是市场当前趋势的暂时休整，其后的运动趋势一般将维持原来的趋势。

（一）反转突破形态

反转突破形态描述了趋势方向的反转，是投资分析中应该重点关注的突破形态。反转突破形态主要有双重顶（底）形态、头肩形态、三重顶（底）形态、圆弧形态、喇叭形态以及 V 形走势等多种形态。

1. 双重顶（底）形态

双重顶形态和双重底形态就是市场上众所周知的 M 头和 W 底，是一种极为重要的反转突破形态，在实际中出现得也非常频繁。与头肩形态相比，就是没有头部，只是由两个基本等高的峰或谷组成。图 8－15 是这种形态的简单形状。

（1）形成过程。下面以 M 头为例说明这种形态形成的过程。在上升趋势的末期，股价在第一个高点 A 点建立了新高点之后进行正常的回落，受上升趋势线的支撑，这次回档将在趋势线附近停止，往后继续上升，但是力量不够，上升高度不足，在与前期高点几乎一样高处的 B 点遇到压力，股价向下，这样就形成两个顶的形状。当股价向下跌破图中水平直线的时候，M 头正式确立。W 底的形成过程刚好与 M 头相反。

另外值得注意的是，对于 M 头来讲，左边头部所对应的成交量一般大于右边头部所对应的成交量。而对于 W 底来讲，左边底的成交量一般小于右边底部所对应的成交量，尤其是在向上突破颈线时需要大成交量的配合。

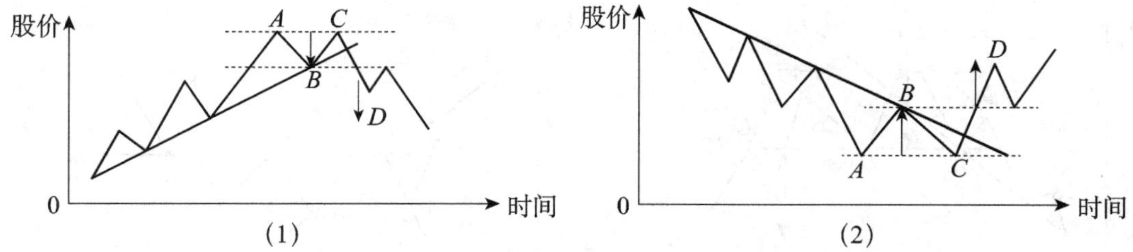

图 8－15　双重顶形态（1）和双重底形态（2）

（2）颈线的作用与意义。在 B 点做平行于 A、C 连线的平行线，就得到一条非常重要的直线，即颈线。颈线的作用与意义体现在三个方面：第一，对于 M 头来讲，在股价没有跌破颈线前颈线起的是支撑作用，跌破后颈线起的是压力作用；对于 W 底来讲，在股价没有升破颈线前颈线起的是压力作用，升破后颈线起的是支撑作用。第二，对于 M 头来讲，颈线被股价向下突破是 M 头成立的最终标志；对于 W 底来讲，颈线被股价向上突破是 W 底成立的最终标志。第三，对于 M 头来讲，颈线被向下突破是坚决卖出的机会；对于 W 底来讲，颈线被向上突破是坚决买入的机会。

（3）反扑的作用与意义。反扑也称回档，在 M 头中，股价向下突破颈线后有一个回升的过程，当股价回升至颈线附近后受到其压力又继续掉头向下运行，从而形成反扑。在 W 底中，也有这样一个方向相反的过程。对于反扑，投资者应该注意两方面问题：第一，在 M 头中，反扑为多方提供了最后一次出逃的机会；在 W 底中，反扑为空方提供了最后一次跟进机会。第二，反扑不是这两个形态的必然组成部分，也就是说反扑可能会出现，也可能不会出现，所以对于投资者来讲，不能指望一定要等到其出现后才采取行动，而应该在颈线被突破后坚决采取行动。

（4）预测价值。形态的一个重要功能是能对股价未来的涨跌幅进行较为准确的预测，M 头和 W 底也不例外。当 M 头被向下突破之后，股价向下跌落的幅度等于头和颈线之间的垂直距离，也就是股价至少下跌了这个幅度后才有可能获得像样的支撑；同样，对于 W 底来说股价突破颈线之后，其上涨的幅度等于底部与颈线之间的垂直距离，此时，股价上升才有可能遇到像样的压力。扫描二维码获取承德露露（000848）2021 年 7 月至 2021 年 8 月的 K 线图，从中可以看出 W 底形态的应用价值。

2021 年 7 月至 2021 年 8 月承德露露（000848）日 K 线

总结起来，双重顶形态一般具有如下特征：①双重顶的两个高点不一定在同一水平，两者相差少于3%就不会影响形态的分析意义；②向下突破颈线时不一定有大成交量伴随，但日后继续下跌时成交量会扩大；③双重顶形态完成后的最小跌幅度量方法是由颈线开始，至少会下跌从双头最高点到颈线之间的差价距离。对于双重底，有完全相似或者说完全相同的结果。只要将对双重顶的介绍反过来叙述就可以了。例如：向下说成向上，高点说成低点，支撑说成压力。需要注意的是，双重底的颈线突破时必须有大成交量的配合，否则即可能为无效突破。

2. 头肩形态

头肩形态是实际股价形态中出现得较多的形态，是最著名和最可靠的反转突破形态，它包括头肩顶、头肩底和复合头肩形态。图8-16是简单的头肩顶、头肩底形态。

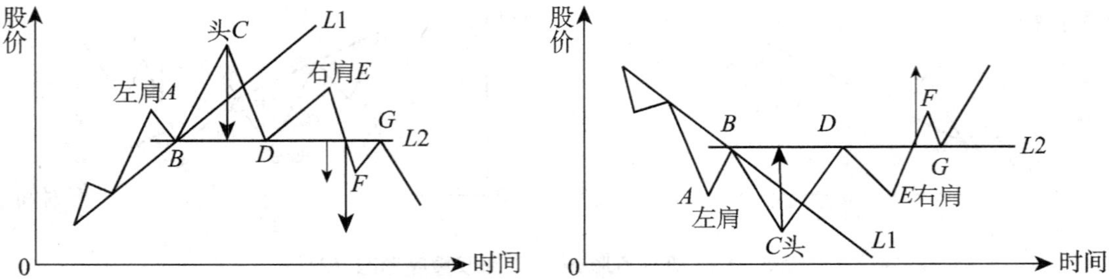

(1)　　(2)

图8-16　头肩顶（1）和头肩底（2）

（1）形成过程。这种形态一共出现三个顶（底），也就是要出现三个局部的高点（低点）。中间的高点（低点）比另外两个都高（低），称为头，左右两个相对较低（高）的高点（低点），称为肩，这就是头肩形态名称的由来。以下以头肩顶形态为例进行介绍。

股价沿着上涨趋势线向上运动，至左肩处创出第一高点，股价回落至趋势线处受到支撑继续上升，一鼓作气超越了左肩而形成了另一高点即头部，此时多方力量消耗殆尽而致使股价下跌，到前期低点时受到支撑而反弹，但由于多方力量下降而空方力量增加，使得反弹空间有限而形成一个与左肩相近高度的右肩，当股价回落跌破颈线的时候，头肩顶正式确立。

头肩底的形成过程刚好与之相反。另外值得投资者注意的是，对于头肩顶来讲，左肩、头和右肩所对应的成交量依次减少。而对于头肩底来讲，其左肩、底和右肩所对应的成交量没有明显的规律，但是其向上突破颈线时需要大成交量的配合。

（2）颈线的作用与意义。头肩顶的颈线是连接左肩与右肩对应的两个低点而形成的一条直线，头肩底的颈线是连接左肩与右肩对应的两个高点而形成的一条直线。

颈线的作用与意义体现在三个方面：第一，对于头肩顶来讲，在股价没有跌破颈线前颈线起的是支撑作用，跌破后颈线起的是压力作用；对于头肩底来讲，在股价没有突破颈线前颈线起的是压力作用，突破后颈线起的是支撑作用。第二，对于头肩顶来讲，颈线被股价向下突破是头肩顶成立的最终标志；对于头肩底来讲，颈线被股价向上突破是头肩底成立的最终标志。第三，对于头肩顶来讲，颈线被向下突破是坚决卖出的机会；对于头肩底来讲，颈线被向上突破是坚决买入的机会。

（3）反扑的作用与意义。对于头肩形态的反扑，投资者同样应该注意两方面问题：

第一，在头肩顶中，反扑为多方提供了最后一次出逃的机会；在头肩底中，反扑为空方提供了补买机会。第二，反扑不是这两个形态的必然组成部分，也就是说反扑可能会出现，也可能不会出现，所以对于投资者来讲，不能指望一定要等到其出现后再采取行动，而应该在颈线被突破后坚决采取行动。

（4）预测价值。对于头肩顶来讲，当颈线被向下突破之后，股价向下跌落的幅度等于头和颈线之间的垂直距离，也就是股价至少下跌了这个幅度后才有可能获得像样的支撑。同样，对于头肩底来讲，股价向上突破颈线之后，其上涨的幅度等于底部与颈线之间的垂直距离，此时，股价上升才有可能遇到像样的压力。扫描二维码获取 2020 年 10 月至 2021 年 4 月三安光电（600703）日 K 线图，从中可以看出头肩顶形态的应用价值。

2020 年 10 月至 2021 年 4 月三安光电（600703）日 K 线

值得注意的是，头肩顶形态与头肩底形态在成交量配合方面的最大区别的是：头肩顶形态完成后，向下突破颈线时，成交量不一定放大；而头肩底形态向上突破颈线时，若没有较大的成交量出现，可靠性将大为降低，甚至可能出现假的头肩底形态。

复合头肩形态是股价变化经过复杂而长期的波动所形成的形态，不是标准的头肩形态。这种形态与头肩形态基本相似，只是左右肩或者头部出现多于一次。其形成过程与头肩形态类似，分析意义也和普通的头肩形态一样，往往出现在长期趋势的底部或顶部。复合头肩形态一旦完成，即构成一个可靠性较大的买进或卖出时机。

3. 三重顶（底）形态

三重顶（底）形态是双重顶（底）形态的扩展形式，也是头肩顶（底）形态的变形，由三个一样高或一样低的顶或底组成（见图 8-17）。与头肩形态的区别是头的价位回缩到与肩差不多相等的位置，有时甚至低于或高于肩一点。从这个意义上讲，三重顶（底）形态与双重顶（底）形态也有相似的地方，只是前者比后者多“折腾”了一次。因此，对于这种形态的分析，投资者可以参考头肩顶（底）和双重顶（底）的有关分析，从形成过程、颈线作用与意义、反扑作用与意义，以及预测价值四个方面自行分析。

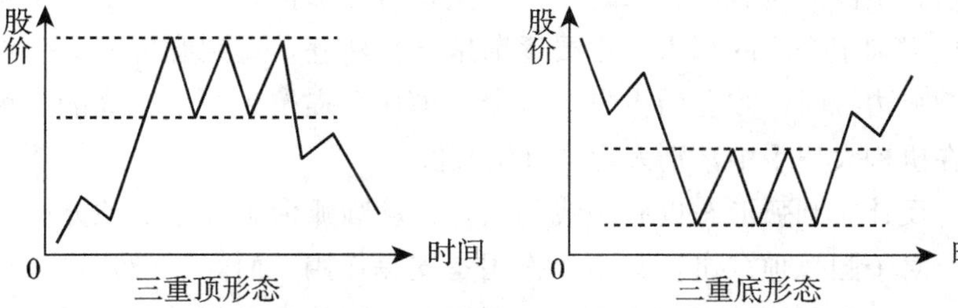

图 8-17　三重顶（底）形态示意图

与头肩形态最大的区别是，三重顶（底）的颈线和顶（底）部连线是水平的，这就使得三重顶（底）具有矩形的特征。比起头肩形态来说，三重顶（底）更容易演变成持续整理形态，而不是反转突破形态，并且三重顶（底）的顶峰与顶峰，或谷底与谷底的间隔距离和时间在分析时不必相等。此外，如果三重顶（底）的三个顶（底）的高度从左到右依次下降（上升），则三重顶底就演变成了直角三角形态。这些都是我们在应用三重顶（底）时应该注意的地方。

4. 圆弧形态

将股价在一段时间的顶部高点用折线连接起来，每一个局部的高点都考虑到，我们有时可能得到一条类似于圆弧的弧线，盖在股价之上；将每个局部的低点连接在一起也能得到一条弧线，托在股价之下，如图 8－18 所示。

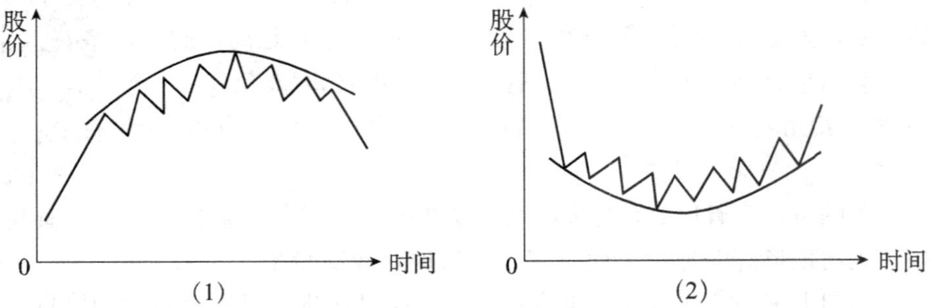

图 8－18 圆弧顶（1）和圆弧底（2）

圆弧形又称为碟形、圆形或碗形等，这些称呼都很形象。不过应该注意的是：图中的曲线不是数学意义上的圆，也不是抛物线，而仅仅是一条曲线。人们已经习惯于使用直线，但在遇到图 8－18 中这样的顶和底时，用直线显然就不够了，因为顶、底的变化太频繁，一条直线应付不过来。

圆弧形态在实际中出现的机会较少，但是一旦出现则是绝好的机会，它的反转深度和高度是不可测的，这一点同前面几种形态有一定区别。

（1）形成过程。圆弧形态的形成过程与复合头肩形态有相似的地方，只是圆弧形态的各种顶或底没有明显的头肩的感觉。这些顶部和底部的地位都差不多，没有明显的主次区分。这种局面的形成在很大程度上是一些机构大户炒作证券的产物。这些人手里有足够的股票，如果一下抛出太多，股价下落太快，手里的货也许不能全部出手，只能一点一点地往外抛，形成众多的来回拉锯，直到手中股票接近抛完时，才会大幅度打压，一举使股价下跌到很深的位置。如果这些人手里持有足够的资金，一下子买得太多，股价上得太快，也不利于今后的买入，也要逐渐地分批建仓，直到股价一点一点地来回拉锯，往上接近圆弧边缘时，才会用少量的资金一举往上提拉到一个很高的高度。因为这时股票大部分在机构大户手中，别人无法打压股价。

（2）颈线与反扑。圆弧形态也有颈线和反扑，从圆弧形态开始的地方做一条水平的直线即为颈线，对于圆弧顶来讲，其主要作用是支撑作用；而对于圆弧底来讲，其主要作用是压力作用。一旦颈线被突破之后，也可能有个反扑的过程。其作用和其他反转突破形态的作用类似，这里不再一一说明。

（3）预测价值。与前面几种反转突破形态都具有较为明确的预测价值不同，圆弧形态未来的涨跌幅度较难预测。但圆弧形态平时极少出现，正如人们所说的物以稀为贵，因此一旦圆弧形态出现，其爆发力极强。总的来说，其未来的涨跌幅度与圆弧形态形成的时间成正比，即形成圆弧形态的时间越长，其未来的涨跌幅度就越大，反之越小。此外，人们通常以圆弧半径作为其未来涨跌的第一个目标位。

圆弧形态具有如下特征：①圆弧形态完成、股价反转后，行情多属暴发性，涨跌急速，持续时间也不长，一般是一口气走完，中间极少出现回档或反弹。因此，圆弧形态确立后应立即顺势而为，以免踏空、套牢。②在圆弧顶或圆弧底形态的形成过程中，成交量的变化都是两头多，中间少。越靠近顶或底成交量越少，到达顶或底时成交量最少。在突破后的一段时间里，都有相当大的成交量。③圆弧形态形成所花的时间越长，今后反转的力度就越强，越值得人们去相信这个圆弧形态。一般来说，圆弧形态应该与一个头肩形态形成的时间相当。

5. 喇叭形态

喇叭形态也是一种重要的反转突破形态。它大多出现在顶部，是一种较可靠的看跌形态。更为可贵的是，喇叭形态在完成后，几乎总是下跌，不存在突破是否成立的问题。这种形态在实际中出现的次数不多，但是一旦出现，则极为有用。喇叭形态的正确名称应该是扩大形或增大形。因为这种形态酷似一个喇叭，故得名，如图 8－23 所示。

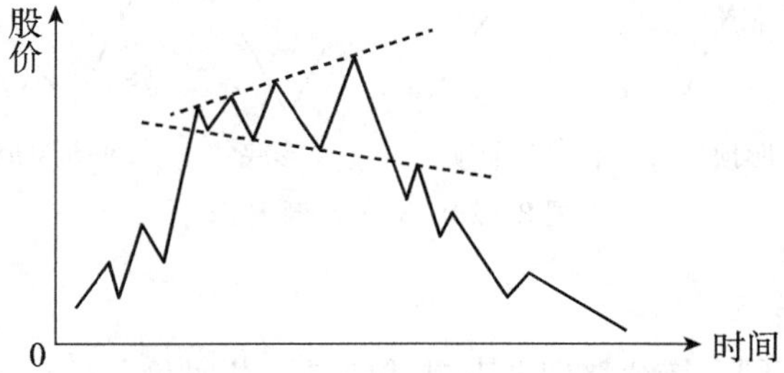

图 8－19　喇叭形态

喇叭形态的形成往往是由于投资者的冲动情绪造成的，通常在长期上升的最后阶段出现。这是一个缺乏理性的市场，投资者受到市场炽热的投机气氛或市场传闻的感染，很容易“追涨杀跌”。这种冲动而杂乱无章的行市，使得股价不正常地大起大落，形成巨幅震荡的行情，继而在震荡中完成形态的反转。

从图 8－19 中看出，由于股价波动的幅度越来越大，形成了越来越高的三个高点，以及越来越低的两个低点。这说明当时的交易异常活跃，成交量日益增多，市场已失去控制，完全由参与交易的公众的情绪决定。在这个混乱的时候进入证券市场是很危险的，进行交易也十分困难。在经过了剧烈的动荡之后，人们的情绪会渐渐平静，远离这个市场，股价将逐步地往下运行。

一个标准的喇叭形态应该有三个高点、两个低点。股票投资者应该在第三峰调头向下时就抛出手中的股票，这在大多数情况下是正确的。如果股价进一步跌破了第二个低点，则喇叭形态完全得到确认，抛出股票更成为必然。

股价在喇叭形态之后的下调过程中，肯定会遇到反扑，而且反扑的力度会相当大，这是喇叭形态的特殊性。但是，只要反扑高度不超过下跌高度的一半，股价下跌的势头还是应该继续的。

喇叭形态具有如下特征：（1）喇叭形态一般是一个下跌形态，暗示升势将到尽头，只有在少数情况下股价在高成交量配合下向上突破时，才会改变其分析意义；（2）在成交量方面，整个喇叭形态形成期间都会保持不规则的大成交量，否则难以构成该形态；（3）喇叭形走势的跌幅是不可量度的，一般说来，跌幅都会很大；（4）喇叭形态源于投资者的非理性，因而在投资意愿不强、气氛低沉的市场中，不可能形成该形态。

6. V 形走势

V 形走势是一种很难预测的反转突破形态，它往往出现在市场剧烈的波动之中。无论 V 形顶还是 V 形底的出现，都没有一个明显的形成过程，这一点同其他反转突破形态有较大的区别，因此往往让投资者感到突如其来，甚至难以置信。就我国沪深证券市场而言，V 形走势往往同突发利好、利空消息的出现有密切关系。上海证券市场最明显的 V 形走势的例子是 1994 年 8 月 1 日从低谷 325 点的反转。图 8-20 是 V 形和倒 V 形的简单图示。

V 形走势的一个重要特征是在转势点必须有大成交量的配合，且成交量在图形上形成倒 V 形。若没有大成交量，则 V 形走势不宜信赖。

V 形是一种失控的形态，在应用时要特别小心。

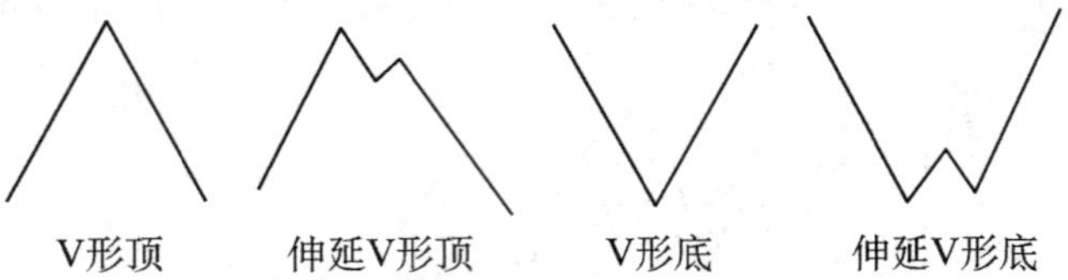

图 8-20　V 形和倒 V 形

（二）持续整理形态

与反转突破形态不同，持续整理形态描述的是，若股价向一个方向经过一段时间的快速运行后，不再继续原趋势，而在一定区域内上下窄幅波动，等待时机成熟后再继续前进。

这种运行所留下的轨迹称为持续整理形态。三角形、矩形、旗形和楔形是著名的持续整理形态。

1. 三角形

三角形持续整理形态主要分为三种：对称三角形、上升三角形和下降三角形。第一种有时也称正三角形，后两种合称直角三角形。以下我们分别对这三种形态进行介绍。

（1）对称三角形。

对称三角形的情况大多发生在一个大趋势进行的途中，它表示原有的趋势暂时处于休整阶段，之后还要随着原趋势的方向继续行动。由此可见，见到对称三角形后，股价今后最可能的走向是沿原有的趋势方向运动。下面以原趋势上升的对称三角形为例来介绍，如图 8-21 所示。

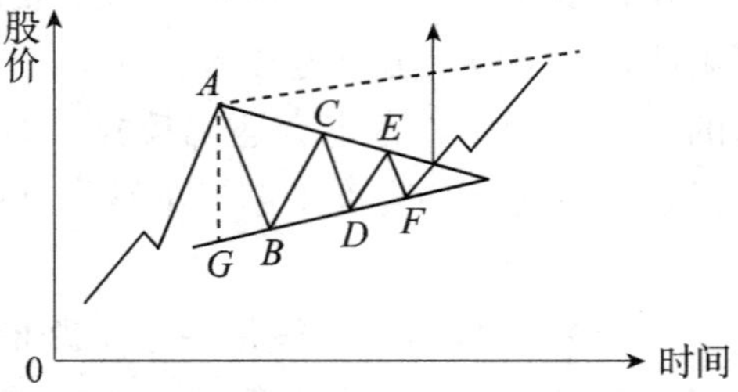

图 8-21　对称三角形

①对称三角形的图形特征：从图 8－21 中可以看出，对称三角形有两条聚拢的直线，上面的向下倾斜，起压力作用；下面的向上倾斜，起支撑作用。两直线的交点称为顶点。另外，对称三角形要求至少应有四个转折点，图中的 A、B、C、D、E、F 点都是转折点。四个转折点的要求是必然的，因为每条直线的确定需要两个点，上下两条直线就至少要求有四个转折点。正如趋势线的确认要求第三点验证一样，合格的对称三角形一般应有六个转折点，只有这样，上下两条直线的支撑、压力作用才能得到验证。

②对称三角形的突破：对称三角形只是原有趋势运动的途中休整阶段，所以持续的时间不应太长，如果持续时间太长，则股价保持原有趋势的能力就会下降。一般说来，突破上下两条直线的保卫，继续沿原有既定的方向运动的时间要尽量早些，越靠近三角形的顶点，三角形的各种功能就越不明显，对投资者进行买卖操作的指导意义就越不强。

一般来说，对称三角形突破的位置一般应在三角形的横向宽度的 1/2 到 2/3 的某个点。宽度指三角形的顶点到底的高度（如图 8－21 的 AG 连线）。这样投资者可以大致测算出其要突破的时间范围。当然，三角形突破的有效性也遵循前面介绍的判断突破的三种方法。

③对称三角形的预测价值：三角形被有效突破后，也有测算功能。这里以原有的趋势上升为例介绍两种测算价位的方法。

方法一：如图 8－21 所示，从突破点向上带箭头直线的高度，是未来股价至少要达到的高度。箭头直线长度与 AG 连线长度相等。AG 连线的长度称为对称三角形的高度。

方法二：如图 8－21 所示，过 A 点做平行于下边直线的平行线，图中斜虚线，是股价今后至少要达到的位置。

从几何学上可以证明，用这两种方法得到的两个价位绝大多数情况下是不相等的。前者给出的是个固定的数字，后者给出的是个不断变动的数字，达到虚线的时间越迟，价位就越高。这条虚线实际上是一条轨道线。由此可见，方法一简单，易于操作和使用；方法二更多的是从轨道线方面考虑的。

另外，虽然对称三角形一般是持续整理形态，但有时也可能在顶部或底部出现而导致大势反转，这是三角形形态在实际应用时要注意的问题。需要说明的是，对称三角形本身并没有方向，其方向是由其所处的股价趋势所决定的，即上升趋势中的对称三角形在突破后仍将向上运行，而下降趋势中的对称三角形在突破后仍将向下运行。

（2）上升三角形。

①上升三角形的图形特征：如果将图 8－21 中对称三角形上面的斜线变成水平方向，对称三角形就会变成上升三角形，如图 8－22 所示。上面的直线起压力作用，下面的直线起支撑作用。在对称三角形中，压力和支撑都是逐步加强的。一方是越压越低，另一方是越撑越高，看不出谁强谁弱。在上升三角形中就不同了，压力是水平的，始终都是一样，没有变化，而支撑却是越撑越高。由此可见，上升三角形比起对称三角形来说，有更强烈的上升意识，多方比空方更为积极。通常以三角形的向上突破作为这个持续过程终止的标志。

②上升三角形的突破：上升三角形的突破时间、地点以及其有效性的判断都与对称三角形类似，这里不再多作说明。

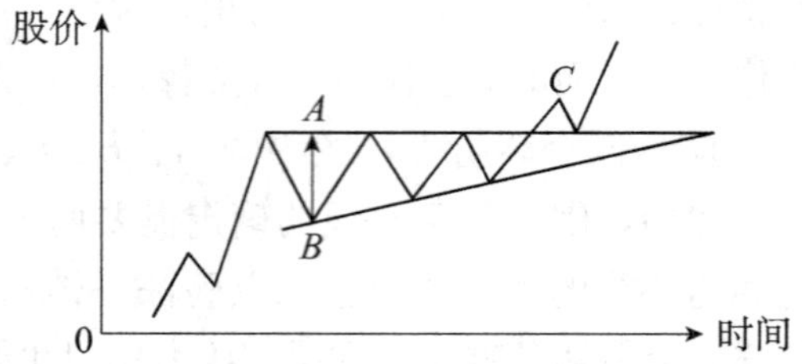

图 8-22 上升三角形

但需要注意一个问题，即“上升”的意思是指三角形的底部支撑越来越高，而不是说其未来运动方向一定向上。如果股价原有的趋势是向上，则很显然，遇到上升三角形后，几乎可以肯定今后是向上突破。一方面要保持原有的趋势，另一方面形态本身就有向上的愿望。这两方面的因素使股价很难逆大方向而动。如果原有的趋势是下降，则出现上升三角形后，前后股价的趋势判断起来有些难度。一方要继续下降，保持原有的趋势，另一方要上涨，两方必然发生争执。如果在下降趋势处于末期时（下降趋势持续了相当一段时间）出现上升三角形，还是以看涨为主，这样，上升三角形就成了反转突破形态的底部。

③上升三角形的预测价值：上升三角形突破后的涨跌幅度以及测算方法与对称三角形基本相同，请参照前文的分析。

（3）下降三角形。

下降三角形同上升三角形正好方向相反，是看跌的形态。它的基本内容同上升三角形非常相似，只是方向相反。从图 8-23 可以很明白地看出下降三角形所包含的内容。

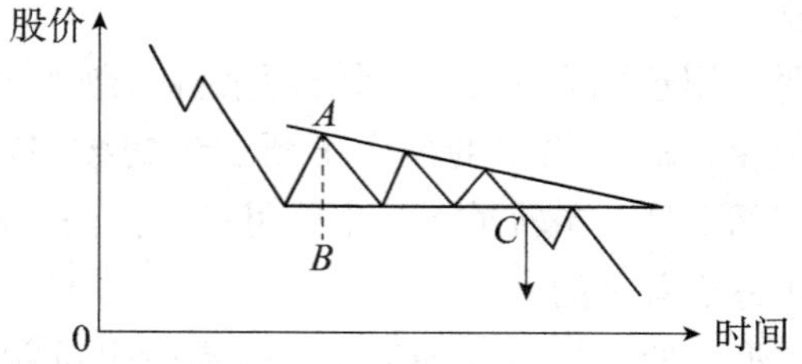

图 8-23 下降三角形

2. 矩形

矩形又叫箱形，也是一种典型的持续整理形态，股票价格在两条水平直线之间上下波动，呈现横向延伸的运动。具体的矩形见图 8-24。

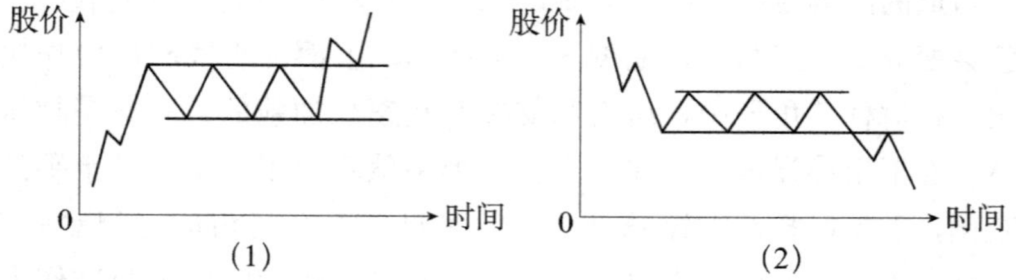

图 8-24 矩形

（1）形成过程：矩形在形成之初，多空双方全力投入，各不相让。空方在价格涨到某个位置就抛压，多方在股价下跌到某个价位就买入，时间一长就形成两条明显的上下界线。随着时间的推移，双方的斗争热情会逐步减弱，市场趋于平淡。

(2) 突破方向：如果原来的趋势是上升，那么经过一段矩形整理后，会继续原来的趋势，多方会占优势并采取主动，使股价向上突破矩形的上界；如果原来是下降趋势，则空方会采取行动，突破矩形的下界。

从图 8-24 中可以看出，矩形在其形成的过程中极有可能演变成三重顶（底）形态，这是我们应该注意的。正是由于矩形的判断有这么一个容易出错的可能性，在面对矩形和三重顶（底）进行操作时，一定要等到突破之后才能采取行动，因为这两个形态今后的走势方向完全相反：一个是持续整理形态，要维持原来的趋势；一个是反转突破形态，要改变原来的趋势。

(3) 突破后的预测价值：矩形被突破后，也具有测算价值，其未来上升或下降的高度等于矩形的宽长。与别的大部分形态不同，矩形为投资者提供了一些短线操作的机会。如果在矩形形成的早期能够预计到股价将进行矩形调整，那么，就可以在矩形的下界线附近买入，在矩形的上界线附近抛出，来回做几次短线的进出。如果矩形的上下界线相距较远，短线的收益也是相当可观的。

3. *旗形和楔形*

旗形和楔形是两个著名的持续整理形态。在股票价格的曲线图上，这两种形态出现的频率很高，一段上升或下跌行情的中途，可能出现好几次这样的图形。它们都是一个趋势的中途休整过程，休整之后，还要保持原来的趋势方向。这两个形态的特殊之处在于，它们都有明确的形态方向，如向上或向下，并且形态方向与原有的趋势方向相反。例如：如果原有的趋势方向是上升，则这两种形态的方向就是下降。

(1) 旗形。从几何学的观点看，旗形应该叫平行四边形，它的形状是一个上倾或下倾的平行四边形（见图 8-25）。旗形大多发生在市场极度活跃、股价运动近乎直线上升或下降的情况下。在市场急速而又大幅的波动中，股价经过一连串紧密的短期波动后，形成一个稍微与原来趋势呈相反方向倾斜的矩形，这就是旗形走势。旗形走势的形状就如同一面挂在旗杆顶上的旗帜，故此得名。它又可分为上升旗形和下降旗形两种。

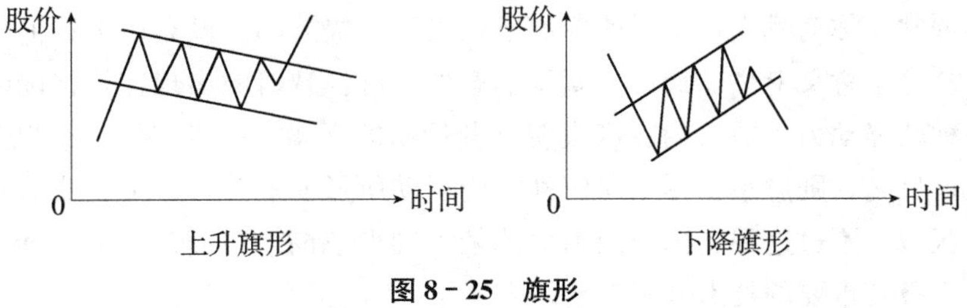

图 8-25　旗形

旗形的上下两条平行线起着压力和支撑作用，这一点有些像轨道线。这两条平行线的某一条被突破是旗形完成的标志。旗形也有测算功能。旗形的形态高度是平行四边形左右两条边的长度。

应用旗形时，有几点要注意：

①旗形出现之前，一般应有一个旗杆，这是由于价格做直线运动形成的；

②旗形持续的时间不能太长，时间太长会导致它保持原来趋势的能力将下降，一般

不超过3周；

③旗形被突破后，股价将至少要走到形态高度的距离，大多数情况是走到旗杆高度的距离。

④旗形形成之前和被突破之后，成交量都很大，在旗形的形成过程中，成交量从左向右逐渐减少。

（2）楔形。如果将旗形中上倾或下倾的平行四边形变成上倾或下倾的三角形，我们就会得到楔形。从图8-26中可看出，楔形中的三角形的上下两条边都是朝着同一个方向倾斜，这与前面介绍的三角形形态不同。

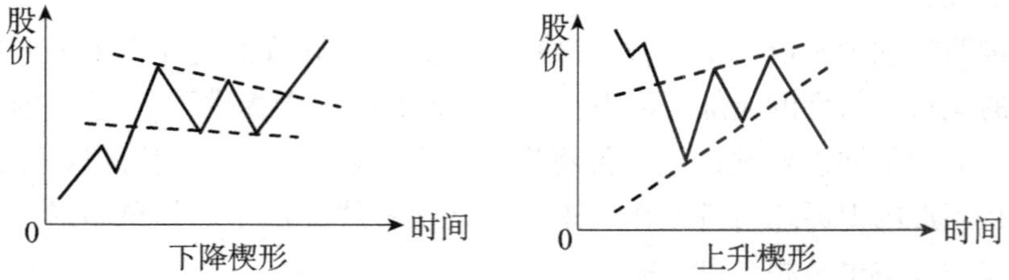

图8-26 楔形

（三）应用形态理论应该注意的问题

形态理论是较早得到应用的方法，相对比较成熟。尽管如此，也有如何正确使用的问题。一方面，站在不同的角度，对同一形态可能产生不同的解释。例如，头肩形是反转突破形态，但有时从更大的范围去观察，则有可能成为持续整理形态。另一方面，进行实际操作时，形态理论要求形态完全明朗才能行动，从某种意义上讲，有错过机会的可能。此外，同其他技术方法一样，不能把形态理论当成万能的工具，更不应将其作为金科玉律。形态理论得出的结论仅是一种参考。

六、缺口理论

（一）缺口

缺口，通常又称为跳空，是指证券价格在快速大幅波动中没有留下任何交易的一段真空区域，从这个意义上说，缺口也属于形态的一种。缺口的出现往往伴随着向某个方向运动的一种较强动力。缺口的宽度表明这种运动的强弱。一般来说，缺口愈宽，运动的动力愈大；反之，则愈小。不论向何种方向运动所形成的缺口，都将成为日后较强的支撑或阻力区域，不过这种支撑或阻力效能依不同形态的缺口而定。缺口理论已成为当今技术分析中极其重要的技术分析工具。

缺口有四种类型（见图8-27）。由于缺口具有不同形态，而每种形态各具特点，人们可以根据不同的缺口形态预测行情走势的变化方向和变化力度。

1. 普通缺口

普通缺口经常出现在股价持续整理形态中，特别是出现在矩形或对称三角形等整理形态中。由于股价仍处于盘整阶段，因此在形态内的缺口并不影响股价短期内的走势。普通缺口具有比较明显的特征：它一般会在3日内回补；同时，成交量很小，很少有主

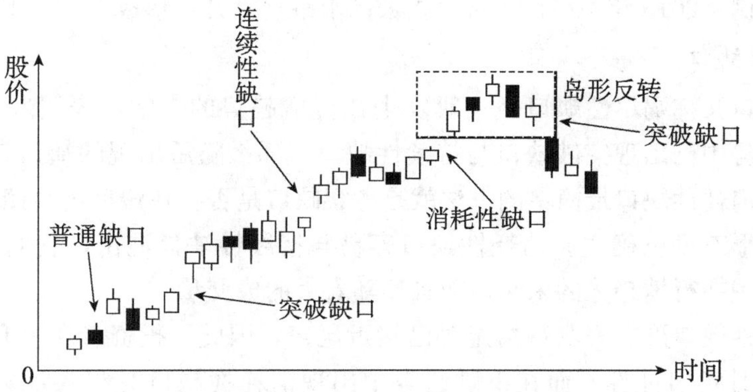

图 8-27　缺口与岛形反转

动的参与者。如果不具备这些特点，就应考虑该缺口是否属于普通缺口形态。普通缺口的支撑或阻力效能一般较弱。

普通缺口的这种短期内必补的特征，给投资者短线操作带来了一个机会，即当向上方向的普通缺口出现之后，在缺口上方的相对高点抛出证券，待普通缺口封闭之后买回证券；而当向下方向的普通缺口出现之后，在缺口下方的相对低点买入证券，待普通缺口封闭之后再卖出证券。这种操作方法的前提是必须判明缺口是否为普通缺口，且证券价格的涨跌是否达到一定的幅度。

2. 突破缺口

突破缺口是证券价格向某一方向急速运动，跳出原有形态所形成的缺口。

突破缺口蕴含着较强的动能，常常表现为激烈的价格运动，具有极大的分析意义，一般预示行情走势将要发生重大变化。突破缺口的形成在很大程度上取决于成交量的变化情况，特别是向上的突破缺口。若突破时成交量明显增大，且缺口未被封闭（至少未完全封闭），则这种突破形成的缺口是真突破缺口。若突破时成交量未明显增大，或成交量虽大，但缺口短期内很快就被封闭，则这缺口很可能是假突破缺口。

一般来说，突破缺口形态确认以后，无论价位（指数）的升跌情况如何，投资者都必须立即做出买入或卖出的行为，即向上突破缺口被确认立即买入，向下突破缺口被确认立即卖出。因为突破缺口一旦形成，行情走势必将向突破方向纵深发展。以上证指数为例，2010 年 10 月 8 日该指数向上跳空高开，形成一个向上的突破性缺口，股指自此开始了一波大涨行情。

3. 持续性缺口

持续性缺口是在证券价格向某一方向有效突破之后，由于急速运动而在途中出现的缺口，它是一个趋势的持续信号。在缺口产生的时候，交易量可能不会增加，但如果增加的话，则通常表明一个强烈的趋势。

持续性缺口的市场含义非常明显，它表明证券价格的变动将沿着既定的方向发展变化，并且这种变动距离大致等于突破缺口至持续性缺口之间的距离，即缺口的测量功能。持续性缺口一般不会在短期内被封闭，因此，投资者可在向上运动的持续性缺口附近买入证券或者在向下运动的持续性缺口附近卖出证券，而不必担心是否被套牢或者踏空。

以上证指数为例，2010 年 10 月 11 日该指数向上跳空高开，形成一个向上的持续性缺口。

4. 消耗性缺口

消耗性缺口又称竭尽性缺口，一般发生在行情趋势的末端，表明股价变动的结束。若一轮行情走势中已出现突破缺口与持续性缺口，那么随后出现的缺口就很可能是消耗性缺口。判断消耗性缺口最简单的方法就是考察缺口是否会在短期内封闭，若缺口封闭，则消耗性缺口形态可以确立。消耗性缺口容易与持续性缺口混淆，它们的最大区别是：消耗性缺口出现在行情趋势的末端，而且伴随着大的成交量。

由于消耗性缺口形态表明行情走势已接近尾声，因此，投资者在上升行情出现消耗性缺口时应及时卖出证券，而在下跌趋势中出现消耗性缺口时买入证券。上证指数在 2010 年 4 月达到阶段性高点后出现滞涨（价升量减），19 日低开 33.52 点则是明显的消耗性缺口，之后股指一路下跌达 860 点，未出现反弹。

（二）岛形反转

岛形反转（图 8－27 中虚线方框部分）是一个紧密的交易区域，是指由一个消耗性缺口与一个突破性缺口所形成的一个反转形态。从图 8－27 中可以看到，它的左边由消耗性缺口与之前的上升趋势所隔离，右边由一个突破缺口与之后的下降趋势所隔离，从而形成顶部股价交易的一个孤岛形态。当然，岛形反转也有可能出现在底部。

任务三　技术分析的主要技术指标

技术指标是按照一定的数学方法对行情数据进行处理，把得出的指标值绘成图表，从定量的角度对股市进行预测的方法。它反映了市场某一方面深层次的内涵，这是从原始数据中很难看出的。运用技术指标分析是一种定量分析方法，它克服了定性分析方法的不足，极大提高了具体操作的精确度。

尽管这种分析并不完全准确，但至少能在我们采取行动前从数量方面给予帮助。投资者在应用时应注意：（1）任何技术指标都有自己的适用范围和应用条件，得出的结论也都有成立的前提和可能发生的意外。因此，不管这些结论成立的条件，盲目绝对地相信技术指标，是要出错的。但从另外一个角度看，也不能认为技术指标有可能出错而完全否定技术指标的作用。（2）应用一种技术指标容易出现错误，但当使用多个具有互补性的技术指标时，可以极大提高预测精度。因此，在实际应用时，应采用若干个互补性的技术指标进行组合分析，以提高决策水平。

根据功能分类，技术指标分为趋势型、超买超卖型、人气型和大势型。

一、趋势型指标

（一）移动平均线

1. 均线的概述

移动平均线（Move Averagely，MA），简称均线，是指用统计分析的方法，将一定时期内的证券价格（指数）加以平均，并把不同时间的平均值连接起来，连成连续的线，用以观察证券价格变动趋势的一种技术指标。

均线理论作为投资大师葛兰维尔的得意杰作，是现有技术分析方法中最重要、最有效和最具有可操作性的分析工具之一，其核心思想是通过移动平均的方法来消除股价变动的偶然性因素，以发现股价变动的必然性因素。

根据对数据处理方法的不同，移动平均线可分为算术移动平均线、加权移动平均线和指数平滑移动平均线三种。在实际应用中常使用的是算术移动平均线，其计算公式为：

$$MA_n=(C_1+C_2+C_3+\cdots+C_n)/n$$

式中：MA 为移动平均值；n 为计算周期；C_n 为第 n 天的收盘价。

计算移动平均线所涉及的数据就一个，即证券的收盘价；参数只有一个，即天数。10 日移动平均线就记做 MA(10)，依次类推。

2. 均线的分类

根据计算期的长短，移动平均线可分为短期、中期和长期三种。通常以 5、10、20 日线观察证券市场的短期走势，称为短期移动平均线；以 30、60 日线观察中期走势，称为中期移动平均线；以 120 日、250 日线观察长期趋势，称为长期移动平均线。120 日线实际是半年线，250 日线为年线。半年线在技术分析中很受重视，被视为牛熊分界线，也称为股市生命线。由于短期移动平均线较长期移动平均线更易于反映行情价格的涨跌，所以一般又把短期移动平均线称为快速移动平均线，长期移动平均线则称为慢速移动平均线。

3. 均线的实质

第一，均线方向代表了计算期内股票价格的运动趋势。平均的基本作用在于消除偶然性因素而留下必然性因素，从这个角度来讲，均线的运动方向即为股价的运动趋势。

第二，均线代表了计算期内市场投资者的平均成本。

第三，均线代表了计算期内多空双方力量的均衡点。道氏理论认为收盘价是一个交易日内多空双方的均衡点，均线值是收盘价的平均值，自然就代表了多空双方在计算期内的均衡点。当日收盘价在均线位上方时，说明多方占优，之后的股价上涨概率大；当日收盘价在均线位下方时，说明空方占优，之后的股价下跌概率大。

4. 均线的功能

（1）追踪趋势功能。移动平均线的构造原理决定了它具有反映价格运动趋势的特性，它不受小的反向波动的影响，追随股价的趋势方向，这是原始数据价格图表不可能具备的作用。值得注意的是，不同计算周期均线追踪趋势的功能不尽相同，太短了不能消除全部的偶然性，太长了又会显得过于滞后，通常认为 30 日至 120 日之内的均线比较适宜追踪趋势。

（2）助涨与助跌功能。股价在均线上方向上运动，当股价远离均线时短期获利盘会使得股价朝着均线运动，但当股价跌至均线位时追涨投资者便会买入（因为在股价上升过程中按市场平均成本买入股票是最节省资金的），因而股价会止跌回升，即均线产生了助涨功能。相反，当股价在均线下方向下运动，股价远离均线时补仓盘会使得股价向着均线运动，当股价升至均线位时解套投资者便会卖出（因为在股价下跌过程中按市场平均成本卖出是损失最小的），即均线产生了助跌功能。

（3）支撑线和压力线功能。均线的助涨和助跌功能即决定了均线扮演了支撑线和压力线的角色，技术分析者将均线位作为一种重要的支撑与压力来看待。

移动平均线的不足之处是它的滞后性。由于移动平均线的变动不是一天的变动，而是几天的变动，因此，移动平均线相对于价格的变化来说是滞后的。当价格趋势已经出现变化的时候，移动平均线会按照惯性再继续维持原有的趋势方向运行一段时间，而不是立即改变运行方向。

5. 均线的研判与应用

(1) 葛兰维尔八大法则：

①第一买入点：均线从下降转为盘局或上升，股价从均线下方向上突破均线，买入。理由是均线向上说明股价有向上的趋势，股价也向上运动并突破均线，二者相互确认。

②第二买入点：股价跌破均线，但立刻回升到均线上，而均线仍持续上升，买入。理由是均线持续上升说明股价的趋势依然向上。

③第三买入点：股价跌至均线附近立即回升，均线依然向上，买入。理由是均线产生了支撑作用且股价运动趋势依然向上。

④第四买入点：股价急跌，远离均线，买入。理由是被套牢的投资者有买入股票降低加权成本的要求，抢反弹的投资者也有买入要求，但补仓对于股价向上的推动力不大，因此，这是一个短期买入点。

⑤第一卖出点：均线从上升转为盘局或下跌，股价向下跌破均线，卖出。理由是股价趋势向下，且股价也向下跌破均线，两者互相确认。

⑥第二卖出点：股价向上突破均线，但立即回跌至均线以下，均线仍持续下跌，卖出。理由是股价运动趋势向下。

⑦第三卖出点：股价走在均线下方，股价上升至均线附近时立即下跌，卖出。理由是均线对股价产生压力作用，同时股价趋势依然向下。

⑧第四卖出点：股价急涨，突破均线且远离均线，卖出。理由是短期获利盘对股价造成向下压力，因而短期获利了结。

葛兰维尔八大法则具体见图 8-28。

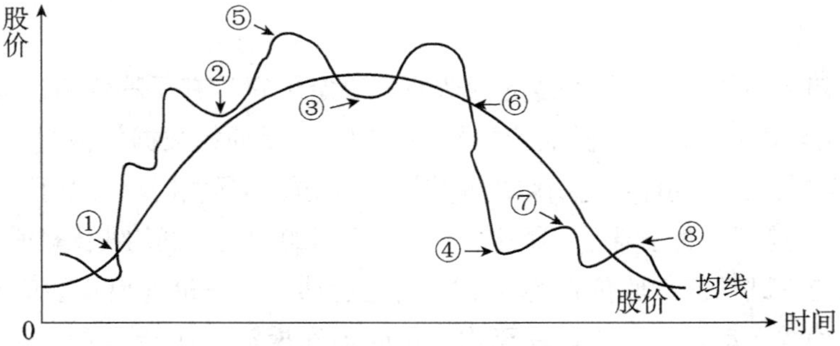

图 8-28　葛兰维尔八大法则

(2) 均线的组合运用：尽管均线通过平均计算可以消除股价变动的偶然性因素，但是为了保险起见，通常还将不同时期的均线组合起来使用，如将 10 日、20 日和 60 日三条均线放在一起使用，这样做的目的是降低均线分析出错的概率。

①黄金交叉和多头排列。所谓黄金交叉是指短期均线上穿中、长期均线，上穿的位

置即为黄金交叉点，这一点即是重要的买入信号。在此之后，如果短、中、长三条均线依次从上到下排列，就称之为多头排列。这种组合的操作策略是在黄金交叉点买入，一直持有直到股价向下突破长期均线为止。

②死亡交叉和空头排列。所谓死亡交叉是指短期均线下穿中、长期均线，下穿的位置即死亡交叉点，这一点是重要的卖出信号。在此之后，如果长、中、短三条均线依次从上到下排列，就称之为空头排列。这种组合的操作策略是在死亡交叉点卖出，一直至股价从下方上穿长期均线为止方可回补。

③均线的失效。正如人们常说的“金无足赤，人无完人”一样，均线系统作为一种非常有效和广泛使用的技术分析方法，也有其不足和缺陷。当股价进行横盘整理时，均线会和股价交织在一起，此时均线系统会经常发出买入和卖出信号，显然这时发出的买入和卖出信号是不可信的，此时均线失效。

（二）指数平滑异同移动平均线

指数平滑异同移动平均线（Moving Average Convergence and Divergence，MACD）是通过计算两条不同速度的指数平滑移动平均线之间的离差值来研判股市行情的一种技术分析方法。其基本原理是利用快速与慢速平滑移动平均线聚合与分离的征兆功能，加以双重的平滑计算，用以研判买卖时机。

1. MACD 的组成

MACD 计算过程比较复杂，所需要的指标也较多，包括快慢速平滑移动平均线（12 日 EMA、26 日 EMA）、快慢速平滑移动平均线离差值（也称正负差，即 DIF）、离差值的平均值（DEA），其中 DIF 是核心，DEA 是辅助。

(1) DIF 的计算。DIF 是快速平滑移动平均线与慢速平滑移动平均线的差，即两个指数平均值的离差值。其中，快速和慢速的区别是进行指数平滑时采用的参数大小不同，快速是短期的，慢速是长期的。下面以常用的参数 12 日和 26 日为例，对 DIF 的计算过程进行介绍。

快速平滑移动平均线是 12 日的，计算公式为：

$$今日\ EMA(12)=2/(12+1)\times 今日收盘价+11/(12+1)\times 昨日\ EMA(12)$$

慢速平滑移动平均线是 26 日的，计算公式为：

$$今日\ EMA(26)=2/(26+1)\times 今日收盘价+25/(26+1)\times 昨日\ EMA(26)$$

以上两个公式是指数平滑的公式，分别采用 2/13 和 2/27 作为平滑系数，但这并不是一成不变的，分析者可以根据自己的情况灵活确定平滑系数 $X/(N+1)$。如果认为当日股价对趋势变动的影响大，则 X 可取大一点，目前在应用中 X 一般取 2，即平滑系数一般为 $2/(N+1)$。第一个平滑值通常以第一日收盘价或最初几天收盘价的平均值来代替。

DIF 的计算公式为：

$$DIF=EMA(12)-EMA(26)$$

(2) DEA 的计算。DEA 是 DIF 的移动平均值，这样，DEA 自己又有了参数，即是用作算术平均的 DIF 的天数。对 DIF 作移动平均就像对收盘价作移动平均一样，其目标是为了消除偶然因素的影响，使结论更可靠。

DEA 的参数一般选择 9 天：

今日 DEA(MACD)＝2/(9＋1)×今日 DIF＋8/(9＋1)×昨日 DEA

此外，在分析软件上还有一个指标叫柱状线（BAR）。

BAR＝2×(DIF－MACD)

从公式中可以看出，BAR 是 DIF 和 MACD 的差距，在分析软件中，将 BAR 画成柱状线，分为绿色和红色两种，BAR 的大小反映了 DIF 与自己的移动平均值 MACD 之间的差距。红线越长意味着多方优势越大，绿线越长意味着空方优势越大。

2. MACD 的应用法则

（1）以 DIF 和 MACD 的取值和这两者之间的相对取值对行情进行预测。其应用法则如下：

①如果 DIF 和 MACD 均为正值属多头市场。DIF 上穿 MACD 为买入信号；DIF 下穿 MACD 只能认为是短暂的回落，做获利了结。而不能确定趋势转折，这时是否卖出离场要结合其他指标的综合判断。

②如果 DIF 和 MACD 均为负值属空头市场。DIF 下穿 MACD 为卖出信号；DIF 上穿 MACD 只能认为是短暂的反弹，做暂时补空。

③当 DIF 向下跌破 0 轴线时，为买入信号；当 DIF 上穿 0 轴线时，为卖出信号。

DIF 和 MACD 的组合应用可扫描二维码获取。

DIF 和 MACD 的组合应用

（2）指标背离判断。MACD 作为重要的市场趋势指标之一，对于市场主要趋势的预测相当准确，尤其是其与股价的背离走势更是原趋势发生逆转的主要信号。

MACD 指标与股价的背离走势有两种，即顶背离与底背离。顶背离是指股价一峰比一峰高，而 MACD 却一峰比一峰低，是股价由上升转为下降的预警信号；底背离是指股价一谷比一谷低，但 MACD 却一谷比一谷高，是股价由下降转为上升的预警信号。

（3）MACD 曲线的形态分析。MACD 的走势也同 K 线一样，会走出各种各样的形态，典型的如双头（底）和头肩顶（底）等，形态理论的有关分析方法完全适合于 MACD 曲线。

3. 简要评述

MACD 的优点是利用了两次移动平均来消除股价变动当中的偶然性因素，因此其对于股价运动趋势的把握是比较成功的。当然，MACD 也有不足，当市场没有明显趋势而进入盘整时，其经常会发出错误的信号。另外，MACD 对未来行情的上升和下降的深度也不能提出有帮助的建议。

案 例

江恩的“自然规则”

威廉·江恩（William Delbert Gann，1878—1955），是 20 世纪美国证券、期货业

最传奇式的投资家，纵横投资市场达45年，用自己创造的以数学及几何理论作为基础的买卖方法，总共赚取了5 000多万美元，相当于现在的5亿多美元。他不仅是一位成功的投资者，还是一位智者和伟大的哲学家。

江恩曾经花了9个月的时间泡在纽约的图书馆，大量地研究过往的股票、期货市场的交易记录和华尔街的大炒家的操作方法，最后总结出一套以“自然法则”为核心的交易方法，在他分析理论中着重分析了价格和时间的周期性关系。江恩相信股票、期货市场里也存在着宇宙中的自然规则。江恩认为，价格运动不是杂乱无章的，而是可以预测的，只要跟随固定的规则买卖，任何人都可以在股票市场获利。

任务：比较美国江恩、巴菲特和我国“杨百万”各自的投资理念和操作思路。

二、超买超卖型指标

（一）威廉斯指标

威廉斯指标（WMS）是由拉里·威廉斯（Larry Williams）于1973年首创的。他从研究价位波幅出发，通过分析一段时间内高、低价位与当日收盘价之间的关系，反映市场的强弱和买卖气势，并由此来分析市场的超买和超卖状态。如果WMS取值比较小，则当天的价格处在相对较高的位置，要小心回落；如果WMS取值比较大，则当天的价格处在相对较低的位置，要注意反弹。目前，WMS指标已经成为中国股市中被广泛使用的指标之一。

1. WMS的计算

$$\mathrm{WMS}(n)=(H_n-C_t)/(H_n-L_n)\times 100$$

式中：C_t为当天的收盘价；H_n，L_n为最近n日内（包括当天）出现的最高价和最低价；n为选定的时间参数，一般为14日或20日。

WMS的取值范围为0～100。

2. WMS的应用法则

（1）根据WMS的取值研判行情：

①强势市场与弱势市场判断。如果WMS＞50，就表示行情处于弱势；如果WMS＜50，就表示行情处于强势。

②超卖与超买区域判断。如果WMS＞80，即处于超卖状态，行情即将见底，应当考虑买进；如果WMS＜20，即处于超买状态，行情即将见顶，应当考虑卖出。这里的80和20只是一个经验数字，并不是绝对的。

（2）根据WMS指标的曲线形态研判行情：

WMS指标也可以进行形态分析，分析要领与K线形态分析要领相同。WMS连续几次撞顶（底），局部形成双重或多重顶（底），则是卖出（买进）的信号。

这里需要说明的是，WMS的顶部数值为0，底部数值为100。

（3）根据背离研判行情：

在WMS进入低数值区位后（此时为超买），一般要回头。如果这时股价还继续上升，就会产生背离，是卖出的信号。

在 WMS 进入高数值区位后（此时为超卖），一般要反弹。如果这时股价还继续下降，就会产生背离，是买进的信号。

3. 简要评述

WMS 指标的优点是在盘整过程中，WMS 指标的准确性较高，其不足是 WMS 指标在上升或下降趋势中，不能只以 WMS 指标超买超卖信号作为行情判断的依据。

（二）随机指标

随机指标（KDJ）是乔治·莱恩（George Lane）博士在 20 世纪 80 年代初发明的，是在百分比的基础上发展起来的，开始用于期货市场，后来被引入股票市场。

1. KDJ 的计算

通过对一段时间内最高价和最低价之间的差以及当天收盘价之间的关系，计算未成熟随机值 RSV（Raw Stochastics Value）。公式为：

$$RSV(n)=(C_t-L_n)/(H_n-L_n)\times 100$$

式中：C_t，H_n，L_n 的意义同 WMS 计算公式，但要注意与 WMS 计算的不同之处。

对 RSV 进行 3 日指数平滑移动平均，得到 K 值：

今日 K 值 $=2/3\times$ 昨日 K 值 $+1/3\times$ 今日 RSV

对 K 值进行 3 日指数平滑移动平均，得到 D 值：

今日 D 值 $=2/3\times$ 昨日 D 值 $+1/3\times$ 今日 K 值

式中：1/3 是平滑因子，是可以自主选择的，不过目前已经约定俗成，通常固定为 1/3；初始的 K、D 值，可以用当日的 RSV 值或以 50 代替。

K、D 指标是在 WMS 的基础上发展起来的，所以 K、D 指标有 WMS 的一些特性。在股市价格变化时，WMS 反应最快，K 指标其次，D 指标最慢。K 指标反应敏捷，但容易出错；D 指标反映稍慢，但稳重可靠。

J 指标是 D 指标加上一个修正值，计算公式为：

$$J=3D-2K=D+2(D-K)$$

2. KDJ 的应用法则

KDJ 指标是三条曲线，在应用时主要从五个方面进行考虑：K、D 指标的取值，K、D 曲线的形态，K、D 指标的交叉，K、D 指标的背离和 J 指标的取值。扫描二维码获取 KDJ 在大盘趋势中的应用图示。

KDJ 在大盘趋势中的应用

（1）从 K、D 指标的取值绝方面考虑。K、D 的取值范围为 0～100 之间，将其划分为几个区域：80 以上为超买区，20 以下为超卖区，其余为徘徊区。

根据这种划分，K、D 超过 80 就该考虑卖出，是卖出的信号；低于 20 就应该考虑买入，是买入的信号。有些对 K、D 指标了解不深的人，认为 K、D 指标的操作就限于此，故而对 K、D 指标的作用产生误解。应该说明的是，上述对取值的划分只是一个应用 K、D 指标的初步过程，仅是信号，若完全按这种方法进行操作很容易招致损失。

(2) 从K、D指标曲线的形态方面考虑。当K、D指标在较高或较低的位置形成了头肩形态和多重顶（底）形态时，是采取行动的信号。注意，这些形态一定要在较高位置或较低位置出现，位置越高或越低结论越可靠、越正确。操作时可按形态理论方面的原则进行。

对于K、D的曲线同样也可以画趋势线，以明确K、D的趋势。在K、D的曲线图中仍然可以引进支撑线和压力线的概念。某一条支撑线或压力线的被突破，也是采取行动的信号。

(3) 从K、D指标的交叉方面考虑。一般来说，K线上穿D线是金叉，为买入信号；K线下穿D线是死叉，为卖出信号。但是K、D指标较为敏感，频繁地发出买入和卖出信号会使得投资者无所适从，因此，K、D指标发出的买入或卖出信号是否可靠，还要看别的信号。下面以买入信号为例来说明：

第一个条件是金叉的位置应该比较低，最好处在超卖区的位置，越低越可靠。第二个条件是与D线相交的次数。有时在低位，K、D线要来回交叉好几次。交叉的次数以至少两次为好，越多越可靠。第三个条件是交叉点相对于K、D线低点的位置，这就是常说的“右侧相交”原则。K线是在D线已经抬头向上时才同D线相交，比D线还在下降时与之相交要可靠得多。换句话说，右侧相交比左侧相交好，满足了上述条件，买入就放心一些，少满足一条，买入的风险就多一些。但是，如果要求每个条件都满足，尽管比较安全，但也会错过很多机会。对于K线从上向下穿破D线的死叉，也有类似的结果。

(4) 从K、D指标的背离方面考虑。K、D指标也会与股价出现背离的走势，当K、D处在高位，并形成两个依次向下的峰，而此时股价还在一个劲地上涨，这叫顶背离，是卖出的信号；与之相反，K、D处在低位，并形成一底比一底高，而股价还继续下跌，这构成底背离，是买入信号。

(5) 从J指标的取值方面考虑。J值指标取值超过100和低于0时，都属于价格的非正常区域，大于100为超买，小于0为超卖。

3. 简要评述

K、D指标作为最常用的短线指标之一，能够敏锐地抓住股价上升和下跌的信号，对于短线操作的指导意义大，但是K、D指标也存在着明显的不足，主要有以下几个方面：第一，K、D指标发出的买入和卖出信号过于频繁，投资者需要结合其他分析方法来确认信号的有效性；第二，K、D指标在顶部和底部会产生钝化的现象，也就是说当股价处于顶部或底部时，K、D指标发出的信号可靠性差；第三，当价格进入整理区域时，K、D指标也会显得无所作为。

(三) 相对强弱指标

相对强弱指标（Relative Strength Index，RSI）是美国人小韦尔斯·怀尔德（Welles Wilder，Jr.）提出的，该指标是通过一段时间内的平均收盘涨数和平均收盘跌数来分析证券市场中买卖双方力量对比的指标。它可以反映证券供求双方力量的变化，从而预测市场的趋势。

1. RSI的计算

RSI的参数是天数，即考虑的时间长度，一般取6日、12日、24日等。这时的6日与MA中的6日线是截然不同的。下面以14日为例，具体介绍RSI（14）的计算方法，其余参数的计算方法与此相同。

先找到包括当天在内的连续15天的收盘价，用每一天的收盘价减去前一天的收盘价，得到14个数字。这14个数字中有正（比前一天高）、有负（比前一天低）、有零（与前一天相等）。

令A=14个数字中正数之和，B=14个数字中负数之和×(−1)。此时，A和B都是正数。由此得出RSI（14）。

$$RSI(14)=A/(A+B)\times 100$$

式中：A为14天中股价向上波动的大小；B为14天中股价向下波动的大小；A+B为股价总的波动大小。

RSI实际上是表示股价向上波动的幅度占总波动的比重，或者说表示了股价向上的动能占总的动能的比重，如果占的比重大于50就是强势，否则就是弱势。

显然，RSI的计算只涉及收盘价，并且可以选择不同的参数。RSI的取值范围为0～100。

2. RSI的应用法则

（1）根据RSI取值的大小判断行情。将100分成四个区域，根据RSI的数值落入的区域进行操作。取值与行情判断的方法如表8-2所示。

表8-2 RSI取值与行情判断

RSI取值	市场特征	投资操作
80～100	极强	卖出
50～80	强	买入
20～50	弱	卖出
0～20	极弱	买入

“极强”与“强”的分界线和“极弱”与“弱”的分界线是不明确的，换言之，这两个区域之间不能画一条截然分明的分界线，这条分界线实际上是一个区域。有的书中采用30、70或者15、85，这些数字实际上是对这条分界线的大致描述，应该说明的是，这条分界线位置的确定与下面三个因素有关：

①与RSI的参数有关。不同的参数，其区域的划分就不同。一般而言，参数越大，分界线离中心线50就越近，离100和0就越远。

②与选择的股票有关。不同的股票，由于其活跃程度不同，RSI所能达到的高度也不同。一般而言，越活跃的股票，分界线离50就应该越远；越不活跃的股票，分界线离50就越近。

③与使用的时期有关。不同的时期，RSI的波动有不同的表现，所选择的分界点也是有区别的。

随着 RSI 取值的从大到少，应该采取的行动是这样的一个顺序：卖出—买入—卖出—买入。市场进入强势，可以考虑买入，但是强过头了就该抛出。物极必反，量变引起质变是对这个问题很好的说明。

（2）不同参数的两条或多条 RSI 曲线的联合使用。同均线一样，条数越多的 RSI 考虑的时间范围越大，结论越可靠，但速度也就越慢，这是无法避免的。参数小的 RSI 称为短期 RSI，参数大的称为长期 RSI。这样，两条不同参数的 RSI 曲线的联合使用法则可以完全照搬前文中的两条均线的使用法则。

第一，如短期 RSI＞长期 RSI，则属多头市场；第二，如短期 RSI＜长期 RSI，则属空头市场。当然，这两条只是参考，不能完全照此操作。

（3）根据背离判断行情。RSI 与 MACD 等技术分析指标一样，会与股价产生顶背离和底背离的现象。顶背离是如果股价一峰比一峰高，而 RSI 却一峰比一峰低，这是股价由上升转为下降的预警信号；底背离是如果股价一谷比一谷低，而 RSI 却一谷比一谷高，这是股价由下降转为上升的预警信号。

（4）根据 RSI 的曲线形态研判行情。RSI 指标也可以进行形态分析，分析要领与 K 线形态理论分析要领相同。当 RSI 在较高或较低的位置形成头肩形和多重顶（底），是采取行动的信号。这些形态一定要出现在较高位置和较低位置，离 50 越远越好，越远结论越可信，出错的可能性就越小。形态分析中有关这类形状的操作原则，这里均适用。

另外，也可以利用 RSI 上升和下降的轨迹画趋势线，此时，起支撑线和压力线作用的切线理论同样适用。

3. 简要评述

RSI 指标通过计算一段时期内股价上升动能占总动能的比重来研判多空双方的力量对比，其分析思路明确，方法得当，因而也是最为常用的指标之一。当然，RSI 指标也存在着不足，投资者应该正确地认识并客观地对待。如 RSI 在第一次进入应该采取行动的区域而形成单峰或单谷的时候发出的信号不太可靠，需要结合其他技术分析方法加以确认。

（四）乖离率指标

乖离率（BIAS）指标是通过计算股价与移动平均线之间出现的偏离程度，从而得出股价在震荡中因偏离移动平均线而可能产生的回档与反弹。这个指标可以解释为什么股价远离均线时就会向均线靠拢，从而给投资者提供短线买卖的信号。该指标是移动平均线非常有益的补充。

1. BIAS 的计算

$$\text{BIAS(N)} = [C_t - \text{MA(N)}]/\text{MA(N)} \times 100\%$$

式中：BIAS(N)是 N 日的乖离率，C_t 是当日的收盘价，MA（N）是当天的 N 日移动平均值。

从公式中可以看出 BIAS 有正值也会有负值，正值意味着股价向上偏离均线，负值意味着股价向下偏离均线。

BIAS 的公式中含有参数的项只有一个，即 MA，因此 MA 的参数就是 BIAS 的参数，也就是天数N。参数大小的选择首先影响MA，进而影响BIAS，不同的市场和不同的投资者的选择是不同的。

BIAS代表了一段时间内市场平均盈利（亏损）程度。在均线理论中谈到过均线能代表市场的平均成本，再做一个假设，即假设投资者在一天内的买入和卖出价格的平均价是当天的收盘价，这样就可以将BIAS理解为一段时期内（N日）的市场平均盈利程度和平均亏损程度。正值代表盈利，负值代表亏损。当N日内市场平均盈利程度高时，多数投资者会选择获利了结，从而使得股价向着均线回落；当N日内市场平均亏损程度高时，多数没有止损的投资者会选择补仓以降低其加权成本，另有部分投资者抢反弹，从而推动股价向着均线回升。

2. BIAS的应用法则

（1）买入和卖出信号。不同市场和不同投资者对于参数N的选择是不同的，所以投资者应该根据自己的实际情况来确定参数N，以下仅供投资者参考。

第一，BIAS(5)＞3.5％、BIAS(10)＞5％、BIAS(20)＞8％、BIAS(60)＞10％，是卖出时机。

第二，BIAS(5)＜－3％、BIAS(10)＜－4.5％、BIAS(20)＜－7％、BIAS(60)＜－10％，是买入时机。

第三，对于综合指数而言，BIAS(10)＞30％为抛出时机，BIAS(10)＜－10％为买入时机。

第四，对于个股而言，BIAS（10）＞35％为抛出时机，BIAS（10）＜－15％为买入时机。

（2）BIAS并不能够反映趋势的运行方向，只是移动平均线指标的一个补充，为投资者在反弹行情展开之前买入股票和在回落行情展开之前卖出股票提供参考依据。

（3）当短期乖离率在高位下穿长期乖离率，是卖出信号；当短期乖离率在低位上穿长期乖离率时，是买入信号。

（4）BIAS可以与股价曲线的背离现象结合起来判断。如果股价创新高而BIAS的高点却在下移，这是机构大户获利回吐，是卖出信号；如果股价没有创新高，而BIAS反而升高，也是一个卖出信号；如果股价连创新低，逐步下跌，而BIAS反而在底部抬高，或者出现股价没有继续下跌，BIAS出现新低的现象，这两种情况都是买入信号。

（5）在上升趋势中遇到负乖离率，可以等待股价回跌再买进，此时进场的危险性小；在下降趋势中遇到正乖离率，可以等待股价回升再抛售。

3. 简要评述

BIAS的主要原理是测算股价偏离均线即市场平均成本的程度，从而计算出在一定时期内市场的平均盈利程度和平均亏损程度，以发现短期的买入和卖出信号，其有效性不容置疑。但不同的市场和不同的投资者对于盈利的期望大小和亏损的承受能力是不同的，因而导致了BIAS没有一个公允的判断标准，这就给投资者使用这个指标造成了一定的困难。

三、人气型指标

（一）心理线指标

心理线指标（Psychological Line，PSY）主要是从股票投资者买卖趋向的心理方面，将一定时期内投资者看多或看空的心理事实转化为数值，来研判股价未来走势的技术指标。

1. PSY 的计算

$$PSY(N)=A/N\times 100$$

式中：N 为天数，是 PSY 的参数，A 是在这 N 天之中股价上涨的天数。

例如：N＝10，10 天之中有 3 天上涨、7 天下跌，则 A＝3，PSY(10)＝30。上涨和下跌以收盘价为准，当天收盘价高于前一天收盘价为上涨，当天收盘价低于前一天收盘价为下跌。

从 PSY 的公式来看，PSY 是指 N 天内，上涨天数在 N 天内占的比例。该指标以上涨代表多方力量，下跌代表空方力量；数值在 50 以上是多方市场，50 以下是空方市场。PSY 参数的选择是人为的，没有硬性规定，一般选择参数为 10 或大于 10。参数选得越大，PSY 的取值范围越集中、越平稳；参数选得越小，PSY 取值范围上下的波动就越大。

2. PSY 的应用法则

（1）盘整区域判断。PSY 的取值在 50 附近为盘整区域，上下限一般定为 25 和 75。PSY 在 25～75 说明多空双方基本处于平衡状况。如果 PSY 的取值超出了这个平衡状况，就是超卖或超买。

（2）买卖信号。PSY 的取值极低或极高时即为买入和卖出信号，一般 PSY＜10 时为买入信号，PSY＞90 时为卖出信号。

（3）PSY 形态分析。PSY 的曲线如果在低位或高位出现大的 W 底或 M 头，也是买入或卖出的行动信号。

此外，PSY 线一般最好同股价曲线配合使用，这样更能从股价的变动中了解超买或超卖的情形，常碰到的背离现象在 PSY 中也是适用的。

（二）能量潮指标

能量潮指标（On Balance Volume，OBV）是葛兰维尔在 20 世纪 60 年代提出来的。该指标的理论基础是市场价格的有效变动必须有成交量配合，量是价的先行指标。利用 OBV 验证当前股价走势的可靠性，可以得到趋势可能反转的信号。比起单独使用成交量来，OBV 要看得更清楚一点。

1. OBV 的计算

假设已知上个交易日的 OBV，则当日的 OBV 用数学公式表示为：

今日 OBV＝昨日 OBV＋sgn×今日的成交量

式中：sgn 是符号函数，其数值由以下情况决定：

sgn＝＋1，今日收盘价≥昨日收盘价；

sgn＝－1，今日收盘价<昨日收盘价。

式中的“成交量”指的是成交股票的手数，不是成交金额。sgn＝＋1 时，其成交量计入多方的能量；sgn＝－1 时，其成交量计入空方的能量。

OBV 构造的基本原理是：根据潮涨潮落的原理，可以把证券市场比喻成一个潮水的涨落过程，如果多方力量大，则向上的潮水就大，中途回落的潮水就小。衡量潮水大小的标准是成交量。成交量大，则潮水的力量就大；成交量小，潮水的力量就小。每一天的成交量可以理解成潮水，但这股潮水是向上还是向下，是保持原来的大方向，还是中途回落，这个问题就由当天收盘价与昨天收盘价的大小比较而决定。如果今收盘价≥昨收盘价，则这一潮属于多方的潮水；如果今收盘价<昨收盘价，则这一潮属于空方的潮水。

潮涨潮落反映多空双方力量对比的变化和最终大潮将向何处去。这就是 OBV 的基本原理，也是 OBV 被称为能量潮的原因。

2. OBV 的应用法则和注意事项

(1) OBV 不能单独使用，必须与股价曲线结合使用才能发挥作用。

(2) 计算 OBV 时有一个选择最初值的问题，最初值可由使用者自行确定，一般用第一日的成交量代替。

(3) OBV 曲线的上升和下降对进一步确认当前股价的趋势有着很重要的作用：股价上升（下降），而 OBV 也相应地上升（下降），则可以确认当前的上升（下降）趋势；股价上升（下降），但 OBV 并未相应地上升（下降），则投资者对目前的上升（下降）趋势的认定程度就要大打折扣，这就是背离现象，此时 OBV 已经提前指出趋势的后劲不足，有反转的可能。

(4) 对别的技术指标适用的形态理论和趋势理论的内容也同样适用于 OBV 曲线，W 底和 M 头等著名的形态理论分析结果也适用于 OBV。

(5) 在股价进入盘整区后，OBV 曲线会率先显露出脱离盘整的信号，向上或向下突破，且成功率较大。OBV 线是预测股市短期波动的重要判断指标，能帮助投资者确定股市突破盘局后的发展方向；而且 OBV 的走势，可以局部显示出市场内部主要资金的流向，有利于告示投资者市场内的多空倾向。

四、大势型指标

大多数技术指标都是既可以应用到个股，又可以应用到综合指数。但有一类指标只能用于综合指数，而不能应用于个股，一般称之为大盘指标。常用的大盘指标有腾落指标、涨跌比指标和超买超卖指标等。

（一）腾落指标

腾落指标（Advance Decline Line，ADL），是以股票每天上涨或下跌的家数作为观察的对象，通过简单算术加减来比较每日上涨股票和下跌股票家数的累积情况，形成升跌曲线，并与综合指数相互对比，对大势的未来进行预测。

1. ADL 的计算

假设已经知道了上一个交易日的 ADL 的取值，则今天的 ADL 值为：

今日 ADL＝昨日 ADL＋(NA－ND)

式中：NA 为当天所有股票中上涨的家数，ND 为当天所有股票中下跌的家数。

涨跌的判断标准是以今日收盘价与上一日收盘价相比较（无涨跌者不计）。ADL 的初始值可取为 0。

2. ADL 的应用法则和注意事项

(1) ADL 的应用重在相对走势，并不看重取值的大小，这与 OBV 类似。

(2) ADL 只适用于对大盘未来走势变动的参考，不能对选择股票提出有益的帮助。

(3) ADL 不能单独使用，总要同股指曲线联合使用才能显示出作用。

ADL 与股指同步上升（下降），创新高（低），则可以验证大势的上升（下降）趋势，短期内反转的可能性不大。

ADL 连续上升（下降）了很长时间（一般是 3 天），而指数却向相反方向下降（上升）了很长时间，这是买进（卖出）信号，至少有反弹（回落）存在。这是背离现象。

在指数进入高位（低位）时，ADL 并没有同步行动，而是开始走平或下降（上升），这是趋势进入尾声的信号。这也是背离现象。

ADL 保持上升（下降）趋势，指数却在中途发生转折，但很快又恢复原有的趋势，并创新高（低），这是买进（卖出）信号，是后市多方（空方）力量强盛的标志。

(4) 形态理论和趋势理论的内容也可以用于 ADL 曲线。

(5) 经验证明，ADL 对多头市场的应用比对空头市场的应用效果好。这一点投资者在使用 ADL 是应该注意，并加以验证。

（二）涨跌比指标

涨跌比指标（Advance Decline Ratio，ADR）是由股票的上涨家数和下跌家数的比值，推断证券市场多空双方力量的对比，进而判断出证券市场的实际情况。由于与 ADL 有一定的联系，ADR 又称为回归式腾落指标。

1. ADR 的计算

$$ADR(N)=P_1/P_2$$

式中：$P_1=\sum NA$，为 N 日内股票上涨家数之和；$P_2=\sum ND$，为 N 日内股票下跌家数之和；N 为选择的天数，是 ADR 的参数，N 的选择没有统一的规定，常用的参数为 10，也可以选择 5、25 等。从公式中可知，ADR 的图形是在 1 附近来回波动的，波动幅度的大小以 ADR 的取值为准。参数选得越小，ADR 上下波动的空间就越大，曲线的起伏就越强烈；参数选得越大，ADR 上下波动的幅度就越小，曲线上下起伏就越稳定，这一点同大多数技术指标是一致的。

2. ADR 的应用法则和注意事项

(1) 从 ADR 的取值看大势。一般来说，由 ADR 的取值可以把大势分成几个区域，ADR 取值在 0.5～1.5 之间是 ADR 处在常态状况，多空双方谁也不占大的优势，这个区域是 ADR 取值较多的区间。在极端特殊的情况下，主要是突发的利多利空消息引起证券市场暴涨暴跌的情况下，ADR 常态状况的上下限可以扩大一些，上限可以达 1.9，下限可以到 0.4。

超过常态状况的上下限，ADR 就进入非常态状况。ADR 进入非常态状况就是采取行动的信号，因为这表示上涨或下跌的势头过于强烈了，有些不合理，股指将有回头的可能。ADR 的常态状况说明多空双方对现状的认可，这个时候买进或卖出股票都没有太大的把握。

（2）从 ADR 与综合指数的配合使用方面观察。这种观察主要是从以下两方面进行的：①ADR 上升（下降）而综合指数同步上升（下降），则综合指数将继续上升（下降），短期反转的可能性不大；②ADR 上升（下降）而综合指数向反方向移动，则短期内会有反弹（回落），这是背离现象。

（3）从 ADR 曲线的形态上看大势。ADR 从低向高超过 0.5，并在 0.5 上下来回移动几次，就是空头进入末期的信号。ADR 从高向低下降到 0.75 之下，是短期反弹的信号。

在多头市场开始时，在上升的第一段和第二段，可能 ADR 的取值会极快地增加，应用时应注意常态状况的上下限调整。ADR 先下降到常态状况的下限，但不久就上升并接近常态状况的上限，则说明多头已具有足够的力量将综合指数拉上一个台阶。

（4）ADR 常态状况的上下限的取值是可能变化的，与选择的参数有关，不同参数的上下限也不同。一般来说，参数越大，上下限离 1 越近；参数越小，上下限离 1 越远。ADR 是以 1 作为多空双方的分界线的。

（5）由于 ADR 选择的是多空双方力量相除来表示力量对比，所以 ADR 距离 1 的远近不能用惯用的绝对数衡量。例如：0.5 离 1 的距离并不等于 1.5 离 1 的距离。

（三）超买超卖指标

超买超卖指标（Over Bought Over Sold，OBOS）是用一段时间内上涨和下跌股票家数的差距来反映当前证券市场多空双方力量的对比和强弱。与 ADR 相比，其含义更直观，计算更简便。ADR 选择的是两者相除，而 OBOS 选择的方法是两者相减。

1. OBOS 的计算

$$OBOS(N) = \sum NA - \sum ND$$

式中：$\sum NA$ 为 N 日内每日上涨股票家数的总和；$\sum ND$ 为 N 日内每日下跌股票家数的总和；天数 N 为 OBOS 的参数，一般选 N=10 作为参数。

选择相除还是相减是从两个方面描述多空双方的差距，只是方法不同，本质并未改变。从直观上看，OBOS 的多空平衡位置应该是 0，也就是 $\sum NA = \sum ND$ 的时候。OBOS 大于 0 或小于 0 就是多方或空方占优势。

2. OBOS 的应用法则和注意事项

（1）当市场处于盘整时期，OBOS 取值应该在 0 的上下来回摆动。当市场处在多头市场时，OBOS 应该是正数，并且距离 0 较远。同样，市场处在空头市场时，OBOS 应该是负数，并且距离 0 较远。一般而言，距离 0 越远，则力量越大，势头越强劲。具体 OBOS 大于多少或小于多少就算是多方或空方占绝对优势了，这个问题是不好回答的，这一点是 OBOS 不如 ADR 的地方。因为，上市股票总的家数、参数的选择，都直接影响对这个问题的回答。从参数选择可以知道，参数选择得越大，OBOS越平稳。但是上市股票的总家数则是个谁也不能确定的因素。

(2) 同一般的规则一样，强过头了或弱过头了就会走向反面，所以，当OBOS过分地大或过分地小时，都是采取行动的信号。具体的数字应该从实践中总结，而且应随时调整。

(3) 当OBOS的走势与指数背离时，也是采取行动的信号，这是背离现象的又一应用。

(4) 形态理论和趋势理论中的结论也可用于OBOS曲线。最为著名的就是，如果OBOS在高位（低位）形成M头（W底）则是卖出（买入）的信号。连接高点或低点的趋势也能帮助我们看清OBOS的趋势，并进一步验证是否与股价指数的走势发生背离。

(5) 当OBOS曲线第一次进入发出信号的区域时，应该特别注意是否出现错误。

(6) OBOS的计算比ADR简单，意义直观易懂，所以使用OBOS的时候较多，使用ADR的时候就少些。但应以OBOS为主，以ADR为辅，放弃ADR是不对的。

(7) OBOS只是针对综合指数的技术指标，对个股的选择没有任何指导意义。

同步训练

一、单项选择题

1. 下列各项中，K线理论认为（　　）最重要。

A. 开盘价　　B. 收盘价　　C. 最高价　　D. 最低价

2. 从重要性来看（　　）。

A. 轨道线比趋势线重要

B. 趋势线和轨道线同样重要

C. 趋势线比轨道线重要

D. 趋势线和轨道线没有必然联系

3. 一般下降趋势线是否有效，需要经过（　　）的确认。

A. 第三个波峰点　　B. 第二个波谷点

C. 第二个波峰点　　D. 第三个波谷点

4. （　　）在其形成的过程中可能演变成三重顶（底）形态。

A. 三角形　　B. 矩形　　C. 楔形　　D. 喇叭形

5. （　　）不符合在涨跌停板制度下价量分析的基本判断。

A. 涨停量小，继续上扬

B. 跌停量小，出现反转

C. 涨停中途被打开次数越多，反转下跌的可能性越大

D. 涨停关门时间越早，次日涨势可能性越大

6. 关于突破缺口，下列说法正确的是（　　）。

A. 经常出现在股价整理形态中

B. 一般预示行情走势将要发生重大变化

C. 是一个趋势的持续信号
D. 出现在行情趋势的末端，且伴随着大的成交量
7. 移动平均线 MA 出现黄金交叉是指（　　）。
A. 现在价位位于长期与短期 MA 之下，短期 MA 又向上突破长期 MA
B. 现在价位站稳在长期与短期 MA 之上，长期 MA 又向上突破短期 MA
C. 现在价位站稳在长期与短期 MA 之上，短期 MA 又向上突破长期 MA
D. 现在价位位于长期与短期 MA 之下，长期 MA 又向上突破短期 MA
8. 根据技术分析理论，葛兰维尔八大法则可以用来研断是否出现（　　）。
A. 证券价格与证券价值偏离　　B. 证券价格与移动平均线偏离
C. 证券价格与证券价值一致　　D. 证券价格与移动平均线一致
9. 底背离是股价由（　　）的预警信号。
A. 上升转为下降　　B. 下降转为上升
C. 盘局转为下降　　D. 盘局转为上升
10. 一般而言，当参数为 14 的相对强弱指数 RSI≤10 时，应该（　　）。
A. 持币观望　　B. 买进　　C. 卖出　　D. 持股观望

二、多项选择题

1. 证券投资技术分析的要素包括（　　）。
A. 成交量　　B. 空间　　C. 时间　　D. 价格
2. 以下说法不正确的是（　　）。
A. 一根 K 线只能反映证券一天的价格变动情况
B. 最高价和最低价形成 K 线的实体
C. 指向一个方向的影线越长，越有利于股价今后朝这个方向运行
D. 阴线实体越长，越有利于下跌；阳线实体越长，越有利于上涨
3. 关于两根 K 线组合，下面说法正确的是（　　）。
A. 利用两根 K 线组合推断行情要比一根 K 线可靠
B. 对于两根 K 线组合来说，第二天的 K 线是进行行情判断的关键
C. 第二天多方双方争斗的区域越高，越有利于上涨；越低，越有利于下跌
D. 连续两根阴线表明空方已经取得决定性胜利，接下来将转而上涨
4. 支撑线或压力线对当前股价影响的重要性分析，应考虑以下方面（　　）。
A. 股价在这个区域停留时间的长短
B. 这个支撑区域或压力区域发生的时间距离当前这个时期的远近
C. 这个支撑区域或压力区域的价格距离当前这个价格的高低
D. 股价在这个区域伴随的成交量大小
5. 常见的反转突破形态有（　　）。
A. 头肩顶（底）　　B. 双重顶（底）
C. 圆弧形态　　D. 三角形
6. 关于趋势线和支撑线，下列论述正确的有（　　）。

A. 在上升趋势中，将两个低点连成一条直线，就得到上升趋势线
B. 上升趋势线起支撑作用，下降趋势线起压力作用
C. 上升趋势线是支撑线的一种，下降趋势线是压力线的一种
D. 趋势线被突破后，就没有任何作用了

7. 三角形形态是持续整理形态的一类，其主要分为（ ）。
A. 对称三角形 B. 等边三角形
C. 上升三角形 D. 下降三角形

8. 下列关于圆弧形态的陈述中，错误有的（ ）。
A. 又称为碗形
B. 形成所花的时间越长，今后反转的力度就越强
C. 在实际中比较常见，一般是散户炒作的产物
D. 形成过程中，成交量的变化时间两头少，中间多

9. 在下列情况中，MA 极易发出错误信号的有（ ）。
A. 盘整阶段 B. 上升阶段
C. 局部反弹阶段 D. 趋势形成后中途休整阶段

10. 关于黄金交叉与死亡交叉，下列说法正确的是（ ）。
A. 黄金交叉是价位站稳中期与短期均线上，短期 MA 又向上突破中长期 MA
B. 黄金交叉实际上就是股价向下突破压力线
C. 死亡交叉是股价在中短期 MA 下方，短期 MA 向下突破中长期 MA
D. 黄金交叉实际上就是向上突破支撑线

三、简答题

1. 如何理解技术分析的假设基础和四个要素？
2. 技术分析与基本面分析有何区别？
3. 证券投资技术分析中的 K 线有哪些种类？你认为哪些 K 线形态比较重要？
4. 简述形态理论的概念。在形态理论中，常见的反转突破形态和持续整理形态有哪些？
5. 简述移动平均线的概念。移动平均线的组合有哪些种类？
6. 跳空缺口有哪些种类？各有什么意义？
7. 技术指标主要分成哪几大类？
8. 简述威廉斯指标的概念、应用法则及应该注意的问题。

实训拓展

实训项目：证券投资技术分析（一）

1. 实训目的

了解道氏理论，能观察 K 线图形成的各种图形，并运用图形理论研判证券行情，即了解形态理论，学会运用形态理论分析，运用分析结果选择投资对象和时机。

2. 实训学时

2 课时。

3. 实训准备

（1）实训知识准备：K 线理论。

（2）实训材料准备：纸笔、计算机、证券分析软件。

4. 实训方法与内容

（1）实训方法：在实盘行情中截取 K 线的不同形态及组合进行分析，选择投资时机。

（2）实训内容：K 线图画法，单个 K 线分析，K 线组合分析，K 线图综合分析。

实训项目：证券投资技术分析（二）

1. 实训目的

了解形态理论，学会运用形态理论分析，运用分析结果选择投资对象和时机，掌握有效突破的判断标准、支撑位与阻力位。

2. 实训学时

2 课时。

3. 实训准备

（1）实训知识准备：形态理论。

（2）实训材料准备：纸笔、计算机、证券分析软件。

4. 实训方法与内容

（1）实训方法：在实盘行情中截取 K 线的不同形态及组合进行分析，判断多空力量。

（2）实训内容：在实盘行情截取双重顶（底）、头肩顶（底）、上升三角形、下降三角形、圆弧形、缺口、旗形形态，并标注分析的依据及投资操作建议。

实训项目：证券投资技术分析（三）

1. 实训目的

了解均线理论，学会运用移动平均线，分析和选择投资对象与时机，掌握利用均线分析预测股价走势、支撑位与阻力位。

2. 实训学时

2 课时。

3. 实训准备

（1）实训知识准备：移动平均线理论。

（2）实训材料准备：纸笔、计算机、证券分析软件。

4. 实训方法与内容

（1）实训方法：在实盘行情中截取 K 线的不同形态，运用移动平均线，特别是葛兰维尔八大法则做出分析及投资操作建议。

（2）实训内容：移动平均线的趋势分析，判断死亡交叉、黄金交叉，支撑位、阴力位，选择买卖时机。

实训项目：证券投资技术分析（四）

1. 实训目的

学会技术指标分析，掌握 KDJ、MACD、RSI 和 WR 指标等，能运用技术指标研判市场与个股走势。

2. 实训学时

2 课时。

3. 实训准备

（1）实训知识准备：主要技术指标的研判法则。

（2）实训材料准备：纸笔、计算机、证券分析软件。

4. 实训方法与内容

（1）实训方法：上机操作，查看技术指标。

（2）实训内容：以小组为单位，在实盘行情中分别寻找出 MACD、KDJ、RSI、WR 四个指标的超买、超卖、黄金交叉、死亡交叉、顶（底）背离的个股实例；在实盘行情中运用上述指标及其组合应用，对某只股票的价格走势进行预测。截取上述实例的图形并标注分析的依据及投资操作建议。

项目九

证券投资风险、策略与证券市场监管

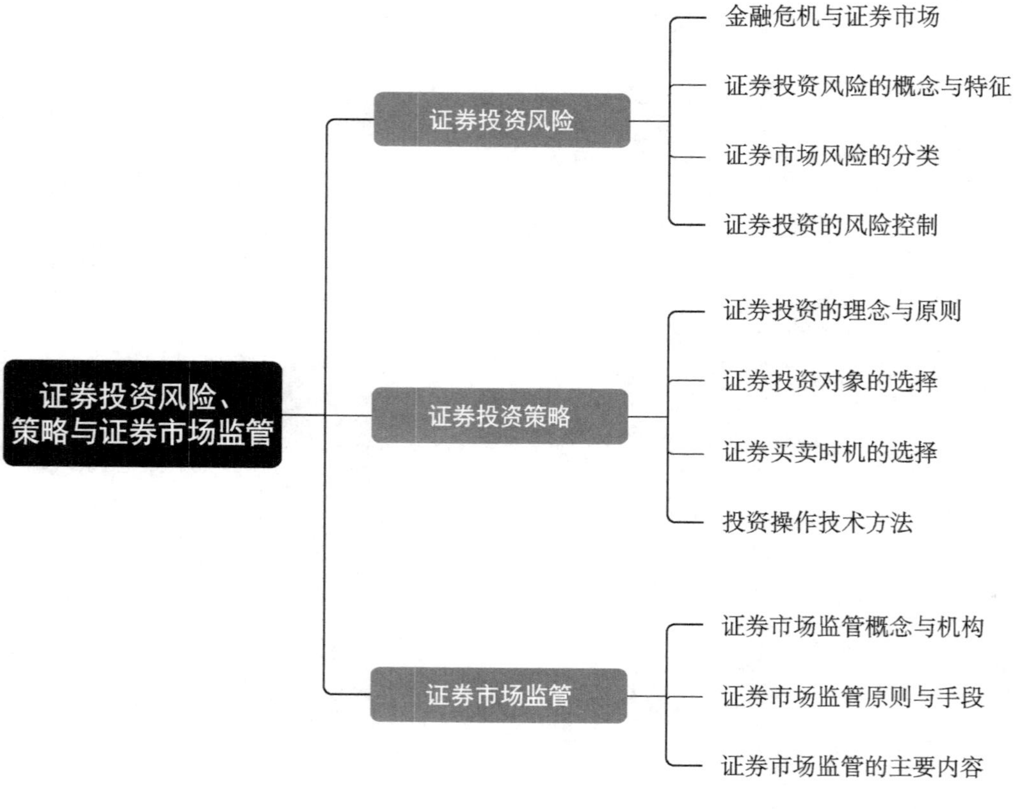

知识目标

1. 了解证券市场风险的概念、类别；
2. 熟悉证券市场不同风险对投资者的影响方式和应对方法；
2. 掌握证券投资中常用的策略、技巧及局限性；
3. 了解证券市场监管的必要性、监管部门和职责。

能力目标

1. 能根据基本面分析，指出当前证券投资中存在哪些风险；
2. 能对证券市场具体风险进行归类，并提出针对性的防范方法；
3. 能依据个人资产状况、风险承受能力、风险偏好，采取适合自己的投资策略；
4. 能主动适应证券市场的监管措施，遵纪守法。

案例导读

影响全球经济的两次美国股灾到底有多恐怖

世界证券史上，因股市而引起的经济灾难有多起，但最典型的要数 1929 年、1987 年的美国股灾。

一、1929 年的美国股灾

（一）噩梦之前，全民癫狂

第一次世界大战时，美国利用战争大发横财；战争结束后，美国由债务国一跃成为世界最大的债权国，纽约也取代伦敦成为世界金融中心。美国经济的突飞猛进，带来了股市的一片牛气；民众的热情被激发起来，入市炒股成为全民的投机行为。到 1928 年，股市几近疯狂。

在地铁，人们纷纷指责地铁公司没有在车厢里装上电传打字电报机，使人们在乘车途中无法炒股；在工厂，所有的车间都安放有大黑板，并有专人每隔一小时就用粉笔写上交易所的最新行情；在牧场，牛仔们通过高音喇叭收听电台的消息，实时了解行情；在出租车上，司机和乘客热情地讨论股票行情；在街上，擦皮鞋的小童向顾客介绍当天的热门股……

在疯狂的投机热潮刺激下，纽约股市一涨再涨。所有投身其中的人都未曾想到，泡沫终究有破灭的一天。

美国联邦储备委员会看到了股市暴涨后面隐藏着的风暴，于 1929 年春天宣布要通过紧缩利率以抑制股价暴涨，这一举措使得市场价格稍有降低。然而，联邦储备委员会的行动危及了许多超级大银行和金融机构的根本利益，美国最出众的证券市场经纪人、著名大银行总裁、金融家、纽约证券交易所总裁、最富有革新精神的经济学家等重量级人物团结一致与联邦储备委员会对抗，反对抑制股价。在巨大的压力下，联邦储备委员会妥协了，市场重新活跃起来。在 1929 年夏季的三个月里，股票价格的增长幅度超过了以往所有年份的增长幅度。

联邦发起人有限公司利用贷款投机的狂热，迅速使公司成立时的500美元资产在短短几个月的时间急剧膨胀为10亿美元。

那段时间，连业绩最差的公司的股票涨幅也高达100%以上。

（二）骇人股灾，危害十年

1929年10月24日，星期四，灾难在毫无征兆中开始，所有的人都陷入了抛售股票的旋涡之中，当天就有11位知名的投机者自杀身亡。下跌持续到1933年1月，道·琼斯30种工业股票的平均价格从364.9美元/股跌落到62.7美元/股；20种公用事业股票的平均价格从141.9美元/股跌落到28美元/股。与股灾前相比，美国钢铁公司的股价由每股262美元跌至21美元，通用汽车公司股票从92美元跌至7美元。在这场股灾中，数以千计的人跳楼自杀。欧文·费雪这位大经济学家几天之中损失了几百万美元，顷刻间倾家荡产，从此负债累累，直到1947年在穷困潦倒中去世。

这是美国证券史上最黑暗的一天，是美国历史上影响最大、危害最深的经济事件，影响波及西方国家乃至整个世界。此后，全球进入了长达10年的经济大萧条时期。

二、1987年的美国股灾

1987年10月19日，星期一，纽约股票市场刮起了股票暴跌的风潮，爆发了历史上最大的一次崩盘事件。道·琼斯指数一天之内重挫了508.32点，跌幅达22.6%，创下自1941年以来单日跌幅最高纪录。许多具有代表性的蓝筹股也在劫难逃。几乎所有大公司的股票均狂跌30%左右，如：通用电气公司下跌33.1%，电报电话公司下跌29.5%，可口可乐公司下跌36.5%，西屋公司下跌45.8%，运通公司下跌38.8%，波音公司下跌29.9%。由于计算机系统运行滞后，约有28%的指令未能执行。

6.5小时之内，纽约股指损失5 000亿美元，其价值相当于美国全年国民生产总值的1/8。这次股市暴跌震惊了整个金融世界，并在全世界股票市场产生“多米诺骨牌”效应，伦敦、法兰克福、东京、悉尼、香港、新加坡等地股市均受到强烈冲击，股票跌幅高达10%以上。股市暴跌狂潮在西方各国股民中引起巨大恐慌，当时的世界首富萨姆·沃尔顿一天之内股票价值损失21亿美元，世界上最年轻的亿万富翁比尔·盖茨损失39.45亿美元，许多百万富翁一夜之间沦为贫民，数以千计的人精神崩溃，选择自杀。

与1929年股灾最大的区别是，这一次股灾发生后，美国政府、美联储积极救市，通过宽松的货币政策增强市场流动性，上市公司主动回购公司股票，提振投资者和市场信心，所以没有出现对经济持续多年的危害。

资料来源：https://www.sohu.com/a/380134606_168424

任务一　证券投资风险

一、金融危机与证券市场

（一）金融危机的概念

金融危机又称金融风暴，是指一个或多个国家与地区的全部或部分金融指标（如短期利率、货币资产、证券、房地产、商业破产数和金融机构倒闭数）的急剧、短暂和超周期的恶化。金融危机可以分为货币危机、债务危机、银行危机等类型。而近年来发生的金融危机越来越呈现出某种混合形式，其特征是人们基于经济未来将更加悲观地预期，整个区域内的货币出现大幅度的贬值，经济总量与经济规模出现较大损失，经济增长受到严重打击。它往往伴随着企业大量倒闭、失业率急剧攀升、社会普遍经济萧条，甚至有时伴随着社会动荡或国家政治层面动荡。

历史上著名的几次金融危机，除前面提到的美国1929年、1987年股灾外，还有1720年英国南海公司泡沫、1907年美国银行危机、1997年亚洲金融危机，2007年美国次贷危机等。

（二）金融危机对证券市场的影响

金融危机对证券市场的影响主要体现在以下几个方面。

(1) 对投资者心理产生负面影响。除了经济上的影响外，金融危机更大的影响来自信心危机。随着危机的恶化，投资者在信心上受到了较大影响，其中银行首当其冲。当国际上的对冲基金大规模抛售银行股时，一些个人持有者也纷纷抛出手中的股票，使得股市暴跌。

(2) 对实体经济和上市公司经营业绩造成冲击。金融危机对实体经济冲击很大，其所引发的国际需求降低和外贸出口减少导致一些依赖出口的上市公司面临困境，最终可能影响其业绩。

(3) 影响国际资本流向，加剧国内资本市场风险。从历史经验来看，当发达国家金融市场出现波动时，国际资本会流向新兴市场国家，推高资本市场泡沫。与此同时，当国际金融市场流动性紧缩时，国际资本流向将会发生变化，以致影响股市走向。

二、证券投资风险的概念及特征

（一）证券投资风险的概念

投资的目的是获取最大的收益，但投资与收益之间存在时间差异，这种差异使得投资者能够收到的未来现金流受到许多不确定因素的影响。因此，未来收益的现值可能会与预期的结果产生偏离，进而可能导致投资者面临亏损甚至破产的危险。这种危险就是投资风险。在证券投资分析中，风险不仅包括负面效应的不确定性，即损失发生及其程度的不确定性，还包括正面效应的不确定性，即获得超过期望收益的不确定性。所以，风险的精确含义是指预期收益结果的不确定性。

风险与收益的关系是：一般情况下，收益较高的证券，风险较大；收益较低的证券，风险较小。这是因为，为了吸引投资者购买，风险大的证券往往以较低的价格出售，提供较高的收益。这种额外的收益率实际上是对投资者承受风险的补偿。证券投资的风险与收益同在，收益是风险的补偿，风险是收益的代价。它们之间是正比例的互换关系，这种关系可以用下面的公式表示：

期望收益率＝无风险收益率＋风险补偿

这里，“无风险收益率”是指将资金投资于没有任何风险的投资对象所能够获得的收益率。现实生活中不可能存在没有任何风险的理想证券，但是可以找到某种收益变动十分微小的证券来代替。在证券投资分析中，通常把国库券的利率作为无风险收益率。

（二）证券投资风险的特征

（1）不确定性。这是风险的基本特征。无论投资结果是收益还是损失，能确定的便不是风险了。

（2）客观性。在证券投资中，风险的不确定性是客观存在的，它的存在是不以投资者的意志为转移的。不论投资者是否意识到、感觉到，它都是存在的，并在一定的条件下由可能变为现实。各种分析方法和投资组合只能分散和转让风险，并不能消灭风险。

（3）部分可测性。风险虽然不易被掌握，但并不是变化“莫测”的，而是部分可测的。根据大量的统计资料，投资者可以定量地测定证券投资风险，掌握其规律。概率分析和回归分析是最常用的方法。

（4）相对性。同样的风险，对于不同的投资者，其意义或影响不一定相同。相对性就是指不同的投资者对证券投资风险的反应存在差异。表现为：①不同的投资者对待风险态度有差异。大多数投资者厌恶风险，也有少数投资者为高收益所吸引，甘心承担较大的风险。②不同的投资者承受风险的能力有差异。中小投资者和机构投资者风险承受能力差别很大。③不同的投资者对风险的态度会因时因地而异。投资者在牛市中往往愿意承担较大的风险，在熊市中常常采取比较谨慎的策略。

（5）风险与收益的对称性。对于投资者来说，这种对称性存在于证券投资活动中。风险是收益的代价，而收益是风险的报酬，风险与收益相辅相成。

三、证券投资风险的分类

证券投资风险主要分为系统性风险与非系统性风险两大类。

（一）系统性风险

系统性风险又称为不可分散风险，它是由于某种原因而对市场上所有的有价证券都会造成收益波动的可能性。因为引发原因是企业外部的，也称为公共因素，主要有战争、政变、能源危机、严重自然灾害、国民经济衰退、严重通货膨胀、汇率巨幅波动、利率调整、财税政策和货币政策改变方向等，造成所有证券价格的整体波动。

系统性风险对股市影响较大，很难用市场行为来化解，投资者一方面可以通过公开信息，做到提前预测和防范，另一方面可以采取在现货市场和期货市场进行对冲的方式来防范。

识别系统性风险，可以从财经网站上查找有关GDP增长率、失业率、物价指数、投资增幅、利率与信贷资金供给、国际收支、国际金融等方面入手。

案　例

美国次贷危机引发全球金融风暴

美国次贷危机的爆发与21世纪初宽松的货币政策紧密相关。21世纪初IT泡沫破灭后，美国经济增长乏力，在此背景下美国实施了宽松的货币政策。低利率刺激了美国房地产业的发展，美国人购房热情持续升温，房价不断上升。贷款机构间的竞争使其不断调低个人住房抵押贷款的首付标准和借款人的信用等级，次级抵押贷款成为信用等级不高的购房人的主要资金来源，在房价一路攀升的情况下，次级抵押贷款市场也得到了快速的发展。2004 年 6 月至 2006 年 6 月，美联储 17 次调高利率，由于次级抵押贷款的利率大多都是浮动利率，利率持续上升加重了借款人的还款负担。而且，2006 年第二季度以后，美国住房市场开始大幅降温，房价持续下跌，购房者难以将房屋出售或者通过抵押获得再融资，风险暴露，最终导致大量次级抵押贷款不能收回，借款人失去抵押房屋，贷款公司出现坏账，甚至破产。

2007 年，“纸币增量增速的无限性”与“实物商品增量增速的有限性”的矛盾，终于导致次贷危机全面爆发。2008 年 9 月，当时全球最大的投资银行雷曼兄弟公司破产，房市、股市、债市泡沫同时破裂，危机快速蔓延至全球。

受次贷危机及经济发展规律的支配，全球主要发达经济体的经济增长速度滑坡，很快结束了自 2002 年开始的经济上行周期。欧盟、英国和日本由于购入大量的美国次级债相关证券，许多银行遭受了直接损失。同时，美国房价下跌也使这些国家的房屋价格面临下行风险。欧、英、日以及中国都与美国有频繁的国际贸易，美国需求的下降和美元的持续贬值给这些国家的出口带来了负面影响。我国经济增长速度在短短 5 个月内，就从两位数下降到最低时的 4%，股市、期市哀鸿遍野。

任务：分析当前证券市场面临的系统性风险。

（二）非系统性风险

非系统性风险，又称可分散风险，是指由于某些特殊因素的变化导致部分或个别证券价格下跌，从而给持有者带来损失的可能性。如上市公司欺诈发行股票、财务造假、经营决策失误、市场销售大幅下滑、财务状况恶化、重大诉讼、高管变动或刑事犯罪、道德缺失、行业衰退等，债券市场存在被评级机构调降信用等级、发行人无法还本付息的信用风险，基金风险还有基金经理、赎回等风险。此类风险只对个别企业或行业的证券产生影响，与证券市场总价格的变动不存在系统性、全局性联系，可通过分散投资防范。

识别非系统风险，主要是查看公司披露的各类动态信息。如果公司收支或净利润异常波动、变更审计机构等，要多问问为什么，有条件的投资者可亲自到公司调研。

对市场因素带来的风险，投资者可运用前面介绍的技术分析理论、技术指标进行研判，了解当前证券市场是处于超买还是超卖状态，市盈率、MACD、DMI、RSI、KDJ 等是否处于合理的区间。

案　例

典型违法案例

一、财务造假

康得新财务造假案，2015—2018 年，累计虚增利润 115 亿元。康美药业财务造假案，2016—2018年，累计虚增货币资金887亿元，虚增利润39亿元。东方金钰财务造假案，2016年至2018年上半年，累计虚构利润3.6亿元。长园集团财务造假案，2016年累计虚增利润3亿元。中健网农财务造假案，2016年至2017年累计虚构收入1.6亿元。

二、信息披露违法违规

辅仁药业、凯迪生态、雅本化学、史一兵信息披露违法违规案。富贵鸟债券信息披露违法违规案。赵艰申利用未公开信息交易被刑事追责案。

三、会计事务所未勤勉尽责

北京兴华会计事务所、大华会计事务所。

四、内幕交易、操纵市场

吴联模操纵市场案，非法获利8 500余万元，被处罚没款5.1亿余元。张秋菊等11人内幕交易案，汪耀元等人内幕交易案，获利9亿余元，被罚没36亿余元。

五、其他

恒泰证券出借客户账户案。远大石化跨市场操纵期货合约案。永安信违反私募基金管理规定案。

资料来源：http://www.csrc.gov.cn/pub/newsite/zjhxwfb/xwdd/202101/t20210129_391611.html

任务：为什么上市公司会不断地以身试法，进行财务造假？

四、证券投资的风险控制

（一）风险控制的基本原则

1. 回避风险原则

回避风险是指事先预测风险发生的可能性，分析和判断风险产生的条件和因素，在经济活动中设法避开它或改变行为的方向。在证券投资中的具体做法是：放弃对风险性较大的证券投资，转而投资其他金融资产或不动产，或改变直接参与股票投资的做法，求助于共同基金、间接进入市场等。相对来说，回避风险原则是一种比较消极和稳妥的控制风险的原则，投资者得到平均收益。

2. 减少风险原则

减少风险原则是指人们在从事经济活动的过程中，不因风险的存在而放弃既定的目标，而是采取各种措施和手段设法降低风险发生的概率，减轻可能承受的经济损失。对于大多数投资者来说，这是一种进取的、积极的风险控制原则，分散投资就是最常用且有效的方法。

3. 留置风险原则

这是指在风险已经发生或已经知道风险无法避免和转移的情况下，正视现实，从长远利益和总体利益出发，将风险承受下来，并设法把风险损失减少到最低程度。在证券投资中，投资者在自己力所能及的范围内，确定承受风险的度，在价格下跌情况下，果断止损。

（二）风险控制的基本措施

1. 正确地认识和评价自己

大多数投资者在投资证券市场之前，总是认为自己会取得成功，然而事实却往往并不遂人愿。这其中很大程度上就是由于投资者自我认识和评价出现了偏差。要正确认识和评价自己，关键是要客观地分析自己以下几方面的准确情况：一是投资动机，二是资金实力，三是股票投资知识和阅历，四是心理素质。这四个因素综合在一起，决定了投资者是否该参与投资活动，以及对投资风险的承受能力。投资者必须按照自己对风险的承受力来决定自己的投资行为和投资组合，才能避免亏损给自己造成的严重打击。

2. 及时掌握证券信息，做好基本面分析和技术分析

信息对证券市场的重要性就如同氧气对人一般，充分及时掌握各种证券市场信息是投资成功的法宝。掌握信息的关键在于获取信息、分析处理信息和利用信息。通过基本面分析和技术分析，研判对市场、个股未来走势的影响，结合自己的风险承受能力、投资偏好、操作特点，做出自己的投资决策。

3. 培养市场感觉

所谓“市场感觉”，是指投资者对证券市场上影响价格和投资收益的不确定因素的敏感程度，以及正确判断这些因素变动方向的“灵感”。市场感觉好的人，善于抓住战机，从市场上每一个细小的变化中揣摩价格趋势变动的信号，或盈利，或止损；市场感觉不好的人，机会摆在眼前，也可能熟视无睹，任其溜掉，甚至因此而蒙受重大经济损失。要培养良好的市场感觉，必须保持冷静的头脑，逐步积累经验并加以灵活运用，同时要有耐心，经常进行投资模拟试验。

（三）风险控制的技巧

风险控制技巧与投资计划通常是联系在一起的。投资计划很多，主要有：

1. 投资组合计划

这是最能体现分散风险原则的投资技巧。投资组合又称资产组合或资产搭配，是指投资者将资金同时投入收益、风险、期限都不相同的若干种资产上，借助资产多样化效应，分散单个资产风险，进而减少所承受的投资总风险。

有效的投资组合应当具备以下三个条件：所选择的各类资产，其风险可以部分地互相冲抵；在投资总额一定的前提下，其预期收益与其他投资组合相同，但可能承受的风险比其他投资组合小；投资总额一定，其风险程度与其他投资组合相同，但预期的收益较其他投资组合高。

为了使自己所进行的投资组合满足这三个条件，投资者应当使投资多元化。投资多元化包括投资品种多元化、投资区域多元化和投资时间多元化。

2. 利用期货、期权交易，套期保值

凡参与过股票交易的人都必然会遇到一个问题：只有当股市上升或手中的股票上涨时，才可盈利；下跌时，只能眼看股票贬值，或割肉出局。

如何为手中的股票保值呢？股指期货就既可以保值也可以先卖后买。在目前尚无单只股票期货交易的情况下，运用已挂牌的沪深300、中证500指数等期货合约，在股市下

跌时做“卖空”交易，就可为手中的股票保值，或干脆利用股市的涨涨跌跌进行股价指数期货投机。大盘下跌后，尽管手中的股票贬值了，但手中的指数期货空头合约却处于盈利状态，在一定的价位将该空头期货头寸平仓了结，其盈利就可全部或部分弥补股票贬值的损失了。

案 例

投资大师巴菲特

沃伦·爱德华·巴菲特（Warren Edward Buffett）（见图9-1）于1930年8月30日出生在美国内布拉斯加州的奥马哈市。他被喻为“当代最成功的投资者”、华尔街的“股神”，长期位居福布斯全球富豪榜前十。

图9-1 巴菲特

从童年开始，巴菲特就超乎年龄地谨慎，并具有敏锐的商业头脑，到高中毕业时，他已经在股市中赚到了近6 000美元。

在其以往的投资生涯中，巴菲特创造了有史以来最惊人的选股神话。观其投资策略，平实而又简单：坚持价值分析和长期投资。

巴菲特一再强调说：“投资人绝对应该好好守住几种看好的股票，而不应朝秦暮楚，在一群质地欠佳的股票里抢进抢出。”

巴菲特笃信投资，一贯反对投机，“不熟不做，不懂不买”是其重要的投资原则。他把自己的投资目标限定在自己能够理解并熟悉的范围内，基本面不了解的公司他一般不参与。

作为当今世界上最成功的投资者之一，巴菲特证明了股票投资不只是碰运气的游戏，而是一种合理的、具体的事业，他在经济和社会生活中都追求最高的权益资本收益率。

任务：但斌被誉为“中国的巴菲特”，他的投资组合是如何获取长期高回报的？

任务二 证券投资策略

一、证券投资的理念与原则

证券投资理念有很多，但对投资者影响最大的是价值投资理念和趋势跟踪理念。

（一）价值投资理念与原则

价值投资理念认为每种投资工具均有其内在价值作为稳固基础，投资者的任务就是通过研究、寻找股价低于内在价值的上市公司进行中长期投资。股票的内在价值等于其未来全部股息的现值。价值投资理念要求投资者集中精力估计某种股票的内在价值，而影响这个内在价值的基本因素主要有：预期增长率、预期股息支付、风险程度和市场利率水平。价值投资理念的拥护者认为，股市波动的 90%符合基本面分析，只有 10%是受心理因素的影响。无论你是投资股票、期货、艺术品、房地产等何种标的，在众多的投资理念中，价值投资理念是主流理念。

价值投资理念的原则主要有三点。一是从安全角度考虑投资。投资者在买卖股票时，不要仅仅看股价日常的变动，更要从商业角度去看，把买股票看作买公司。二是买进有安全边际的股票。安全边际描述了投资者所要买的股票价格低于估价的程度。如果一只股票值 20 美元，在 14 美元买进时则安全边际为 30%，因此安全边际越高，抵御股价下滑的能力就越强。三是对市场的反复无常和非理性做好准备。投资者买卖股票时要理智地思考，控制情绪显得非常重要。熊市时股票行情萎靡不振，一些投资者因恐惧而抛出股票，而对价值投资者来说，也许正是买入股票的好机会。在股市非常狂热时，此时离场观望或许是较好的策略。

（二）趋势跟踪理念与原则

趋势跟踪理念又称空中楼阁理论，是著名经济学家和成功投资家凯恩斯于 1936 年所提出的。和价值投资理念不同，趋势跟踪理念比较注重投资者心理价值研究而不是计算股票的内在价值。该理论认为，每家公司的效益、股息及未来的成长性等信息都自动反映到公司股票过去的市场价格中；股票价格将按一定的趋势方向波动，即一种价格上涨的股票会继续上涨，一种价格下跌的股票会继续下跌，而价格稳定的股票会继续保持稳定。成功的投资者就是要会预测何种股票何时最受公众的追捧，最宜建造“空中楼阁”。趋势跟踪理念在金融界、学术界和广大投资人中有许多拥护者。

任何人也不可能比市场更聪明，所以需要交易系统用一系列严格的进入和退出条件来限制投资者的思想，用纯客观的方法确定当前的趋势。趋势交易者并不奢望自己每次都能够做出正确的决策。事实上，在有些交易中他们确实会出现失误，并勇敢地承担损失和止损，然后重整旗鼓，继续前进。

（三）投资者应遵循的基本原则

对于现实生活中绝大多数投资者来说，无论是坚持价值投资理念还是趋势跟踪理念的投资原则都远比想象中艰难，尽管这些原则很多从理论上讲并不复杂。如下几条基本原则对于每个投资者来说，都应时刻谨记：

(1) 量力而行原则。所用资金必须是家庭较长时间闲置不用的资金。

(2) 信息充分原则。市场行为包含一切信息，反过来也说明信息对行情影响的重要程度。

(3) 理智充分原则。投资者要善于控制自己的情绪。

(4) 分散风险原则。将资金按不同比例，投资于若干风险程度不同的证券，建立合理的资产组合。

(5) 目标适度原则。股市格言：无论是做多做空都能赚钱，唯贪婪者一无所获。

(6) 及时止损原则。“市场总是对的”，发现投资错误应立即认输改正。设置一个止损位，如果市场走势与自己预料的相反，一定要坚持止及时损原则，以保证“小输”，争取“大赢”。

二、证券投资对象的选择

（一）价值投资理念下投资对象的选择

在价值投资理念下，不同类型的投资者所选择的投资对象不同。

1. 保守稳健型

保守稳健型投资者风险承受度最低，安全性是其最主要的考虑因素。一般可选择：①投资无风险、低收益证券，如国债和国债回购。②投资低风险、低收益证券，如企业债券、金融债券和可转换债券、货币市场基金。

2. 稳健成长型

稳健成长型投资者希望能通过投资获取长期利益。一般可选择投资中风险、中收益证券，如混合基金、指数基金、分红稳定持续的蓝筹股及高利率、低等级企业债券等。

3. 积极成长型

积极成长型投资者可以承受投资的短期波动，愿意承担因获得高报酬而面临的高风险。一般可选择投资高风险、高收益证券，如股性较活的蓝筹股、股票基金等。

（二）趋势跟踪理念下投资对象的选择

对于持趋势跟踪理念的投资者来说，他们更倾向于高风险、高收益的交易品种。无论使用哪一种分析手段，由于在他们眼中所有的交易都只是数字，所以证券投资对象的选择与其本身几乎没有任何关系。无论在什么时候，他们的选择只取决于以下这些问题：

（1）当前的市场处于什么状态，是牛市、熊市还是鹿市？不仅要知道国内市场，还需要了解国际主要证券市场、大宗商品市场的状况。

（2）当前市场的波动性如何？每个市场上涨或下跌的幅度多大，波动幅度越大，交易者承担的风险也就越高。

（3）当前的交易资本有多少？清楚自己手中握有多少交易资本，且不要一次全部用尽，留得青山在，不怕没柴烧。

（4）当前的交易系统或交易方向是什么？在每天开市之前制定好自己当天的投资计划，即决定买卖什么以及何时买卖。

（5）交易者对风险的规避程度有多高？如果投资者普遍认为风险不高，股价还会上涨，其实这时风险可能就很高了，股价随时会调整。因为市场中通常只是少数人正确，少数人挣钱。

（三）普通投资者的经验之谈

1. 选择以下股票

（1）涨价余地大的股票。可根据公司实力、成长性和现在价格进行预测。

（2）股价长期上升概率大的股票。

（3）股价在高位停留时间长的股票。这有利于投资者安全撤离，绩优股往往具备这一优势。

2. 涨时重势、跌时重质

这是指在上升的行情时，选股主要是看重该股的气势，在下跌的行情时，选股主要是看重该股的本质。因为在下跌的行情中，选择经营能力好、偿债能力强、获利多的绩优股，通常都表现出很好的抗跌性，跌幅较浅，而且一旦行情反转向上时，涨幅较大。而在涨时应重势，因为在人气凝聚的上升行情中，若注意力仍集中在公司的本质和业绩上，比较容易错失机会。此时，选股一定要选择主力介入已深的股票；股性一直较为活跃的股票；跌幅已深，盘整已久的股票；股票常有轮涨的现象，须注意久盘未涨的股票。

三、证券买卖时机的选择

无数投资成功人士的经验告诉我们，选股不如选时。在熊市中，选择绩优股也难逃亏损的厄运；在牛市中，因为存在个股轮涨，选择垃圾股也未必有损失。买进同种同价的股票，有人赚有人赔，原因就是选择的时机不同。华尔街流传着这样一句话："要在市场中准确地踩点入市，比在空中接住一把正在落下的飞刀更难。"但进行证券投资，并非没有选择时机的方法。

（一）买卖时机的确定方法

对于趋势跟踪投资者而言，证券买卖时机的选择完全依赖于交易系统或当时技术分析的结果，如超买或超卖、黄金交叉还是死亡交叉、均线是多头排列还是空头排列等；而对于价值投资者则取决于股票的价值是被低估还是被高估，确定股票价值的方法和模型较多，如巴菲特使用现金流贴现。

（二）买卖时机的市场经验

对于没有个人交易系统和没有能力或不愿进行价值评估的投资者来说，市场经验是其买进时机与卖出时机的主要依据。

1. 买进时机

买进时机：股价暴跌后，低位止跌时；上升途中放量整理已达一段时间时；不确切传言造成非理性下跌时；总体经济环境因素逐渐趋好时，尤其是经济衰退到极点，而复苏有望时，或政府正在拟定重大的激励经济措施时。

2. 卖出时机

卖出时机：股票价格走势到达高峰，再也无力继续攀上时；重大不佳消息因素正在酝酿时；股价从最高点跌落10%以上，均线系统呈空头排列时；所有预期的利多消息全部实现，主力借机出票时。

股市中的一个屡试不爽的道理就是行情在情绪乐观高涨中结束，在悲观中展开。当平时不买股票的人开始谈论股票获利的可能性，当买卖股票成为全民运动时，距离股市的高点就已经为时不远了。相反，当散户们纷纷退出市场，市场可能就要开始反弹了，即反向操作。股票市场本身并不产生利润，少数人的收益来自多数人的亏损。

四、投资操作技术方法

（一）单只证券投资

1. "拨档子"操作法

即投资者先卖出自己持有的股票，在价位下降以后再补回来。应用前提是投资者并非看淡后市，也并非真正获利了结，主要目的是趁价高卖出，以便自己赚自己的一段差价。这是多头降低成本、保持实力的操作方法之一。

"拨档子"一般可分为两种：一种为行情上涨一段后卖出，回降后补进的"挺升行进间拨档"；一种为行情挫落时，趁价位仍高时卖出，待跌落后再予买回的"滑降间拨档"。

"挺升行进间拨档"多为主力大户在推动行情上涨之时，见价位已涨升不少，或遇到沉重的上升阻力，干脆自行卖出，迫使股价短暂冷却，以化解涨升阻力，一旦股价小幅回落，再行大批补回，以使行情再度猛升。

"滑降间拨档"是指投资者在高价套牢或做多头者自知实力弱于卖方，在股价下跌或尚未跌低以前，先行将所持股票卖出，待价位跌落后，再予以补回，从而降低投资成本，达到转败为胜的目的。

一般来讲，采取"拨档子"卖出到买回之间，相隔时间不会太久。最短的可能只隔一天，最长的也只不过一两个月。如果期间相隔太久，则属于在上档了结和下一轮买进，因此不认为是"拨档子"。

对于一般投资者来讲，采取"拨档子"的做法，应当选择已经形成上升或下降通道的股票，在通道上轨卖出，下轨买入。

2. 摊平操作法

摊平操作法是摊低成本的操作方法，指投资者在买进股票后，由于股价下跌，手中持股形成亏损，当股价再度跌落一段以后，再用低价买进一些冲抵成本的操作方式。采用时，通常为三次（也可为两次），一次买进时只能投入资金的 1/3。应用前提是必须每次只能投入部分资金。此法又分两种：逐次等数买进摊平法和倍数买进摊平法。

投资人采用这种方法，可能遇到行情变化及获利的机会有几种情况：

（1）第一次买进后行情下跌，第二次买进同等数的股票后，行情仍下跌，就再将同只股票第三次买进，在这之后，如果行情回到第一次买进时的价位，即可获利。

（2）买进第一、第二、第三次之后，行情仍持续下降，不过行情不可能永远只跌不涨，只要行情有机会回到第二次的买进价位，就可保本，略超过第二次买进价位即可获利。

3. "博傻主义"投资法

"博傻主义"策略是短期投资技巧之一，具体做法是在较高价位上买入股票后，等行情继续上涨到有利可图时即可迅速卖出；或者在投资者预测股价还将持续下跌，因此在低位卖出股票，然后在更低价位时补进。此法假定自己就是"傻子"，所以才"高买低卖"，但相信还有比自己更傻的人，会在更高的价位买进，或在更低的价位卖出。有人形象地将此称作一种"傻瓜赢傻瓜"的办法。

采用这种投资策略的风险很大，如果高价捧到手后转不出去，就会被套牢而蒙受损失，因此心理承受能力较弱和收入不够宽裕的投资者，不宜采用此种投资方法。

这些方法的形式各不相同，但都要求投资者把资金分为多个部分，不在一次投资中全部用完（即满仓），而是分批分次购入。

（二）证券投资组合策略

采用证券投资组合方法是降低风险的基本途径，具体应用中有如下几种方式。

1. 三分法投资组合

投资者将家庭资产分配在 3 种不同形态上：1/3 存入银行，以备不时之需；1/3 用来购买债券、股票等有价证券作长期投资；1/3 用来购置房产、土地等不动产。三分法兼顾了证券投资的安全性、收益性和流动性的三原则，在西方国家较为流行。

在有价证券的投资上，也可以实行三分法：一部分购买债券或优先股票，另一部分投资于普通股，再以一部分作为预备金或准备金，以备机动运用。

2. 长、中、短线投资组合

长线投资是指买入股票后长期持有以便享受优厚的股东权益，持有时间在半年以上，其对象主要是绩优股或高收益债券。中线投资是指购进证券后几个月内不转售，投资对象主要是估计几个月内可能提供较好盈利的股票。短线投资是指购进股票后随时准备卖出的股票，投资对象主要是当前上升趋势较好的股票，目的是获取价差收益。投资者应把资金按一定比例用于以上三种投资方式，则可以在风险和收益间找到适合自己的平衡点。

任务三　证券市场监管

一、证券市场监管概念与机构

（一）证券市场监管概念

证券市场监管是指以保护投资者合法权益为宗旨，以矫正和改善证券市场的内在问题（市场失灵）为目的，政府及其监管部门通过法律、经济、行政等手段对参与证券市场各类活动的各类主体的行为所进行的引导、干预和管制。任何对投资者合法权益的侵害行为，如操纵股价、证券欺诈、内幕交易等，均应毫无争议地成为监管对象，并对其进行事前的有效预警和事后的严厉惩处，切实杜绝各类机构或个人以其拥有之信息优势和资金优势对中小投资者的剥夺与伤害。国际证监会组织（IOSCO）在国际范围内提出了证券市场监管的主要目标：保护投资者；保证市场的公平、有效和透明；减少系统性风险。

（二）我国证券市场监管机构

1. 国务院证券监督管理机构

我国《证券法》中所称的国务院证券监督管理机构是指中国证监会。中国证监会为国务院直属正部级事业单位，依照法律、法规和国务院授权，统一监督管理全国证券期货市场，维护证券期货市场秩序，保障其合法运行。中国证监会设在北京，在省、自治区、直辖市和计划单列市设立 36 个证券监管局，以及上海、深圳证券监管专员办事处。

依据有关法律法规，中国证监会在对证券市场实施监督管理中履行下列职责：

(1) 研究和拟订证券期货市场的方针政策、发展规划；起草证券期货市场的有关法律、法规，提出制定和修改的建议；制定有关证券期货市场监管的规章、规则和办法。

(2) 垂直领导全国证券期货监管机构，对证券期货市场实行集中统一监管；管理有关证券公司的领导班子和领导成员。

(3) 监管股票、可转换债券、证券公司债券和国务院确定由中国证监会负责的债券及其他证券的发行、上市、交易、托管和结算；监管证券投资基金活动；批准企业债券的上市；监管上市国债和企业债券的交易活动。

(4) 监管上市公司及其按法律法规必须履行有关义务的股东的证券市场行为。

(5) 监管境内期货合约的上市、交易和结算；按规定监管境内机构从事境外期货业务。

(6) 管理证券期货交易所；按规定管理证券期货交易所的高级管理人员；归口管理证券业、期货业协会。

(7) 监管证券期货经营机构、证券投资基金管理公司、证券登记结算公司、期货结算机构、证券期货投资咨询机构、证券资信评级机构；审批基金托管机构的资格并监管其基金托管业务；制定有关机构高级管理人员任职资格的管理办法并组织实施；指导中国证券业、期货业协会开展证券期货从业人员资格管理工作。

(8) 监管境内企业直接或间接到境外发行股票、上市以及在境外上市的公司到境外发行可转换债券；监管境内证券、期货经营机构到境外设立证券、期货机构；监管境外机构到境内设立证券、期货机构、从事证券、期货业务。

(9) 监管证券期货信息传播活动，负责证券期货市场的统计与信息资源管理。

(10) 会同有关部门审批会计师事务所、资产评估机构及其成员从事证券期货中介业务的资格，并监管律师事务所、律师及有资格的会计师事务所、资产评估机构及其成员从事证券期货相关业务的活动。

(11) 依法对证券期货违法违规行为进行调查、处罚。

(12) 归口管理证券期货行业的对外交往和国际合作事务。

(13) 承办国务院交办的其他事项。

2. 自律性管理机构

(1) 证券交易所。证券交易所的监管职能包括对证券交易活动进行管理，对会员进行管理，以及对上市公司进行管理。如发生以下情况，证券交易所应当暂停上市公司的股票交易，并要求上市公司立即公布有关信息：该公司的股票交易发生异常波动、有投资者发出收购该公司股票的公开要约、上市公司依据上市协议提出停牌申请、中国证监会依法做出暂停股票交易的决定时，以及证券交易所认为必要时等。

(2) 证券业协会。证券业协会是证券业的自律性组织。中国证券业协会成立于 1991 年 8 月 28 日，是依法注册的具有独立法人地位的、由经营证券业务的金融机构自愿组成的行业性自律组织。中国证券业协会采取会员制的组织形式，凡依法设立并经批准可以从事证券业务经营和中介服务的金融机构，承认协会章程，遵守协会的各项规则，均可申请加入协会，成为协会会员。证券业协会履行下列职责：

①协助证券监督管理机构教育和组织会员执行证券法律、行政法规。

②依法维护会员的合法权益，向证券监督管理机构反映会员的建议和要求。

③收集整理证券信息，为会员提供服务。

④制定会员应遵守的规则，组织会员单位从业人员的业务培训，开展会员间的业务

交流。

⑤对会员之间，会员与客户之间发生的纠纷进行调解。

⑥组织会员就证券业的发展、运作及有关内容进行研究。

⑦监督、检查会员行为，对违反法律、行政法规或者协会章程的，按照规定给予纪律处分。

⑧国务院证券监督管理机构赋予的其他职责。

政府监管与自律管理之间存在主从关系，自律管理是政府监管的有效补充，自律管理机构本身也是政府监管框架中的一个监管对象。近年来，集中化证券监管和强化政府监管地位正成为各国尤其是西方国家证券市场管理的发展趋势。

二、证券市场监管原则与手段

（一）证券市场监管原则

证券市场的有效监管必须遵循“三公”原则，即公开、公平、公正。

公开，要求证券市场上的各种信息向市场参与者公开披露，任何市场参与者不得利用内幕信息从事市场活动。公开原则是实现市场公平和公正的必要条件，也是证券法律的精髓所在。

公平，要求证券市场上的参与者拥有均等的市场机会、均等的交易机会和均等的竞争机会，不存在任何歧视或特殊待遇。机会均等和平等竞争是证券市场正常运行的前提。

公正，要求证券监管者公正无私地进行市场管理和对待市场参与者。

可以说，“三公”原则是市场经济的三大原则，是证券市场监管活动必须奉行的基本原则，也是各国证券市场管理的核心和灵魂所在。

（二）证券市场监管手段

1. 法律手段

法律手段即国家通过立法和执法，以法律规范形式将证券市场运行中的各种行为纳入法制轨道，证券发行与交易过程中的各参与主体按法律要求规范其行为。运用法律手段管理证券市场，主要是通过立法和执法抑制和消除欺诈、垄断、操纵、内幕交易和恶性投机现象等，维护证券市场的良好运行秩序。

2. 经济手段

经济手段指政府以管理和调控证券市场（而不是其他经济目标）为主要目的，采用间接调控方式影响证券市场运行和参与主体的行为。在证券市场监管实践中，常见的有以下两种经济调控手段：

（1）金融货币手段：根据经济发展状况，运用货币政策调节货币供应量；运用“平准基金”开展证券市场上的公开操作可直接调节证券供求与价格。金融货币手段可以有效地平抑股市的非理性波动和过度投机，有助于实现稳定证券市场的预期管理目标。

（2）税收政策：由于证券交易印花税直接计入交易成本，税率调整直接造成交易成本，从而可产生抑制或刺激市场的效应并为监管者所利用。

3. 行政手段

行政手段指政府监管部门采用计划、政策、制度、办法等对证券市场进行直接的行政干预和管理。与经济手段相比较，运用行政手段对证券市场的监管具有强制性和直接性的特点。例如：对证券交易所、证券经营机构、证券咨询机构、证券清算和存管机构等实行严格的市场准入和许可证制度；交易过程中的紧急闭市等。

三、证券市场监管的主要内容

（一）信息披露

1. 信息披露的意义

制定证券发行信息披露制度的目的是通过充分公开、公正的制度来保护公众投资者，使其免受欺诈和不法操纵行为的损害。信息披露的意义在于：有利于价值判断，防止信息滥用，有利于监督经营管理，防止不正当竞争，提高证券市场效率。

信息披露的基本要求是全面性、真实性、时效性。

2. 证券发行与上市信息的公开

（1）证券发行信息的公开。公司公开发行证券，必须制作招股说明书或发行债券说明书。说明书经政府有关部门批准后即具有法律效力，公司发行证券和发起人、社会公众认购证券的一切行为，除应遵守国家有关规定外，都要遵守招股说明书或发行债券说明书中的有关规定，违反者要承担相应的责任。

（2）证券上市信息的公开。公司在一级市场上发行的证券获准在证券交易所交易后，其管理当局必须发布上市公告书，向社会公众披露有关信息。

上市公司披露信息必须遵守我国《公司法》《证券法》《上市公司信息披露管理办法》《首次公开发行股票并上市管理办法》《公开发行证券的公司信息披露内容与格式准则》等。招股说明书、上市公告书、定期报告和临时报告要在国务院证券监督管理机构指定的媒体发布，同时将其置于公司住所、证券交易所，供社会公众查阅。

3. 持续信息披露

上市公司的信息披露主要分为定期报告和临时报告两类。

（1）定期报告包括年度报告、中期报告和季度报告，其中的年度报告必须经过注册会计师审计。年度报告是上市公司在经营阶段披露的重要报告，上市公司应当在每一会计年度结束之日起 4 个月内，向国务院证券监督管理机构和证券交易所提交年度报告，并予公告。年度报告主要内容包括：①公司基本情况。②主要会计数据和财务指标。③公司股票、债券发行及变动情况，公司前十名股东持股情况。④持股 2%以上股东、控股股东及实际控制人情况。⑤董事、监事、高级管理人员的任职情况、持股变动情况、年度报酬情况。⑥董事会报告。⑦管理层讨论和分析。⑧报告期内重大事件及对公司的影响。⑨财务会计报告和审计报告全文。⑩中国证监会规定的其他事项。

上市公司应当在每一会计年度的上半年结束之日起 2 个月内，向国务院证券监督管理机构和证券交易所提交中期报告，并予公告。

上市公司应当在会计年度第三个月、第九个月结束后的 30 日内向国务院证券监督管理机构和证券交易所提交季度报告，并予公告。

（2）临时报告。上市公司除正常经营活动外，还会发生一些重大事件或突发事件，且对公司正常经营活动和股票的市场价格产生重大影响，从而影响股东的利益，因此需要临时报告，向投资者进行通报。临时报告主要包括重大事件报告和公司收购报告。

知识链接

上市公司重大事件公告

2020 年 3 月起实施的《证券法》在信息披露中规定：

1. 发生可能对上市公司、股票在国务院批准的其他全国性证券交易场所交易的公司的股票交易价格产生较大影响的重大事件，投资者尚未得知时，公司应当立即将有关该重大事件的情况向国务院证券监督管理机构和证券交易场所报送临时报告，并予公告，说明事件的起因、目前的状态和可能产生的法律后果。本款所称重大事件包括：

（1）公司的经营方针和经营范围的重大变化；

（2）公司的重大投资行为，公司在一年内购买、出售重大资产超过公司资产总额 30%，或者公司营业用主要资产的抵押、质押、出售或者报废一次超过该资产的 30%；

（3）公司订立重要合同、提供重大担保或者从事关联交易，可能对公司的资产、负债、权益和经营成果产生重要影响；

（4）公司发生重大债务和未能清偿到期重大债务的违约情况；

（5）公司发生重大亏损或者重大损失；

（6）公司生产经营的外部条件发生的重大变化；

（7）公司的董事、1/3 以上监事或者经理发生变动，董事长或者经理无法履行职责；

（8）持有公司 5%以上股份的股东或者实际控制人持有股份或者控制公司的情况发生较大变化，公司的实际控制人及其控制的其他企业从事与公司相同或者相似业务的情况发生较大变化；

（9）公司分配股利、增资的计划，公司股权结构的重要变化，公司减资、合并、分立、解散及申请破产的决定，或者依法进入破产程序、被责令关闭；

（10）涉及公司的重大诉讼、仲裁，股东大会、董事会决议被依法撤销或者宣告无效；

（11）公司涉嫌犯罪被依法立案调查，公司的控股股东、实际控制人、董事、监事、高级管理人员涉嫌犯罪被依法采取强制措施；

（12）国务院证券监督管理机构规定的其他事项。

2. 发生可能对上市交易公司债券的交易价格产生较大影响的重大事件，投资者尚未得知时，公司应当立即将有关该重大事件的情况向国务院证券监督管理机构和证券交易场所报送临时报告，并予公告，说明事件的起因、目前的状态和可能产生的法律后果。本款所称重大事件包括：

（1）公司股权结构或者生产经营状况发生重大变化；

（2）公司债券信用评级发生变化；

（3）公司重大资产抵押、质押、出售、转让、报废；

（4）公司发生未能清偿到期债务的情况；

（5）公司新增借款或者对外提供担保超过上年末净资产的20%；

（6）公司放弃债权或者财产超过上年末净资产的10%；

（7）公司发生超过上年末净资产10%的重大损失；

（8）公司分配股利，做出减资、合并、分立、解散及申请破产的决定，或者依法进入破产程序、被责令关闭；

（9）涉及公司的重大诉讼、仲裁；

（10）公司涉嫌犯罪被依法立案调查，公司的控股股东、实际控制人、董事、监事、高级管理人员涉嫌犯罪被依法采取强制措施；

（11）国务院证券监督管理机构规定的其他事项。

公司的控股股东或者实际控制人对重大事件的发生、进展产生较大影响的，应当及时将其知悉的有关情况书面告知公司，并配合公司履行信息披露义务。

4. 证券交易所的信息披露

证券交易所应当为组织公平的集中竞价交易提供保障，及时公布证券交易行情，并按交易日制作证券市场行情表，予以公布。证券交易所对在交易所进行的证券交易实行实时监控，并按照国务院证券监督管理机构的要求，对异常的交易情况提出报告。证券交易所应当对上市公司披露信息进行监督，督促上市公司依法及时、准确地披露信息。

5. 信息披露的虚假或重大遗漏的法律责任

《证券法》中关于信息披露文件的责任主体，主要包括四类：发行人及公司发起人；发行人的重要职员，包括董事、监事、经理及在文件中签章的其他职员；注册会计师、律师、工程师、评估师或其他专业技术人员；证券公司。以上主体出现虚假披露信息或重大遗漏的法律责任，将受到责令改正、警告、罚款、没收业务收入、暂停或者撤销相关业务许可、撤销任职资格或者证券从业资格等处罚措施。

（二）操纵市场

1. 操纵市场行为

2020年3月起实施的《证券法》，明确以下行为属于操纵市场：

（1）单独或者通过合谋，集中资金优势、持股优势或者利用信息优势联合或者连续买卖。

（2）与他人串通，以事先约定的时间、价格和方式相互进行证券交易。包括：①虚买虚卖，指以影响证券市场行情为目的，人为制造证券交易的虚假繁荣，从事所有权非真实转移的交易行为。②合谋，指行为人欲影响市场行情而与他人同谋，由一方做出交易委托，另一方按对方委托的内容，在同一时间、地点，以同等数量和价格反向委托，并达成交易的行为。③连续交易操纵，指以抬高或者压低证券交易价格为目的，而自行或与一个或更多的人连续买卖在交易所上市的证券，蓄意造成证券交易繁荣现象的行为。

（3）在自己实际控制的账户之间进行证券交易。

（4）不以成交为目的，频繁或者大量申报并撤销申报。

（5）利用虚假或者不确定的重大信息，诱导投资者进行证券交易。

（6）对证券、发行人公开做出评价、预测或者投资建议，并进行反向证券交易。

（7）利用在其他相关市场的活动操纵证券市场。

（8）操纵证券市场的其他手段。

2. 对操纵市场行为的监管

（1）事前监管。事前监管是指在发生操纵市场行为前，证券管理机构采取必要手段以防止损害发生。

（2）事后救济。事后救济是指证券管理机构对操纵市场行为者的处理及操纵者对受损当事人的损害赔偿。其主要包括两个方面：第一，对操纵市场行为的处罚。根据《证券法》规定，操纵证券交易价格或者制造证券交易的虚假价格或者证券交易量，获取不正当利益或者转嫁风险的，没收违法所得，并处违法所得一倍以上五倍以下的罚款；构成犯罪的，依法追究刑事责任。第二，对有操纵市场行为的证券经营机构的处罚。证券经营机构的操纵市场行为被查实后，证券管理机构可以暂停或取消其注册资格，取消其交易所会员资格，或对其交易数量加以限制，或令其停止部分或全部交易。受损当事人可以通过民事诉讼获得损害赔偿。

（三）欺诈行为

欺诈行为是指以获取非法利益为目的，违反证券管理法规，在证券发行、交易及相关活动中从事欺诈客户、虚假陈述等行为。

1. 欺诈客户行为

（1）证券经营机构将自营业务和代理业务混合操作；

（2）证券经营机构违背代理人的指令为其买卖证券；

（3）证券经营机构不按国家有关法规和证券交易场所业务规则的规定处理证券买卖委托；

（4）证券经营机构不在规定时间内向被代理人提供证券买卖书面确认文件；

（5）证券登记、清算机构不按国家有关法规和本机构业务规则的规定办理清算、交割、过户、登记手续；

（6）证券登记、清算机构擅自将顾客委托保管的证券用作抵押；

（7）证券经营机构以多获取佣金为目的，诱导顾客进行不必要的证券买卖，或者在客户的账户上翻炒证券；

（8）发行人或者发行代理人将证券出售给投资者时，未向其提供招募说明书；

（9）证券经营机构保证客户的交易收益或者允诺赔偿客户的投资损失。

2. 对欺诈客户行为的监管

禁止任何单位或个人在证券发行、交易及其相关活动中欺诈客户。证券经营机构、证券登记或清算机构以及其他各类从事证券业的机构有欺诈客户行为的，将根据不同情况，限制或者暂停证券业务及其他处罚。因欺诈客户行为给投资者造成损失的，应当依法承担赔偿责任。

（四）内幕交易

所谓内幕交易，又称知内情者交易，是指公司董事、监事、经理、职员、主要股东、证券市场内部人员或市场管理人员，以获取利益或减少经济损失为目的，利用地位、职务等便利，获取发行人未公开的、可以影响证券价格的重要信息，进行有价证券交易，或泄露该信息的行为。

1. 内幕交易的行为主体

下列人员为知悉证券交易内幕信息的知情人员：发行人的董事、监事、高级管理人员；持有公司5%以上股份的股东及其董事、监事、高级管理人员，公司的实际控制人及其董事、监事、高级管理人员；发行人控股的公司及其董事、监事、高级管理人员；由于所任公司职务可以获取公司有关内幕信息的人员；证券监督管理机构工作人员以及由于法定职责对证券交易进行管理的其他人员；保荐人、承销的证券公司、证券交易所、证券登记结算机构、证券服务机构的有关人员；国务院证券监督管理机构规定的其他人员。

2. 内幕信息

在证券交易活动中，涉及公司的经营、财务或者对该公司证券的市场价格有重大影响的尚未公开的信息，为内幕信息。下列各项信息皆属内幕信息：《证券法》第80条所列重大事件；公司分配股利或者增资的计划；公司股权结构的重大变化；公司债务担保的重大变更；公司营业用主要资产的抵押、出售或者报废一次超过该资产的30%；公司的董事、监事、高级管理人员的行为可能依法承担重大损害赔偿责任；上市公司收购的有关方案；国务院证券监督管理机构认定的对证券交易价格有显著影响的其他重要信息。

3. 对内幕交易的监管

在世界范围内，关于证券内幕交易监管的必要性至今仍充满着争议。但内幕交易通常被各国证券监管部门认定为一种非法的证券交易行为，许多证券市场都引入了内幕交易监管法律制度。内幕交易监管的主要目的就是维护市场参与者之间的信息获知的平等地位，防止信息优势的内部人以外部人利益为代价来获取超额利润，从而维护投资者信心。我国《证券法》明确提出打击股市内幕交易。

案 例

又一上市公司因财务造假退市！涉及多个信托产品

2020年9月16日，千山药机股票被深圳证券交易所摘牌，正式退市。这是2020年以来第16家上市公司从A股退市，其中，因“面值退市”有11家，因“财务退市”有5家。在被强制退市的16家企业中，只有千山药机和金亚科技是因重大违法事件被强制退市，说白了就是重大财务造假，而康得新很有可能成为下一个因重大违法事件被强制退市的上市公司。

2019 年 11 月 29 日，中国证监会下发《行政处罚及市场禁入事先告知书》，公告千山药机公司 2015—2018 年连续四年净利润实际为负，触及重大违法强制退市情形，启动千山药机重大违法强制退市流程。

上市近 10 年，千山药机股价一度高达 109 元，到退市前只剩 0.19 元，市值缩水超过 99%。有股民调侃道："千山鸟飞绝，市值飞灰灭！"值得一提的是，2019 年 5 月 17 日，在千山药机 2018 年度股东大会上，千山药机创始人、实控人刘祥华曾对参会的股东说："你本来就是来赌博的，而我们的股票正好符合你。"在他眼里，这些股民都是赌徒而已。

直到退市，千山药机背后还有 4.8 万股东户数，而对于炒股的人来说，最大的风险就是退市，一旦退市就是血本无归。

除了股民外，还有不少信托机构也深陷其中。

2016 年 10 月 31 日，湖南信托发行成立了千山药机流动资金贷款集合资金信托计划，资金用于向千山药机发放流动资金贷款，信托规模 1.98 亿元，由千山药机大股东、董事长刘祥华夫妇提供连带责任担保。而根据湖南信托 2019 年年报显示，湖南信托与千山药机的金融借款合同纠纷涉及 1.98 亿元本金及相应利（罚）息，仍处于强制执行阶段，资金尚未收回。另外，除了湖南信托，西藏信托也有 2.51 亿元贷款逾期尚未收回。

资料来源：https://www.360kuai.com/pc/93391d8d0d292c84a?cota=4&kuai_so=1&tj_url=so_rec&sign=360_57c3bbd1&refer_scene=so_1

任务：如何避免购买到有重大问题的上市公司的股票？

同步训练

一、单项选择题

1. 采取消极型投资策略的投资者偏好于持有蓝筹股和（　　）。

A. 收入型股票基金　　B. 成长型股票基金
C. 衍生产品基金　　D. 股票基金

2. 下列不属于证券市场监管手段的是（　　）。

A. 经济手段　　B. 法律手段　　C. 金融手段　　D. 行政手段

3. 下列不属于上市公司的信息披露中定期报告的是（　　）。

A. 年度报告　　B. 中期报告　　C. 月份报告　　D. 季度报告

4. 止损的目的在于（　　）。

A. 控制损失　　B. 保持流动性
C. 控制损失和保持流动性　　D. 远离股市

5. 投资证券的预期收益率与风险之间的关系是（　　）。

A. 等价　　B. 正比　　C. 反比　　D. 不确定

6. 运用投资组合，可以降低、甚至消除（　　）。

A. 非系统风险　　B. 系统风险

C. 利率风险　　D. 通货膨胀风险

7. (　　) 要求投资者根据市场情况变动对投资组合进行积极调整，并通过灵活的投资操作获取超额利益，通常将战胜市场作为基本目标。

A. 主动型投资策略　　B. 被动型投资策略

C. 战略性投资策略　　D. 战术性投资策略

8. 为证券交易提供集中登记、存管与结算服务，不以营利为目的的法人是(　　)。

A. 证券登记结算公司　　B. 证券交易所

C. 证券公司　　D. 中国证监会

9. 证券公司从事发布证券研究报告业务，同时从事上市公司并购重组财务顾问业务的，应建立健全发布证券研究报告(　　)制度和实施机制。

A. 集中管理　　B. 静默期　　C. 风险控制　　D. 多层管理

10. 证券业协会和证券交易所属于(　　)。

A. 政府机构　　B. 政府在证券业的派出机构

C. 自律性组织　　D. 证券业最高监管机构

11. 下列不属于中国证监会监管的市场是(　　)。

A. 上交所　　B. 深交所

C. 全国银行间债券市场　　D. 上海期货交易所

二、多项选择题

1. 下列各项信息中，我国《证券法》规定明确属于内幕信息的有(　　)。

A. 公司分配股利或者增资的计划　　B. 公司股权结构的重大变化

C. 上市公司收购的有关方案　　D. 上季度公司的财务报告

2. 证券投资风险控制大致分为(　　)类别。

A. 回避风险　　B. 减少风险　　C. 留置风险　　D、分散风险

3. 证券公司从事客户资产管理业务应当按规定向中国证监会申请客户资产管理业务资格。经中国证监会批准，证券公司可以从事(　　)。

A. 为单一客户办理定向资产管理业务

B. 为多个客户办理集合资产管理业务

C. 为客户办理特定目的的专项资产管理业务

D. 为客户创立私募基金

4. 证券公司净资本或其他风险控制指标不符合规定标准的，派出机构应当责令公司限期改整改期内，中国证监会及其派出机构应当区别情形对证券公司采取以下措施：(　　)。

A. 停止批准新业务

B. 停止批准增设、收购营业性分支机构

C. 限制分配红利

D. 限制转让财产或在财产上设定其他权利

5. 以下行为中，在我国《证券法》中明确为操纵市场的是（　　）。

A. 单独或者通过合谋，集中资金优势、持股优势或者利用信息优势联合或者连续买卖

B. 在自己实际控制的账户之间进行证券交易

C. 利用虚假或者不确定的重大信息，诱导投资者进行证券交易

D. 对证券价格做出评价、预测，并进行相应交易

三、简答题

1. 中国证券市场投资者面临哪些风险？如何其识别？

2. 你更喜欢哪一种投资理念？为什么？

3. 任意选择一只股票，观察 P/B、P/E 和股价趋势的变化，并提出相应的买卖时机选择。

4. 任意选择一只上市时间超过 2 年的股票，查阅所有信息披露公告。观察股价的变化，并分析公告影响。

实训拓展

实训项目：证券投资风险与防范

1. 实训目的

了解证券市场风险的类型及其产生原因，判断证券市场系统性、非系统性风险。能根据自身的实际情况，选择适合自身需要的证券投资策略。能根据证券市场的股价变化情况，熟练应用止损、止赢、分批操作、波段操作和补仓等技巧。

2. 实训学时

2 课时。

3. 实训准备

（1）实训知识准备：证券投资的风险和防范知识。

（2）实训材料准备：互联网、计算机、证券分析软件。

4. 实训方法与内容

（1）实训方法：在实盘行情中截取 K 线的不同形态及组合进行分析，选择投资时机。

（2）实训内容：探寻我国近两年来影响证券市场的系统性风险；以千山药机财务造假为例，说明非系统性风险的影响和辨别方法；模拟买入一只股票，为该股设定一个合理的止损价位，或设定补仓方案，并说明理由。

参考文献

[1] 中国证券业协会．金融市场基础知识［M］. 北京：中国财政经济出版社，2020.

[2] 聂华．证券投资实务：第二版［M］. 北京：高等教育出版社，2019.

[3] 王玉霞．证券投资学：第四版［M］. 大连：东北财经大学出版社，2020.

[4] 康建军，黄海沧．证券投资实务［M］. 北京：高等教育出版社，2018.

[5] 陈星．证券投资实务：第二版［M］. 北京：高等教育出版社，2020.

[6] 李晓红．证券投资实务：第二版［M］. 北京：高等教育出版社，2020.